HEMMER/WÜST



DIE ÜBERBLICKSKARTEIKARTEN

# BGB IM ÜBERBLICK I

- PRÜFUNGSSCHEMATA

15. AUFLAGE 2020

KLAUSURTYPISCH ▪ ANWENDUNGSORIENTIERT ▪ UMFASSEND

Hemmer/Wüst Verlagsgesellschaft
Hemmer/Wüst, Überblickskarteikarten Zivilrecht, BGB im Überblick I

**ISBN 978-3-86193-953-5**

**15. Auflage 2020**

gedruckt auf chlorfrei gebleichtem Papier
von Schleunungdruck GmbH, Marktheidenfeld

# Themenverzeichnis

## BGB-AT

# Themenverzeichnis



## Schuldrecht AT

# Themenverzeichnis

# Themenverzeichnis





## Schuldrecht BT I

# Themenverzeichnis

# Themenverzeichnis



## Schuldrecht BT II

# Themenverzeichnis

BGB
im Überblick
S 7

# Themenverzeichnis





## Sachenrecht I

# Themenverzeichnis



## Sachenrecht II

# Themenverzeichnis

# Stichwortverzeichnis

## A

## B

# Stichwortverzeichnis

## F

# G

## Stichwortverzeichnis

### I



### K



### L

## S

## T



## U

## Stichwortverzeichnis

## Rechtssubjekte (= wer / von wem)

**Rechts-fähigkeit**

**Definition:** Fähigkeit, Träger von Rechten und Pflichten zu sein.

Diese besitzen:

A) **Natürliche Personen**, d.h. Menschen grds. mit Vollendung der Geburt, § 1.
In Sonderfällen auch bei bereits Gezeugten, aber noch nicht Geborenen (*nasciturus, §§ 331 II, 823 I, 844 II S. 2, 1923 II, 2043 I*) oder sogar des noch nicht gezeugten Menschen (*nondum conceptus, §§ 2101 I S. 1, 2106 II, 2109 bzw. §§ 2178, 2162 II*). Rechtsfähigkeit tritt aber nur ein, wenn der Betreffende lebend geboren wird.

B) **Juristische Personen** (= verselbständigte und anerkannte Personenvereinigungen oder Vermögensmassen). Sie erlangen die Rechtsfähigkeit erst aufgrund eines entsprechenden Anerkennungsaktes.
**Grundtyp** der juristischen Personen: Verein, §§ 21 ff. (zum nicht rechtsfähigen Verein vgl. Rückseite). Weitere sind die AG (§ 1 I S. 1 AktG), die GmbH (§ 13 I GmbHG) und die Stiftung (§§ 80 ff.).
Daneben gibt es juristische Personen des öffentlichen Rechts (Körperschaften, Anstalten und öffentlich-rechtliche Stiftungen).

C) **Personengesellschaften:** OHG und KG können über §§ 124 I, 161 II HGB Träger von Rechten und Pflichten sein. Nach heute allgemeiner Meinung ist auch die Gesellschaft bürgerlichen Rechts (§§ 705 ff.) (teil)rechtsfähig. Von der Rechtsfähigkeit zu unterscheiden sind die Geschäftsfähigkeit (§§ 104 ff.) und die Deliktsfähigkeit (§§ 827 f.).

In Klausuren stellt sich häufig das Problem der schuldhaft verursachten *vorgeburtlichen Schädigung* eines Kindes, z.B. weil der Arzt das Risiko einer Behinderung übersehen oder aufgrund eines Fehlers nicht abgetrieben hat („wrongful life“). Hier stellt sich die Frage, ob dem Kind nach der Geburt ein eigener Schadensersatzanspruch aus §§ 280 ff. oder § 823 I zusteht. Im Ergebnis besteht nach h.M. *kein Schadensersatzanspruch des Kindes*. Ein Anspruch aus Vertrag mit Schutzwirkung für Dritte besteht nicht, da das Kind keinen Anspruch auf „Nichtexistenz“ hat. Deliktische Ansprüche scheiden aus, da es keine unmittelbare deliktische Pflicht des Arztes gibt, die Geburt eines behinderten Kindes durch Schwangerschaftsabbruch zu verhindern. Nach BGH bestehen allerdings Ansprüche der Eltern auf Ersatz der Unterhaltskosten aus § 280 I (Problemkreis: „Kind als Schaden", vgl. Deliktsrecht I, Rn. 23 ff.).
Auch juristische Personen werden sehr oft in Examensklausuren eingebaut. Da sie nicht selbst handeln können, stellen sich immer Fragen der Stellvertretung und der Zurechnung menschlichen Verschuldens und Wissens. Hinsichtlich der Verschuldenszurechnung ist i.R.v. Schuldverhältnissen grundsätzlich § 278 S. 1 anwendbar. Hat jedoch ein Organ eines Vereins in dieser Eigenschaft gehandelt, ist sein Handeln dem Verein gem. § 31 (für juristische Personen des öffentlichen Rechts i.V.m. § 89) zuzurechnen und zwar nach h.M. unabhängig davon, ob Ansprüche aus Vertrag oder Delikt geltend gemacht werden. Die Rechtsprechung wendet § 31 auch auf „organähnliche“ Personen an, denen wesensmäßig Funktionen der juristischen Person zur selbständigen eigenverantwortlichen Erfüllung zugewiesen sind (z.B. leitende Angestellte wie der Chefarzt einer Klinik), um die unerwünschten Schwächen des § 831 zu vermeiden (§ 831 S. 2, Exkulpation). Nach h.M. gilt § 31 analog für die OHG und die KG. Die Anwendung auf die GbR wird seit der Bejahung von deren Rechtsfähigkeit konsequenterweise auch von der Rechtsprechung bejaht, vgl. BGH, Life&Law 2003, 385 ff. = NJW 2003, 1445.
<u>Sonderproblem</u>: Nicht-rechtsfähiger Verein ⇨ der BGH hat im Jahr 2008 entschieden, dass auch dieser Träger von Rechten und Pflichten sein kann. Wenn schon die GbR, die weniger körperschaftlich strukturiert ist und auf die in § 54 S. 1 verwiesen wird, Träger von Rechten und Pflichten sein kann, gilt dies auch für den nicht rechtsfähigen Verein, BGH, Life&Law 2008, 206 ff. Der Gesetzgeber hat § 50 II ZPO dieser Rechtsprechung angepasst und die (auch) aktive Parteifähigkeit des nicht-rechtsfähigen Vereins geregelt!

## Anspruchsgrundlagen

**Prüfungs-reihenfolge**

A) **Vertragliche Ansprüche**
Darunter fallen sowohl Primär- (z.B. §§ 433 II, 631) als auch Sekundäransprüche, wie z.B. bei Unmöglichkeit (§§ 311a II, 283), Verzug (§§ 280 I, II, 286), Schlecht- oder Nichtleistung (z.B. §§ 281, 280 I i.V.m. z.B. § 437 Nr. 3) und Vertragsanpassung wegen Störung der Geschäftsgrundlage (§ 313 I, II).

B) **Vertragsähnliche Ansprüche**
Z.B. die vorvertragliche Haftung im Rahmen eines Schuldverhältnisses (§ 311 II, III) nach §§ 280 I, 241 II; diese ist vor den §§ 823 ff. zu prüfen, da evtl. der Haftungsmaßstab des intendierten Vertrages gilt und möglicherweise auf das Deliktsrecht zu übertragen ist. Daneben: §§ 122, 179 BGB; berechtigte GoA (kann Rechtfertigungsgrund bei 823 I sein, RzB i.S.d. 986 geben, Rechtsgrund i.S.d. § 812 BGB sein

C) **Dingliche Ansprüche und Ansprüche aus EBV (§§ 987 ff.) und §§ 2018 ff.**
V.a. §§ 861 ff., 985 ff. 1007, 2018 ff.;
⇨ sie können Spezialregelungen zu deliktischen und bereicherungsrechtlichen Ansprüchen enthalten (z.B. § 993 I HS 2).

D) **§ 687 II bzw. Ansprüche aus unberechtigter GoA; deliktische und bereicherungsrechtliche Ansprüche**

*Vertragliche Ansprüche* werden grds. zuerst geprüft, da sie spezielle Regelungen des jeweiligen Rechtsverhältnisses darstellen und möglicherweise die Rechtsfolgen aus gesetzlichen Regelungen ausschließen oder modifizieren. So können sie etwa Haftungsfreizeichnungen oder Verkürzungen der Verjährungsfristen enthalten, die unter Umständen auch auf andere Ansprüche anwendbar sind. Außerdem können sie einen Rechtfertigungsgrund darstellen. Sie sind Vorfrage gegenüber GoA-Ansprüchen, weil diese voraussetzen, dass der Geschäftsführer ohne Auftrag aufgrund eines Schuldverhältnisses gegenüber dem Geschäftsherrn handelt. Die berechtigte GoA kann zudem auch ein Besitzrecht gewähren, so dass sie grds. vor dinglichen Ansprüchen zu prüfen ist. Als möglicher Rechtsgrund fungiert die berechtigte GoA im Rahmen des Bereicherungsrechts.

Die auf der Vorderseite dargestellte Prüfungsreihenfolge ist allgemein üblich und hat sich bewährt. Dennoch ist sie nicht absolut verbindlich. Gelegentlich empfiehlt es sich, von diesem Aufbau abzuweichen. Dies gilt etwa dann, wenn ersichtlich ist, dass vertragliche Ansprüche nicht geltend gemacht werden oder ein Vertrag z.B. durch Anfechtung wieder entfallen ist. Das Bestehen, bzw. der Wegfall eines Vertrages kann dann z.B. i.R.v. § 812 I S. 1 Alt. 1 (Rechtsgrund für Bereicherung) geprüft werden.

# Anspruchsprüfung (Einwendungen und Einreden)

BGB AT I, Rn. 5

## Anspruchsprüfung

**I. Anspruch entstanden?**

- Vorliegen aller Anspruchsvoraussetzungen
- Nichtvorliegen **rechtshindernder** Einwendungen

**falls (+)**

**II. Anspruch untergegangen?**

- Vorliegen **rechtsvernichtender** Einwendungen

**falls (-)**

**III. Anspruch durchsetzbar?**

- Zulässig erhobene dauerhafte oder vorübergehende **rechtshemmende** Einreden

Ein Anspruch ist entstanden, wenn alle Voraussetzungen der Anspruchsgrundlage erfüllt sind und keine rechtshindernden Einwendungen vorliegen.

*Rechtshindernde Einwendungen* verhindern die Anspruchsentstehung.

Beispiele: Geschäftsunfähigkeit (§§ 104 ff.), Vorliegen eines Verbotsgesetzes (§ 134) oder Sittenwidrigkeit (§ 138), vgl. BGB AT II, Rn. 9, 12 ff.

*Rechtvernichtende Einwendungen* lassen den ursprünglich entstandenen Anspruch wieder entfallen.

Beispiele: Erfüllung (§ 362 I) und ihre Surrogate, Anfechtung (§ 142), Rücktritt (§§ 346 ff., es entsteht ein RückgewährschuldV), vgl. BGB AT II, Rn. 10; ausführlich dazu BGB AT III, Rn. 196 ff.

*Dauernde oder vorübergehende Einreden* hemmen den Anspruch, wenn sie geltend gemacht werden. Der Anspruchsgegner ist dann berechtigt, die Leistung zu verweigern, ohne dass der Anspruch dadurch vernichtet wird, vgl. BGB AT III, Rn. 649 ff.

Zu unterscheiden sind dabei dauernde (peremptorische) und aufschiebende (dilatorische) Einreden. Während dauernde Einreden, wie z.B. die Verjährung gem. § 214 I, die Durchsetzung eines Anspruchs endgültig ausschließen, hindern aufschiebende Einreden (z.B. Stundung oder §§ 770 f.) die Geltendmachung des Anspruchs nur während des Bestehens des Hindernisses.

Beachten Sie: Während Einwendungen von Amts wegen zu beachten sind, müssen Einreden von demjenigen, der sich darauf berufen will, ausdrücklich (spätestens in der mündlichen Verhandlung) geltend gemacht werden. In beiden Fällen hat aber der Anspruchsgegner das Vorliegen der Voraussetzungen des Gegenrechts zu beweisen.

## Rechtsgeschäft

**Begriff**: Tatbestand, der aus mindestens einer WE besteht, an den die Rechtsordnung den Eintritt eines rechtlichen Erfolges knüpft.

**Einteilung der RGe**

- **Einseitige RGe (= WEen)**
  - empfangsbedürftig, z.B. Kündigung
  - nicht empfangsbedürftig, z.B. Testament
- **mehrseitige RGe**
  - Beschlüsse, z.B. § 32
  - Verträge
    - verpflichtende
      - zweiseitig verpflichtende
        - vollkommen zweiseitig verpflichtende (= gegenseitige Verträge), z.B.: Kauf
        - unvollkommen zweiseitig verpflichtende, z.B. Leihe
      - einseitig verpflichtende, z.B.: Schenkung
    - verfügende, z.B. Einigung, § 929 S. 1

Trennen Sie Rechtsgeschäfte streng von den bloßen Gefälligkeiten. Bei letzteren soll keine rechtliche Verpflichtung begründet werden. Es fehlt der Rechtsbindungswille. Was im konkreten Fall vorliegt, ist durch Auslegung zu ermitteln (vgl. ÜK 6). Die §§ 133, 157 gelten aber nur analog, weil es nicht um die Auslegung des Inhalts eines Vertrages geht, sondern um die Frage, *ob überhaupt* ein Vertrag vorliegt.

Rechtsgeschäfte sind abzugrenzen von:

- Realakten: Handlungen, die nur auf einen tatsächlichen Erfolg gerichtet sind und deren Rechtsfolge sich unabhängig vom Willen der Beteiligten aus dem Gesetz ergibt (z.B. Übergabe bei § 929 S. 1).
- geschäftsähnlichen Handlungen: Dabei handelt es sich zwar um Erklärungen, die Rechtsfolge tritt aber nicht aufgrund eines darauf gerichteten Willens, sondern kraft Gesetzes ein (z.B. Mahnung, Fristsetzung). Die Regeln über Rechtsgeschäfte gelten bei vergleichbarer Interessenlage aber u.U. analog (*Achtung, häufiger Fehler*: Kein Automatismus, sondern Einzelfallprüfung!).
- bloße Gefälligkeiten
- Gefälligkeiten mit Rechtsgeschäftscharakter (str.): Hier entstehen zwar keine Verpflichtungen auf Primärebene, jedoch gewisse Schutzpflichten, bei deren Verletzung eine Schadensersatzverpflichtung nach §§ 311 II Nr. 3, 280 I, 241 II in Betracht kommt. Vom BGH wurde die Frage, ob es Gefälligkeiten mit rechtsgeschäftlichem Charakter gibt, bislang offengelassen.

## Trennungs- und Abstraktionsprinzip

**I. Trennungsprinzip**

Verpflichtungs- und Erfüllungsgeschäft sind separate Rechtsgeschäfte.

**II. Abstraktionsprinzip**

Verpflichtungs- und Erfüllungsgeschäft sind in ihrer Wirksamkeit voneinander **unabhängig**. Verpflichtungsgeschäft (= Kausalgeschäft) ist regelmäßig Rechtsgrund für die Verfügung. Verfügungsgeschäft ist davon abstrakt, d.h. die Unwirksamkeit des Verpflichtungsgeschäfts berührt nicht die des Verfügungsgeschäfts.

**III. Durchbrechungen des Abstraktionsprinzips**

**A) § 139**

str., ob Verpflichtungs- und Erfüllungsgeschäft Einheit i.S.v. § 139 sein können; nach BGH nur, wenn konkrete Anhaltspunkte für dahingehenden Parteiwillen

**B) Bedingungszusammenhang**

Parteien vereinbaren Bedingung (§ 158), nach der die dingliche Einigung von Wirksamkeit des Verpflichtungsgeschäftes abhängig ist (Ausnahme: § 925 II)

**C) Nicht: Fehleridentität**

Verpflichtungs- und Erfüllungsgeschäft leiden beide an demselben Fehler (daher keine Durchbrechung des Abstraktionsprinzips im eigentlichen Sinn!).

- bei Mängeln in der Geschäftsfähigkeit i.d.R. (+)
- bei Willensmängeln nur, wenn Irrtum auch für Verfügung kausal
  - bei § 119 I i.d.R. (-), wenn nicht Irrtum über Vertragspartner;
  - bei § 119 II, wenn Irrtum auch bei Verfügungsgeschäft (str.)
  - bei § 123 i.d.R. (+)
- bei § 134 i.d.R. (-), es sei denn, Gesetz will gerade die Erfüllung verhindern
- bei § 138 I i.d.R. (-), es sei denn, Sittenwidrigkeit liegt gerade im Vollzug
- bei § 138 II gesetzlich angeordnet für das, was Wucherer „gewährt“ wird

**Bei der Annahme einer Durchbrechung des Abstraktionsprinzips sollten Sie zurückhaltend sein und eine solche nur bejahen, wenn sich im Sachverhalt dafür konkrete Anhaltspunkte finden lassen.**

**Die Anwendbarkeit des § 139 ist problematisch, da regelmäßig anzunehmen sein wird, dass die Parteien das Erfüllungsgeschäft nur bei Wirksamkeit des Verpflichtungsgeschäftes wollten. Diese Annahme würde aber das Abstraktionsprinzip weitgehend aushebeln. Daher wird die Anwendbarkeit des § 139 teilweise gänzlich abgelehnt; der BGH bejaht sie nur ausnahmsweise, wenn konkrete Anhaltspunkte für einen entsprechenden Parteiwillen vorliegen. Dieselbe Problematik stellt sich bei der Frage eines Bedingungszusammenhangs.**

**Liegt bei Anfechtbarkeit Fehleridentität vor, wird eine laiengünstige Auslegung der Anfechtungserklärung (§§ 133, 157 analog) regelmäßig ergeben, dass auch die dingliche Einigung angefochten werden soll, so dass ein Herausgabeanspruch gem. § 985 besteht, der günstiger als ein Bereicherungsanspruch aus § 812 ist, da keine Entreicherung droht.**

**Das bekannteste Beispiel für Fehleridentität i.R.d. § 119 II ist der sog. „Leibl-Fall“ (BGH, NJW 1988, 2597 ff.): V verkauft an A ein Gemälde für 10.000,- €. Die Übereignung erfolgt vier Wochen später. V hält das Gemälde für ein Bild des Malers M 1. In Wahrheit stammt es von dem weitaus berühmteren Maler M 2. V ficht „das getätigte Geschäft“ an und verlangt Herausgabe des Bildes. V hat sich bei Kaufvertragsschluss über eine wesentliche Eigenschaft, die Herkunft des Bildes als wertbildenden Faktor, geirrt. Vorliegend war der Irrtum nach § 119 II aber auch für die Abgabe der Einigungserklärung nach § 929 S. 1 kausal, da der Irrtum auch bei Vornahme des Verfügungsgeschäftes noch fortwirkte, so dass Fehleridentität vorliegt. Aufgrund dieser Fehleridentität kann V auch seine dingliche Einigungserklärung anfechten, obwohl Kausal- und Erfüllungsgeschäft auseinanderfallen (str.; nach a.A. ist Anfechtung nur möglich, wenn schuldrechtliches und dingliches RG in einem Willensakt zusammenfallen, vgl. *BGB AT III, Rn. 471*). Er muss dies auch tun, wenn er den Herausgabeanspruch aus § 985 geltend machen will, jedoch ist seine Anfechtungserklärung in dieser Hinsicht laiengünstig auszulegen!**

## Auslegung von Willenserklärungen, §§ 133, 157

**I. Begriff**

Auslegung einer WE bedeutet Ermittlung des wahren Willens des Erklärenden. Dies ergibt sich aus § 133.

**II. Vorgehensweise**

Bei einer empfangsbedürftigen WE ist eine rein subjektive Betrachtung unangebracht, da die WE einer anderen Person zugehen muss

Auslegung vom **„objektiven Empfängerhorizont“**: Die WE ist so auszulegen, wie sie ein verständiger Betrachter in der Person des Empfängers redlicherweise verstehen durfte, vgl. § 157.

**III. Sonderfälle**

- bei einer nicht empfangsbedürftigen WE (z.B. Testament) gilt ausschließlich § 133 – allein der tatsächliche Wille des Erklärenden ist maßgeblich, hier nicht § 157 zitieren!
- bei formbedürftiger WE: zunächst Ermittlung des Erklärungsinhalts nach allgem. Regeln; dann Prüfung, ob der Wille in der förmlichen Erklärung irgendeinen Ausdruck gefunden hat (Andeutungstheorie, h.M.) – falls (-): eventuell: § 125 S. 1 (vgl. ÜK 21, 22)
- bei „falsa demonstratio non nocet“ drücken die Parteien übereinstimmenden Willen falsch aus – Falschbezeichnung unschädlich – wirklich Gewolltes gilt!

Ein „Klassiker" im Problembereich der Auslegung ist der „Haakjöringsköd"-Fall (RGZ 99, 147):

V verkaufte an K 214 Fässer „Haakjöringsköd", verladen auf dem Dampfer „Jessica" (kein Scherz). Das norwegische Wort „Haakjöringsköd" bedeutet Haifischfleisch, das in den Fässern auch tatsächlich enthalten war. V und K glaubten jedoch, es bedeute Walfischfleisch und wollten auch solches kaufen bzw. verkaufen. V lieferte die Fässer mit dem Haifischfleisch. K verlangt von V die Rückgängigmachung des Kaufs.

Fraglich ist, über welchen Gegenstand der Vertrag überhaupt zustande gekommen ist. Da beide Parteien dasselbe wollten, war der Vertrag über Walfischfleisch zustande gekommen. Die falsche Bezeichnung schadete nicht: „falsa demonstratio non nocet" (vgl. dazu ausführlich *BGB AT I,* Rn. 177 ff.). Es könnten aber Mängelrechte des Käufers bestehen. Voraussetzung hierfür ist, dass die Sache bei Gefahrübergang mangelhaft war, also nicht die vereinbarte Beschaffenheit hatte, § 434 I S. 1. Es handelt sich nicht um eine aliud-Lieferung, da die gekaufte Schiffsladung auch geliefert wurde. Das gelieferte Haifischfleisch entspricht nicht der Sollbeschaffenheit Walfischfleisch. Daher kann K von V zunächst Nacherfüllung gemäß § 439 verlangen (§ 437 Nr. 1), nach Fristsetzung und erfolglosem Fristlauf nach § 323 vom Vertrag zurücktreten oder stattdessen nach § 441 den Kaufpreis mindern (§ 437 Nr. 2) und daneben nach §§ 440, 281, 280 I Schadensersatz verlangen (§ 437 Nr. 3). Ihm bleiben daher die Mängelrechte.

Beachten Sie, dass der Grundsatz der falsa demonstratio sogar bei formbedürftigen Rechtsgeschäften anwendbar ist, obwohl es hier an einer Andeutung des wirklichen Parteiwillens im formbedürftigen Vertrag fehlt. Auf die notwendige Beurkundung des beiderseits Gewollten wird hier aber verzichtet, da zumindest das objektiv Erklärte der Form genügt und damit die Warnfunktion der Beurkundung gewahrt ist. Dies gilt jedoch nicht, wenn *Dritte* beteiligt sind, die das Gewollte nicht erkennen können (z.B. Grundbucheintragung) oder bei einer *bewusst falschen* formbedürftigen Erklärung (hier gilt § 117!).

## Willenserklärung

**I. Begriff**

Private Willensäußerung, die auf Herbeiführung einer Rechtsfolge gerichtet ist.

**II. Bestandteile**

**Äußerer TB**

Kann gesetzt werden:

- ausdrücklich
- konkludent
- ausnahmsweise durch Schweigen

**Innerer TB**

- Handlungswille:
  bei Fehlen keine WE
- Erklärungsbewusstsein:
  bei Fehlen str., ob WE nichtig oder lediglich anfechtbar
- Geschäftswille:
  wenn fehlerhaft, WE anfechtbar

Eine Ausnahme vom Erfordernis einer Willenserklärung wollte früher die Lehre vom faktischen Vertragsschluss für Geschäfte des täglichen Massenverkehrs und der Daseinsvorsorge machen. Ein Vertrag sollte hier ohne WE durch die bloße Inanspruchnahme der Leistung bzw. sogar entgegen einem geäußerten Willen durch sozialtypisches Verhalten zustande kommen. Die Lehre ist inzwischen endgültig vom BGH abgelehnt worden, weil es sich tatsächlich um Vertragsschlüsse durch konkludentes Verhalten handelt (z.B. Wasser- oder Gasbezug).

*Bsp.: Besteigen einer Straßenbahn.* Ein bloß innerer Vorbehalt gegen das Zustandekommen eines Benutzungsvertrages ist gem. § 116 S. 1 unbeachtlich. Eine ausdrückliche, offenkundige Verwahrung gegen die Vergütungspflicht ist angesichts der entgegenstehenden Benutzung unbeachtlich (sog. Unbeachtlichkeit der protestatio facto contraria, § 242). Hier liegt vielmehr eine wirksame Willenserklärung durch konkludentes Verhalten vor.

Bloßes Schweigen stellt grundsätzlich keine WE dar. Es gibt jedoch Ausnahmen:

So kann eine Erklärungsbedeutung ausdrücklich vereinbart werden. Dann ist das Schweigen ein echter Erklärungsakt und stellt somit eine WE dar („beredtes Schweigen“, z.B. Vereinsabstimmung, Hand bleibt unten = nein). In den §§ 516 II S. 2 BGB, 362 I HGB wird Schweigen vom Gesetz als Annahme eines Antrages gewertet, in den §§ 416 I S. 2 BGB, 75h, 91a HGB als Genehmigung. Ein wichtiger Sonderfall ist das Schweigen auf ein kaufmännisches Bestätigungsschreiben (vgl. ÜK 19).

## Die Elemente im Einzelnen

**I. Äußerer TB**

- Verhalten lässt Schluss auf Rechtsfolgenwillen zu
  (+), wenn Verhalten des Erklärenden sich für obj. Beobachter als Äußerung eines Rechtsbindungswillen darstellt
- kann ausdrücklich, durch schlüssiges Verhalten oder ausnahmsweise durch Schweigen geschehen

**II. Innerer TB**

1. **Handlungswille**
   - = Wille, Erklärungshandlung vorzunehmen
   - bei Fehlen (z.B. nur Reflexbewegung) ist die WE analog § 105 II nichtig
2. **Erklärungsbewusstsein**
   - = ist das Bewusstsein, eine Willenserklärung abzugeben
   - bei Fehlen str., ob die WE nichtig oder anfechtbar, h.M. (vgl. ÜK 9)
3. **Geschäftswille**
   - = Wille, durch Handeln konkrete Rechtsfolgen herbeizuführen
   - bei Fehlen ist Erklärung gem. § 119 I anfechtbar

Der Handlungswille ist wesentliches und damit unabdingbares Element jeder WE. Bei Fehlen desselben ist der Erklärungstatbestand ein rechtliches „nullum“, vgl. auch § 105 II. Er fehlt etwa bei Reflexbewegungen oder bei Handeln unter unmittelbarem Zwang, sog. vis absoluta (vgl. *BGB AT I*, Rn. 53). In der Klausur kommen Fälle fehlenden Handlungswillens nur selten vor.

Der Geschäftswille *gehört* dagegen unstreitig *nicht* zum *notwendigen* Inhalt der WE. Falls der Geschäftswille fehlt, hat der Erklärende lediglich die Möglichkeit, den Erklärungsinhalt gem. § 119 I anzufechten. Er muss dann allerdings auch den Vertrauensschaden des Erklärungsgegners gem. § 122 ersetzen (vgl. *BGB AT I*, Rn. 59).

Ob das (aktuelle) Erklärungsbewusstsein notwendiges Element einer Willenserklärung ist, ist strittig (vgl. ÜK 9).

## Erklärungsbewusstsein

**I. Erklärungsbewusstsein**

= Bewusstsein, irgendetwas rechtlich Erhebliches zu erklären, also eine Willenserklärung abzugeben.

**II. Folgen des Fehlens**

1. Nach einer Mindermeinung, die sich an die **sog. Willenstheorie** anlehnt, ist das Erklärungsbewusstsein ein notwendiger Bestandteil einer WE. Bei Fehlen: Nichtigkeit gem. § 118 analog. Grund: Wenn bewusst gesetzter Erklärungstatbestand unwirksam sein könne, dann gelte dies erst recht bei Verkennung, dass solcher überhaupt gesetzt wurde. § 122 analog anwendbar.

2. Die h.M. folgt den Grundsätzen der **sog. Erklärungstheorie**, nach der das Verhalten des Erklärenden auch ohne Erklärungsbewusstsein als WE zugerechnet (Prinzip des Vertrauensschutzes) wird, wenn der Erklärende bei pflichtgemäßer Sorgfalt hätte erkennen können, dass sein Verhalten als WE zu deuten ist (Verantwortungsprinzip). Keine Zurechnung, wenn der Empfänger das Fehlen des Erklärungsbewusstseins kennt. Grund: Fehlen eines schutzwürdigen Vertrauenstatbestandes.

   **Rechtsfolge:** Die Erklärung ist nicht nichtig, sondern nur gem. § 119 I Alt. 2 analog anfechtbar (genauer vgl. BGB AT I, Rn. 63); ebenfalls Ersatz des Vertrauensschadens nach § 122.

Da auch nach der Willenstheorie der Vertrauensschaden gem. § 122 I analog zu ersetzen ist, ergeben sich unterschiedliche Ergebnisse nur dann, wenn die Anfechtung (etwa wegen Fristversäumnis) unterbleibt. Nach der Erklärungstheorie kann dann nämlich Erfüllung verlangt werden, während sich der Betreffende bei der Willenstheorie noch nach Jahr und Tag auf die Nichtigkeit der WE berufen kann.

Der Erklärungstheorie hat sich inzwischen auch der BGH angeschlossen (vgl. BGHZ 91, 324), so dass sie ganz h.M. ist. Trotzdem ist sie nicht ohne Kritik geblieben. Da die WE lediglich für anfechtbar gehalten wird, hat der Erklärende zwar ein Wahlrecht, ob er sie gelten lassen will oder nicht. Ein solches Wahlrecht erscheint jedoch unnötig, weil Streitigkeiten nur auftreten werden, wenn der Handelnde die Erklärung nicht gelten lassen will. Weiter ist auch zu beachten, dass eine Anfechtung gem. § 121 I S. 1 stets unverzüglich zu erfolgen hat. Gibt man dem Erklärenden also ein Wahlrecht, so hat er jedenfalls kaum Zeit, dieses zu überdenken.

Als Anfechtungsgrund wird im Fall des fehlenden Erklärungsbewusstseins von der h.M. § 119 I analog angewendet.

***Begründung***: Wenn schon bei Abweichung zwischen Willen und objektiv Erklärtem eine Anfechtungsmöglichkeit besteht, muss diese Möglichkeit erst recht bestehen, wenn das Bewusstsein einer rechtsgeschäftlichen Erklärung gänzlich fehlt und das nicht rechtsgeschäftliche Handeln trotzdem als Willenserklärung zugerechnet wird.

# Willensmängel, §§ 116 ff.



**§ 116**

Der Erklärende gibt eine WE ab, behält sich aber insgeheim vor, Erklärtes nicht zu wollen (geheimer Vorbehalt bzw. sog. **„böser Scherz“**)

- WE wirksam, wenn geheimer Vorbehalt unbekannt, § 116 S. 1
- WE nichtig, wenn geheimer Vorbehalt positiv bekannt, § 116 S. 2

**§ 117**

Die Parteien sind sich über Nichtgeltung der WE einig (= gemeinsame Scheinerklärung: *lex specialis zu § 116 S. 2*)

- WE gem. § 117 I BGB nichtig; Ausnahme: Überwindung durch § 405
- verdecktes Geschäft (falls vorhanden) gem. § 117 II wirksam

**§ 118**

Der Erklärende will die Geltung seiner WE nicht und geht davon aus, dass dies erkannt wird (sog. **„guter Scherz“**)

- WE nichtig, Ersatz des Vertrauensschadens gem. § 122
- Ausnahme gem. § 242: Die WE ist nicht nichtig, wenn der Erklärende erkennt, dass der Erklärungsempfänger den Scherz für ernst hält und nicht aufklärt

Ein klausurrelevanter Fall zum Scheingeschäft ist folgender: V und K wollen einen Kaufvertrag (KV) über ein Grundstück zum Preis von 500.000,- € schließen, lassen aber nur einen Kaufpreis von 400.000,- € notariell beurkunden, um Steuern/Notargebühren zu sparen. Anschließend wird für K eine Auflassungsvormerkung eingetragen. Wichtig hierbei ist, dass die Auflassungsvormerkung ihren Zweck, die Sicherung des schuldrechtlichen Anspruchs auf Eintragung, nicht erfüllen kann. Die Vormerkung kann als streng akzessorisches Sicherungsmittel einen Anspruch gem. § 883 I S. 1 nur sichern, wenn dieser auch besteht. Nach BGH bezieht sich die Vormerkung jedoch nur auf den Anspruch aus dem Scheingeschäft, welches nach § 117 I nichtig ist. Eine Vormerkung ist nach BGH aber selbst dann nicht entstanden, wenn man diese auf den Auflassungsanspruch aus dem verdeckten mündlichen Vertrag beziehen würde. Die Heilung nach § 311b I S. 1 hat nämlich weder Rückwirkung noch ist die bloße Aussicht, dass es trotz Formnichtigkeit zur Vertragserfüllung kommen werde, für einen künftigen Anspruch i.S.d. § 883 I S. 2 ausreichend. Ein künftiger Anspruch i.S.d. § 883 I S. 2 setzt nämlich voraus, dass die Entstehung des Anspruchs nur noch vom Willen des Berechtigten abhängt. Der Käufer kann die Heilung nach § 311b I S. 2 aber nicht alleine herbeiführen, da zur Eintragung im Grundbuch die Mitwirkung des Verkäufers erforderlich ist.

Weitere Probleme ergeben sich bei der Anwendung des § 117 in den Fällen der Strohmann- und Treuhandgeschäfte. Bei Treuhandgeschäften (z.B. Sicherungsübereignung) erhält der Partner regelmäßig mehr Rechtsmacht, als er nach den vertraglichen Abreden gebrauchen darf. Bei den Strohmanngeschäften kann der wirtschaftlich an dem Geschäft Interessierte den Erfolg nicht oder nicht allein erreichen (Bsp.: Übertragung von Vermögenswerten an den Ehepartner, um den Vollstreckungszugriff der Gläubiger zu vermeiden). Maßgebliches Kriterium ist hier stets, ob die Parteien die Wirksamkeit, also den rechtlichen Erfolg des Geschäftes, wollen, zur Erreichung ihrer Ziele vielleicht sogar benötigen oder nur der äußere Schein des Geschäftes beabsichtigt und zur Erreichung des angestrebten Zwecks für ausreichend gehalten wird (nur im letzten Fall ist § 117 anwendbar).

# Gefälligkeitsverhältnis

**I. Voraussetzung**

**Unentgeltliches** Erbringen einer Leistung („Freundschaftsdienst"). Fraglich ist, ob ein **Gefälligkeitsvertrag** oder ein **bloßes Gefälligkeitsverhältnis** vorliegt.
Die **Abgrenzung** erfolgt anhand des **Rechtsbindungswillens, §§ 133, 157 analog.** Dieser liegt vor, wenn der Erklärungsempfänger die Erklärung nach den Umständen für verbindlich halten durfte. Nach BGH ist subjektiver Rechtsbindungswille anhand **objektiver Indizien** zu ermitteln. Art, Grund, Zweck, wirtschaftliche Bedeutung der Gefälligkeit, Interessenlage der Parteien, etc.

**II. Haftung**

Es wird zwischen Gefälligkeitsverträgen mit vertraglichen Leistungs- und Sorgfaltspflichten (Primär- und Schadensersatzansprüche möglich) und solchen mit bloßen Sorgfaltspflichten (Schadensersatzansprüche aus §§ 311 II Nr. 3, 280 I, 241 II möglich) unterschieden (str.). Bei Gefälligkeitsverhältnissen entstehen weder vertragliche Leistungs- noch Sorgfaltspflichten, die Haftung bestimmt sich allein nach Delikt.

**III. Haftungsmaßstab**

- **Lit.:** Haftungsbeschränkung analog §§ 521, 599, 690 bei nicht auftragsähnlichen Gefälligkeitsverhältnissen
- **BGH:** Grds. keine Haftungsprivilegierung analog §§ 521, 599, 690, aber Vermeidung von Unbilligkeiten durch häufige Annahme eines stillschweigenden Haftungsausschlusses.

Ein Klassiker zu dem Thema Gefälligkeitsverhältnis ist der sog. Lottotippgemeinschaftsfall (BGH, NJW 1974, 1705 ff.): A, B und C bilden eine Tippgemeinschaft. A sammelt jeweils das Geld ein und gibt den Lottoschein ab. Gerade bei der Ziehung, bei der auf die verabredeten Zahlen ein hoher Gewinn entfallen wäre, hatte A vergessen, den Schein abzugeben.

Ein Schadensersatzanspruch könnte sich aus einer Pflichtverletzung im Rahmen eines Auftrags- oder Gesellschaftsvertragsverhältnisses ergeben (Beauftragung des A zur Abgabe des Lottoscheines). Hinsichtlich eines solchen Vertragsverhältnisses verneint der BGH jedoch einen Rechtsbindungswillen, da eine vertragliche Bindung den A mit einem unzumutbaren Risiko belasten würde, ohne dass dies durch dringende Interessen von B und C gerechtfertigt wäre. Zu einem sachgerechteren Ergebnis führt hier jedoch die Annahme eines Gesellschaftsvertrages bezüglich der Tippgemeinschaft, so dass Anspruchsgrundlage für einen Schadensersatzanspruch § 280 I (Schlechtleistung bezüglich der gesellschaftsvertraglichen Pflichten) wäre. Jedoch wird man dann wegen des existenzbedrohenden Risikos einen stillschweigend vereinbarten Haftungsausschluss annehmen müssen.

Fragen des Rechtsbindungswillens treten auch auf, wenn es um die Erteilung von Auskünften geht! Wegen § 675 II haftet man für fehlerhafte Ratschläge und Empfehlungen nur aus Delikt oder aus Auskunftsverträgen. Soweit diese ausdrücklich geschlossen werden, ergeben sich keine besonderen Probleme. Häufig werden jedoch von der Rspr. konkludente Vertragsschlüsse angenommen, indem man dem objektiven Inhalt einer Vereinbarung einen auf Beratungs- oder Auskunftsvertrag gerichteten rechtsgeschäftlichen Willen entnimmt. Dies gilt v.a., wenn die Auskunft für den Fragenden erkennbar von erheblicher Bedeutung ist und er sie zur Grundlage wesentlicher Entscheidungen machen will. Das soll selbst dann gelten, wenn der Auskunftserteilende eine rechtsgeschäftliche Bindung explizit ausschließt (§ 242).

<u>Sound</u>: Der Beratende haftet nicht da, wo er will, sondern da, wo er soll.

## Abgabe und Zugang von Willenserklärungen

| | |
|---|---|
| **I. Wirksamwerden von WE** | Grundsätzlich durch **Abgabe** und **Zugang** |
| **II. Abgabe** | = willentliche Entäußerung einer Erklärung in den Rechtsverkehr (genauer siehe Hemmer-Methode auf der Rückseite) |
| **III. Zugang** | (+), wenn WE so in den Machtbereich des Empfängers gelangt, dass dieser unter normalen Umständen von ihr Kenntnis erlangen kann.<br><br>Eine tatsächliche Kenntnisnahme ist nicht erforderlich. |
| **IV. Zeitpunkt des Wirksamwerdens** | • bei nicht empfangsbedürftiger WE (z.B. Testament): mit Abgabe, (Zugang nicht erforderlich)<br>• bei empfangsbedürftiger WE:<br>unter Abwesenden: Zugang gem. § 130 I unter Anwesenden: § 130 I S. 1 analog |
| **V. Widerruf** | Gem. § 130 I S. 2 vorher oder gleichzeitig mit Zugang der WE möglich. |

Abgabe einer WE ist die willentliche Entäußerung einer Erklärung in den Rechtsverkehr. Fraglich ist, wann diese vorliegt (hierbei: Problem des Verhörens). Ein Standardproblem in der Klausur i.R.d. Abgabe ist dabei die sog. *abhandengekommene WE* (vgl. BGB AT I, Rn. 94).

***Beispiel:*** ***A füllt einen Bestellschein aus, legt ihn, weil er noch über die Bestellung nachdenken möchte, auf seinen Schreibtisch. In seiner Abwesenheit findet sein Sohn den Schein. Er nimmt an, A habe die Absendung vergessen und erledigt dies für ihn.***

Nach *h.M.* liegt in dem Schreiben des A keine wirksame WE, da es an einer willentlichen Entäußerung in den Rechtsverkehr fehlt. In der Literatur finden sich aber zunehmend Stimmen, welche die Bindungswirkung im Fall der „abhandengekommenen Willenserklärung" durch eine Übertragung der „Grundsätze zum fehlenden Erklärungsbewusstsein" bejahen (MüKo, § 130, Rn. 14).

Nach *a.A.* ist die Erklärung zwar unwirksam; dem Empfänger, der auf die Erklärung vertraute, weil er den Abgabemangel nicht kannte, soll aber analog § 122 ein verschuldensunabhängiger Schadensersatzanspruch zustehen.

Bei der Abgabe einer empfangsbedürftigen WE gegenüber einem Dritten ist zu unterscheiden:

Ist der Dritte Empfangsvertreter (§ 164 III), müssen die Voraussetzungen des Zugehens in seiner Person erfüllt sein. Ist er Empfangsbote, geht die Erklärung dann zu, wenn die Weiterleitung an den Empfänger zu erwarten ist.

Bei der Erklärung unter Anwesenden gilt § 130 I S. 1 analog. Bei einer verkörperten WE ist auf den Zugang abzustellen. Der Zugangszeitpunkt einer mündlichen (nicht verkörperten) WE unter Anwesenden (auch telefonische Erklärungen, § 147 I S. 2 analog) ist strittig:

- nach der reinen Vernehmungstheorie geht sie zu, sobald sie der Empfänger richtig versteht. Übermittlungsfehler gehen zu Lasten des Erklärenden.
- nach der eingeschränkten Vernehmungstheorie (h.M.) geht die Erklärung zu, sobald der Erklärende damit rechnen kann und darf, richtig verstanden worden zu sein.

## Geschäftsfähigkeit, §§ 104 ff.

### I. Begriff

Geschäftsfähigkeit = Fähigkeit, durch Willenserklärungen Rechtsfolgen herbeizuführen. Sofern Fähigkeit, verantwortlich zu handeln, ganz oder teilweise fehlt, ist die Geschäftsfähigkeit eingeschränkt.

### II. Formen

| Geschäftsunfähigkeit, §§ 104, 105 | beschränkte Geschäftsfähigkeit, §§ 106 - 113 | volle Geschäftsfähigkeit |
|---|---|---|
| Rechtsgeschäfte sind nichtig;<br>Ausnahme: Geschäfte des täglichen Lebens Volljähriger, § 105a | • lediglich rechtlich vorteilhafte Geschäfte sind wirksam<br>• rechtlich neutrale Geschäfte sind wirksam (h.M.)<br>• Rechtlich (auch) nachteilige Geschäfte sind zustimmungsbedürftig; Ausnahme: §§ 112, 113<br>• einseitige Rechtsgeschäfte, vgl. § 111 | Rechtsgeschäfte sind wirksam |

Dem Schutz Geschäftsunfähiger und beschränkt Geschäftsfähiger räumt das Gesetz eine sehr große Bedeutung ein. Dieser Wertung sollten Sie in Klausuren besondere Beachtung schenken.

Merken Sie sich vor allem, dass es in Bezug auf die Geschäftsfähigkeit keinen Gutglaubensschutz gibt. Der Verkehr wird allenfalls insofern geschützt, als man bei der Frage der Geschäftsfähigkeit nicht nach der Schwierigkeit der Rechtsgeschäfte differenziert.

Die Regeln über die Geschäftsfähigkeit gelten nur für die Vornahme von Rechtsgeschäften und geschäftsähnlichen Handlungen. Für die Vornahme von Realakten, wie z.B. die Übergabe einer Sache, ist lediglich die natürliche Einsichtsfähigkeit in die Bedeutung der Handlung erforderlich. Bei der Weggabe einer Sache durch einen beschränkt Geschäftsfähigen ist bei der Frage des Abhandenkommens i.S.d. § 935 die Urteilsfähigkeit über die Bedeutung der Besitzaufgabe maßgebend.

Auch ein Geisteskranker kann in „lichten Momenten“ die volle Geschäftsfähigkeit besitzen. Von ihm vorgenommene Rechtsgeschäfte sind dann wirksam. Es ist darüber hinaus möglich, dass ihm die Geschäftsfähigkeit nur für bestimmte Arten von Rechtsgeschäften fehlt, auf die sich die geistige Störung bezieht. Alle übrigen Arten von Rechtsgeschäften kann die betreffende Person dagegen wirksam tätigen (sog. partielle Geschäftsfähigkeit). Daneben kann ein volljähriger Geschäftsunfähiger i.R.v. § 105a wirksam kontrahieren. Ohne Einfluss auf die Geschäftsfähigkeit ist das Institut der Betreuung (§§ 1896 ff.), das im Jahr 1990 an die Stelle der Entmündigung trat. Die Anordnung eines Einwilligungsvorbehalts nach § 1903 führt allenfalls zu einer beschränkten Geschäftsfähigkeit.

Probleme ergeben sich jedoch im Rahmen der einfachen Betreuung ohne Einwilligungsvorbehalt, da Betreuer und Betreuter jeweils vollwirksam handeln können. Hier ist dann zwischen sich widersprechenden Verpflichtungsgeschäften (evtl. Unwirksamkeit der einen Erklärung bzw. Schadensersatzverpflichtung) und sich widersprechenden Verfügungsgeschäften (sachenrechtlicher Prioritätsgrundsatz) zu unterscheiden.

# RGe beschränkt Geschäftsfähiger (I), §§ 104 ff.

BGB AT I, Rn. 114 ff.



## Willenserklärungen eines beschränkt Geschäftsfähigen

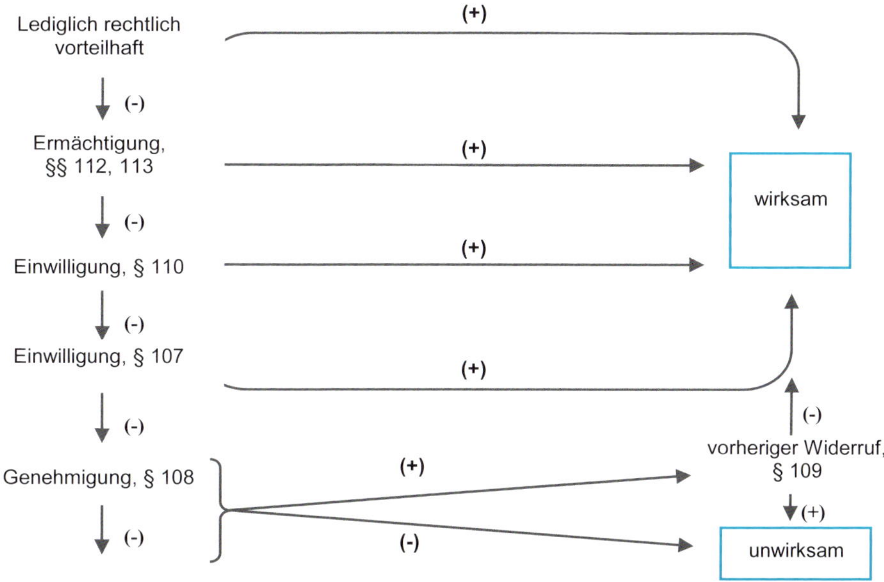

Das umseitige Schema gibt den gedanklichen Ablauf bei der Prüfung wieder, ob ein von einem beschränkt Geschäftsfähigen vorgenommenes Rechtsgeschäft wirksam ist. Lassen Sie sich nicht von seiner vermeintlichen Komplexität abschrecken, sondern benutzen Sie es, um sich mit seiner Hilfe eine gedankliche „Checkliste“ zu erarbeiten.

Beachten Sie ferner, dass Fragen des Minderjährigenschutzes nicht nur bei der Entstehung von Primäransprüchen, sondern auch im Recht der GoA (Minderjähriger als Geschäftsführer), des Eigentümer-Besitzer-Verhältnisses und im Bereicherungsrecht (Problem: Ist im Rahmen der §§ 683, 990, 819 I jeweils auf die Kenntnis des Minderjährigen oder auf die seiner gesetzlichen Vertreter abzustellen?) eine erhebliche Bedeutung haben.

Lesen Sie zum Minderjährigenrecht auch TYROLLER, „Ausgewählte Probleme des Minderjährigenrechts“, in Life&Law 2006, 213 ff. (= Heft 3); 358 ff. (= Heft 5) und 498 ff. (= Heft 7).

# RGe beschränkt Geschäftsfähiger (II)



**Beschränkt Geschäftsfähige** sind Minderjährige, die das siebente, nicht aber das achtzehnte Lebensjahr vollendet haben, §§ 2, 106.

Wenn ein beschränkt Geschäftsfähiger ein Rechtsgeschäft vornimmt, sind **zwei Stufen** zu prüfen:

## I. Kann beschränkt Geschäftsfähiger alleine handeln oder bedarf er einer Zustimmung?

- **Lediglich rechtlich vorteilhafte RGe** können alleine getätigt werden, § 107: ein RG ist lediglich rechtlich vorteilhaft, wenn es weder Rechtspositionen des Minderjährigen mindert noch unmittelbare persönliche Verpflichtungen begründet. Dabei ist nur auf rechtliche, nicht aber auf wirtschaftliche Aspekte abzustellen.
- **h.M.:** Minderjähriger kann auch rechtlich neutrale RGe (rechtlich weder vor- noch nachteilig) alleine wirksam vornehmen. *Bsp.:* Übereignung fremder Sache durch Minderjährigen.

## II. Wurde die erforderliche Zustimmung erteilt?

- Zustimmung ist vom **gesetzl. Vertreter** zu erteilen (regelm. Eltern, §§ 1626 I, 1629 I)
- Zustimmung ist formfrei, § 182 II
- Erteilung vorher oder nachträglich möglich:
  vorher = „Einwilligung", § 183 S. 1
  nachträglich = „Genehmigung", § 184 I (wirkt ex tunc)
- bei Fehlen RG schwebend unwirksam

Bei den von Minderjährigen getätigten Rechtsgeschäften ist auf das Abstraktionsprinzip zu achten. Schuldrechtliches und dingliches RG sind unabhängig voneinander auf ihre Vorteilhaftigkeit hin zu überprüfen. Häufig kommt es vor, dass das schuldrechtliche, nicht aber das dingliche Geschäft nachteilig, also schwebend unwirksam ist (z.B. Kaufvertrag mit Übereignung an den Minderjährigen). Die Rückabwicklung erfolgt dann über Bereicherungsrecht mit der Gefahr der Entreicherung, § 818 III. Folgeproblem ist, ob i.R.d. §§ 818 IV, 819 I auf die Kenntnis des Minderjährigen oder auf die seiner gesetzlichen Vertreter abzustellen ist.
Bei der schenkweisen Übereignung der gesetzlichen Vertreter muss eine Umgehung des § 181 verhindert werden, da die Schenkung als an sich lediglich rechtlicher Vorteil nach § 181 BGB vollzogen werden könnte. § 181 ist aber nicht anzuwenden, wenn das dingliche Geschäft zu einem Nachteil führt (sog. „Danaergeschenk"; lesen Sie dazu BGH, Life&Law 02/2011, 135 f.; die früher hierzu vertretene Gesamtbetrachtungslehre hat der BGH inzwischen aufgegeben). Bei der Beurteilung des Nachteils kommen nur unmittelbare Nachteile in Betracht (z.B. Vermietung des Grundstücks wegen §§ 566, 578 I). Hieran fehlt es z.B., wenn dem Minderjährigen ein mit einer Hypothek belastetes Grundstück geschenkt wird, weil aus der Hypothek nur in dieses Grundstück vollstreckt werden kann (die Hypothek mindert also nur den Wert des Geschenkes). Bei einem mit einem Nießbrauch belasteten Grundstück fehlt es jedenfalls dann an einem rechtlichen Nachteil, wenn der Nießbraucher auch die Kosten außergewöhnlicher Ausbesserungen und Erneuerungen sowie die außergewöhnlichen Grundstückslasten zu tragen hat.
Bei Leistungen an einen Minderjährigen zum Zwecke der Erfüllung ist zwischen der Frage des Eigentumsüberganges (lediglich rechtlich vorteilhaft) und der der Erfüllungswirkung zu unterscheiden: da diese wegen § 362 I rechtlich nachteilig ist, fehlt dem Minderjährigen nach h.M. die Empfangszuständigkeit, § 107 analog. Bezüglich des übergangenen Eigentums bleibt nur die Kondiktion.
Für die Wirksamkeit der Übereignung einer fremden Sache durch einen Minderjährigen (= rechtlich neutrales Geschäft) spricht, dass der Schutzzweck der §§ 107 ff. mangels rechtlichen Nachteils nicht berührt wird. Gegen einen gutgläubigen Erwerb in solchen Fällen führt eine Mindermeinung an, dass die Gutglaubensvorschriften den Erwerber nur so stellen sollen, wie er bei Richtigkeit seiner Vorstellung (Eigentum des Minderjährigen) stünde. Dann wäre aber gem. § 107 ein zustimmungsfreier Erwerb nicht möglich.

## Sonderregelungen

**I. Partielle Geschäftsfähigkeit**

§ 112 (= Ermächtigung zum selbständigen Betrieb eines Erwerbgeschäftes),

§ 113 (= Ermächtigung zum Eintritt in ein Arbeitsverhältnis) erweitern die Geschäftsfähigkeit des Minderjährigen (MJ) partiell.

- MJ im abgesteckten Bereich voll geschäftsfähig (alle RGe, die mit genehmigtem Geschäftskreis (eng) zusammenhängen, kann MJ wirksam vornehmen.)
- Ermächtigung vom gesetzlichen Vertreter zu erteilen (bei § 112 zusätzl. Genehmigung des Familiengerichts erforderlich)

**II. Überlassung von Taschengeld, § 110**

§ 110 = besonderer Anwendungsfall des § 107: konkludente Einwilligung durch Überlassung der Geldmittel, d.h. keine Erweiterung der Geschäftsfähigkeit

**§ 110 wird häufig als „Taschengeldparagraph“ bezeichnet.**

**Diese Bezeichnung ist allerdings zu eng, da die Vorschrift der rechtlichen Selbstbestimmung des Minderjährigen einen beachtlichen Spielraum gewährt. Der Minderjährige kann nämlich nicht nur über sein Taschengeld, sondern über jedes Einkommen verfügen, das ihm die Eltern zur freien Verfügung überlassen. Darunter fallen auch Unterhaltszuschüsse der Eltern, aus Ferienarbeit erzielter Lohn oder Geldgeschenke Dritter (sofern die Eltern die Zustimmung zur freien Verfügung erteilt haben).**

**Beachten Sie, dass die konkludente Einwilligung des § 110 inhaltlich beschränkt ist („beschränkte Generaleinwilligung"). Verträge des Minderjährigen werden nicht schon mit Abschluss, sondern erst bei *Erfüllung* wirksam (vgl. Wortlaut des § 110: *bewirkt)*. Wichtig ist dies insbesondere für Verträge, in denen sich der Minderjährige zu Ratenzahlungen verpflichtet. Hier wird der Vertrag erst mit Zahlung der letzten Rate wirksam.**

## Vertragsschluss: Angebot und Annahme (I), §§ 145 ff.

**I. Vertrags-schluss**

Erfolgt durch Abgabe von korrespondierenden WEen, grds. durch Angebot und Annahme (§§ 145 ff.)

**II. Angebot**

= einseitige empfangsbedürftige WE, die mit Zugang wirksam (§ 130 I) und für den Antragenden nach § 145 grds. bindend wird. Angebot muss inhaltlich so bestimmt oder bestimmbar sein, dass Annahme durch bloßes „Ja" erfolgen kann. Antrag muss also alle wesentlichen Vertragspunkte (essentialia negotii) enthalten (Sonderfälle s. ÜK 18).

**III. Annahme**

= ebenso empfangsbedürftige WE

Bei § 151 wird lediglich auf den Zugang der Annahmeerklärung, nicht aber auf die Abgabe selbst verzichtet – Schweigen reicht hier grds. nicht aus! Sonderfälle s. ÜK 18.

Der Vertrag ist die häufigste und wichtigste Form von Rechtsgeschäften. Er erlaubt es jedem, seine Angelegenheiten i.R. der Gesetze selbständig zu regeln und ist damit das Mittel zur Verwirklichung der Privatautonomie, § 311 I. Das Vertragsrecht ist auch in den Klausuren von überragender Bedeutung.

Arbeiten Sie hier genau! Gehen Sie wie folgt vor:

- Prüfen Sie den Sachverhalt auf Handlungen (auch konkludentes Verhalten), in denen ein Antrag gesehen werden kann. Untersuchen Sie, ob alle essentialia negotii enthalten sind.
- Fragen Sie, ob der Erklärende den erforderlichen Rechtsbindungswillen hat oder der Erklärungsempfänger das Verhalten nach Treu und Glauben unter Rücksicht auf die Verkehrssitte als Angebot auffassen darf (§§ 133, 157 analog; nicht direkt, weil es um die Frage des „Ob" einer Vertragserklärung geht und nicht um deren Inhalt).
- Ist die Erklärung wirksam zugegangen? Hat sich der Erklärende nicht ausdrücklich einen Widerruf vorbehalten, so ist er an seinen Antrag ab Zugang bis zu seinem Erlöschen (§§ 146 ff.) gebunden.

Liegt nach alledem ein Antrag vor, suchen Sie nun nach einer Annahmeerklärung.

- Suchen Sie nach einer Handlung, in der eine Annahme liegen kann. Denken Sie auch hier wieder an konkludentes Verhalten, ferner an § 151.
- Prüfen Sie, ob die Annahme rechtzeitig und ohne inhaltliche Änderung erfolgt ist. Falls nicht, liegt keine Annahme, sondern ein neuer Antrag vor (§ 150 I, II).

Umfasst die Einigung alle Vertragspunkte? Wenn offensichtlich nicht ⇨ offener Dissens, § 154; wenn unerkannt nicht ⇨ verdeckter Dissens, § 155 (vgl. ÜK 20). Sind alle Punkte erfüllt, liegt ein Vertragsschluss vor.

## Sonderfälle des Vertragsschlusses

| | |
|---|---|
| **I. Unvollständiger Antrag** | Auch ein unvollständiger Antrag kann wirksam sein, wenn das Gesetz fehlende Angaben ersetzt (vgl. §§ 612, 632) oder die Leistung einseitig bestimmt werden soll (§§ 315 ff.). |
| **II. Angebot ad incertas personas** | = Angebot an einen **unbestimmten** Personenkreis; z.B. bei Warenautomaten, Zapfsäulen an Tankstelle |
| **III. Verspätete oder abändernde Annahme** | = **neues Angebot** gem. § 150 I, II |
| **IV. Invitatio ad offerendum** | Z.B.: Eine Ausstellung von Waren in Schaufenstern ist **kein** verbindlicher **Antrag**. Es fehlt der Rechtsbindungswille. Darin ist lediglich eine Aufforderung an potentielle Kunden zu sehen, ihrerseits ein Angebot abzugeben.<br>Entsprechendes gilt für Speisekarten, Zeitungsinserate, Katalogzusendungen, etc. |
| **V. Schweigen mit Erklärungswirkung** | Schweigen wirkt **ausnahmsweise wie eine echte Annahmeerklärung**, wenn die Parteien dies ausdrücklich vereinbaren oder das Gesetz dem Schweigen Erklärungswirkung beimisst, z.B. §§ 108 II S. 2, 177 II S. 2, 415 II S. 2, (Schweigen als Ablehnung) oder §§ 416 I S. 2, 516 II S. 2 (Schweigen als Zustimmung). Zum Schweigen auf ein kaufm. Bestätigungsschreiben vgl. ÜK 19. |

Bei Warenautomaten gibt der Aufsteller sein Angebot unter drei Bedingungen ab, die zu seinem Schutz erforderlich sind: Der Automat wird mit richtigem Geldeinwurf bedient, ist funktionstüchtig und die Ware ist vorrätig. Er will nur mit Personen kontrahieren, die den Automaten ordnungsgemäß bedienen. Zudem soll er nicht bei jeder Störung (oder wenn der Automat leer ist) Schadensersatz statt der Leistung leisten müssen (*vgl. dazu BGB AT I, Rn. 136*). Bei Selbstbedienungsläden ist das Auslegen der Ware als bloße *„invitatio ad offerendum“* anzusehen, das endgültige Angebot wird erst durch den Kunden beim Vorzeigen der Ware an der Kasse abgegeben, die Annahme durch das Eintippen des Rechnungsbetrages bzw. das Einscannen der Ware erklärt, *vgl. BGB AT I, Rn. 138.* Bei Selbstbedienungstankstellen stellt die funktionsbereite Zapfsäule das verbindliche Angebot dar. Der Vertrag wird also an der Zapfsäule geschlossen (BGH, Life&Law 08/2011, 542 ff. = jurisbyhemmer).

Die Begründung für den fehlenden Rechtsbindungswillen bei der invitatio ad offerendum: Falls in der Schaufensterauslage oder dem Zeitungsinserat, etc. bereits ein Angebot läge, wäre der „Anbieter“ bei Annahme zur Leistung verpflichtet. Könnte er dann nicht leisten (z.B. weil sein Vorrat aufgebraucht ist), wäre er schadensersatzpflichtig, §§ 283 S. 1, 280 I, III bzw. 311a II.

Beim unaufgeforderten Zusenden von Waren (= Angebot) schickt ein Händler häufig die Waren mit der Maßgabe, dass die Ware als gekauft gilt, sofern sie nicht innerhalb einer bestimmten Frist zurückgesandt wird. Solche Klauseln haben lediglich die Wirkung des § 151 (auf den Zugang der Annahmeerklärung wird verzichtet), dem Empfänger kann das Schweigen aber nicht als Erklärungsmittel (= Annahme) aufgedrängt werden. Vielmehr ist hier § 241a zu beachten.

Ein Spezialproblem stellt der sog. Kontrahierungszwang dar: Grundsätzlich kann niemand gezwungen werden, einen Vertrag zu schließen. Ausnahmen enthält das Gesetz für den Fall der Daseinsvorsorge (Strom, Gas nach dem Energiewirtschaftsgesetz, EnWG). Ein Kontrahierungszwang kann sich ferner aus § 826 i.V.m. § 249 I ergeben, wenn sich die Weigerung zum Vertragsschluss als sittenwidrige Schädigung darstellt (z.B. Ausnutzen einer Monopolstellung). Bei Verstößen gegen das AGG besteht nach h.M. kein Kontrahierungszwang, vgl. auch § 15 VI AGG.

## Das kaufmännische Bestätigungsschreiben (KBS)

### I. Begriff

Unter Kaufleuten ist es üblich, dass die eine Partei der anderen kurz schriftlich den Vertragsschluss und den Inhalt des Vertrages bestätigt.

### II. Rechtsfolge

Das Schweigen auf ein solches Schreiben gilt kraft Handelsbrauch (vgl. § 346 HGB) als **Zustimmung** (deklaratorische Wirkung, wenn Vertrag bereits vorher zustande gekommen ist, teilweise konstitutive Wirkung, wenn KBS von vorherigem Vertragsinhalt abweicht)

### IIII. Voraussetzungen

- Vorausgegangener mündlicher Vertragsabschluss (zumindest aus der Sicht des Absenders)
- KBS ist eindeutig abgefasst und erfolgt zeitlich unmittelbar nach den Vertragsverhandlungen
- Empfänger ist Kaufmann oder nimmt ähnlich einem Kaufmann in größerem Umfang am Gesellschaftsleben teil
- Absender nimmt zumindest wie ein Kaufmann am Geschäftsleben teil
- (a.A.: jeder Privatmann kann Absender sein)
- Zugang: Es gelten die allgemeinen Vorschriften, § 130
- Kein unverzüglicher Widerspruch des Empfängers, vgl. § 121
- Schutzwürdigkeit/ Redlichkeit des Absenders bezüglich Vertragsinhalt

Das kaufmännische Bestätigungsschreiben (KBS) soll künftige Unsicherheiten über den Vertragsinhalt vermeiden und beruht auf dem Gedanken des Vertrauensschutzes. Beachten Sie folgende Problemfälle:

- Mündlicher Vertragsschluss: Hier müssen Sie genau unterscheiden: Soll durch das Schreiben Klarheit über eine bereits getroffene Einigung erzielt werden (dann KBS) oder soll ein Vertrag erst zustande kommen (dann Annahme). In der Praxis wird häufig die Bezeichnung „Auftragsbestätigung“ verwendet. Hierbei ist dann durch Auslegung zu klären, ob aus Sicht des Absenders der Vertrag bereits vorher zustande gekommen ist oder die „Auftragsbestätigung“ erst die Annahmeerklärung darstellt.
- Anfechtung des mittels KBS zustande gekommenen RGs: Das Schweigen des Empfängers ist keine WE, sondern nur ein Zurechnungstatbestand. Es ist daher strittig, ob die §§ 119 ff. entsprechend angewandt werden können. Eine Anfechtung wegen Irrtums über die Bedeutung des Schweigens ist nach Sinn und Zweck des Rechtsinstituts ausgeschlossen. Die Anfechtbarkeit wegen inhaltlicher Irrtümer ist strittig. Einerseits soll der Empfänger nicht stärker gebunden werden, als bei ausdrücklicher Zustimmung, andererseits trifft ihn die Obliegenheit zur sorgfältigen Prüfung des Schreibens. Der Schutz des Vertrauens des Absenders spricht gegen die Anfechtbarkeit (Frage vom BGH offen gelassen).
- Sich widersprechende Bestätigungsschreiben: Schicken sich beide Parteien gleichzeitig wechselseitig Bestätigungsschreiben, entsteht, soweit sich die Schreiben inhaltlich widersprechen, auf keiner Seite schutzwürdiges Vertrauen. Die schriftliche Fixierung ist dann gescheitert. Sind die Schreiben jedoch inhaltlich identisch, tritt Wirksamkeit ein. Bei sich widersprechenden AGB werden nur die übereinstimmenden Klauseln wirksam.

## Dissens, §§ 154, 155

**I. Begriff**

Der Vertragsschluss erfordert eine Einigung der Vertragsparteien. Fehlt diese, decken sich also die WEen der Parteien (objektiv) nicht, liegt Dissens vor.
Ob dies der Fall ist, ist durch Auslegung zu ermitteln.

**II. Arten**

1. **Totaldissens**: Einigung über vertragswesentliche Punkte (essentialia negotii) fehlt:
   Kein Vertrag (aus allgem. Regeln)
   §§ 154, 155 nicht anwendbar: Diese „Zweifelsregelungen" erfassen nur die fehlende Einigung über Nebenpunkte
2. **Offener Dissens, § 154:**
   Die Parteien haben sich über Nebenpunkte bewusst noch nicht geeinigt: Im Zweifel ist der Vertrag noch nicht geschlossen (Auslegungsregel des § 154 I)
3. **Versteckter Dissens, § 155:**
   Eine Einigung über Nebenpunkte fehlt unbewusst, die Parteien glauben also, sich vollständig geeinigt zu haben:
   Vereinbartes gilt nur, wenn anzunehmen ist, dass der Vertrag auch ohne eine Regelung über Nebenpunkte geschlossen worden wäre, § 155.

Beachten Sie stets den Vorrang der Auslegung. Ein Dissens liegt nicht schon dann vor, wenn das wirklich Gewollte differiert, sondern erst, wenn auch das objektiv Erklärte nicht übereinstimmt. Im anderen Fall ist nur Anfechtung gem. § 119 I möglich. Meistens kommt man bereits durch Auslegung zum Ziel.

Bedenken Sie im Zusammenhang mit dem Dissens, dass dann, wenn eine Partei das Scheitern des Vertragsschlusses wegen des Dissenses zu vertreten hat, eine Haftung dieser Partei aus § 280 I i.V.m. § 311 II möglich ist.

In Ausnahmefällen kommt ein Vertrag auch zustande, wenn eine Einigung über Leistung bzw. Gegenleistung fehlt. Dies gilt z.B. bei Dienst- und Werkverträgen hinsichtlich der Vergütung, wenn die Dienst- bzw. Werkleistung den Umständen nach nur gegen Vergütung zu erwarten ist (§§ 612, 632). § 632 III stellt klar, dass für Kostenvoranschläge eine Vergütung im Zweifelsfall nicht zu erwarten ist.

## Inhalt und Auslegung von Verträgen

**I. Vorgehensweise**

Zwei nebeneinander anzuwendende Auslegungsmöglichkeiten:

1. Auslegung nach allg. Regeln (vgl. ÜK 6)
2. ergänzende Vertragsauslegung, § 157

**II. Voraussetzungen von 2.**

1. Der Vertrag enthält eine Regelungslücke („planwidrige Unvollständigkeit")
2. Die Regelungslücke kann nicht durch Heranziehung dispositiven Rechts geschlossen werden.

**III. Rechtsfolge**

Die vertragliche Regelung ist entsprechend des hypothetischen Willens der Parteien zu ergänzen,

⇨ dabei grds. Argumentation aus dem Vertrag, aber auch Einbeziehung von objektiven, außerhalb des Vertrages liegenden Kriterien i.R.v. Treu und Glauben.

**IV. Schranken**

Der Grundsatz der Privatautonomie ist zu beachten,
⇨ gefundenes Ergebnis darf nicht im Widerspruch zum hypothetischen Parteiwillen stehen (Privatautonomie)

⇨ bei formbedürftigen RGen muss der Parteiwille in irgendeiner Weise im Dokument Niederschlag gefunden haben (Andeutungstheorie).

**Die größte Schwierigkeit i.R.d. ergänzenden Vertragsauslegung liegt in der Praxis darin zu ermitteln, was die Parteien wohl gewollt hätten. In der Klausur wird der Sachverhalt in der Regel jedoch so gestellt sein, dass zu erkennen ist, auf welche Regelung der Aufgabenersteller hinaus will. Zwei Punkte sind jedoch immer zu beachten:**

1. **Vermeiden Sie das „Hinzudichten" von Regelungslücken. Lücken in Verträgen entstehen meist dadurch, dass die Parteien die Regelungsbedürftigkeit nicht erkannt haben. Sie können ferner darauf beruhen, dass die ursprünglich getroffene Vereinbarung nicht mehr zu ermitteln ist. Auch die Unwirksamkeit der ursprünglich getroffenen Vereinbarung kann zu einer Lücke führen, sofern der restliche Vertrag wirksam ist.**

**Dagegen liegt eine *„Störung der Geschäftsgrundlage"* vor, § 313, wenn sich die von den Parteien bei Vertragsschluss vorausgesetzten rechtlichen oder tatsächlichen Verhältnisse nachträglich ändern. Es ist auch keine planwidrige Lücke gegeben, wenn bewusst keine Regelung getroffen werden sollte oder die Regelung eindeutig, aber unbillig ist. Auch wenn die Parteien eine „unsinnige" Regelung getroffen haben, ist das ihr gutes Recht (Privatautonomie).**

2. **Das Ergebnis der ergänzenden Auslegung darf nicht im Widerspruch zum erkennbaren Parteiwillen stehen. Der Vertragsgegenstand darf auch nicht erweitert werden. Es kann keine ergänzende Auslegung stattfinden, wenn sich mehrere Möglichkeiten zur Lückenfüllung ergeben und nicht klar ist, welche der Alternativen die Parteien gewählt hätten. Versuchen Sie keinesfalls, ein gerechtes Ergebnis zu erzwingen.**

**Bei AGB gilt § 306 II, wonach unwirksame Klauseln durch die gesetzlichen Vorschriften ersetzt werden. Fehlen solche Regelungen, ist eine ergänzende Vertragsauslegung vorzunehmen.**

**Beachten Sie aber, dass dabei eine geltungserhaltende Reduktion auf das gerade noch zulässige Maß regelmäßig unzulässig ist.**

## Formvorschriften I, §§ 125 ff.

| | |
|---|---|
| **I. Prinzipien** | **Grundsatz der Formfreiheit**<br>Ausnahmen:<br>⇨ Gesetzliches Formerfordernis, § 125 S. 1 (Arten: §§ 126 ff.)<br>⇨ Durch Parteien vereinbartes Formerfordernis, § 125 S. 2 |
| **II. Zweck von Formerfordernissen** | **Warn-, Übereilungsschutz-, Klarstellungs- und Beweisfunktion**<br>Bei notarieller Beurkundung liegt auch eine Belehrungsfunktion vor. |
| **III. Umfang** | Der Formzwang umfasst das gesamte Rechtsgeschäft (vgl. § 311b), bei den Verträgen also auch **Nebenabreden**, soweit diese nach dem Willen der Vertragsparteien Vertragsinhalt werden sollen - evtl. also § 139 |
| **IV. Rechtsfolge bei Fehlen** | ⇨ Grds. **Nichtigkeit** gem. § 125 S. 1 bzw. S. 2 (Regelung für den Zweifelsfall)<br>⇨ Bei bestimmten Formvorschriften: andere Rechtsfolge als Nichtigkeit, § 550 S. 2 BGB; §§ 14 IV, 16 TzBfG |

Formarten sind die Schriftform, § 126, die elektronische Form, § 126a, die Textform, § 126b, die öffentliche Beglaubigung, § 129, und die notarielle Beurkundung, § 128. Einige Vorschriften stellen zusätzliche Anforderungen:

- § 925 (Auflassung): Die Erklärung muss bei gleichzeitiger Anwesenheit der Parteien abgegeben werden.

Gleichzeitige Anwesenheit bedeutet aber nicht gleichzeitige höchstpersönliche Anwesenheit, sodass eine Vertretung bei der Auflassung gem. §§ 164 ff. zulässig ist [Botenschaft dagegen nicht, da es auf die gleichzeitige Abgabe der Willenserklärung ankommt *(das gleiche Problem stellt sich bei § 1410)*].

- § 2247: Eigenhändige Testamentserrichtung
- § 1310: Persönliche Anwesenheit vor dem Standesbeamten.

Verbinden die Parteien mehrere RGe, von denen nur eines formbedürftig ist, rechtlich zu einem einheitlichen RG, so ist dieses insgesamt formbedürftig.

*Beispiel: Bauunternehmer U verpflichtet sich, ein Grundstück zu bebauen und an den Besteller zu verkaufen.* Hier besteht Formbedürftigkeit des gesamten Vertrages, also auch des an sich nicht formbedürftigen Werkvertrages, da der gesamte Vertrag als Einheit gewollt ist.

## Formvorschriften II, §§ 125 ff.

### I. Heilung und Abbedingung

1. Heilungsmöglichkeiten mit **ex-nunc-Wirkung**, wenn im Gesetz vorgesehen, z.B. §§ 311b I S. 2, 518 II, 766 S. 3
2. Von Parteien **vereinbartes** Formerfordernis kann von ihnen jederzeit **formlos aufgehoben** werden. Nach der Rspr. ist dies schon dann anzunehmen, wenn die Parteien die Form einvernehmlich missachten.

   Das soll selbst dann gelten, wenn sie an das Formerfordernis nicht gedacht haben (anders nach h.M. aber bei doppelter Schriftformklausel, wobei bzgl. AGB Besonderheiten gelten).

### II. Ausnahmen von der Formnichtigkeit

Das Berufen auf einen Formmangel ist gem. § 242 unbeachtlich, wenn die Nichtigkeit zu einem **„schlechthin untragbaren Ergebnis"** führen würde.

**Fallgruppen:**

⇨ Hat eine Partei die andere **arglistig** von der Einhaltung der Form abgehalten, kann sie sich später nicht auf Formnichtigkeit berufen (a.A.: gleiches Ergebnis über § 826 oder §§ 280 I, 311 II, 249 I).

⇨ Für Betroffene würde die Nichtigkeit zur **Existenzgefährdung** führen. Ein bloß hartes Ergebnis reicht nicht aus.

⇨ Fälle **schwerer Treuepflichtverletzung**

§§ 125 S. 2, 154 II enthalten nur Regelungen für den Zweifelsfall. Die Fehlerfolge bei rechtsgeschäftlich vereinbarten Formerfordernissen liegt also in der Hand der Parteien. Ihre Aufgabe ist es, durch Auslegung zu ermitteln, welche Funktion das Formerfordernis hatte. Diente es nur zur Beweiserleichterung, wäre es nicht im Sinne der Parteien, als Rechtsfolge eines Verstoßes Nichtigkeit anzunehmen. Nur wenn die Form konstitutiven Charakter haben sollte, wird das Rechtsgeschäft nach § 125 S. 2 nichtig oder nach § 154 II noch gar nicht geschlossen sein.

Fraglich ist, was mit *„schlechthin untragbarem Ergebnis“* gemeint ist. Der BGH hat diese Frage bislang offen gelassen und entscheidet einzelfallabhängig. Teilweise wird in den Fällen der arglistigen Täuschung auch mit Schadensersatzansprüchen nach § 826 bzw. §§ 280 I, 311 II gearbeitet. Es besteht aber dann kein Anspruch auf Naturalrestitution, d.h. auf Vertragsschluss, da dies einen Kontrahierungszwang begründen würde. Der Geschädigte kann aber bei einem formnichtigen Grundstückskaufvertrag als Schadensersatz den Kaufpreis eines gleichwertigen Grundstückes verlangen.

Abschließend ein Standardfall, den Sie kennen sollten („Edelmannfall“):

Der Adelige A schenkt B ein Grundstück. Als B eine Beurkundung des Schenkungsversprechens (§ 518 I) verlangt, sagt A, dies sei nicht nötig, und gibt darauf sein „Edelmannswort“. B verzichtet nun auf die Beurkundung.

Ist das Geschäft wirksam?

Nein, es ist dem Reichsgericht zufolge gem. § 125 S. 1 formnichtig.

<u>Begründung</u>: Wer sein Geschäft bewusst nicht dem Recht unterstellt, sondern einem Edelmannswort, dem hilft auch das Recht nicht weiter!

# Bedingung und Befristung, §§ 158 ff.



## Bedingung, §§ 158 ff.

| | |
|---|---|
| **I. Begriff** | Die Wirksamkeit eines Rechtsgeschäftes wird von einem künftigen, ungewissen Ereignis abhängig gemacht. |
| **II. Arten** | 1. **Aufschiebende** Bedingung, § 158 I: RG wird mit Bedingungseintritt ex nunc wirksam.<br>2. **Auflösende** Bedingung, § 158 II: RG verliert seine Wirksamkeit mit Bedingungseintritt |
| **III. Voraussetz.** | Das Rechtsgeschäft muss – abgesehen von der Bedingung – vollständig abgeschlossen und gültig sein. **Grds**. ist **jedes** Rechtsgeschäft bedingt möglich.<br>**Ausnahmen:**<br>⇨ Bedingungsfeindlichkeit kraft Gesetzes, z.B. §§ 925 II, 388 S. 2<br>⇨ Ausübung von Gestaltungsrechten: Anfechtung, Kündigung, Rücktritt.<br>Unzul. Bedingungen/Befristungen sind nach § 139 zu behandeln. Nach Spezialvorschriften ist auch andere Rechtsfolge möglich, z.B. § 925 II (Gesamtnichtigkeit) |

## Befristung, § 163

| | |
|---|---|
| **I. Begriff** | Die Wirksamkeit eines RG wird von einem zukünftigen, gewissen Ereignis abhängig gemacht. |
| **II. Arten** | Obige Ausführungen gelten analog. |
| **III. Voraussetz.** | Die Verweisung auf die §§ 158, 160, 161 ist nicht abschließend. In seltenen Fällen sind auch die §§ 159, 162 entsprechend anwendbar. |

Wie die Gestaltungsrechte können auch Prozesshandlungen grds. nicht bedingt vorgenommen werden (Vermeidung von Unsicherheit über die prozessuale Lage).

Eine Bedingung ist aber ausnahmsweise zulässig, wenn die berechtigten Empfängerinteressen dadurch nicht beeinträchtigt werden. Bei Gestaltungsrechten ist das der Fall, wenn die Wirksamkeit von einer Rechtsfrage abhängig gemacht wird (sog. Rechtsbedingung; z.B. hilfsweise erklärte ordentliche Kündigung bei Ausspruch einer außerordentlichen Kündigung). Zulässig ist auch eine Bedingung, die allein vom Willen des Empfängers abhängt (sog. Potestativbedingung; z.B. Änderungskündigung). Bei Prozesshandlungen sind innerprozessuale Bedingungen, deren Eintritt allein von der Entscheidung des Gerichts abhängt, möglich (z.B. Eventualaufrechnung: Aufrechnung des Beklagten für den Fall, dass das Gericht die Klageforderung für gegeben erachtet). In beiden Fällen besteht eine Rechtsunsicherheit nämlich nicht.

Der Eintritt oder Nichteintritt der Bedingung wird häufig für einen der Beteiligten negative Auswirkungen haben. Es wäre daher für ihn nahe liegend, den Bedingungseintritt in seinem Sinne zu beeinflussen. Davor schützt § 162: Die Bedingung gilt als eingetreten (bzw. nicht eingetreten), wenn ihre Vereitelung bzw. Herbeiführung treuwidrig erfolgt.

Ein weiteres Problem besteht während der Schwebezeit, in der ungewiss ist, ob die Bedingung eintreten wird oder nicht. In dieser Zeit kann der Noch-Berechtigte den Erfolg des beabsichtigten Geschäftes beeinträchtigen. So kann z.B. der Noch-Eigentümer vor Bedingungseintritt die Sache bewusst zerstören oder übereignen. Hiergegen bietet das BGB Schutz: § 160 verpflichtet in so einem Fall zum Schadensersatz, § 161 bestimmt die Unwirksamkeit von beeinträchtigenden Verfügungen. Seinen wichtigsten Anwendungsbereich hat § 161 beim Anwartschaftsrecht des Vorbehaltskäufers.

# Stellvertretung (Überblick), §§ 164 ff.

## I. Begriff

Stellvertretung ist rechtsgeschäftliches Handeln mit Wirkung für einen anderen durch Abgabe oder Entgegennahme von Willenserklärungen (unzulässig bei höchstpersönlichen Rechtsgeschäften wie z.B. § 2064, Testamentserrichtung)

## II. Voraussetzungen

- **Eigene WE**
- **Offenkundigkeit = Handeln in fremdem Namen**
- **Vertretungsmacht**

## III. Rechtsfolge

**Wirkung für und gegen den Vertretenen**

Die Folgen rechtsgeschäftlichen Handelns treffen grds. nur den Handelnden selbst. Es besteht aber ein großes praktisches Bedürfnis, sich rechtsgeschäftlich binden zu können, ohne stets selbst tätig werden zu müssen. Diesem Bedürfnis trägt das Institut der Stellvertretung Rechnung.

Beachten Sie auch, dass es noch weitere Möglichkeiten gibt, wie die Folgen von RGen Dritte treffen können. Denken Sie in diesem Zusammenhang immer auch an die Einbeziehung Dritter über § 311 III, den Vertrag zugunsten Dritter, den Vertrag mit Schutzwirkung für Dritte und erbrechtliche Institute wie etwa den Erbvertrag und das gemeinschaftliche Testament.

Bedenken Sie, dass bei Realakten, wie etwa der Übergabe i.S.v. § 929 S. 1, keine Stellvertretung möglich ist. Veräußerer und Erwerber haben aber auch hier die Möglichkeit, Hilfspersonen einzuschalten: Besitzdiener, Besitzmittler und Geheißpersonen.

**Abgrenzung: Stellvertretung ⇔ Botenschaft**

Die Abgrenzung erfolgt durch das nach außen erkennbare Auftreten der Mittelsperson (obj. Empfängerhorizont, Vertrauensschutz)

**Vertreter**

↓

Gibt eigene WE ab, besitzt eigene Entschließungsfreiheit

↓

Muss zumindest beschränkt geschäftsfähig sein, § 165

↓

Zugang der WE mit Entgegennahme durch Vertreter („Passivvertretung"), § 164 III

**Bote**

↓

Überbringt lediglich bereits vorgegebene und vorformulierte WE des Geschäftsherrn

↓

Auch Geschäftsunfähiger kann Bote sein

↓

Zugang, wenn unter normalen Umständen mit Weiterleitung durch den Boten zu rechnen ist („Empfangsbotenschaft")

Beachten Sie die wichtige Vorschrift des § 165. Ein beschränkt Geschäftsfähiger kann trotz des vom Gesetzgeber intendierten Minderjährigenschutzes als Vertreter Willenserklärungen abgeben, weil die rechtsgeschäftlichen Folgen seines Handelns nicht ihn treffen und er auch bei Fehlen der Vertretungsmacht gem. § 179 III S. 2 nicht als falsus procurator haftet. Im Falle des unbewussten Eigengeschäfts (§ 164 II) ist er durch §§ 107 ff. geschützt. Das Vertreterhandeln ist also, anders als der in vielen Fällen zugrunde liegende Auftragsvertrag, für den beschränkt Geschäftsfähigen weder rechtlich vorteilhaft noch nachteilig, sondern „rechtlich neutral“. Rechtlich lediglich vorteilhaft ist hingegen die Bevollmächtigung selbst, die einem beschränkt Geschäftsfähigen wirksam zugeht, § 131 II S. 2.

Die h.M. entnimmt der Vorschrift des § 165 den allgemeinen Rechtsgedanken, dass über § 107 hinaus auch andere „rechtlich neutrale“ Geschäfte des Minderjährigen nicht der Zustimmung seiner gesetzlichen Vertreter bedürfen. Aus diesem Grund soll auch ein gutgläubiger Erwerb vom nichtberechtigten Minderjährigen (§ 932) möglich sein: Der Minderjährige verfügt hier über fremde Gegenstände. Da er bei Wirksamkeit der Übereignung kein eigenes Recht verliert, scheitert die dingliche Einigung nicht an §§ 107 ff. (teleologische Reduktion des § 107 bzw. Analogie zu § 165).

Erwähnung verdient auch der „Vertreter mit gebundener Marschrichtung“. Dieser (z.B. ein Kaufhausangestellter) muss zu vorgegebenen Bedingungen grds. mit jedem Interessenten kontrahieren (minimaler Entscheidungsspielraum). Dennoch liegt Stellvertretung vor und nicht nur Botenschaft, weil die Geschäftsleitung nicht in jedem Fall einen eigenen Willen bilden kann (vgl. BGB AT I, Rn. 192).

## Stellvertretung – Offenkundigkeitsprinzip I

### I. Grundsatz

Gem. § 164 I wirkt das Handeln des Vertreters nur dann für und gegen den Vertretenen, wenn der Vertreter erkennbar in fremdem Namen auftritt
(= **Offenkundigkeitsprinzip**).

**Grund:** Schutz des Vertragspartners, der wissen muss, mit wem er kontrahiert, um die Bonität des Geschäftspartners abschätzen zu können.

Arten:
- ausdrücklich = „Handeln in fremdem Namen"
- konkludent = § 164 I S. 2, z.B. „unternehmensbezogenes Geschäft" (beim Auftreten für einen Gewerbebetrieb wird regelmäßig der Betriebsinhaber verpflichtet)

### II. Ausnahmen vom Offenkundigkeitsprinzip

⇨ **Geschäft für den, den es angeht:**

**offen:** Vertreter stellt klar, dass er für einen anderen handelt, legt aber nicht offen, für wen. Möglicherweise gibt es auch noch keinen Vertretenen

**verdeckt:** Vertreter stellt nicht klar, dass er für einen anderen handelt. Wirksame Vertretung ist trotzdem möglich, wenn es dem Dritten gleichgültig ist, mit wem er kontrahiert (z.B. Bargeschäft des täglichen Lebens)

**§ 1357 I S. 2:** Eine Offenlegung des Handelns ist i.R.d. § 1357 nicht erforderlich, da ein Dritter hier einen zusätzlichen Schuldner erhält und damit nicht schutzbedürftig ist; die Vorschrift hat aber grds. keine dingliche Wirkung („berechtigt" meint nur schuldrechtliches Rechtsgeschäft)

Das „unternehmensbezogene Geschäft“ ist von der Regelung des § 56 HGB zu unterscheiden. Ersteres regelt nur, wen die Rechtsfolgen eines Rechtsgeschäfts treffen, sofern die erforderliche Vollmacht vorhanden war. § 56 HGB stellt dagegen einen Rechtsscheinstatbestand dar, durch den der gutgläubige Dritte geschützt wird, wenn dem Ladenangestellten keine Vollmacht erteilt war.

Beim „Geschäft für den, den es angeht“ lässt sich erkennen, dass der Verkehrsschutz im Vertretungsrecht eine wichtige Rolle spielt. Regelmäßig muss das Offenkundigkeitsprinzip gewahrt werden. Ausnahmen ergeben sich aus Wertungsaspekten immer dann, wenn der Geschäftspartner nicht schutzwürdig ist! Dabei stellt das offene Geschäft für den, den es angeht, an sich gar keine Ausnahme vom Offenkundigkeitsgrundsatz dar, denn der Handelnde macht immerhin deutlich, dass er nicht selbst verpflichtet werden will.

Das „verdeckte Geschäft für den, den es angeht“ spielt vor allem beim Eigentumserwerb an beweglichen Sachen eine Rolle. Es ermöglicht einen direkten Eigentumserwerb des Geschäftsherrn, sofern dieser auch Besitz erlangt, der Vertreter also z.B. sein Besitzdiener oder Besitzmittler ist (vgl. BGB AT I, Rn. 219 f.).

# Stellvertretung - Offenkundigkeitsprinzip II



**Stellvertretung – Offenkundigkeitsprinzip II**

**I. Rechtsfolgen bei fehlender Offenkundigkeit**

Tritt der Wille, in fremdem Namen zu handeln, nicht erkennbar hervor, muss der Dritte annehmen, dass der Auftretende das RG für sich selbst tätigt.

Verpflichtet wird daher der „Vertreter", **§ 164 II.** Eine Anfechtung gem. § 119 I mit der Begründung, der „Vertreter" habe das Geschäft nicht für sich selbst gewollt, ist nicht möglich (eigentliche Bedeutung des § 164 II).

**II. Mittelbare Stellvertretung**

= Handeln in eigenem Namen unter Verfolgung fremder wirtschaftlicher Interessen (**„Handeln in eigenem Namen für fremde Rechnung"**)

*Bsp.:* Handeln i.R.v. Auftrags- oder Geschäftsbesorgungsvertrag (§§ 662 ff., 675), Kommissionsvertrag (§§ 383 ff. HGB)

⇨ Der Handelnde wird im Verhältnis zum Dritten selbst berechtigt und verpflichtet, da die Offenkundigkeit nicht gewahrt ist.

Verträge nur zwischen Auftraggeber und Handelndem sowie Handelndem und Drittem – Abwicklung erfolgt im jeweiligen Vertragsverhältnis

Auch an § 164 II lässt sich die wichtige Rolle des Verkehrsschutzes im Vertretungsrecht erkennen. Beachten Sie bezüglich des Ausschlusses der Anfechtungsmöglichkeit die Parallelen zu anderen Fällen, in denen sich jemand an einem von ihm gesetzten Rechtsschein festhalten lassen muss. So ist etwa beim kaufmännischen Bestätigungsschreiben eine Anfechtung mit der Begründung, man habe nicht gewusst, dass durch Schweigen der Vertrag zustande komme/bzw. abgeändert werde, ausgeschlossen.

Berücksichtigen Sie aber, dass dem Handelnden die Geltendmachung anderer Anfechtungsgründe (etwa § 119 II) möglich bleiben muss! Er kann durch den Rechtsschein nicht stärker gebunden sein, als wenn er das entsprechende RG ausdrücklich getätigt hätte. Insoweit ist der Geschäftspartner auch nicht schutzwürdig.

Bei der mittelbaren Stellvertretung erfolgt die Abwicklung immer im jeweiligen Vertragsverhältnis – also zwischen Auftraggeber und Handelndem bzw. zwischen Handelndem und Drittem. Es sind eigene dingliche Übertragungsakte zwischen dem Handelnden und dem Auftraggeber erforderlich, wenn letzterer Gegenstände erwerben soll, die der Handelnde z.B. für ihn gekauft hat (vgl. § 392 I HGB).

Auf dinglicher Ebene kommt es bei der mittelbaren Stellvertretung zu einem Durchgangserwerb, so dass die betreffenden Gegenstände dem Zugriff der Gläubiger des Handelnden unterliegen (Ausnahme: § 392 II HGB). Die mittelbare Stellvertretung spielt auch i.R.d. Drittschadensliquidation eine wichtige Rolle, da sie ein anerkannter Fall der zufälligen Schadensverlagerung ist.

## Stellvertretung - Vertretungsmacht (VM), Art und Umfang

**I. Begriff**

Vertretungsmacht ist die Rechtsmacht, den Vertretenen durch eigenes, rechtsgeschäftliches Handeln unmittelbar zu berechtigen und zu verpflichten.

**II. Arten**

- rechtsgeschäftlich erteilte VM (Vollmacht, s. § 166 II S. 1), z.B. Prokura, §§ 48 ff. HGB
- gesetzliche VM, z.B. § 1629 I
- organschaftliche VM zur Vertretung juristischer Personen oder teilrechtsfähiger Personenhandelsgesellschaften (OHG, KG), Bsp.: § 35 GmbHG (Geschäftsführer), § 125 HGB (Gesellschafter), § 78 AktG (Vorstand)

**III. Umfang**

Die Wirkung des Handelns des Vertreters gilt für den Vertretenen nur insoweit, als die von der VM gedeckten Möglichkeiten:

- bei Vollmachtserteilung beschränkbar auf
  - ein einzelnes Geschäft (Spezialvollmacht)
  - eine Gruppe von Geschäften (Artenvollmacht)
  - auf Handeln mehrerer Personen zusammen (Gesamtvollmacht)
- ergibt sich bei gesetzlicher VM regelmäßig aus Gesetz – u.U. aber weitere Wirksamkeitserfordernisse, z.B. Genehmigung des Familiengerichts, §§ 1629, 1643, 1821, 1822 Nr. 1, 3, 5, 8 - 11
- ergibt sich bei organschaftlicher VM meist ebenso aus Gesetz – Beschränkung nur mit Wirkung für das Innenverhältnis möglich.

Einen Sonderfall der Vollmacht bildet die Prokura. Dabei handelt es sich um eine rechtsgeschäftliche VM, deren Umfang im Interesse der Sicherheit des Handelsverkehrs gesetzlich bestimmt ist (vgl. § 49 HGB) und durch RG mit Wirkung gegenüber Dritten nicht beschränkt werden kann (§ 50 HGB). Dabei sind die Regelungen der §§ 164 ff. anzuwenden, soweit die §§ 48 ff. HGB keine Sonderregelungen enthalten. Zu beachten ist, dass die Prokura auch außerhalb des HGB erteilt werden kann, vgl. für die GmbH: § 13 III GmbHG, §§ 6, 48 ff. HGB. Die Prokura ist ferner ein Hauptanwendungsfall des Rechtsinstituts des Missbrauchs der Vertretungsmacht (vgl. ÜK 32).

Besonderheiten sind im Todesfall des Vollmachtgebers zu beachten: Die Vollmacht kann nach dem Tode des Vertretenen weiter gelten (sog. transmortale Vollmacht, vgl. § 672 i.V.m. § 168 S. 1) oder sogar aufschiebend bedingt auf den Todesfall erteilt werden (sog. postmortale Vollmacht). In diesem Zusammenhang ist stets auch an die Regelungen der §§ 2301 und 331 zu denken.

## Stellvertretung - VM (Erteilung und Erlöschen), §§ 164 ff.

### I. Erteilung

| Innenvollmacht, § 167 I Alt. 1 direkt gegenüber dem Vertreter | Außenvollmacht, § 167 I Alt. 2 gegenüber Dritten |
|---|---|

Vollmachtserteilung (= einseitige, empfangsbedürftige WE) ist von zugrunde liegendem RG unabhängig (abstrakt)

Grds. nicht formbedürftig (§ 167 II)

**Ausnahmen:** Gesetz schreibt bestimmte Form vor, z.B. §§ 492 IV, 1945 III BGB, § 2 II GmbHG

Unwiderrufliche Vollmacht für formbedürftiges RG, sowie nach BGH generell bei Bürgschaft

### II. Erlöschen

- **Grds. frei widerruflich** (§ 168 S. 2) ⇨ Widerruf (actus contrarius) nicht zwingend auf gleiche Weise wie Erteilung; aber: Rechtsscheinsvollmacht nach §§ 170, 173 beachten!
- § 168 S. 1: VM erlischt mit dem zugrunde liegenden RG - anderes Ergebnis über §§ 672 ff. möglich (transmortale Vollmacht)
- **Bei bedingter und befristeter VM**: Erlöschen mit Bedingungseintritt oder Zeitablauf

Entgegen dem Wortlaut des § 167 II bedarf eine unwiderrufliche Vollmacht für ein formbedürftiges RG der Form. Der Grund dafür ist, dass bereits durch die Vollmachtserteilung eine Bindung zur Vornahme des RGes eintritt, so dass die Warnfunktion der Formvorschrift, etwa § 311b I, die Erstreckung der Form auf die Bevollmächtigung gebietet. Beachten Sie auch den Sonderfall der nach Außen kundgemachten Innenvollmacht (§§ 171 f.). Trifft die Kundgabe nicht zu, weil die Vollmacht nicht wirksam war, ist der Empfänger der Mitteilung in seinem Vertrauen auf die Vertretungsmacht schutzbedürftig. Das Gesetz ordnet daher zugunsten eines Gutgläubigen (§ 173) eine Rechtsscheinhaftung des Vertretenen an, in §§ 171 I, 172 I für die Mitteilung der Vollmacht und in §§ 171 II, 172 II für den Fall einer Beendigung der mitgeteilten Vollmacht. Letztere kann also ihre Wirkung gegenüber dem Empfänger nur durch actus contrarius zur Kundgabe verlieren.

Umstritten ist, ob die Vollmachterteilung anfechtbar ist. Unproblematisch ist dies, solange von ihr kein Gebrauch gemacht wurde. Wegen der Widerrufsmöglichkeit bedarf es der Anfechtung nur, wenn die Vollmacht als unwiderrufliche erteilt wurde. Hat der Vertreter aber bereits ein Geschäft getätigt, würde er wegen der Rückwirkung der Anfechtung nachträglich zum falsus procurator mit den Haftungsfolgen insbesondere aus § 179 II. Schutzwürdig ist auch der Geschäftsgegner, dem durch die Anfechtung nachträglich sein Vertragspartner entzogen würde. Der Vertretene erhielte dagegen eine zusätzliche Anfechtungsmöglichkeit und stünde besser, als wenn er das Geschäft selbst getätigt hätte. Die h.M. bejaht dennoch die Anfechtbarkeit. Bei der Außenvollmacht schützt sie die Interessen des Dritten dadurch, dass er und nicht der Vertreter Anfechtungsgegner (§ 143 III S. 1) ist und deshalb Ersatz des Vertrauensschadens direkt vom Vertretenen verlangen kann (§ 122 I). Bei der ausgeübten Innenvollmacht erfolgt die Anfechtung zum Schutz des Dritten ebenfalls diesem gegenüber (§ 122 I). Bei der Kundgabe der Vollmachtserteilung schließlich handelt es sich um eine Wissens-, nicht um eine Willenserklärung. Dennoch soll sie nach einer M.M. wie eine Außenvollmacht anfechtbar sein, weil sonst der Dritte besser stünde als bei dieser (str.). Die h.M. lehnt dagegen die Anfechtung dieses Rechtsscheinstatbestandes zu Recht ab.

# Vertretungsmacht - Rechtsscheinstatbestände

**BGB AT I, Rn. 248 f.**



## Rechtsscheinstatbestände

| | Duldungsvollmacht | Anscheinsvollmacht |
|---|---|---|
| **I. Rechtsnatur** | h.M.: Rechtsscheinsvollmacht<br>a.A.: konkludent erteilte Innenvollmacht | h.M.: unanfechtbare Rechtsscheinsvollmacht |
| **II. Gemeinsamkeiten** | Handelnder tritt wie Vertreter auf<br>Geschäftspartner vertraut gutgläubig auf den Rechtsschein einer bestehenden Bevollmächtigung, § 173 analog | |
| **III. Unterschied** | Vertretener kennt das Verhalten des „Vertreters“ und duldet es, obwohl er es unterbinden könnte | Vertretener kennt das Verhalten des „Vertreters“ pflichtwidrig nicht und hätte dieses verhindern können |
| **IV. Rechtsfolge** | Geschäft wirkt für und gegen den Vertretenen | h.M.: Geschäft wirkt für und gegen den Vertretenen<br>a.A.: Haftung des „Vertretenen“ aus §§ 280 I, 311 II bzw. Haftung des Vertreters gem. § 179 |

Wie allgemein im Vertretungsrecht spielen die Wertungsaspekte Vertrauensschutz und Zurechenbarkeit eine besondere Rolle für den Ausgleich gegenläufiger Interessen: Der Geschäftsherr kann auch ohne Vollmachtserteilung gebunden werden, sofern er zurechenbar den Rechtsschein der Bevollmächtigung gesetzt hat und der Dritte darauf vertrauen durfte.

Beachten Sie auch den Schutz Minderjähriger: Für sie als Vertretene kann der Rechtsschein nur durch die gesetzlichen Vertreter gesetzt werden.

Umstritten ist, ob die Duldungsvollmacht anfechtbar ist: Beurteilt man die Duldungsvollmacht als konkludent erteilte Vollmacht, müsste sie auch anfechtbar sein. Sieht man die Duldungsvollmacht dagegen als Rechtsscheintatbestand, wäre eine Anfechtung an sich ausgeschlossen. Dennoch wird die Anfechtbarkeit teilweise mit dem Argument bejaht, wer einen Rechtsschein setze, könne nicht stärker gebunden sein als der, der eine ausdrückliche Erklärung abgebe.

In der Klausur ist zuvor noch die umstrittene Frage zu behandeln, ob eine Bevollmächtigung überhaupt angefochten werden kann (vgl. hemmer-Methode zu ÜK 30).

Beachten Sie auch den Fall des Erlöschens der Vollmacht bei Rechtsberatung. Der Verstoß gegen § 3 Rechtsdienstleistungsgesetz (RDG) i.V.m. § 134 führt unmittelbar und ohne weiteres auch zur Nichtigkeit der Vollmacht (str.). Dem Vertragspartner darüber hinaus aber den Schutz der §§ 171 ff. sowie der Grundsätze über die Duldungs- und Anscheinsvollmacht zu versagen, besteht kein Anlass und ist daher zu prüfen (vgl. BGH, Life&Law 2003, 593).

Beachten Sie schließlich noch § 56 HGB (Handlungsvollmacht des Ladenangestellten): Die h.M. sieht hierin einen gesetzlich geregelten Fall der Anscheinsvollmacht, durch den ein (gutgläubiger - Analogie zu § 54 III HGB) Dritter in seinem Vertrauen auf das Vorliegen der Vertretungsmacht geschützt wird.

## Abgrenzung: Vertretung ohne VM – Missbrauch der VM

| **Vertreter ohne VM („falsus procurator")** | **Missbrauch der VM** |
|---|---|
| **I. Voraussetzungen** | |
| Vertreter überschreitet die im Außenverhältnis gesteckten Grenzen – überschreitet also sein „rechtliches Können" | Vertreter missachtet die im Innenverhältnis gesteckten Grenzen – überschreitet sein „rechtliches Dürfen", nicht aber das „rechtliche Können" |
| **II. Rechtsfolgen** | |
| RG schwebend unwirksam, §§ 177 ff. *(einseitiges RG ist nichtig, § 180)* | RG grds. wirksam – Vertretener trägt Risiko des Missbrauchs der VM |

**Ausnahmen:**

**Kollusion:**
Vertreter und Vertragsgegner wirken bewusst zum Nachteil des Vertretenen zusammen
⇨ e.A.: § 138 I
⇨ a.A.: § 853

**Evidenz:**
Vertragsgegner hätte Missbrauch des Vertreters erkennen können
⇨ e.A.: §§ 177 ff. analog
⇨ BGH: § 242

Beachten Sie den wichtigen Unterschied:

Beim *Missbrauch der Vertretungsmacht* handelt der Vertreter mit Vollmacht, der Vertretene wird deshalb durch das Handeln des Vertreters gebunden (Ausnahme: Evidenz und Kollusion). Die wichtigsten Fälle sind diejenigen, in denen das Gesetz eine Beschränkung der Vertretungsmacht Dritten gegenüber für unwirksam erklärt, §§ 50 I, 126 II HGB, 37 II GmbHG, 82 AktG.

Anders liegt der Fall beim *falsus procurator*. Diesem fehlt die Vertretungsmacht, weshalb das durch ihn abgeschlossene Rechtsgeschäft schwebend unwirksam ist. Der Vertretene kann das Geschäft an sich ziehen, indem er es gemäß § 177 I i.V.m. §§ 182 ff. genehmigt. Es wird dadurch gem. § 184 I rückwirkend wirksam. Die Zustimmung bedarf dabei nicht der für das RG bestimmten Form, § 182 II.

Achtung: Einseitige Rechtsgeschäfte eines falsus procurator sind hingegen unwirksam und können nicht genehmigt werden, § 180 S. 1 (zu den Ausnahmen vgl. § 180 S. 2 u. S. 3).

Falls der Vertretene nicht genehmigt, haftet der falsus procurator gem. § 179 I: Der Geschäftsgegner kann dann vom Vertreter Erfüllung oder Schadensersatz (Erfüllungsinteresse) verlangen (vgl. genauer BGB AT I, Rn. 293). Falls der Vertreter den Mangel der VM nicht gekannt hat, haftet er gem. § 179 II nur für das negative Interesse bzw. den sog. Vertrauensschaden (= verschuldensunabhängige gesetzliche Garantiehaftung).

Da § 179 den Vertrauensschutz des Vertragspartners bezweckt, haftet der Vertreter wegen § 179 III S. 1 nicht, wenn der Geschäftsgegner den Mangel der VM kannte oder kennen musste. Es fehlt insofern an dem erforderlichen Vertrauenstatbestand.

# Vertretungsmacht - Insichgeschäft, § 181

BGB AT I, Rn. 276 ff.

BGB AT

ÜK 33

**I. Regelungszweck**

Vermeidung von Interessenskonflikten

**II. Fallgruppen**

**1. Selbstkontrahieren, § 181 Alt. 1**
(Vertreter kontrahiert im Namen des Vertretenen mit sich selbst)

A — Vertragsschluss → B
A ↓ §§ 164 ff. B

**2. Mehrfachvertretung, § 181 Alt. 2**
(Vertreter wird auf beiden Seiten tätig)

A — Vertragsschluss → C
A ↓ §§ 164 ff. B
C ↓ §§ 164 ff. B

**3.** H.L.: Untervertretung, § 181 analog (Vertreter bedient sich eines Untervertreters, um nicht auf beiden Seiten tätig zu sein).
Strittig ist, ob dies ein Fall des Insichgeschäfts ist. Von der h.M. in der Lit. wohl bejaht, da § 181 sonst leicht umgangen werden könnte.
Dagegen ist die Vorschrift auf andere Interessenkollisionen nicht analog anwendbar.

**III. Rechtsfolgen**

Das RG ist gem. § 177 I schwebend unwirksam.

**IV. Ausnahmen**

RG wirksam, wenn

- Insichgeschäft gestattet war oder genehmigt wurde
- Insichgeschäft in der Erfüllung einer Verbindlichkeit besteht
- Insichgeschäft für Vertretenen lediglich rechtlich vorteilhaft (teleologische Reduktion des § 181)

Die in § 181 enthaltenen Ausnahmen vom Verbot des Insichgeschäfts (Gestattung, Erfüllung einer Verbindlichkeit) zeigen, dass die Regelung unanwendbar sein soll, wenn keine Interessenkollision vorliegt. Im Wege teleologischer Reduktion wird die Norm deshalb auch nicht angewendet, wenn das fragliche Geschäft für den Vertretenen lediglich rechtlich vorteilhaft ist.

Dies kann z.B. eine Rolle spielen, wenn Eltern ihren minderjährigen Kindern Geschenke machen wollen: Das Grundgeschäft Schenkungsvertrag ist für den Minderjährigen lediglich rechtlich vorteilhaft und kann deshalb von den Eltern als gesetzlichen Vertretern des Kindes im Wege des Insichgeschäfts geschlossen werden. Selbst ein rechtlich nachteiliges Erfüllungsgeschäft (beispielsweise Übereignung eines vermieteten Grundstücks, bei dem Erwerber gem. §§ 578, 566 Vermieter wird) könnte dann vom gesetzlichen Vertreter an sich ohne Verstoß gegen § 181 in Erfüllung einer Verbindlichkeit vorgenommen werden. Um dies zu verhindern, nahm die frühere Rechtsprechung an, dass in diesen Fällen für die Wirksamkeit der *Schenkung (!)* eine Gesamtbetrachtung von Verpflichtungs- und Erfüllungsgeschäft vorzunehmen ist, BGH, Life&Law 2005, 203 ff. = NJW 2005, 415 ff. Nach neuer Rechtsprechung ist § 181 a.E. im Wege teleologischer Reduktion nicht anzuwenden, wenn das dingliche Geschäft zu einem Nachteil führt (BGH, Life&Law 02/2011, 135 f.).

Auch im Falle des Geschäftsführers einer Ein-Mann-GmbH ist die Regelung des § 181 aus Verkehrs- und Gläubigerschutzgründen anzuwenden, obwohl Interessenkonflikte zwischen Vertretenem und Vertreter regelmäßig nicht vorliegen (§ 35 IIII S. 1 GmbHG). Die Befreiung hiervon kann nur durch Satzung erfolgen. Eine Analogie zu § 181 in anderen Fällen möglicher Interessenkollisionen (insbes. bei Personenverschiedenheit auf Seiten des Vertreters und des Geschäftspartners) ist dagegen nicht möglich. Es bleibt dann nur der Rückgriff auf die Regeln zum Missbrauch der Vertretungsmacht.

# Verstoß gegen ein gesetzliches Verbot, § 134

BGB AT II, Rn. 104 ff.



## Voraussetzungen des § 134

**I. Verbotsgesetz**

= Vorschrift, die grds. mögliche Regelung wegen ihres Inhalts, der Umstände ihres Zustandekommens oder des bezweckten Rechtserfolges untersagt. Das Verbot muss sich gerade gegen die Vornahme des Rechtsgeschäftes richten. Verbotsgesetz kann jede Rechtsnorm sein (Art. 2 EGBGB):

**II. Verstoß**

Der Tatbestand des Verbotsgesetzes muss objektiv erfüllt sein.

**III. Nichtigkeit**

Nicht bei jedem Verstoß gegen das Verbotsgesetz,
nur dann (+), wenn Gesetz Unwirksamkeit nach Sinn und Zweck erfordert:

- Bei **Ordnungsvorschriften (-)**, diese richten sich nur gegen Art und Weise der Rechtsgeschäftsvornahme, z.B. Verstoß gegen das Ladenschlussgesetz
- Bei **Inhaltsverboten regelmäßig (+)**, diese richten sich gegen den Inhalt des Rechtsgeschäfts

Zu unterscheiden: Bei einseitigem Verstoß ⇨ RG regelmäßig gültig

Bei beiderseitigem Verstoß ⇨ RG regelmäßig nichtig

**IV. Rechtsfolge**

Schadensersatz gem. §§ 280 I, 311 II bei verbotswidrigem Vertrag

Ob ein Verbotsgesetz die Nichtigkeit des RGes verlangt, es also auf die zivilrechtliche Ebene „durchschlägt", ist Auslegungsfrage und muss in jedem Einzelfall gesondert entschieden werden. Die Annahme der Nichtigkeit liegt vor allem dann nahe, wenn das Gesetz den Schutz Dritter bezweckt.

Einen gewissen Anhaltspunkt bietet dabei auch immer der Wortlaut der Norm: Spricht das Gesetz davon, jemand „könne" ein bestimmtes RG nicht vornehmen (Bsp.: §§ 181, 276 III, 399), so handelt es sich regelmäßig um eine Einschränkung der rechtlichen Gestaltungsmacht, d.h. des rechtlichen „Könnens". Verbotsgesetze betreffen aber RGe, die der Betroffene zwar vornehmen kann, aber nicht vornehmen darf, schränken also das rechtliche „Dürfen" ein.

Beachten Sie weiter, dass bei Nichtigkeit des Verpflichtungsgeschäftes das Verfügungsgeschäft grds. wirksam bleibt (Abstraktionsprinzip). Als Folgeproblem ergibt sich die Rückabwicklung nach Bereicherungsrecht. An dieser Stelle kann dann beispielsweise § 817 relevant werden. Zudem stellen sich dann Fragen der Entreicherung, der Bösgläubigkeit (verschärfte Haftung gem. §§ 819 I, II, 818 IV) sowie des Bereicherungsausgleichs in Drei-Personen-Verhältnissen.

## Sittenwidrigkeit, § 138

**I. Anwendungsbereich**

RG gem. § 138 I nichtig bei Verstoß gegen die guten Sitten; grds. gesamtes RG nichtig.

Ausnahmen: bei § 138 I: grds. nur Verpflichtungsgeschäft nichtig
bei § 138 II (Wucher): auch Erfüllungsgeschäft nichtig

**II. Voraussetzungen**

- objektiver Sittenverstoß eines RG (+), wenn es dem Rechts- und Anstandsgefühl aller billig und gerecht Denkenden widerspricht (= ausfüllungsbedürftige Generalklausel)
  ⇨ Sittenwidrigkeit aus Inhalt oder Gesamtcharakter des RG
- subjektive Vorwerfbarkeit
  - Sittenverstoß gegenüber Geschäftspartner:
    Kenntnis/grob fahrlässige Unkenntnis nur bei sittenwidrig Handelndem erforderlich
  - Sittenverstoß gegenüber Allgemeinheit oder Drittem:
    alle Beteiligten müssen subjektiv sittenwidrig handeln

**III. Maßgeblicher Zeitpunkt**

grds. Geschäftsabschluss

bei Wandel der Moralauffassung zwischen Geschäftsabschluss und Eintritt des Rechtserfolgs letzter Zeitpunkt (h.M.), da § 138 nicht die Gesinnung bestrafen soll, sondern den zu missbilligenden Rechtserfolg verhindern will (Stichwort: Geliebtentestament)

**IV. Fallgruppen**

vgl. BGB AT I, Rn. 130 ff.

§ 138 I soll verhindern, dass im Wirtschaftsleben jemand die schwächere Lage eines anderen ausnutzt, um übermäßigen Gewinn zu erzielen. Neben der objektiven Sittenwidrigkeit ist dabei erforderlich, dass der sittenwidrig Handelnde eine verwerfliche Gesinnung hat oder sich leichtfertig der Erkenntnis verschließt, dass sich der Andere nur wegen seiner schwächeren Lage auf den ungünstigen Vertrag einlässt. Heranzuziehen ist bei der Beurteilung der Sittenwidrigkeit nicht die eigene Moralvorstellung, sondern ein (möglichst) objektiver Maßstab.

Grundsätzlich ist nur das Verpflichtungsgeschäft sittenwidrig und damit nichtig. Bei Sicherungsübereignung und Globalzession ist aber stets auch die Sittenwidrigkeit des Verfügungsgeschäfts zu prüfen. Dabei sind zwei Gesichtspunkte zu beachten:

Bei der Knebelung des Vertragspartners wird die wirtschaftliche Freiheit durch den Vertrag so sehr beschränkt, dass dem Schuldner jeder wesentliche Handlungsspielraum verloren geht.

Eine Gläubigergefährdung ist auch zu bejahen, wenn sich eine Bank durch den Sicherungsvertrag leichtfertig über die Belange etwaiger Geschäftspartner des Schuldners hinwegsetzt oder durch Manipulationen bewusst ein falsches Bild zur Täuschung anderer Gläubiger erzeugt wird. Dabei muss das Wissen des handelnden Filialleiters über § 166 I bzw. § 31 der Bank als juristischer Person zugerechnet werden. Nur so ist auch der für die Nichtigkeit notwendige subjektive Tatbestand des § 138 I erfüllt. In der Praxis wird in solchen Fällen bei Vorliegen der objektiven Voraussetzungen der subjektive Tatbestand widerleglich vermutet. Schwierige Probleme ergeben sich ferner bei Kollision von Globalzession mit verlängertem Eigentumsvorbehalt (vgl. BGB AT II, Rn. 136).

Denken Sie bei sittenwidrigen RGen auch an mögliche Schadensersatzansprüche aus §§ 280 I, 311 II und § 826. Im Falle von Drohung oder arglistiger Täuschung ist § 123 gegenüber § 138 grds. spezieller. Grund: Ansonsten wäre § 123 überflüssig, der Getäuschte erhält so ein Wahlrecht und kann das anfechtbare RG bestehen lassen, wenn es ihm günstiger erscheint. Erarbeiten Sie sich unbedingt die einzelnen Fallgruppen (vgl. BGB AT II, Rn. 130 ff.).

# Widerruf

**I. Begriff**

= Rückgängigmachung einer Erklärung

**II. Arten**

| Rechtshindernder Widerruf | Rechtsvernichtender Widerruf |
| --- | --- |
| ⇨ Verhindert, dass die Erklärung wirksam wird, insbesondere:<br>• **§ 130 I S. 2**: WE unter Abwesenden wird nicht wirksam, wenn Zugang des Widerrufs spätestens gleichzeitig mit Erklärung<br>• weitere: **§§ 109 I, 178 S. 1, 183** | ⇨ Beseitigt Rechtsgeschäft, insbesondere<br>• **§ 355 I S. 1 i.V.m. §§ 495, 506** (entgeltliche Finanzgeschäfte), **§ 312g** (AGV oder Fernabsatzverträge)<br>**§ 485 I** (Teilzeit-Wohnrechteverträge)<br>**§ 510 II** (Ratenlieferungsverträge)<br>**§§ 514 II, 515** (unentgeltliche Finanzgeschäfte)<br>**§ 650l** (Verbraucherbauvertrag).<br>• **§ 530** (Widerruf der Schenkung bei schwerer Verfehlung oder grobem Undank)<br>• **§ 490 I** (Widerruf des Darlehensversprechens bei Verschlechterung der Kreditwürdigkeit des Darlehensnehmers)<br>**§ 671** (jederzeitiger Widerruf des Auftrags möglich, außer bereits vollständig ausgeführt) |

Auch der Widerruf ist eine empfangsbedürftige Willenserklärung.

Das Widerrufsrecht bei außerhalb von Geschäftsräumen geschlossenen Verträgen (§§ 312b, g), Fernabsatzverträgen (§§ 312c, g), Verbraucherdarlehensverträgen (§ 495), sonstigen entgeltlichen Finanzierungshilfen (§§ 506 ff.), Teilzeitwohnrechteverträgen (§ 485), Ratenlieferungsverträgen (§ 510 II), unentgeltlichen Darlehen oder sonstigen Finanzierungshilfen (§§ 514 II, 515) und bei Verbraucherbauverträgen (§ 650l BGB) ist durch die Grundnorm des § 355 nicht als rechtshindernd, sondern als rechtsvernichtend ausgestaltet.

Die Widerrufsfrist beginnt grds. mit Vertragsschluss (§ 355 II). Jedoch regeln die §§ 356 III, 356a II, 356b, 356c, 356d, 356e S. 1, dass die Frist erst nach ordnungsgemäßer Belehrung über das Bestehen des Widerrufsrechts beginnt. Die Rechtsfolgen des Widerrufsrechts sind in § 355 III geregelt (Rückgewährpflicht der empfangenen Leistungen). Ergänzt wird diese Grundnorm durch die §§ 357 bis 357d, die - je nachdem, um welches Widerrufsrecht es sich handelt - ergänzende Regelungen enthalten. Lesen Sie zur Systematik des Verbraucherwiderrufs auch den Problemaufriss von Tyroller in Life&Law 12/2018, 804 ff.!

Nach § 109 kann ein RG mit einem Minderjährigen, das ohne Einwilligung der gesetzlichen Vertreter stattfand, vom Geschäftspartner widerrufen werden, sofern dieser die Minderjährigkeit nicht kannte. Gleiches gilt nach § 178 S. 1 für den Vertragspartner im Fall des Auftretens eines falsus procurator. Gem. § 183 kann ein Dritter seine Einwilligung bis zur Vornahme eines RGes, das von seiner Zustimmung abhängig ist, widerrufen.

## Anfechtung, §§ 119 ff., 142 ff.

### I. Dogmatik

Die Anfechtung ist ein Gestaltungsrecht. Falls objektiv Erklärtes und tatsächlich Gewolltes auseinander fallen, eröffnet sich dem Erklärenden die Wahlmöglichkeit, seine Erklärung gelten zu lassen oder zu vernichten.

### II. Voraus-setzungen

**1. Anfechtungsgrund:**

- Die Anfechtungsgründe sind gesetzlich abschließend geregelt, z.B. §§ 119, 120, 123, 2078 f.
- Der Anfechtungsgrund muss kausal für die Abgabe der anzufechtenden Erklärung sein.

**2. Anfechtungserklärung, § 143:**

- Der Anfechtende muss deutlich machen, dass und warum er die Geltung der Erklärung nicht will; der Begriff der „Anfechtung" muss aber nicht fallen.
- empfangsbedürftigen WE; Erklärungsempfänger ist in § 143 geregelt.

**3. Ausschlussfrist:**

- Die Anfechtung muss innerhalb der Ausschlussfrist der §§ 121 I, 124 I, 2082 erklärt werden.

### III. Rechtsfolge

- **Nichtigkeit** des angefochtenen RGes **ex tunc**, § 142 I
- Ersatz des Vertrauensschadens, § 122
- Sonderregeln für in Verzug gesetzten Arbeitsvertrag / Gesellschaftsvertrag

Probleme aus dem Recht der Anfechtung können auf verschiedene Weise in Klausuren eingebaut werden: Eine Anfechtung kann dazu führen, dass vertragliche Erfüllungs- und Schadensersatzansprüche entfallen und im Gegenzug Bereicherungsansprüche (wegen Fehlens [nach a.A. Wegfalls] des Rechtsgrundes) entstehen.

Über die klausurrelevante Regelung des § 142 II lassen sich überdies Verbindungen zu den Fragen des gutgläubigen Erwerbs oder über die Zurechnungsregelung des § 166 zu Fragen des Vertretungsrechts herstellen.

Bedenken Sie immer, dass die Anfechtung ein Gestaltungsrecht ist. Daher kann sie (wegen der damit verbundenen Rechtsunsicherheit) nicht mit einer Bedingung versehen werden. Eine Ausnahme gilt jedoch dann, wenn der Bedingungseintritt allein vom Willen des Anfechtungsgegners abhängt, so dass die Unsicherheit in seiner Person nicht besteht (sog. „Potestativbedingung").

Bei der Anfechtung durch Minderjährige ist § 111 zu beachten, der zur Folge hat, dass nicht lediglich rechtlich vorteilhafte Anfechtungserklärungen nur mit vorheriger Einwilligung des gesetzlichen Vertreters abgegeben werden können. Eine nachträgliche Genehmigung ist nicht möglich, sofern der Anfechtungsgegner nicht mit der Vornahme der Anfechtung ohne Einwilligung einverstanden war (dann §§ 108, 109 analog).

Berücksichtigen Sie schließlich auch die zahlreichen Sonderregelungen der Anfechtung im Erbrecht, etwa §§ 2078 ff., 2281 ff., 1949, 1954, 2308, sowie den Streit um die Anfechtbarkeit der Vollmachtserteilung (vgl. hemmer-Methode ÜK 30).

## Anfechtung gem. § 119

**I. Regelungszweck**

Die Anfechtungsgründe des § 119 I schützen vor Fehlern bei der Willensäußerung
§ 119 II schützt vor Fehlern bei der Willensbildung.

**II. Anfechtungsgründe im Einzelnen**

1. **§ 119 I:**

   Vorrang der Auslegung zu beachten

   a) Inhaltsirrtum, § 119 I Alt. 1: Äußerer Tatbestand der Erklärung entspricht dem Willen des Erklärenden; dieser irrt aber über Bedeutung oder Tragweite der Erklärung

   b) Erklärungsirrtum, § 119 I Alt. 2: Äußerer Erklärungstatbestand entspricht **nicht** dem Willen des Erklärenden; dieser setzt falsches Erklärungszeichen (Versprechen, Verschreiben, etc.)

2. **§ 119 II – Voraussetzungen:**

   a) Eigenschaft einer Person oder Sache (nicht nur körperliche Gegenstände, sondern auch Rechte und Sachgesamtheiten): jeder dauerhafte, wertbildende Faktor, der der Person/Sache unmittelbar anhaftet (h.M.), nicht der Wert der Sache selbst.

   b) Verkehrswesentlichkeit = Geschäftswesentlichkeit – Eigenschaft muss im konkreten RG als wesentlich vereinbart worden sein (auch stillschweigend möglich).

**III. Frist**

**Ausschlussfrist des § 121** – Anfechtung muss nach § 121 I S. 1 unverzüglich (d.h. ohne schuldhaftes Zögern) nach Kenntnis vom Anfechtungsgrund erfolgen.

**Beachten Sie die Konkurrenzen: Die Anfechtung gem. § 119 II ist als lex specialis vorrangig vor der in § 313 II normierten Störung der Geschäftsgrundlage. Soweit also eine Anfechtung möglich ist, scheidet § 313 aus. Abgrenzungsprobleme ergeben sich dabei v.a. bei Irrtümern über mittelbare Eigenschaften und beiderseits beachtliche Motivirrtümer. Bei ersteren wird die Anfechtbarkeit von der h.L. bejaht. Dagegen sprechen die Haftung aus § 122 und das i.R.d. Anfechtung geltende Alles-oder-Nichts-Prinzip. Bei letzteren verneint e.A. die Anfechtbarkeit, da es rein zufällig sei, wer zuerst anfechte und damit nach § 122 zum Ersatz des negativen Interesses verpflichtet sei. Daher sei in diesem Fall eine Anwendung der Grundsätze der Störung der Geschäftsgrundlage sachgerechter (vgl. BGB AT III, Rn. 420). Da aber nur derjenige anfechten wird, der sich hiervon einen Vorteil verspricht, ist dessen Schadensersatzpflicht nach § 122 I nicht ungerecht, sodass die Anfechtung weiterhin vorrangig ist.**

**Von besonderer Klausurbedeutung ist das Verhältnis von § 119 II zu den §§ 434 ff.:**

**§ 119 II ist insoweit subsidiär. Sonst würden der Vorrang der Nacherfüllung, die Verjährung nach § 438 und der Ausschlusstatbestand des § 442 I S. 2 umgangen.**

**Beachten Sie auch, dass die §§ 2078 ff., 2281 ff., 1949, 2308 leges speciales zu § 119 sind.**

**Zu den <u>Konkurrenzen</u> im Zusammenhang mit der Anfechtung lesen Sie auch:**
**Tyroller, „Das Verhältnis von Anfechtung zur c.i.c. bzw. zum Rücktrittsrecht nach § 324 BGB“, Life&Law 03/2010, 194 ff.**
**Tyroller, „Das Verhältnis der Mängelrechte zur Anfechtung, c.i.c. und Störung der Geschäftsgrundlage“, Life&Law 06/2010, 413 ff.;**
**Tyroller, „Ausschluss des Anfechtungsrechts nach § 119 II BGB“ (Life&Law 10/2010, 703 ff.)**

**I. Schutzzweck und Anwendungsbereich**

§ 123 schützt die Freiheit der Willensentschließung und eröffnet die Möglichkeit der Anfechtung wegen arglistiger Täuschung oder widerrechtlicher Drohung

**II. Arglistige Täuschung**

**Voraussetzungen:**

⇨ Täuschungshandlung ist die Erregung von Fehlvorstellungen über Tatsachen (durch Unterlassen nur bei Verletzung von Aufklärungspflicht)

- Kausalität der Täuschungshandlung für Irrtum
- Kausalität des Irrtums für Abgabe der angefochtenen WE
- Widerrechtlichkeit der Täuschung: grds. indiziert
- **subjektiv**: Arglist (= der Täuschende kennt die Unrichtigkeit seiner Angaben und hat das Bewusstsein, dass der andere Teil durch die Täuschung zur Abgabe der WE bestimmt wird) – dolus eventualis genügt
- Person des Täuschenden: = Erklärungsempfänger. Falls es ein Anderer ist, ist dieser nicht **„Dritter" i.S.v. § 123 II**, wenn er auf Seiten des Erklärungsempfängers steht und maßgeblich am Zustandekommen des Vertrages mitwirkt („Lagertheorie" bzw. Rechtsgedanke des § 278).

**III. Widerrechtliche Drohung**

**Voraussetzungen:**

- Drohung (Inaussichtstellen eines künftigen Übels, auf dessen Eintritt der Drohende Einfluss zu haben vorgibt – egal, ob er tatsächlich Einfluss hat)
- Kausalität der Drohung für psychische Zwangslage und Abgabe der WE
- Widerrechtlichkeit des Mittels, des Zwecks oder der Zweck-Mittel-Relation

**IV. Frist**

einjährige Ausschlussfrist des **§ 124**

Konkurrenzen: Neben § 123 sind §§ 119, 823 ff. und die Regelungen des Mängelrechts anwendbar, da der arglistig Handelnde nicht schutzwürdig ist.

Dagegen ist § 123 gegenüber § 138 I grds. die speziellere Norm.

Umstritten ist das Verhältnis von § 123 zur vorvertraglichen Haftung nach §§ 280 I, 311 II, da für die vorvertragliche Haftung Fahrlässigkeit genügt (§ 280 I S. 2 i.V.m. § 276) und anstelle der einjährigen Ausschlussfrist des § 124 die regelmäßige Verjährung nach § 195 (drei Jahre) gilt; jedoch haben beide verschiedene Schutzzwecke: § 123 schützt die Willensfreiheit, § 280 I schützt das Vermögen. Aus diesem Grund sind nach h.M. beide Institute trotz der aufgezeigten Wertungswidersprüche nebeneinander anwendbar (sehr strittig; vgl. dazu Tyroller, „Das Verhältnis von Anfechtung zur c.i.c bzw. zum Rücktrittsrecht nach § 324 BGB", Life&Law 03/2010, 194 ff. sowie Hemmer/Wüst, BGB AT III, Rn. 448).

Die Frage, ob der Täuschende „Dritter i.S.d. § 123 II" ist, stellt sich z.B., wenn ein Bürge seine Bürgschaftserklärung gegenüber dem Gläubiger anfechten will, weil ihn der Hauptschuldner zur Erlangung der Bürgschaft über seine Bonität getäuscht hat. Sie ist in diesem Fall i.d.R. zu verneinen, weil der Hauptschuldner vorrangig eigene Interessen wahrnimmt. Die Erklärung kann also nur angefochten werden, wenn der Gläubiger von der Täuschung seitens des Hauptschuldners Kenntnis hatte.

Zur Anfechtung wegen einer arglistigen Täuschung durch Unterlassen vgl. BGH, Life&Law 2011, 11 ff. = NJW 2010, 3362 = jurisbyhemmer.

# Verjährung: Dauer und Beginn

**BGB AT III, Rn. 651 ff.**



**Verjährungsfrist**

**§ 195 – Regelmäßige Verjährung drei Jahre**

**§ 196 – Verjährung bei Rechten am Grundstück: zehn Jahre**

**§ 197 – Verjährung in besonderen Fällen 30 Jahre**

**Verjährungsbeginn**

**§ 199 I** – mit Schluss des Jahres der Entstehung des Anspruches und **Kenntnis** des Gläubigers bzw. grob fahrlässiger Unkenntnis

**§ 200 – mit der Entstehung** des Anspruches, soweit nichts anderes bestimmt (§ 197 I Nr. 1, 2)

**§ 201** – mit **Eintritt** eines bestimmten **Ereignisses** (§ 197 I Nr. 3-6)

**Höchstgrenze**

**Längstens jedoch:**

- bei SchaE aufgrund Körperverletzung längstens 30 Jahre ab Ereignis, § 199 II
- bei sonstigen SchaE-A zehn Jahre ab Entstehung bzw. 30 Jahre ab Ereignis, § 199 III
- bei sonstigen Ansprüchen zehn Jahre ab Entstehung, § 199 IV

Anders als die §§ 200, 201 knüpft § 199 I nicht nur an objektive Voraussetzungen wie die Entstehung des Anspruches (dafür Fälligkeit Voraussetzung!) oder den Eintritt eines bestimmten Ereignisses an. Diese Vorschrift stellt für den Beginn der Verjährung zusätzlich subjektive Voraussetzungen auf, indem sie Kenntnis oder grob fahrlässige Unkenntnis des Gläubigers von den den Anspruch begründenden Tatsachen und der Person des Schuldners verlangt.

Da der Zeitpunkt, ab wann der Gläubiger diese Kenntnis erlangt, aber unbestimmt ist und unter Umständen sogar niemals eintritt, muss es im Interesse der Rechtssicherheit aber zusätzlich absolute Höchstfristen geben, die unabhängig von der Kenntnis des Schuldners ablaufen.

Das Gesetz regelt diese Höchstfristen in § 199 II - IV. Es unterscheidet dabei zwischen Schadensersatzansprüchen, die nach § 199 II, III i.d.R. spätestens in 30 Jahren verjähren, und zwischen sonstigen Ansprüchen, für die nach § 199 IV eine Höchstfrist von zehn Jahren gilt.

I.R.d. Schadensersatzansprüche differenziert das Gesetz weiter:

- Schadensersatzansprüche, die auf der Verletzung des Lebens, des Körpers, der Gesundheit oder der Freiheit beruhen, verjähren unabhängig von der Kenntnis des Gläubigers spätestens in 30 Jahren von dem den Schaden auslösenden Ereignis an, § 199 II.
- Sonstige Schadensersatzansprüche verjähren nach § 199 III:

  ⇨ in zehn Jahren von ihrer Entstehung an, § 199 III S. 1 Nr. 1

  ⇨ in 30 Jahren von der schädigenden Handlung an, § 199 III S. 1 Nr. 2

Maßgeblich ist die jeweils früher endende Frist.

# Verjährung: Hemmung, Ablaufhemmung und Neubeginn



## Hemmung

**Wirkung (§ 209):**
Der Zeitraum, währenddessen die Verjährung gehemmt ist, wird in die Verjährungsfrist nicht eingerechnet.

**Fallgruppen:**

- Verhandlungen, § 203
- Rechtsverfolgung, § 204
- Leistungsverweigerungsrecht, § 205
- höhere Gewalt, § 206
- familiäre und ähnliche Gründe, § 207
- Verletzung der sexuellen Selbstbestimmung, § 208
- Ausnw. Verzug, § 497 III S. 3

## Ablaufhemmung

**Wirkung (§§ 210, 211):**
Die Verjährung endet nicht vor Eintritt eines bestimmten Ereignisses zuzüglich einer von diesem Zeitpunkt an laufenden Frist (i.d.R. sechs Monate).

**Fallgruppen:**

- nicht voll Geschäftsfähige, § 210
- Nachlassfälle, § 211

## Neubeginn

**Wirkung (§ 212):**
Der Verjährung beginnt erneut zu laufen mit Eintritt eines bestimmten Ereignisses.

**Fallgruppen:**

- Anerkennung des Anspruches durch den Schuldner, § 212 I Nr. 1
- Vornahme oder Beantragung einer gerichtlichen oder behördlichen Vollstreckungshandlung, § 212 I Nr. 2

Obwohl der Gesetzgeber im Zuge der Schuldrechtsreform die Verjährungsfristen und den Beginn der Verjährung völlig neu geregelt hat, so hat er doch an dem bereits bestehenden Grundkonzept von Hemmung, Ablaufhemmung und Unterbrechung weitestgehend festgehalten. Die Umbenennung der Unterbrechung in den Neubeginn der Verjährung ist eher sprachlicher Natur und soll die Wirkung dieses Rechtsinstitutes schon begrifflich klarer zum Ausdruck bringen.

Der wesentliche Unterschied zur alten Rechtslage liegt aber in dem wesentlich veränderten Anwendungsbereich dieser Rechtsinstitute. Während bisher die Unterbrechung der Verjährung der Normalfall war und die Hemmung eher ein Schattendasein führte, ist dieses Verhältnis nach neuer Rechtslage gerade umgekehrt. Die umseitige Übersicht zeigt, dass der Neubeginn der Verjährung auf die Fälle der Anerkennung des Anspruches durch den Schuldner und die Vornahme von Vollstreckungshandlungen beschränkt bleibt und die Hemmung der Verjährung den Regelfall darstellt.

Beachten Sie: Hemmung, Ablaufhemmung und Neubeginn der Verjährung regeln Fälle, in denen die Verjährungsfrist abweichend vom Normalfall erst zu einem späteren Zeitpunkt endet. Als Ausnahme von der Regel eignen sie sich damit in besonderer Weise für den Klausurersteller zur Notendifferenzierung und zur Erweiterung einer Klausur („ein Problem mehr“). Setzen Sie hier deshalb nicht auf Lücke, sondern verschaffen Sie sich einen groben Überblick über die einzelnen Fallgruppen.

# Verjährung: Rechtsfolgen, §§ 214 ff.

BGB AT III, Rn. 681 ff.



**Rechtsfolgen der Verjährung**

**§ 214 I:** Einrede

**§ 214 II:** keine Rückforderung der Leistung (vgl. auch § 813 I S. 2)

**§ 215:**
Aufrechnung und Zurückbehaltungsrecht nach Verjährung noch möglich (vgl. auch § 438 IV S. 2, V bzw. § 634a IV S. 2, V)

**§ 216:**
Kreditsicherheit steht auch nach Verjährung noch zur Verfügung

**§ 217:**
Verjährung der von dem Anspruch abhängigen Nebenleistungen

**§ 218:**
Rücktritt ausgeschlossen, wenn Vertragspflichtverletzung auf verjährtem Anspruch basiert

Wichtig ist es, den Charakter der Verjährung als Einrede, die den Bestand des Anspruchs unberührt lässt, ihn aber dauerhaft hemmt, zu erkennen. Dem Schuldner steht mit der Verjährung das Recht zu, die Leistung zu verweigern, § 214 I. Machen Sie dies dem Korrektor in der Klausur deutlich.

Wer hier Fehler macht und die Verjährung nicht als Einrede, sondern als Einwendung behandelt, die den Anspruch zum Erlöschen bringt, macht einen schweren systematischen Fehler und muss mit empfindlichen Abzügen rechnen.

Warum es dogmatisch notwendig war, die Verjährung als Einrede und nicht als Einwendung auszugestalten, zeigen vor allem die Regelungen der §§ 215 und 216.

Würde der verjährte Anspruch mit Verjährung erlöschen, so wäre die Aufrechnung genauso unmöglich wie die Geltendmachung eines Zurückbehaltungsrechtes bis zur Erfüllung des Anspruches. Beides will § 215 aber gerade ermöglichen. Außerdem hätte das Erlöschen des verjährten Anspruches mit der Verjährung den gleichzeitigen Untergang akzessorischer Sicherungsmittel wie der Hypothek oder dem Pfandrecht zur Folge. Das will aber § 216 I gerade verhindern.

Diese Ziele lassen sich konstruktiv nur erreichen, indem der betreffende Anspruch über die Verjährung hinaus als solcher bestehen bleibt. Um zu verhindern, dass der Gläubiger durch diese Vorgehensweise aber mehr Rechte als beabsichtigt erhält, stellt § 218 klar, dass ein Rücktritt wegen nicht oder nicht vertragsgemäß erbrachter Leistung nach Verjährung unwirksam ist.

# Schuldverhältnis - Entstehung und Einteilung



## Schuldverhältnis

### I. Begriff

= Sonderverbindung zwischen zwei oder mehreren Personen, kraft derer der Gläubiger vom Schuldner eine Leistung zu fordern berechtigt ist (vgl. § 241 I)

### II. Entstehung und Einteilung

**Schuldverhältnisse entstehen durch**

**Rechtsgeschäft**

- **einseitiges Rechtsgeschäft,** ***Bsp.:*** **Auslobung, § 657**
- **Vertrag**
  - **einseitig verpflichtender Vertrag:**
    - Schenkung, §§ 516 ff.
    - Bürgschaft, §§ 765 ff.
  - **unvollkommen zweiseitiger Vertrag:**
    - Leihe, §§ 598 ff.
    - Auftrag, §§ 662 ff.
  - **gegenseitiger Vertrag:**
    - Kauf, §§ 433 ff.
    - verzinsliches Darlehen, §§ 488 ff.
    - Miete, §§ 535 ff.
    - Werkvertrag, §§ 631 ff.

**Gesetz**

- **GoA**
- **§§ 812 ff.**
- **§§ 823 ff.**
- **§§ 987 ff.**

Die aus dem Schuldverhältnis erwachsende Forderung ist das Recht des Gläubigers, vom Schuldner eine Leistung zu verlangen. Die Forderung ist ein relatives Recht, d.h. Rechte und Pflichten aus einem Schuldverhältnis betreffen nur die daran Beteiligten. Der Gläubiger kann also die Leistung nur vom Schuldner und nicht von einem Dritten verlangen. Gegenstück zu den relativen sind die absoluten Rechte, wie z.B. das Eigentum. Diese wirken gegenüber jedermann. Schuldverhältnis i.e.S. ist die Forderung. Dagegen bezeichnet man als Schuldverhältnis i.w.S. das umfassende Rechtsverhältnis zwischen den Beteiligten, aus dem die einzelnen Forderungen hervorgehen.

Die auf der Vorderseite vorgenommene Einteilung der Schuldverhältnisse in einseitig verpflichtende, unvollkommen zweiseitige und gegenseitige Verträge ist für die §§ 320 ff. von Bedeutung, da diese Vorschriften nur bei gegenseitigen Verträgen anwendbar sind.

Von einem *einseitig verpflichtenden Vertrag* spricht man, wenn nur eine Partei zur Leistung verpflichtet ist.

Ein *unvollkommen zweiseitiger Vertrag* liegt vor, wenn nur eine Partei die den Vertragstyp bestimmende Leistungspflicht trifft. Die andere Partei kann dabei ebenfalls zur Leistung verpflichtet sein, jedoch stehen die geschuldeten Leistungen gerade nicht im Gegenseitigkeitsverhältnis. Bsp. dafür ist die Leihe. Der Verleiher ist gem. § 598 zur unentgeltlichen Gebrauchsüberlassung, der Entleiher gem. § 604 zur Rückgabe der geliehenen Sache verpflichtet. Die Leistungen stehen aber gerade nicht im Gegenseitigkeitsverhältnis.

Ein *gegenseitiger Vertrag (§§ 320 ff.)* dagegen zeichnet sich dadurch aus, dass jede Partei ihre Leistung gerade deshalb verspricht, um die Gegenleistung der anderen zu erhalten („do ut des“). Die beiderseitigen Pflichten stehen somit in einem Abhängigkeitsverhältnis. Maßgeblich ist dabei, ob die Parteien eine synallagmatische Verknüpfung der Leistungspflichten wollen. Dies ist bei entgeltlichen Verträgen stets der Fall (Kauf-/Tauschvertrag, Mietvertrag, Werkvertrag, Reisevertrag, entgeltliches Darlehen usw.).

## Einteilung der Vertragspflichten

Im Rahmen von Schuldverhältnissen bestehen zahlreiche Verpflichtungen, denen jeweils unterschiedliches Gewicht zukommt und deren Verletzung unterschiedliche Rechtsfolgen auslöst.

**Zu unterscheiden sind:**

1. **Haupt(leistungs)pflichten**

   Sie prägen die Eigenart des jeweiligen Schuldverhältnisses, kennzeichnen den Vertragstyp. Bei Fehlen würde das Schuldverhältnis zu einem anderen Vertragstyp gehören.

2. **Neben(leistungs)pflichten**

   Sie dienen der Vorbereitung, Durchführung und Sicherung der Hauptleistungspflicht. Sie entstehen durch vertragliche Vereinbarung, Gesetz oder aus Treu und Glauben (§ 242).

3. **Sonstige (nichtleistungsbezogene) Nebenpflichten (Verhaltens-, Schutz- oder Begleitpflichten)**

   Sie wurzeln im Grundsatz von Treu und Glauben i.V.m. § 241 II und dienen dem allgemeinen Rechtsgüterschutz.

Neben(leistungs)pflichten, die der Vorbereitung, Durchführung und Sicherung der Hauptleistungspflicht dienen, können sich aus vertraglicher Vereinbarung oder aber auch unmittelbar aus dem Gesetz selbst (z.B. §§ 368, 402, 618) ergeben. Häufig finden sie ihre Grundlage auch in den Grundsätzen von Treu und Glauben (z.B. Aufklärungs-, Mitwirkungs-, Auskunfts-, Fürsorgepflichten).

§ 241 II regelt die *nicht* leistungsbezogenen Nebenpflichten, die als Rücksichtnahmepflichten dem Rechtsgüterschutz dienen (vgl. ÜK 26).

Schon mit dem Beginn von Vertragsverhandlungen, durch die Anbahnung eines Vertrages oder eines ähnlichen geschäftlichen Kontaktes entsteht nach § 311 II Nr. 1 bis Nr. 3 ein vertragsähnliches Vertrauensverhältnis, aus dem sich gesteigerte Sorgfaltspflichten nach § 241 II ergeben. Die angehenden Vertragspartner sind verpflichtet, Rücksicht auf die Rechte, Rechtsgüter und Interessen des Verhandlungspartners zu nehmen. Bei schuldhafter Verletzung dieser Pflichten kommt ein Anspruch aus § 280 I in Betracht (vgl. ÜK 25).

Die Haftung für Verletzungen nachwirkender Pflichten (nach Vertragsende) bezeichnet man als culpa post contractum finitum. Auch hieraus kann sich ein Schadensersatzanspruch aus § 280 I ergeben.

## Unterschiede in der Bestimmtheit der Leistung

**I. Stückschuld**

Der Leistungsgegenstand wird eindeutig durch die Parteien festgelegt. Von Anfang an (d.h. bereits bei Vertragsschluss) wird **ein bestimmter Gegenstand** geschuldet – nur dieser ist erfüllungstauglich.

**II. Gattungsschuld**

Der Leistungsgegenstand ist bei Vertragsschluss nur nach allgemeinen Merkmalen durch die Parteien festgelegt. Der Schuldner ist nicht zur Leistung eines bestimmten Stücks verpflichtet, sondern kann mit jedem Gegenstand, der die entsprechenden Gattungsmerkmale aufweist, erfüllen. Der Gegenstand muss lediglich **mittlerer Art und Güte** sein, § 243 I.

**III. Wahlschuld**

Gem. §§ 262 ff. werden mehrere verschiedene Leistungen in der Weise geschuldet, dass nur die eine oder andere zu bewirken ist. Die Parteien gehen von mehreren verschiedenen Gegenständen aus, wobei der Gläubiger oder Schuldner (vgl. § 262) ein Wahlrecht zwischen den Leistungen hat. Nach Ausübung des Wahlrechts beschränkt sich die Schuld allerdings auf die gewählte Leistung.

**IV. Ersetzungsbefugnis**

Es wird zwar nur eine bestimmte Leistung geschuldet, der Berechtigte (Schuldner oder Gläubiger) kann jedoch diese Leistung durch eine andere ersetzen und so zum (alleinigen) Schuldinhalt machen. Die §§ 262 ff. sind nicht anwendbar. Eine Ersetzungsbefugnis ist z.B. in §§ 249 II, 251 II, 257 S. 2 vorgesehen. Vgl. auch hemmer-Methode zu ÜK 14.

Für die Behandlung von Stück- und Gattungsschulden ergeben sich auf Primärebene keine großen Unterschiede. Der Gesetzgeber hat im Rahmen des § 433 I S. 2 klargestellt, dass der Verkäufer verpflichtet ist, die Sache frei von Mängeln zu übergeben.

Unterschiede ergeben sich aber auf Sekundärebene hinsichtlich der Unmöglichkeit. Während der Schuldner einer Stückschuld i.d.R. nach § 276 I S. 1 Hs. 1 nur Vorsatz und Fahrlässigkeit zu vertreten haben wird, trägt er bei Übernahme einer Gattungsschuld vereinbarungsgemäß regelmäßig auch das Beschaffungsrisiko (§ 276 I S. 1 a.E.), d.h. er kann sich im Rahmen des § 275 I, II („Inhalt des Schuldverhältnisses"), grds. nicht auf Unmöglichkeit berufen. Er bleibt zur Leistung verpflichtet, soweit die Übernahme des Beschaffungsrisikos reicht. Beachtet werden muss jedoch, dass Art und Umfang des Beschaffungsrisikos sowohl bei der Stück- als auch bei der Gattungsschuld der freien Vereinbarung der Parteien unterliegen. Es muss also jeweils im Einzelfall geprüft werden, inwieweit der Schuldner über die normale Leistungsverpflichtung hinaus noch ein zusätzliches Beschaffungsrisiko übernommen hat. Verpflichtet sich der Verkäufer beispielsweise nur zur Leistung aus seinem Vorrat (sog. Vorratsschuld), so trägt er auch nur insoweit das Beschaffungsrisiko.

Auch zwischen Wahlschuld und Ersetzungsbefugnis zeigen sich die Unterschiede insbesondere im Falle der Unmöglichkeit. Wird i.R.d. Wahlschuld eine der Leistungen vor Ausübung des Wahlrechts unmöglich, gilt § 265. Der Schuldner bleibt weiterhin zur Leistung verpflichtet. Bei der Ersetzungsbefugnis ist dagegen allein die ursprünglich geschuldete Leistung maßgeblich. Wird diese unmöglich, so wird der Schuldner von der Leistung frei, zur Ersatzleistung ist er nicht verpflichtet (Ersetzungs*befugnis)*.

# Konkretisierung bei der Gattungsschuld, § 243 II

## I. Voraus-setzungen

1. Der Schuldner muss die Sache mittlerer Art und Güte (§ 243 I) ausgewählt haben.
2. S muss gemäß § 243 II das zur Erfüllung seinerseits Erforderliche getan haben.
   Was im Einzelnen erforderlich ist, bestimmt sich nach der Art der Schuld:
   - **Holschuld** (§ 269 I): Der Schuldner muss die Sache aussondern, bereitstellen und den Gläubiger benachrichtigen.
   - **Schickschuld**: Der Schuldner muss die Sache an die Transportperson übergeben.
   - **Bringschuld**: Der Schuldner muss die Sache dem Gläubiger an dessen Wohnsitz in Annahmeverzug begründender Weise tatsächlich anbieten.

## II. Folge

Durch Konkretisierung geht die Leistungsgefahr (= Gefahr des Untergangs des Leistungsgegenstandes) auf den Gläubiger über.

Die Gattungsschuld wird zur Stückschuld. Das Schuldverhältnis beschränkt sich auf die konkretisierte Sache.

Konkretisierung ist v.a. i.R.d. Unmöglichkeit bedeutsam. Da nur selten die gesamte Gattung untergeht, liegt nur dann Unmöglichkeit vor, und der Schuldner wird von der Leistung frei, wenn vorher Konkretisierung eingetreten ist.

Examensrelevanz besitzt auch das Problem der Konkretisierung bei Mangelhaftigkeit der Gattungssache. Die mangelhafte Sache ist nicht erfüllungstauglich, da sie nicht von mittlerer Art und Güte ist, also nicht die Voraussetzungen des § 243 I erfüllt. Nach ganz h.M. tritt mit Annahme der Sache noch keine Konkretisierung ein. Der Käufer führt die Konkretisierung erst herbei, wenn er den Rücktritt bzw. die Minderung erklärt oder Schadensersatz verlangt.

Anders ist dies bei der Geldschuld („Schuld eigener Art"). Diese ist auf die Beschaffung eines bestimmten Geldbetrages gerichtet, wobei das Nennwertprinzip gilt, d.h. der geschuldete Geldbetrag richtet sich unabhängig von einem zwischenzeitlichen Wertverlust nach dem Nennbetrag. Die Vorschriften zur Gattungsschuld, insbesondere § 243 I, sind bei der Geldschuld nicht analog anwendbar. Es ergibt keinen Sinn, Leistung mittlerer Art und Güte zu verlangen, denn bei Geldscheinen zählt nicht das Erscheinungsbild, sondern nur der in ihnen verkörperte Wert. Der Schuldner der Geldschuld muss für seine finanzielle Leistungsfähigkeit uneingeschränkt einstehen, er wird von seiner Leistungspflicht durch Geldmangel nicht befreit („Geld hat man zu haben"). Er trägt auch unabhängig von der Art der Schuld (Hol-, Bring- oder Schickschuld) die Leistungsgefahr gem. § 270 I. Die Geldschuld ist also eine Schickschuld mit der Besonderheit, dass der Schuldner die Gefahr der Übermittlung trägt („qualifizierte" Schickschuld). Eine Konkretisierung gem. § 243 II analog wird von der h.M. im Hinblick auf die Sonderregelung in § 270 I ausgeschlossen. Der Geldschuldner trägt somit das Risiko des Verlustes, bis der Gläubiger das Geld erhält. Damit kann die Leistungsgefahr nur im Falle des Annahmeverzuges gem. § 300 II analog auf den Gläubiger übergehen.

Achtung: Für die rechtzeitige Leistung - also zur Vermeidung des Schuldnerverzugs – kommt es auf die rechtzeitige Vornahme der Leistungshandlung, im Überweisungsverkehr also auf die Vornahme der Überweisung an. Die Bezahlung einer Entgeltforderung im rein unternehmerischen Überweisungsverkehr ist hingegen nur dann rechtzeitig, wenn der Gläubiger rechtzeitig über den geschuldeten Betrag verfügt. Das Verspätungsrisiko trägt hier der Geldschuldner. Diese Grundsätze sind auf die Zahlungen außerhalb des rein unternehmerischen Zahlungsverkehrs nach Ansicht des BGH nicht übertragbar (vgl. BGH, Life&Law 03/2017, 147 ff. = jurisbyhemmer).

**I. Begriff**

= der Ort, an dem der Schuldner die Leistungshandlung vorzunehmen hat (im Gesetz wird dieser verwirrend auch Erfüllungsort genannt, vgl. §§ 447 I, 448 I; § 29 ZPO)

⇨ dieser ist vom **Erfolgsort (= der Ort, an dem der geschuldete Leistungserfolg, z.B. Übereignung, eintritt)** zu unterscheiden.

**II. Zu unterscheiden nach der Art der Schuld**

Leistungs- und Erfolgsort können zusammenfallen, müssen aber nicht:

- **Holschuld:** Leistungs- und Erfolgsort sind grds. der Wohnsitz des Schuldners.

- **Schickschuld:** Der Schuldner erbringt die Leistungshandlung am eigenen Wohnort, der Leistungserfolg tritt jedoch am Wohnort des Gläubigers ein.

  ⇨ Leistungs- und Erfolgsort fallen auseinander.

- **Bringschuld:** Der Schuldner hat die Leistungshandlung am Wohnort des Gläubigers zu erbringen ⇨ Leistungs- und Erfolgsort ist der Wohnsitz des Gläubigers.

Der ***Leistungsort*** richtet sich, soweit keine gesetzliche Regelung besteht (Bsp.: §§ 261, 697, 700) nach der Parteivereinbarung. Hilfsweise ist auf die Begleitumstände, insbesondere die Natur des Schuldverhältnisses, abzustellen (vgl. § 269 I). Nur wenn der Leistungsort auf diese Weise nicht bestimmt werden kann, greift § 269 ein, der Leistungsort ist dann der Wohnsitz des Schuldners zur Zeit der Entstehung des Schuldverhältnisses.

Die Parteivereinbarung kann sowohl ausdrücklich als auch stillschweigend geschehen. Dabei ist § 269 III zu beachten: Allein die Tatsache, dass der Schuldner entgegen § 448 I die Versendungskosten übernimmt, genügt nicht, um eine Bringschuld anzunehmen.

Der Leistungsort ist für jede Verpflichtung grundsätzlich einzeln zu bestimmen. Es kann sich jedoch aus der Parteivereinbarung oder der Natur des Schuldverhältnisses ein einheitlicher Leistungsort für sämtliche Verpflichtungen ergeben. Dies wird insbesondere für das Arbeitsrecht angenommen. Einheitlicher Leistungsort ist regelmäßig der Ort der Arbeitsstätte. In § 48 Ia ArbGG ist dies inzwischen als besonderer Gerichtsstand ausdrücklich normiert.

Beachten Sie, dass der Leistungsort in manchen Vorschriften verwirrenderweise auch Erfüllungsort genannt wird (vgl. §§ 447 I, 448 I, 644 II; § 29 ZPO)!

# Arten des Schadensersatzes, §§ 249 ff.

SchadensersatzR III, Rn. 85 ff.

## I. Begriff

Die §§ 249 ff. regeln **Art, Inhalt und Umfang** des Schadensersatzanspruchs, sie betreffen die Frage der Haftungsausfüllung (nicht der Haftungsbegründung) und somit die Rechtsfolgenseite (also das „Wie" des Schadensersatzes).Hierbei ist zwischen Naturalrestitution (= Herstellung des Zustandes, der ohne Rechtsverletzung bestehen würde) und Geldentschädigung (= Ausgleich des Vermögensnachteils) zu unterscheiden.

## II. Im Einzelnen

1. Grundsatz der Naturalrestitution, § 249

   - Soweit Naturalrestitution möglich ist, kann sie der Gläubiger gem. § 249 I verlangen.
   - Stattdessen kann er bei Körperverletzungen oder Sachbeschädigungen gem. § 249 II S. 1 den für die Wiederherstellung erforderlichen Geldbetrag verlangen.

2. Entschädigung, § 251 (=Wertersatz)

   Soweit die Naturalrestitution aus tatsächlichen oder rechtlichen Gründen nicht möglich oder zur Entschädigung nicht ausreichend ist (Abs. 1) oder unverhältnismäßig hohe Aufwendungen erfordert (Abs. 2), ist die Entschädigung in Geld vorzunehmen. Geschuldet ist dabei der Wertersatz.

3. **§ 250**

   = Sonderfall, bei dem der Gläubiger auch ohne die Voraussetzungen der §§ 249 II S. 1, 251 Geldzahlung verlangen kann.

4. **§§ 252, 253**

   - § 252 stellt klar, dass auch der entgangene Gewinn zu ersetzen ist
   - nach § 253 I ist Geldentschädigung (Naturalrestitution gibt es immer) für immaterielle Schäden nur in den gesetzlich geregelten Fällen zu gewähren

Nach dem Gesetz hat die Naturalherstellung den Vorrang, § 249 I. Der Geschädigte kann daher einen Geldbetrag als Ersatzleistung nur unter den Voraussetzungen der §§ 249 II, 250, 251 verlangen.

Beachten Sie aber den Unterschied zwischen §§ 249 II und 251. Obwohl beide Normen auf Geldzahlung abzielen, liegt bei § 249 II ein Fall der Naturalrestitution vor!

§ 252 S. 1 stellt nur klar, was sich bereits aus § 249 I ergibt, nämlich dass auch der entgangene Gewinn zum zu ersetzenden Schaden zählt. § 252 S. 2 enthält eine Beweiserleichterung für den Gläubiger.

§ 253 I legt fest, dass Geldentschädigung für immaterielle Schäden nur in gesetzlich geregelten Fällen zu gewähren ist. Diese sind: §§ 253 II; 651n II; § 11 S. 2 StVG; § 8 S. 2 ProdHaftG; §§ 15 II, 21 II S. 3 AGG (daneben ist an das allg. Persönlichkeitsrecht zu denken, Art. 1 und 2 GG). Daraus ergibt sich, dass ein Anspruch auf Naturalrestitution, soweit durchführbar (z.B. Widerruf einer unwahren Tatsachenbehauptung), auch bei immateriellen Schäden ohne weiteres möglich ist.

Bei einer Sachbeschädigung (anders als bei einer Körperverletzung) kann der Geschädigte gem. § 249 II auch dann den für die Wiederherstellung erforderlichen Geldbetrag verlangen, wenn die Reparatur gar nicht durchgeführt wird (sog. „Dispositionsbefugnis“).

Die Begründung dafür ist, dass zur Schadensberechnung auf eine Saldierung der gesamten Vermögenslage des Geschädigten abgestellt wird. Das Unterlassen der Reparatur bewirkt nur eine Vermögensumschichtung. Das Geldvermögen mehrt sich, das Sachvermögen ist wegen der Beschädigung um den gleichen Posten vermindert. Selbst wenn der Geschädigte also von vornherein auf die Instandsetzung verzichtet, kann er als Schaden die fiktiven Reparaturkosten ersetzt verlangen. Dabei ist aber die Einschränkung des § 249 II S. 2 zu beachten, wonach die fiktive Umsatzsteuer nicht ersetzt wird.

Dagegen besteht ein Anspruch auf Ersatz von Kosten für eine ärztliche Behandlung nur, wenn der Geschädigte diese tatsächlich vornehmen will (Zweckbindung), denn der Ersatz von fiktiven Behandlungskosten würde ansonsten (entgegen § 253 I) zu einer Bereicherung des Gläubigers führen.

**I. Schadensbegriff**

= jede unfreiwillige Einbuße, die jemand infolge eines bestimmten Ereignisses an seinen Rechtsgütern erleidet (umfasst sowohl Vermögens- als auch Nichtvermögensschäden)

⇔ Aufwendung = freiwillige Einbuße

**II. Ermittlung von Vermögensschäden**

1. **Grds. nach der Differenzhypothese:**
   Vermögensschaden (+), wenn der jetzige tatsächliche Wert des Vermögens geringer ist, als der Wert, den das Vermögen ohne das schädigende Ereignis haben würde.
2. **Normativer Schaden:**
   In Einzelfällen bedarf die Differenzhypothese einer Ergänzung durch wirtschaftliche oder normative Erwägungen, um eine unbillige Entlastung des Schädigers zu vermeiden. Ein normativer Schaden ist z.B. regelmäßig dort anzunehmen, wo eine rechtliche Wertung die von Anfang an eintretende Verlagerung des Schadens auf eine andere Person als unbeachtlich erkennen lässt (z.B. Drittschadensliquidation).

Der gesetzliche Schadensbegriff umfasst sowohl Vermögensschäden, d.h. in Geld oder geldwerten Gütern ausdrückbare Nachteile, als auch Nichtvermögensschäden. Für beide gelten allerdings unterschiedliche Regeln. Die Ersatzpflicht für immaterielle Schäden in Geld ist durch § 253 I stark eingeschränkt.

Da der strikte Ausschluss von Geldentschädigungen für Nichtvermögensschäden durch § 253 I zu teilweise unbefriedigenden Ergebnissen führt, wird bei bestimmten Nachteilen in Ausnahme zur Differenzhypothese ein Vermögensschaden bejaht, auch wenn sich rechnerisch keine negative Vermögensdifferenz ergibt:

Nach der Rspr. werden entgangene Gebrauchsvorteile dann ersetzt (Nutzungsausfall), wenn sie aufgrund des sog. *Kommerzialisierungsgedankens* einen Vermögensschaden darstellen. Dies ist der Fall, wenn die *ständige Verfügbarkeit des Gutes für die eigenwirtschaftliche Lebensführung von zentraler Bedeutung ist*, ein Eingriff in den Gebrauchsgegenstand vorliegt und der Eingriff zu einer fühlbaren Beeinträchtigung geführt hat (= Nutzungsmöglichkeit und Nutzungswille. Der zeitweilige Verlust der Gebrauchsmöglichkeit eines reinen Freizeitzwecken dienenden Wohnmobils begründet keinen Anspruch auf abstrakte Nutzungsentschädigung (BGH, Life&Law 08/2008, 600 ff.). Ein Nutzungsausfallschaden wurde insbesondere angenommen für das Wohnen im eigenen Haus, die Nutzung eines Kfz sowie Nutzung des Internets und auch des Telefons (vgl. BGH, Life&Law 04/2013, 250 ff. = NJW 2013, 1072 ff.). Die Kommerzialisierung des Smartphones hat der BGH für den Fall, dass ein Festnetzanschluss mit Internet zur Verfügung steht, verneint (BGH, Life&Law 04/2018, 242 ff. = NJW-RR 2017, 798 ff.).

Vertaner Urlaub wird gem. §§ 651i III Nr. 7, 651n II im Rahmen des Reisevertrages immer ersetzt. § 651n II stellt eine gesetzliche Ausnahme zu § 253 I dar. Dagegen wird vertane Freizeit an sich grds. nicht ersetzt, da diese mangels Kommerzialisierung keinen Vermögensschaden darstellt und § 651n II nicht analog anwendbar ist (vgl. hierzu und zu weiteren Ausnahmen von der Differenzhypothese: *SchadensersatzR III, Rn. 144 ff.*).

**I. Kausalität**

Ein Schadensersatzanspruch besteht nur, wenn zwischen der **Pflicht- bzw. Rechtsverletzung** (bei §§ 823 ff. Rechtsgutverletzung) und dem **Schaden** ein **Ursachenzusammenhang** besteht, sog. **haftungsausfüllende Kausalität** (bei § 823 I ist zusätzlich eine **haftungsbegründende Kausalität**, d.h. Kausalität zwischen Verletzungshandlung und Rechtsgutverletzung erforderlich).

**II. Voraussetzungen**

Die haftungsausfüllende (ebenso wie die haftungsbegründende) Kausalität ist anhand von **drei Kriterien** zu prüfen:

**1. Äquivalenztheorie (conditio sine qua non–Formel)**

Danach ist jede Verletzung, die nicht hinweggedacht werden kann, ohne dass der Schaden entfiele, ursächlich. Der Verletzungserfolg muss die conditio sine qua non für den eingetretenen Schaden sein.

**2. Adäquanztheorie**

= Begrenzung der Zurechnung nach der Äquivalenztheorie. Die Verletzung muss eine adäquate Bedingung für den Schaden gewesen sein. Dies wird angenommen bei Bedingungen, die nicht außerhalb jeglicher Wahrscheinlichkeit liegen, wobei auf eine objektive nachträgliche Prognose abzustellen ist.

**3. Schutzzweck der Norm (= Zurechnungs-/Rechtswidrigkeitszusammenhang)**

= Ergänzung durch wertende Beurteilung. Eine Schadensersatzpflicht besteht nur, wenn der geltend gemachte Schaden sich aufgrund einer Gefahr realisiert hat, zu deren Abwendung die verletzte Norm erlassen oder die verletzte Vertragspflicht übernommen wurde.

I.R.d. ***Äquivalenztheorie*** wird von der Gleichwertigkeit aller Bedingungen ausgegangen. Bei sog. alternativer bzw. Doppelkausalität und bei der Schadenszurechnung im Falle des Unterlassens bedarf diese Theorie allerdings einer Ergänzung: Haben zwei Ereignisse den Schaden herbeigeführt, von denen jedes auch allein den Schaden verursacht hätte, so sind beide ursächlich (*vgl. hierzu ausführlich SchadensersatzR III, Rn. 46 ff.*).

Die ***Adäquanztheorie*** stellt eine Eingrenzung der Äquivalenztheorie dar, um eine uferlose Ausweitung der Ersatzpflicht zu vermeiden. Besondere Problemfelder in diesem Rahmen sind die vorsätzliche Schädigung (soweit der Vorsatz reicht, haftet der Schädiger für alle Folgen, mag deren Eintritt auch noch so unwahrscheinlich sein), die Gefährdungshaftung (Haftung auch für unwahrscheinliche Schäden, wenn sich die spezifische Gefahr realisiert) und sog. Schadensanlagen (wer einen Kranken verletzt, kann nicht verlangen, so gestellt zu werden, als hätte er einen Gesunden verletzt), *vgl. dazu SchadensersatzR III, Rn. 52 ff.*

Schließlich muss der Schaden vom ***Schutzzweck der verletzten Norm*** erfasst sein. Zwar werden völlig atypische Schadensverläufe bereits durch die Adäquanztheorie von der Ersatzpflicht ausgenommen; dennoch verbleiben Einzelfälle, deren Zurechnung zu unbilligen Ergebnissen führen würde. Daher wird die Adäquanztheorie i.R.d. Schutzzwecks der Norm ihrerseits erneut durch Wertungsgesichtspunkte ergänzt. In der Klausur wird die Kausalität häufig erst auf dieser Stufe scheitern!

# Vorteilsanrechnung/-ausgleichung



**I. Begriff**

Im Einzelfall kann ein schädigendes Ereignis dem Geschädigten neben Nachteilen auch Vorteile bringen, so dass sich bei der Schadensermittlung durch die Differenzhypothese Vermögensvorteile schadensmindernd auswirken würden. Die Differenzhypothese allein kann zu unhaltbaren Ergebnissen führen. Es bedarf daher einer Abwägung im Einzelfall, ob Vorteile anzurechnen sind oder nicht.

**II. Herleitung**

Gesetzlich geregelt ist dies in § 843 IV (außerhalb des Deliktsrechts analog oder allgemeiner Rechtsgedanke).

**III. Voraussetzungen**

Nach der Rechtsprechung muss sich der Geschädigte Vorteile anrechnen lassen, wenn:

1. zwischen dem Vorteil und dem Schadensereignis ein **adäquat kausaler Zusammenhang** besteht (sog. **„äußerer Zusammenhang“**),
2. eine Anrechnung dem **Zweck des Schadensersatzes** entspricht (erforderlich ist eine Kongruenz von Vor- und Nachteil bzw. sog. **„innerer Zusammenhang“**).

   **und**

3. **keine unbillige Entlastung des Schädigers** eintritt (**„Wertung“**).

Zu beachten ist, dass die Kriterien unter 2. und 3. normative Voraussetzungen sind, die durch die Bildung von Fallgruppen ausgefüllt werden (vgl. dazu SchadensersatzR III, Rn. 206 ff.).

Die Voraussetzungen 2. und 3. beinhalten eine rechtliche Wertung. Daraus folgt eine gewisse Unbestimmtheit der Rspr.-Formel. Einen Anhaltspunkt, nach welchen Kriterien die wertende Entscheidung bei der Frage der Vorteilsausgleichung zu erfolgen hat, lässt sich aus dem Rechtsgedanken des § 843 IV gewinnen: Auf den Schaden sind solche Vorteile nicht anzurechnen, die nach ihrer Natur dem Schädiger nicht zugutekommen sollen (z.B. freiwillige Leistungen Dritter, die dem Geschädigten zugutekommen sollen, wie z.B. Leistungen aus einer Privatversicherung, des Arbeitgebers oder Unterhaltsleistungen).

Wichtig ist, dass zwischen dem konkret eingetretenen Schaden und dem Vorteil ein innerer Zusammenhang (= Kongruenz) besteht. Brennt z.B. das Haus ab und kommt dabei die Ehefrau des Geschädigten ums Leben, so hat die erhaltene Erbschaft gar nichts mit den Sachschäden am Haus zu tun. Die Erbschaft ist durch den Tod eingetreten und nicht durch das Abbrennen des Hauses. Die Kongruenz besteht aber dann, wenn gerade wegen des Todes der Schadensersatzanspruch besteht, z.B. § 844 II.

Daneben lässt sich aus den Legalzessionen der § 6 EFZG, § 116 SGB X, § 86 VVG folgender allgemeiner Rechtsgedanke ableiten: Ordnet das Gesetz den Übergang eines Ersatzanspruchs auf den Zessionar an, soll sich eine erfolgte Leistung an den Geschädigten nicht anspruchsmindernd auswirken. Die Anordnung einer cessio legis wäre sinnlos, wenn aufgrund der erbrachten Leistung bei dem Geschädigten der Anspruch mangels Schadens immer bereits entfallen wäre.

Weitere schadensmindernde Faktoren neben der Vorteilsanrechnung können die Berücksichtigung hypothetischer Schadensursachen und das rechtmäßige Alternativverhalten sein (*vgl. dazu SchadensersatzR III, Rn. 185 ff.*).

# Zurückbehaltungsrecht (ZBR), §§ 273 f.

SchR AT

BGB AT III, Rn. 717 ff.

ÜK 10

**I. Begriff**

Der Schuldner kann gem. § 273 I die Bewirkung der ihm obliegenden Leistungspflicht *verweigern, bis* er eine ihm gegen den Gläubiger aus demselben rechtlichen Verhältnis zustehende Leistung erhalten hat.

**II. Voraussetzungen**

**1. Personenidentität**
Schuldner muss gleichzeitig Gläubiger und Gläubiger gleichzeitig auch Schuldner des jeweils Anderen sein – Ausnahme: § 404

**2. Fälligkeit und Einredefreiheit des Gegenanspruchs**
Anspruch des Schuldners gegen den Gläubiger muss fällig und einredefrei sein – aber ZBR (+), wenn Gegenanspruch mittlerweile verjährt ist, sofern er z.Z. der Entstehung der Forderung des Gläubigers noch nicht verjährt war, § 215

**3. Konnexität**
Anspruch und Gegenanspruch müssen auf demselben rechtlichen Verhältnis beruhen (nicht erforderlich beim kaufmännischen ZBR gem. § 369 HGB)

**4. Kein Ausschluss**
ZBR nur (+), sofern sich „nicht aus dem Schuldverhältnis ein anderes ergibt“, § 273 I
Ausschluss des ZBR kann sich aus rechtsgeschäftlicher Vereinbarung, kraft Gesetzes oder aus Treu und Glauben ergeben.

**III. Rechtsfolgen**

- Ab der Geltendmachung ist der Schuldner Zug um Zug gegen Erbringung der Gegenleistung verpflichtet, § 274.
- § 273 beseitigt, anders als die meisten anderen Einreden, einen etwaigen Schuldnerverzug nur ex nunc mit Geltendmachung. Grund: § 273 III (vgl. ÜK 30)

Voraussetzung des ZBR gem. § 273 I ist die Konnexität der Ansprüche (*„aus demselben rechtlichen Verhältnis“*). Diese ist jedenfalls in den in § 273 II genannten Fällen gegeben. So sind der Herausgabeanspruch einer Sache und der auf Ersatz der auf die Sache gemachten Verwendungen zueinander konnex. Das Gleiche gilt bzgl. eines dem Schuldner durch die herauszugebende Sache zugefügten Schadens, den er vom Gläubiger ersetzt verlangen kann, sofern der Schuldner nicht durch eine vorsätzlich begangene unerlaubte Handlung in den Besitz der Sache gekommen ist.

Außerhalb dieser gesetzlich geregelten Fälle legt die Rspr. das Konnexitätsmerkmal des § 273 I weit aus:

Die Ansprüche müssen zwar nicht aus demselben Schuldverhältnis stammen, ausreichend ist es, wenn sie auf einem innerlich zusammenhängenden, einheitlichen Lebensverhältnis beruhen. Zwischen den Ansprüchen muss ein innerer und wirtschaftlicher Zusammenhang bestehen, der es als treuwidrig erscheinen ließe, wenn der eine Anspruch ohne Rücksicht auf den anderen durchgesetzt werden könnte.

Das ZBR gem. § 273 ist, ebenso wie § 320, eine anspruchsbeschränkende Einrede. Das bedeutet, dass der Gläubiger dadurch nicht an der Geltendmachung seines Anspruchs gehindert ist, sondern die Geltendmachung des ZBR, wie bereits erwähnt, nur zu einer Zug-um-Zug-Verurteilung führt.

§ 1000 stellt eine besondere Ausprägung des ZBR im EBV dar und ist neben § 273 II erforderlich, da dieser einen fälligen Gegenanspruch verlangt, der Anspruch aus §§ 994 ff. aber vor Herausgabe erst bei Genehmigung fällig wird, § 1001. Umstritten ist, ob das ZBR gem. § 1000 ein Recht zum Besitz i.S.v. § 986 begründet. Die h.M. verneint dies, da der Herausgabeanspruch nach § 985 vom ZBR grds. unberührt bleibt, dieses vielmehr nur zu einer Verurteilung Zug um Zug führt, während ein Recht zum Besitz zur Klageabweisung führt. In der Klausur ebenso wichtig sind die dauernden Einreden der §§ 214 I, 821, 853. Anders als Einwendungen sind sie nicht von Amts wegen zu beachten, sondern vom Berechtigten (ggf. in der mündlichen Verhandlung) geltend zu machen.

# Beendigung/Aufhebung v. Schuldverhältnissen - Überblick



BGB AT III, Rn. 196 ff.



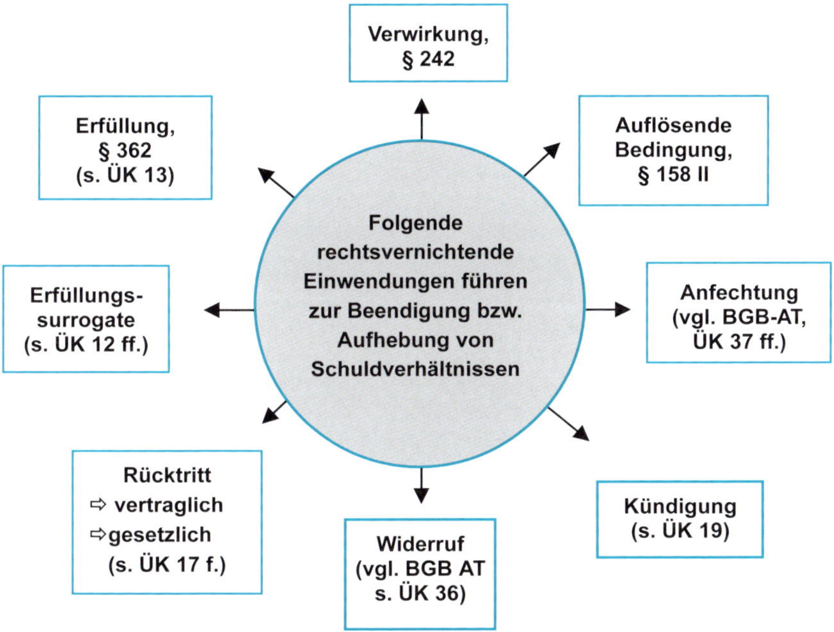

Rechtsvernichtende Einwendungen führen zur Beendigung bzw. Aufhebung von Schuldverhältnissen. Neben der Erfüllung und den Erfüllungssurrogaten verdienen an dieser Stelle auch die Gestaltungsrechte Rücktritt, Widerruf, Kündigung und Anfechtung Erwähnung. Unter einem Gestaltungsrecht versteht man das einer bestimmten Person zustehende Recht, durch einseitigen Gestaltungsakt (i.d.R. empfangsbedürftige Willenserklärung; bei Widerruf eines Testaments aber z.B. nicht empfangsbedürftig) ein Rechtsverhältnis zwischen ihr und einer anderen Person entweder zustande zu bringen, inhaltlich näher zu bestimmen, es zu ändern oder aufzuheben. I.R.d. Widerrufs besitzen v.a. § 130 I S. 2 und § 355 Examensrelevanz (vgl. BGB-AT, ÜK 36).

Von den das Schuldverhältnis beendigenden Gestaltungsrechten hat die Anfechtung gem. § 142 I die wohl größte Bedeutung (vgl. dazu BGB-AT, ÜK 37 ff.), aber auch die Rücktrittsvorschriften §§ 346 ff. dürfen keinesfalls vernachlässigt werden.

Von den rechtshindernden Einwendungen sind die rechtsvernichtenden Einwendungen und die rechtshemmenden Einreden zu unterscheiden. Während es sich bei ersteren um von Amts wegen zu berücksichtigende Einwendungen handelt, die der Entstehung eines Rechtsverhältnisses entgegenstehen (z.B. §§ 105 I, II, 134, 138), vernichten die ebenfalls von Amts wegen zu beachtenden rechtsvernichtenden Einwendungen ein bereits entstandenes Rechtsverhältnis.

Rechtshemmende Einreden dagegen müssen erhoben werden und betreffen nur die Durchsetzbarkeit des Anspruchs. Die wichtigsten sind die dauernden Einreden der §§ 214 I, 821, 853, die ab Erhebung von der praktischen Rechtsfolge her den rechtsvernichtenden Einwendungen ähnlich sind. Anders verhält es sich bei den aufschiebenden und anspruchsbeschränkenden Einreden, die oft nur zu einer späteren bzw. Zug-um-Zug-Erfüllung des Primäranspruchs führen.

Strittig ist die Rechtsnatur des § 275 II, III bzw. § 439 IV. Nach e.A. handelt es sich um den Sonderfall einer „rechtsvernichtenden Einrede“. Eine im Vordringen befindliche Ansicht qualifiziert diese Vorschriften als Gestaltungsrechte.

# Erfüllung und Erfüllungssurrogate - Überblick

BGB AT III, Rn. 197 ff., 214 ff.

**Schuldverhältnis (i.w.S./i.e.S.) kann erlöschen durch**

**Erfüllung, § 362**

**stattdessen durch**

**Erfüllungssurrogate**

- **Leistung an Erfüllungs statt und erfüllungshalber, § 364**
- **Hinterlegung bei Ausschluss der Rücknahme, §§ 372, 378**
- **Aufrechnung, §§ 387 ff.**
- **Erlass, §§ 397**
- **vereinbarte Ersetzungsbefugnis, § 311 I**

Erfüllung ist Schuldtilgung durch Bewirken der geschuldeten Leistung an den Gläubiger, § 362 I. Es handelt sich somit um den Idealfall der Beendigung eines Schuldverhältnisses i.e.S. (gemeint ist der Anspruch i.S.d. § 194).

Unter Bewirkung der Leistung ist nicht nur die Leistungshandlung, sondern, wenn der Schuldner darüber hinaus einen Erfolg herbeizuführen hat, auch die Herbeiführung des Leistungserfolges zu verstehen. Solange dies nicht geschehen ist, hat der Schuldner nicht erfüllt.

Statt durch Erfüllung kann der Schuldner den Gläubiger auch durch Erfüllungssurrogate befriedigen. Die größte Bedeutung in der Klausur haben hierbei die Leistung an Erfüllungs statt bzw. erfüllungshalber nach § 364 und die Aufrechnung gem. §§ 387 ff. (vgl. ÜK 14 f.).

Das Schuldverhältnis kann aber auch erlöschen, ohne dass das Leistungsinteresse des Gläubigers befriedigt wird, so z.B. durch Unmöglichkeit (§§ 275, 326), Zeitablauf (§ 163), auflösende Bedingung (§ 158 II) und Verwirkung, oder es kann enden durch Ausübung von Gestaltungsrechten, wie Rücktritt (§ 346 ff.), Schadensersatz statt der Leistung (§ 281 IV), Widerruf oder Kündigung u.a. (vgl. ÜK 11, 17 ff. und BGB-AT, ÜK 36 ff.).

Beim Fixhandelskauf erlischt nach Überschreiten des Leistungszeitraums der Erfüllungsanspruch, wenn der Gläubiger nicht sofort anzeigt, dass er auf Erfüllung besteht, § 376 I S. 2 HGB.

## Erfüllung, § 362

**I. Begriff**

= Schuldtilgung durch Bewirken der geschuldeten Leistung

**II. Tatbestandsmerkmale**

1. **Person des Leistungsempfängers**
   a) **Gläubiger**
   b) **Dritter bei Empfangsermächtigung, § 362 II**
      Empfangszuständigkeit kann auf Dritten übertragen werden, §§ 362 II, 185
   c) **Überbringer einer Quittung, § 370**
      bei Redlichkeit des Schuldners gilt Quittungsüberbringer kraft Gesetzes als empfangsermächtigt (Legitimation durch Rechtschein der Quittung)

   **weitere Fälle**, in denen die Leistung an Dritten befreiend wirkt:
   - bei Forderungsabtretung, §§ 407–409
   - sonstige, z.B. §§ 566c, 808, 851, 2135, 2367 f., § 56 HGB (BGB AT III, Rn. 207 ff.)
2. **Person des Leistenden**
   Schuldner oder gem. § 267 Dritter (außer wenn höchstpersönlich)
3. **Gegenstand der Erfüllung**
   Erfüllung grds. nur durch geschuldete Leistung, hierbei nicht nur Leistungshandlung, sondern auch Leistungserfolg geschuldet
4. **Ermittlung der erfüllten Forderung**
   - i.d.R. durch Auslegung gem. §§ 133, 157 ermittelbar, auch welche Forderung der Schuldner zahlt
   - regelmäßig Bestimmung durch den Schuldner, § 366 I (Ausnahme: § 367 I)
   - Falls keine Tilgungsbestimmung vorliegt und eine Ermittlung durch Auslegung nicht möglich ist, gilt die Auslegungsregel des § 366 II.

Umstritten ist die Frage, ob die Erfüllungswirkung schon durch Bewirken der Leistung kraft Gesetzes eintritt oder ob zusätzlich ein subjektives Element - ein Erfüllungsvertrag oder jedenfalls ein Erfüllungswille des Schuldners erforderlich ist. Hierzu werden verschiedene Theorien vertreten:

- Vertragstheorie: Danach tritt Erfüllung nicht bereits mit der Herbeiführung des geschuldeten Leistungserfolges ein, sondern erst durch einen aus Angebot und Annahme der Leistung bestehenden Erfüllungsvertrag.
- Theorie der realen Leistungsbewirkung (h.M.): Grundsätzlich genügt danach die Herbeiführung des Leistungserfolges durch die Leistungshandlung des Schuldners. Dass eine Tilgungsbestimmung nicht nötig ist, folgt aus § 366 II. Lediglich dann, wenn ein Dritter gem. § 267 leistet oder im Falle einer Vorausleistung, muss eine Tilgungsbestimmung getroffen werden.

  ⇨ Die h.M. entspricht daher dem Gesetz und ist daher vorzugswürdig, da sie dem Gedanken am besten Rechnung trägt, dass das Schuldverhältnis beendet ist, wenn dessen Ziel erreicht ist. So wird sie auch den Fällen gerecht, in denen die Leistung ohne Mitwirkung oder Wissen des Gläubigers erbracht werden kann und grds. auch wird.

Die Empfangszuständigkeit deckt sich weitgehend mit der Verfügungsmacht. Daher wird der Schuldner durch Leistung an den Gläubiger nicht befreit, wenn diesem die Verfügungsbefugnis entzogen worden ist (z.B. § 2211) oder dieser geschäftsunfähig oder in der Geschäftsfähigkeit beschränkt ist.

*Zur Erfüllung durch Leistung gegenüber einem unter Einwilligungsvorbehalt Betreuten lesen Sie Life&Law 09/2015, 633 ff. = jurisbyhemmer!*

Dritte können durch Empfangsermächtigung empfangszuständig werden, vgl. § 362 II. Die Leistung an einen Dritten hat somit befreiende Wirkung, wenn der Gläubiger dem Dritten zuvor eine entsprechende Einwilligung erteilt hat, § 185 I, oder die Voraussetzungen des § 185 II (v.a. Genehmigung) vorliegen.

# Leistung an Erfüllungs statt/erfüllungshalber, § 364

BGB AT III, Rn. 214 ff.

**I. Leistung an Erfüllungs statt, § 364 I**

Der Gläubiger nimmt eine **andere** als die geschuldete Leistung an:

- Vereinbarung über Annahme der erbrachten an Stelle der geschuldeten Leistung und deren Erfüllungswirkung erforderlich
- Rechtsfolge: Erlöschen des Schuldverhältnisses bzw. der Forderung
- über § 365 ist das entsprechende Mängelgewährleistungsrecht anwendbar
- Sonderfall von § 364 I: Ersetzungsbefugnis

**II. Leistung erfüllungshalber, § 364 II**

Der Gläubiger nimmt eine **andere** als die geschuldete Leistung entgegen:

- **kein Erlöschen** der ursprünglichen geschuldeten Leistung, sondern Befriedigungsrecht des Gläubigers am geleisteten Gegenstand
- erst nach erfolgreicher Befriedigung erlischt die ursprüngliche Forderung,
  *Bsp.:* Scheck

**III. Behandlung von Geldschulden**

- Bei Barzahlung: § 362 (vgl. AG Köln, Life&Law 2006, 653 ff.)
- Bei Banküberweisung strittig: Rspr.: § 364 I
  M.M.: Erfüllung gem. § 362

Welches Erfüllungssurrogat gewollt ist, muss durch Auslegung gem. §§ 133, 157 ermittelt werden. Falls dies nicht möglich ist, ist auf die Auslegungsregel des § 364 II zurückzugreifen.

Abzugrenzen ist die Leistung an Erfüllungs statt von der ***Ersetzungsbefugnis*** (vgl. dazu auch BGH, Life&Law 07/2008, 429 ff. = NJW 2008, 2028 ff. = jurisbyhemmer).

Bei der Ersetzungsbefugnis kann der Gläubiger nur eine bestimmte Leistung verlangen, der Schuldner ist aber berechtigt, durch Erbringung einer anderen Sache seiner Verpflichtung nachzukommen. Der wichtigste Fall ist sowohl in der Praxis als auch in der Klausur die Inzahlunggabe einer gebrauchten Sache beim Erwerb einer neuen (z.B. beim Autokauf).

Der Schuldner wird somit durch Erbringung einer anderen als der geschuldeten Leistung frei. Dennoch handelt es sich hierbei nicht um einen Fall des § 364 I, da eigentlich keine andere als die geschuldete Leistung erbracht wird, weil hierüber bereits anfänglich eine Vereinbarung getroffen wurde. Die h.M. wendet deshalb § 364 I analog an.

Der Gläubiger hat aber keinen Anspruch auf die ersatzweise Leistung. Wird dem Schuldner also das Erbringen der geschuldeten Leistung unmöglich, wird er nach § 275 I frei, auch wenn er ersatzweise leisten könnte.

**I. Begriff**

Aufrechnung = wechselseitige Tilgung zweier sich gegenüber stehenden Forderungen (Hauptforderung und Gegenforderung) durch einseitiges Rechtsgeschäft

**II. Vorauss.**

1. **Gegenseitigkeit der Forderungen, § 387**
   ⇨ Gläubiger der einen muss Schuldner der anderen Forderung sein und umgekehrt
2. **Gleichartigkeit der Forderungen, § 387**
   ⇨ Leistungen müssen gleichartig, d.h. von derselben Beschaffenheit sein
   ⇨ Konnexität i.S.v. § 273 ist nicht erforderlich
3. **Wirksamkeit, Fälligkeit und Durchsetzbarkeit der Gegenforderung, § 387**
   ⇨ Forderung muss vollwirksam und fällig sein
   ⇨ Keine Einredebehaftung, § 390 – außer Verjährungseinrede, § 215
4. **Bestehen und Erfüllbarkeit der Hauptforderung, § 387**
5. **Nichtbestehen eines Aufrechnungsverbotes**
   ⇨ weder eines vertraglichen noch eines gesetzlichen, §§ 392, 393, 394 S. 1
6. **Aufrechnungserklärung, § 388**

**III. Wirkung**

Gem. § 389 erlöschen durch die rechtsvernichtende Einwendung der Aufrechnung Haupt- und Gegenforderung ex-tunc auf den Zeitpunkt zurück, seit welchem die Aufrechnungslage besteht.

Grundsätzlich steht das Aufrechnungsrecht gem. § 387 nur dem Schuldner zu. Dritte können lediglich nach § 267 erfüllen. Davon macht das Gesetz zugunsten ablöseberechtigter Dritter Ausnahmen, vgl. §§ 268 II, 1142 I, 1150, 1249. Vom Erfordernis der Gegenseitigkeit macht § 406 eine weitere bedeutsame Ausnahme. Danach kann der Schuldner auch gegenüber dem neuen Gläubiger mit einer ihm gegen den Zedenten zustehenden Forderung aufrechnen, wenn die Aufrechnungslage bestanden hatte, als er von der Abtretung Kenntnis erlangte.

Vor Kenntnis von der Abtretung ist wegen § 407 I 2. Alt. die Aufrechnung mit befreiender Wirkung gegenüber dem „Alt-Gläubiger" möglich.

Zu beachten ist, dass nur die Gleichartigkeit des Leistungsgegenstandes erforderlich ist, nicht die der Leistungsmodalitäten. Die Verschiedenheit der Leistungsart hindert also die Aufrechnung grds. nicht.

Die Aufrechnung kann durch <u>Aufrechnungsverbote</u> ausgeschlossen sein. Diese können zum einen vertraglich vereinbart werden. Die Zulässigkeit einer solchen Vereinbarung wird in §§ 309 Nr. 3, 391 II, 556b II vorausgesetzt und folgt aus dem Grundsatz der Privatautonomie. Zum anderen kann sich ein Aufrechnungsverbot auch aus § 242 ergeben, wobei der Übergang von der vertraglichen Vereinbarung hierzu fließend ist. Von besonderer Klausurrelevanz sind allerdings die <u>gesetzlichen Aufrechnungsverbote</u>, insbesondere diejenigen der §§ 393 und 394 S. 1. Gem. § 393 kann gegen eine Forderung, die aus einer <u>*vorsätzlich*</u> begangenen unerlaubten Handlung resultiert, nicht aufgerechnet werden. § 393 betrifft somit die Hauptforderung und richtet sich gegen den Schädiger. Nach § 394 S. 1 ist die Aufrechnung gegen eine unpfändbare Forderung ausgeschlossen, soweit die Unpfändbarkeit reicht. § 394 S. 1 ergänzt die §§ 850 ff. ZPO und hat den Zweck, das Existenzminimum des Schuldners zu erhalten. Ausnahmen davon können sich über § 242 ergeben (*vgl. BGB AT III, Rn. 276*). Die Aufrechnung ist als Gestaltungsrecht gem. § 388 S. 2 unwiderruflich und unbedingt zu erklären. Dies gilt allerdings nicht für sog. Potestativbedingungen und die Eventualaufrechnung (z.B. im Prozess).

# Erlassvertrag, § 397 I

BGB AT III, Rn. 290 ff.

**I. Voraussetzungen**

1. **Bestehen eines (Verfügungs-)Vertrages**
   - Erforderlich ist ein Vertrag, aus dem der Verzichtswille des Gläubigers auf die Forderung eindeutig hervorgeht.
   - Der Vertrag kann nur zwischen Gläubiger und Schuldner geschlossen werden
2. **Bestehen einer Forderung**
   - bedingte oder befristete Forderung ausreichend
   - nach BGH ist auch ein Erlassvertrag über eine künftige Forderung möglich ⇨ die Forderung entsteht dann erst gar nicht.

**II. Wirkung**

Der Erlassvertrag ist ein Verfügungsvertrag, durch den das Schuldverhältnis i.e.S. (= Forderung) erlischt (= rechtsvernichtende Einwendung).

**III. Abgrenzung zum Aufhebungsvertrag**

Durch einen Erlassvertrag erlischt nur eine einzelne Forderung. Der Aufhebungsvertrag dagegen bringt das gesamte Schuldverhältnis (i.w.S.) zum Erlöschen.

Aus der Natur des Erlassvertrages als Verfügungsvertrag folgt, dass ihm grundsätzlich ein Kausalgeschäft zugrunde liegen muss, um kondiktionsfest zu sein. Regelmäßig wird es sich hierbei um einen Schenkungsvertrag gem. § 516 handeln.

Da der Erlass eine Verfügung ist, führt wegen des Abstraktionsprinzips die Unwirksamkeit des Kausalgeschäfts nicht zur Unwirksamkeit des Erlasses. Die Schuld erlischt somit auch bei nichtigem Kausalvertrag. Der Gläubiger hat dann allerdings einen Anspruch aus § 812 I S. 1 Alt. 1.

Dieser geht auf die vertragliche Wiederbegründung der erloschenen Forderung, wobei je nach den Umständen des Einzelfalls an dieser Stelle natürlich auch an Fehleridentität zu denken ist.

Vom pactum de non petendo (= Vereinbarung, aus der Forderung nicht vorzugehen) unterscheidet sich der Erlass dadurch, dass ersteres nur eine Einrede gegen die Forderung begründet (vgl. § 205), während der Erlass als rechtsvernichtende Einwendung die Forderung zum Erlöschen bringt.

§ 397 II regelt schließlich das negative Schuldanerkenntnis, wobei dieses wie das positive Schuldanerkenntnis sowohl von konstitutiver oder deklaratorischer Natur sein kann. Im Hinblick auf die Formfreiheit bei § 397 II hat diese Frage aber nicht dieselbe Bedeutung wie bei §§ 780, 781.

# Rücktritt, §§ 346 ff. - I

Schuldrecht AT, Rn. 459 ff.



**Rücktritt**

**Vertragliches Rücktrittsrecht** | **Gesetzliches Rücktrittsrecht**

**Rückabwicklung** eines erfolgten Leistungsaustausches nach den **§§ 346 ff.**

**I. Voraus-setzungen**

**1. Anwendungsbereich**

**a) vertragliches Rücktrittsrecht**

Rücktrittsvorbehalt erforderlich, d.h. der Vertrag muss mindestens einer Partei ein Rücktrittsrecht einräumen; § 308 Nr. 3 bei Vereinbarung i.R.v. AGBen zu beachten

**b) gesetzliches Rücktrittsrecht, z.B. §§ 323, 324, 326 V, 313 III S. 1**

**c) Verweisung auf die §§ 346 ff.**, z.B. § 281 V, 326 IV, 439 V, 441 IV, 635 IV, 638 IV

**2. Kein Erlöschen nach § 350 infolge Fristsetzung**

**3. Rücktrittserklärung**

nach § 349 formlos und ohne Angabe des Grundes gegenüber dem anderen Teil möglich; als Gestaltungsrecht grds. bedingungsfeindlich und unwiderruflich

**4. Keine Verfristung, § 218**

Die §§ 346 ff. gelten gleichermaßen für vertragliche und gesetzliche Rücktrittsrechte.

Für den gesetzlichen Rücktritt sind zum Schutz des Rücktrittsberechtigten Sondervorschriften erforderlich. Diese sind an der jeweiligen Stelle in die §§ 346 ff. eingearbeitet (vgl. § 346 III S. 1 Nr. 3 und § 347 I S. 2).

Die Tatsache, dass in zahlreichen Vorschriften, die eine Rückabwicklung von Leistungen vorsehen, auf die §§ 346 ff. verwiesen wird (z.B. §§ 281 V, 326 IV, 439 V, 441 IV, 635 IV, 638 IV), macht die Rücktrittsvorschriften neben dem Bereicherungsrecht zu den zentralen Rückabwicklungsregelungen des Schuldrechts.

## II. Rückabwicklung

### Empfangene Leistungen

I. **Grundsatz**:
Rückgewähr in Natur, **§ 346 I**

II. **Ausnahme**:
Wertersatz nach **§346 II**, wenn Rückgewähr in Natur gem. § 346 II S. 1 Nr. 1-3 unmöglich

III. **Ausnahme zur Ausnahme**:
Kein Wertersatz, sondern nur Herausgabe der verbleibenden Bereicherung (vgl. § 346 III S. 2) im Falle der **§ 346 III S. 1 Nr. 1-3**

### Nutzungen

I. **Grundsatz**:
Herausgabe tatsächlich gezogener Nutzungen, § 346 I

II. **Ausnahme**:
Herausgabe schuldhaft nicht gezogener Nutzungen nach § 347 I S. 1
(angepasster Sorgfaltsmaßstab bei gesetzlichem Rücktrittsrecht, § 347 I S. 2 i.V.m. § 277)

### Verwendungen

I. **Grundsatz**:
Ersatz notwendiger Verwendungen, § 347 II S. 1

II. **Ausnahme**:
Ersatz anderer, nicht notwendiger Verwendungen nur, soweit der andere Teil noch durch sie bereichert ist, **§ 347 II S. 2**

**Abwicklung gem. §§ 348, 320 I, 322 I Zug um Zug**

**Schadensersatz** nur nach den allg. Regeln (§§ 280 – 283), **§ 346 IV**

Bei den §§ 346 ff. handelt es sich um ein eigenständiges Regelungssystem, das die Folgen des vertraglichen oder gesetzlichen Rücktritts hinsichtlich der Rückgewähr der ausgetauschten Leistungen sowie hinsichtlich der Fragen nach Nutzungs- und Verwendungsersatz abschließend regelt.

Die §§ 346 ff. enthalten keine eigene Schadensersatzregelung, sondern verweisen über § 346 IV auf die allgemeinen Regeln (§§ 280 – 283).

Die Ausübung des Rücktrittrechts ist stets möglich, unabhängig von der Frage, ob die empfangene und zurückzugewährende Sache zufällig oder verschuldet untergegangen ist. Letzteres erlangt nunmehr lediglich im Rahmen des Wertersatzes (§ 346 II, III) Bedeutung.

# Kündigung

**I. Anwendungsbereich**

Die Kündigung dient v.a. der Beendigung von Dauerschuldverhältnissen (*Bsp.: §§ 542 I, 549 I S. 2, 568 ff., 605, 620 ff.*). Nur ausnahmsweise sieht das Gesetz die Kündigung bei anderen Verträgen vor (Bsp.: §§ 648, 648a, 649 I beim Werkvertrag und §§ 651i III Nr. 5, 651l beim Reisevertrag sowie § 671 beim Auftrag).

**II. Arten**

Bei Dauerschuldverhältnissen unterscheidet man **zwei Arten** der Kündigung:

**ordentliche**

- regelmäßig kein Kündigungsgrund notwendig
  Ausnahmen: § 573, § 1 KSchG
- regelm. Einhaltung von Fristen notwendig

**außerordentliche**

- Kündigungsgrund notwendig (vgl. §§ 543, 569, 490, 626, 648a)
- i.d.R. fristlos möglich, u.U. Auslauffrist, vgl. § 626 I

**III. Wirkung**

Vertragliche Primärpflichten entfallen ex nunc mit Ausübung des Kündigungsrechts durch Kündigungserklärung.

Die Kündigung beendet das Schuldverhältnis für die Zukunft. Im Gegensatz zum Rücktritt sind die bereits erbrachten Leistungen nicht zurück zu gewähren. Die Kündigungserklärung ist eine einseitige, empfangsbedürftige Willenserklärung. Welche Art der Kündigung, ob ordentliche oder außerordentliche, gewollt ist, ist durch Auslegung (§§ 133, 157) zu ermitteln.

Häufig stellt sich das Problem, dass die Voraussetzungen einer erklärten außerordentlichen Kündigung nicht vorliegen. Hier kommt dann - wenn die ordentliche Kündigung nicht hilfsweise erklärt wurde - eine Umdeutung gem. § 140 in eine ordentliche Kündigung in Betracht. Der umgekehrte Fall, also die Umdeutung einer ordentlichen in eine außerordentliche Kündigung, ist nicht möglich, da die außerordentliche insofern ein „Mehr" darstellt.

Die Kündigung ist ein Gestaltungsrecht und deshalb grundsätzlich bedingungsfeindlich und unwiderruflich. Wie bei allen Gestaltungsrechten sind aber Potestativbedingungen, also solche Bedingungen, die ausschließlich vom Willen des anderen Teils abhängen, zulässig, da in diesem Fall die Ungewissheit, die durch die Bedingungsfeindlichkeit vermieden werden soll, nicht entsteht. Zulässig sind auch Rechtsbedingungen. Häufigster Fall ist die außerordentliche Kündigung, die - für den Fall ihrer Unwirksamkeit - mit einer hilfsweise erklärten ordentlichen Kündigung verbunden wird.

## Voraussetzungen der Kündigung aus wichtigem Grund nach § 314

**I. Anwendungsbereich**

- Anwendung nur auf Dauerschuldverhältnisse
- Vorrang von speziellen Kündigungsnormen, z.B. §§ 543, 626, 648a

**II. Vorliegen eines wichtigen Grundes**

- Legaldefinition in § 314 I S. 2. Wichtiger Grund danach, wenn:
  - Unter Berücksichtigung aller Umstände des Einzelfalls und
  - unter Abwägung der beiderseitigen Interessen
  - die Fortsetzung des Vertragsverhältnisses bis zur vereinbarten Beendigung oder bis zum Ablauf der ordentlichen Kündigungsfrist nicht zumutbar ist.
- Fristsetzung zur Abhilfe oder Abmahnung vor Kündigung bei Vertragspflichtverletzung erforderlich, § 314 II S. 1,
  *Ausnahme:* § 314 II S. 2 i.V.m. § 323 II Nr. 1 und 2; § 314 II S. 3

**III. Kündigungserklärung**

- Zugang, §§ 130 ff.
- Erklärung innerhalb einer angemessenen Frist, § 314 III (beachte hierzu die Spezialregelung in § 626 II)

Die Generalklausel zur Kündigung von Dauerschuldverhältnissen aus wichtigem Grund ist in § 314 geregelt. Diese Vorschrift übernimmt im Wesentlichen die von der Rspr. entwickelten, aus §§ 626, 723 I S. 2 abgeleiteten allgemeinen Grundsätze zur Kündigung von Dauerschuldverhältnissen aus wichtigem Grund.

Durch die Kündigung verliert der kündigende Vertragsteil nicht das Recht, Schadensersatz zu verlangen, § 314 IV. Voraussetzung ist wie bei allen Gestaltungsrechten eine Gestaltungserklärung und ein Gestaltungsgrund, hier also eine Kündigungserklärung und ein Kündigungsgrund.

§ 314 I S. 1 erfordert dabei als Kündigungsgrund einen wichtigen Grund und definiert in § 314 I S. 2, wann ein solcher vorliegt.

Prägen Sie sich die Vorschrift des § 314 I S. 2 ein. Der Gesetzgeber stellt hier im allgemeinen Teil des Schuldrechts Abwägungsregelungen auf, die so nicht nur für die Kündigung aus wichtigem Grund gelten, sondern grundsätzlich der Ausgangspunkt und eine Aufbauanleitung für nahezu jede Interessenabwägung sind. Scheuen Sie sich also nicht, auch bei Abwägungsproblemen in anderen Teilbereichen auf die Wertungen des § 314 I S. 2 zurückzugreifen.

Aus der Stellung des § 314 im Bereich des allgemeinen Schuldrechts geht hervor, dass diese Vorschrift grundsätzlich für alle Dauerschuldverhältnisse gilt. Aus dieser systematischen Stellung folgt aber zugleich, dass diese Vorschrift dann keine Anwendung findet, wenn speziellere Regelungen aus dem besonderen Schuldrecht einschlägig sind.

## Widerrufsrecht, § 355

1. Einräumung des Widerrufsrechts durch Gesetz (vgl. §§ 312g, 485, 495, 506, 510 II, 514 II, 515, 650l)
2. Widerruf formlos möglich ohne Begründung (§ 355 I S. 4) ⇨ wegen § 355 I S. 3 ist es strittig, ob die bloße Zurücksendung der Ware ausreicht
3. Widerrufsfrist beträgt 14 Tage, wobei diese grds. mit Vertragsschluss beginnt, sofern nichts anderes bestimmt ist, § 355 II
   - Regelmäßig beginnt Widerrufsfrist nicht vor Belehrung, vgl. z.B. § 356 III S. 1, Art. 246a § 1 II S. 1 Nr. 1 EGBGB, § 356a III, 356b, 356d S. 1, 356e S. 1 *(wird bei Verbraucherdarlehensverträgen die Belehrung nachgeholt, so beträgt die Widerrufsfrist 1 Monat, vgl. § 356b II S. 2, 3)*
   - Bei Verbrauchsgüterkauf ist der Erhalt der Ware nötig, vgl. § 356 II Nr. 1a bis d
   - ohne Belehrung erlischt Widerrufsfrist 1 Jahr und 14 Tage nach Vertragsschluss, vgl. § 356 III S. 2 bzw. § 356a III S. 2 bzw. § 356c II S. 2 bzw. § 356d S. 2 bzw. 356e S. 2 (bei Allgemein-Verbraucherdarlehensverträgen gibt es keine Höchstfrist, vgl. Umkehrschluss aus § 356b II S. 4)

## Wirkungen

- Entfallen der Bindungswirkung der auf Vertragsschluss gerichteten WE, § 355 I S. 1
- Rückabwicklung nach § 355 III, modifiziert durch die §§ 357 bis 357d
- Rechtsfolgen bei verbundenem Geschäft, § 358, Einwendungsdurchgriff, § 359

Die §§ 355 ff. regeln kein allgemeines Widerrufsrecht für alle Verbraucherverträge (vgl. Legaldefinition in § 310 III). Diese Vorschriften sind vielmehr nur dann anwendbar, wenn dem Verbraucher durch andere Vorschriften ausdrücklich ein Widerrufsrecht nach §§ 355 ff. eingeräumt wird. Dementsprechend sind die eigentlichen Anwendungsvoraussetzungen für das Widerrufsrecht auch jeweils in den auf die §§ 355 ff. verweisenden „Spezialvorschriften" geregelt, während die §§ 355 ff. nur regeln, in welcher Form und Frist der Widerruf zu erfolgen hat und welche Rechtsfolgen sich daran knüpfen. Zu beachten ist allerdings, dass auf §§ 355 ff. verweisende Spezialgesetze bzgl. Form und Frist des Widerrufs zum Teil abweichende Sonderregelungen enthalten, die den §§ 355 ff. vorgehen. Entsprechende Kommentierungen - soweit zulässig - können hier weiterhelfen.

Mit der Ausübung des Widerrufsrechtes verlieren die auf den Abschluss des Vertrages gerichteten Willenserklärungen des Verbrauchers nach § 355 I S. 1 ihre Bindungswirkung. Die Rückabwicklung bereits ausgetauschter Leistungen erfolgt gem. § 355 III, wobei – je nach Widerrufsrecht - in den §§ 357 bis 357d Modifizierungen geregelt sind.

Zur Systematik des verbraucherschützenden Widerrufsrechts vgl. den ausführlichen Problemaufriss in Life&Law 12/2018, 804 ff.

Von besonderer Klausurrelevanz sind die Rechtsfolgen des Widerrufs auf verbundene Verträge. Widerruft der Verbraucher den Vertrag über die Lieferung einer Ware oder Erbringung einer Leistung, so ist er auch an den damit verbundenen Verbraucherdarlehensvertrag nicht mehr gebunden, § 358 I. Umgekehrt gilt nach § 358 II: Widerruft der Verbraucher den Verbraucherdarlehensvertrag, so ist er auch an den damit verbundenen Vertrag über die Lieferung einer Ware oder Erbringung einer Leistung nicht mehr gebunden. § 359 regelt den Einwendungsdurchgriff des Verbrauchers. Dieser kann die Rückzahlung des Darlehens verweigern, soweit ihm i.R.d. verbundenen Vertrages ein Leistungsverweigerungsrecht zusteht.

## Einrede des nichterfüllten Vertrages, § 320

**I. Rechtsnatur**

Unterfall des allgemeinen Zurückbehaltungsrechts nach § 273.

**II. Voraussetzungen**

1. **Vorliegen eines gegenseitigen Vertrages:**
   *Bsp.:* §§ 433, 535, 611, 631
2. **Synallagmatische Verknüpfung von Leistung und Gegenleistung:**
   Eine Leistung wird erbracht, um eine Gegenleistung zu erhalten.
3. **Wirksamkeit und Fälligkeit der Gegenforderung:**
   Die Gegenforderung muss voll wirksam und fällig sein
   ⇨ § 320 (-), wenn eine Vorleistungspflicht des Schuldners vereinbart wurde bzw. gesetzlich geregelt ist.
4. **Eigene Vertragstreue des Schuldners:**
   = ungeschriebenes Tatbestandsmerkmal

**III. Rechtsfolgen**

Aufschiebende Einrede des Schuldners in Form eines Leistungsverweigerungsrechts:
⇨ Zug-um-Zug-Verurteilung, § 322 I

**§ 320 bezweckt, dass keiner der Vertragspartner seine Leistung erbringen muss, ohne gleichzeitig auch die Gegenleistung zu erhalten. Dies ist Ausdruck der synallagmatischen Verknüpfung der Leistungspflichten beim gegenseitigen Vertrag.**

**§ 320 ist ein Spezialfall zu § 273.**

**Ein wichtiger Unterschied ist aber, dass die Abwendung durch Sicherheitsleistung gem. § 320 I S. 3 ausgeschlossen ist.**

**§ 320 ist nur bei gegenseitigen Verträgen anwendbar. Falls es sich nicht um einen solchen handelt, kommt allenfalls die Anwendung von § 273 in Betracht. Weitere Voraussetzung von § 320 ist die synallagmatische Verknüpfung von Leistung und Gegenleistung. Nicht alle Leistungspflichten i.R.v. gegenseitigen Verträgen stehen aber in einem solchen Verhältnis zueinander. Dies ist nur der Fall, wenn die eine Leistung gerade nur um der anderen willen erbracht wird. So zahlt der Mieter die Miete, um den Besitz der Mietsache zu erlangen, und der Vermieter überlässt den Gebrauch an ihr, damit der Mieter zahlt. Daraus wird schon deutlich, dass z.B. die Rückgabeverpflichtung des § 546 I nicht im Gegenseitigkeitsverhältnis steht, denn der Vermieter vermietet die Sache nicht, um sie später einmal zurückzubekommen.**

**Gem. § 215 ist § 320 auch bei einem verjährten Anspruch anwendbar, wenn die Verjährung bei Entstehung der Hauptforderung noch nicht vollendet war.**

**Schließlich gilt es zu beachten, dass § 320 genau wie § 273 unter der Beschränkung von § 242 steht. Dies ist in § 320 II speziell für den Fall der Unverhältnismäßigkeit von Leistung und Gegenleistung geregelt.**

# Leistungsstörungen - Überblick

**Zu unterscheiden sind:**

## nicht leistungsbezogene Nebenpflichtverletzung i.S.v. § 241 II

**Anwendbarkeit von:**
**Schadensersatz:**
§ 280 I bzw.
§§ 280 I, III, 282
**Rücktritt**:
§ 324

## Leistungsbezogene Pflichtverletzung

### Verzögerung der Leistung („nicht erbrachte Leistung“)

**Anwendbarkeit von:**
**Schadenersatz:**
§ 280 I bzw.
§§ 280 I, III, 281 I S. 1 Alt. 1 u. §§ 280 I, II, 286
**§ 281 IV** ⇨ Erfüllung ist ausgeschlossen
**Rücktritt:**
§ 323 I Alt. 1

### Schlechtleistung („nicht so wie geschuldet erbrachte Leistung“)

**Anwendbarkeit von:**
**Schadenersatz:**
§ 280 I bzw.
§§ 280 I, III, 281 I S. 1 Alt. 2
**§ 281 IV** ⇨ Erfüllung ist ausgeschlossen
**Rücktritt:**
§ 323 I Alt. 2

## Ausschluss der Leistungspflicht nach § 275 (Unmöglichkeit)

**Anwendbarkeit von:**
**Schadensersatz:**
§§ 280 I, III, 283 bzw.
§ 311a II (i.V.m. § 275 IV)
**Gegenleistung:**
§ 326 I-IV
**Rücktritt:**
§ 326 V

Die §§ 241 II, 280 I, III, 282, 324 und 311 II, III regeln gesetzlich die Voraussetzungen und Folgen der Verletzung nichtleistungsbezogener Nebenpflichten.

Zur Terminologie der §§ 280 ff., 323 ff. für die verschiedenen Leistungsstörungen:

*1. „Nicht erbrachte Leistung“*: Fälle, in denen die Leistung nicht bei Fälligkeit, sondern verspätet oder gar nicht erbracht wird. Da bei Verwendung dieses Begriffes jedoch die Gefahr der Verwechslung mit der Fallgruppe des Ausschlusses der Leistungspflicht besteht, in der die Leistung ja auch gerade nicht erbracht wird, werden wir im Folgenden den Begriff der Verzögerung der Leistung verwenden. Ein Rückgriff auf den Begriff des Verzuges sollte vermieden werden, da Verzug nicht in allen Fällen der Verzögerung der Leistung vorausgesetzt wird.

*2. „Ausschluss der Leistungspflicht“*: Gemeint ist damit die „Unmöglichkeit“ der Leistung, § 275. Diese Terminologie war deshalb notwendig, weil § 275 neben der tatsächlichen Unmöglichkeit zusätzliche Fälle regelt, die zum Ausschluss der Leistungspflicht führen.

*3. „Nicht so wie geschuldet erbrachten Leistung“*: Dieser Begriff macht deutlich, dass diese Vorschriften nicht nur für die speziell geregelten Mängelrechte (§§ 434 ff.; 633 ff.; 536 ff.; 651i ff.), sondern im Grundsatz für alle Vertragsarten gelten.

## Schadensersatz neben der Leistung (Begleitschaden)

***Leistungs***bezogene Pflichtverletzung:

- Schuldnerverzug, § 280 II, 286 (Verzögerungsschaden)
- Schlechtleistungsbedingte Mangelfolgeschäden

**Ausgangspunkt**

**§ 280 I S. 1 Schadensersatz bei Pflichtverletzung**

***Nichtleistungs***bezogene Nebenpflichtverletzung nach § 241 II

↓

**Schadensersatz statt der Leistung**
**nach § 280 III unter den zusätzlichen Voraussetzungen der §§ 281 – 283**

Leistungsbezogene Pflichtverletzung, **§ 281 I**:

- Nichtleistung, § 281 I S. 1 Alt. 1
- Schlechtleistung, § 281 I S. 1 Alt. 2 (Mangelschaden)

**§ 283**
*nachträgliche* Unmöglichkeit

**§ 311a II**
*anfängliche* Unmöglichkeit

**§ 282**
Nichtleistungsbezogene Pflichtverletzung nach § 241 II

**Wahlweise Ersatz der vergeblichen Aufwendungen nach § 284**

§ 280 ist die zentrale Norm und Ausgangspunkt für Schadensersatzansprüche wegen Pflichtverletzung im Schuldverhältnis. Grundlegend für das Verständnis des Regelungssystems der §§ 280 ff. ist die Unterscheidung zwischen dem Ersatz des bloßen Begleitschadens, der *neben* die Primärleistungspflicht tritt, und dem Schadensersatz statt der Leistung, der *an die Stelle* der Primärleistungspflicht tritt und begrifflich dem Schadensersatz wegen Nichterfüllung entspricht, der z.T. noch vom Gesetzgeber verwendet wird, vgl. §§ 523 II S. 1, 524 II S. 2.

Schadensersatz statt der Leistung kann gem. § 280 III nur dann verlangt werden, wenn neben den Voraussetzungen des § 280 I die zusätzlichen Voraussetzungen der §§ 281-283 erfüllt sind, sowie unter den Voraussetzungen des § 311a II bei anfänglicher Unmöglichkeit. In diesen Fällen kann nach § 284 (i.V.m. § 311a II S. 1) auch *wahlweise* Ersatz vergeblicher Aufwendungen verlangt werden.

Aus § 280 III folgt zugleich im Umkehrschluss, dass in allen anderen Fällen nur der Begleitschaden über § 280 I ersetzt wird. Das sind zum einen die Begleitschäden im Zusammenhang mit Nebenleistungspflichtverletzungen also i.d.R. Mangelfolgeschäden, die grds. nicht von § 281 erfasst werden, sowie zum anderen die Begleitschäden im Zusammenhang mit der Verletzung nicht leistungsbezogener Nebenpflichten nach § 241 II, soweit nicht § 282 Anwendung findet.

Hinzu kommt kraft ausdrücklicher Verweisung gem. § 280 II unter den Voraussetzungen des § 286 der Verzögerungsschaden als typischer Begleitschaden im Schuldnerverzug.

# Grundtatbestand für Schadensersatz, § 280 I

Schuldrecht AT, Rn. 120 ff.

## Voraussetzungen

**I. Schuldverhältnis**

- rechtsgeschäftliche und rechtsgeschäftsähnliche Schuldverhältnisse, § 311
- gesetzliche Schuldverhältnisse

**II. Pflichtverletzung**

- grds. wird jede Pflichtverletzung im Zusammenhang mit dem Schuldverhältnis von § 280 I erfasst
- **Aber:** Qualifikation der Pflichtverletzung notwendig für die Frage, welcher Schaden ersetzt werden soll, also für die Differenzierung zwischen § 280 I als isolierter Anspruchsgrundlage oder im Zusammenhang mit §§ 280 II, 286 bzw. §§ 280 III, 281 - 283

**III. Vertretenmüssen des Schuldners**

- Haftung für eigenes Verschulden §§ 276, 277
- Zurechnung fremden Verschuldens, § 278 S. 1 bzw. § 31 (§ 278 S. 1 gilt entgegen dem Wortlaut auch für Pflichtverletzung)
- Beweislastumkehr, § 280 I S. 2 (Ausnahme: § 619a)

Nach der gesetzgeberischen Konzeption ist § 280 I – von § 311a II für die anfängliche Unmöglichkeit abgesehen – die einzige Anspruchsgrundlage und Grundnorm für jeden Schadensersatz aufgrund eines Schuldverhältnisses. Dem folgend handelt es sich bei den §§ 280 II, 286 und §§ 280 III, 281 – 283 systematisch lediglich um Unterfälle dieser Haftungsnorm, die die Rechtsfolge des § 280 I modifizieren. So kann unter den zusätzlichen Voraussetzungen des § 286 der Verzögerungsschaden als Begleitschaden und unter den Voraussetzungen der §§ 281 – 283 Schadensersatz statt der Leistung verlangt werden.

Teilweise wird unter Bezugnahme auf den Wortlaut der §§ 281 – 283 vertreten, dass es sich bei diesen Vorschriften um eigene Anspruchsgrundlagen handele. Für die Klausur bleibt dieser Streit jedoch ohne praktische Bedeutung. Es empfiehlt sich hier die §§ 281 - 283 jeweils zusammen mit § 280 I, III als einheitliche Anspruchsgrundlage zu zitieren.

§ 280 I S. 1 setzt das Vertretenmüssen der Pflichtverletzung nach §§ 276 – 278 voraus, dessen Vorliegen von § 280 I S. 2 widerlegbar vermutet wird (Beweislastumkehr). Diese Beweislastumkehr gilt aber nicht zu Lasten des Arbeitnehmers, vgl. § 619a.

Grundfall des Vertretenmüssens ist das eigene Verschulden des Schuldners nach § 276 I S. 1 HS 1, II, also Vorsatz oder Fahrlässigkeit. Nach dem erweiterten Wortlaut des § 276 I S. 1 HS 2 kann der Schuldner aber auch eine Pflichtverletzung ohne eigenes Verschulden zu vertreten haben, wenn sich eine abweichende Haftung aus anderen Bestimmungen oder aus dem Inhalt des Schuldverhältnisses insbesondere aus der Übernahme einer Garantie oder des Beschaffungsrisikos ergibt. Die Begriffe Vertretenmüssen und Verschulden sind daher streng zu unterscheiden.

Der Schuldner hat aber auch für das Verschulden seiner gesetzlichen Vertreter und Erfüllungsgehilfen einzustehen, § 278 S. 1. Erfüllungsgehilfe ist, wer mit Wissen und Wollen des Schuldners bei der Erfüllung seiner Verbindlichkeiten gegenüber dem Gläubiger als dessen Hilfsperson tätig wird. Entgegen dem Wortlaut wird nicht nur das Verschulden, sondern das gesamte Verhalten, d.h. auch die Pflichtverletzung des Dritten zugerechnet (allgemeine Meinung).

# Verletzung nicht leistungsbezogener Pflichten, § 241 II



Schuldrecht AT, Rn. 188 ff., 416 ff.



**Anspruchsgrundlage, § 280 I (ggfs. i.V.m. III, 282)**

**I. Voraussetzungen**

1. Schuldverhältnis
2. Verletzung einer nicht leistungsbezogenen Nebenpflicht, § 241 II
3. Vertretenmüssen des Schuldners, vgl. ÜK 24
4. Unzumutbarkeit der Leistung für den Gläubiger

**II. Rechtsfolge**

falls (+) → **Schadensersatz statt der Leistung, §§ 280 I, III, 282 oder wahlweise nach § 284 Ersatz vergeblicher Aufwendungen**

falls (-) → **Nur Schadensersatz neben der Leistung möglich, also nur Ersatz der Begleitschäden, § 280 I**

Das Schuldrecht unterscheidet zwischen Leistungspflichten und nicht leistungsbezogenen Schutzpflichten. Leistungspflichten zielen regelmäßig auf eine Veränderung der Güterlage des Gläubigers ab. Dagegen sollen Schutzpflichten die gegenwärtige Güterlage jedes an dem Schuldverhältnis Beteiligten vor Beeinträchtigungen bewahren. Sie werden deshalb auch nicht leistungsbezogene Nebenpflichten genannt, § 241 II.

Ergänzend wird in § 311 II klargestellt, dass bereits vorvertragliche Schuldverhältnisse Auslöser von Schutzpflichten nach § 241 II sein können. § 311 III erweitert dies dahingehend, dass auch gegenüber Personen, die selbst nicht Vertragsparteien werden sollen, solche Schutzpflichten bestehen.

Diese Regelungen stellen im Zusammenhang mit dem allgemeinen Haftungstatbestand des § 280 I die gesetzliche Grundlage für Vertragsverletzungen, die c.i.c. (§ 311 II) bzw. Sachwalterhaftung (§ 311 IIII) dar und regeln somit den Bereich der Nebenpflichtverletzung.

Bei der Wahl der Anspruchsgrundlage ist in der Klausur danach zu differenzieren, was der Anspruchsteller will. Begehrt er nur Ersatz der durch die Nebenpflichtverletzung entstandenen Schäden, will aber weiter die vertraglich geschuldete Hauptleistung erhalten, ist § 280 I einschlägig. Hält er die Nebenpflichtverletzung für so schwerwiegend, dass er auch kein Interesse mehr an der Hauptleistung hat, so kann er den weitergehenden Schadensersatz statt der Leistung nur unter den zusätzlichen Voraussetzungen des § 282 verlangen.

**Ausgangspunkt, § 241 II**
**2 - stufige Vorgehensweise**

**I. Sachliche Grundlage „Schuldverhältnis“**

Vertrag, § 311 I / gesetzliches SV

vorvertragliches SV, § 311 II

Erstreckung auf Dritte, § 311 III

**II. Bestimmung der nicht leistungsbezogenen Pflichten i.S.v. § 241 II**

**Verpflichtung zur Rücksicht auf die Rechte, Rechtsgüter und Interessen des anderen Teils nach dem Inhalt des SV**

⇨ **Bestimmung durch Auslegung im Einzelfall**
**z.B. Obhuts-, Informations- und Schutzpflichten**

§ 311 II legt fest, unter welchen Voraussetzungen vorvertragliche Beziehungen als ein Schutzpflichten begründendes Schuldverhältnis angesehen werden können und regelt damit die klassischen Fälle der c.i.c.

§ 311 III S. 1 bestimmt, dass ein vertragsähnliches Schuldverhältnis auch mit Personen entstehen kann, die gar nicht selbst Vertragspartei werden sollen. Dabei spricht diese Vorschrift nur die Möglichkeit einer Haftung durch Dritte an, ohne diesbezüglich genaue Voraussetzungen zu nennen. Lediglich § 311 III S. 2 nennt beispielhaft die Fallgruppe der Inanspruchnahme besonderen Vertrauens, sodass die Weiterentwicklung dieses Rechtsinstitutes durch Praxis und Wissenschaft möglich bleibt. Insofern kann zur Ausfüllung dieser Vorschrift auf die von der Rechtsprechung zu diesem Problemkreis entwickelten Fallgruppen zurückgegriffen werden. Dies sind:

- die Sachwalterhaftung, d.h. die Haftung von Sachverständigen und „Auskunftspersonen“, die wegen ihrer Objektivität und Neutralität entscheidend zum Vertragsschluss beitragen und

- die Eigenhaftung des Vertreters oder Verhandlungsgehilfen, insbesondere bei Vertrauen oder eigenem wirtschaftlichen Interesse (sog. „procurator in rem suam“)

## Rücktritt nach § 324

### I. Voraussetzungen

1. Gegenseitiger Vertrag
2. Verletzung einer nicht leistungsbezogenen Nebenpflicht i.S.v. § 241 II
3. Unzumutbarkeit des Festhaltens am Vertrag für den Gläubiger
4. Rücktrittserklärung, § 349
5. Neben der Geltendmachung von Schadensersatz möglich, § 325

### II. Rechtsfolge

1. Rückabwicklung nach §§ 346, 347 (vgl. ÜK 18)
2. Zug um Zug, § 348
3. Schadensersatz nur nach allg. Regeln, §§ 280 – 283 (§ 346 IV)

Die Rücktrittsvorschriften der §§ 323, 324 und 326 V greifen die in den §§ 281 ff. gewählte Unterscheidung nach der Art der Leistungsstörung auf. Allen drei angeführten Rücktrittsregeln ist eines gemeinsam: Sie setzen einen gegenseitigen Vertrag voraus (zum Begriff des gegenseitigen Vertrages vgl. ÜK 1). Nicht erforderlich ist, dass die verletzte Pflicht, die ausschlaggebend für den Rücktritt ist, gerade eine synallagmatische Leistungspflicht ist.

Als Gestaltungsrecht setzt der Rücktritt in allen Fällen eine Rücktrittserklärung nach § 349 gegenüber dem Vertragspartner voraus. Mit der Ausübung des Rücktrittsrechts wandelt sich das Schuldverhältnis in ein Rückabwicklungsschuldverhältnis nach §§ 346 ff. um.

§ 324 regelt das Rücktrittsrecht im Zusammenhang mit der Verletzung nichtleistungsbezogener Nebenpflichten. Einer der wichtigsten Fälle (Vertragsaufsage vor Fälligkeit) ist aber in § 323 IV geregelt. Die Vorschrift ist in unmittelbarem Zusammenhang mit dem Schadensersatzanspruch aus §§ 280 I, III 282 zu sehen, der ebenfalls nur dann eingreift, wenn die Nebenpflichtverletzung so schwerwiegend ist, dass dem Gläubiger die Leistung durch den Schuldner bzw. ein Festhalten am Vertrag nicht mehr zugemutet werden kann.

Der maßgebliche Unterschied liegt aber darin, dass der Schadensersatzanspruch aus §§ 280 I, III, 282 ein Vertretenmüssen des Schuldners voraussetzt, während das bei § 324 gerade nicht der Fall ist.

Nach § 325 kann der Gläubiger gestützt auf dieselbe Nebenpflichtverletzung gleichzeitig vom Vertrag zurücktreten und Schadensersatz verlangen.

Von dieser Regelung zu unterscheiden ist § 346 IV. Diese Vorschrift regelt den Fall, dass zusätzlich Pflichtverletzungen bei der Rückabwicklung des Vertrages auftreten. Das kann zu weiteren Schadensersatzansprüchen im Rahmen des Rückgewährschuldverhältnisses gem. §§ 346 IV, 280 ff. führen.

**<u>Anspruchsgrundlage</u>: §§ 280 I, III, 281 I S. 1 Alt. 1 oder §§ 280 I, II, 286**

## I. Voraussetzungen

1. **Schuldverhältnis**
2. **Verzögerung der Leistung, also Nichtleistung trotz Fälligkeit**
3. **Vertretenmüssen des Schuldners, § 280 I S. 2 (Beweislastumkehr)**

**4.** bei § 281 I S. 1 Alt. 1
⇨ erfolglose Fristsetzung
<u>Ausnahme</u>: § 281 II
⇨ Einredefreiheit

**4.** bei § 286
⇨ Schuldnerverzug
⇨ Einredefreiheit

## II. Rechtsfolge

**Schadensersatz statt der Leistung bzw. statt der <u>*ganzen*</u> Leistung, § 281 V**

bei Teilleistung ist § 281 I S. 2 zu beachten

**<u>oder</u>**

**§ 284 Ersatz vergeblicher Aufwendungen**

**<u>und</u>**

**Verzögerungsschaden als Schadensersatz <u>*neben*</u> der Leistung, §§ 280 I, II, 286**

Ebenso wie bei der Verletzung von nicht leistungsbezogenen Nebenpflichten i.S.v. § 241 II ist auch im Falle der Verzögerung der Leistung bei der Geltendmachung von Schadensersatzansprüchen nach dem Anspruchsziel zu differenzieren. §§ 280 I, II, 286 ersetzt den Verzögerungsschaden. §§ 280 I, III, 281 I S. 1 Alt. 1 gewährt Schadensersatz statt der Leistung. Beide Anspruchsgrundlagen stimmen darin überein, dass sie aufbauend auf den Grundvoraussetzungen des § 280 I zusätzliche Voraussetzungen normieren. Dabei ist zu beachten, dass die von § 280 I vorausgesetzte Pflichtverletzung in beiden Fällen gerade darin liegt, dass der Schuldner die Leistung trotz Fälligkeit nicht erbringt (vgl. § 286 I bzw. § 281 I).

§ 286 verlangt als zusätzliche Voraussetzung das Vorliegen des Schuldnerverzuges, während für § 281 I S. 1 das erfolglose Verstreichen einer Nachfrist erforderlich ist, ohne dass der Schuldner sich im Verzug befinden muss. Zu beachten ist allerdings, dass keine Fälle denkbar sind, in denen der Schuldner nach § 281 Schadensersatz leisten muss, ohne sich zugleich im Schuldnerverzug zu befinden. Das liegt zum einen daran, dass die Fristsetzung frühestens im Zeitpunkt der Fälligkeit erfolgen kann und zum anderen, dass in der Fristsetzung zugleich eine konkludente Mahnung zu sehen ist.

Ungeschriebene Anspruchsvoraussetzung ist in beiden Fällen zusätzlich die Einredefreiheit des Leistungsanspruches. Die Einredefreiheit ist nach allgemeiner Meinung Voraussetzung für den Eintritt des Verzugs. Es gilt der Grundsatz, dass sich – von einigen Ausnahmen abgesehen - bereits das Bestehen eine Einrede verzugshindernd auswirkt. Zwar setzt § 281 nach dem eindeutigen Wortlaut keinen Verzug voraus. Es gilt jedoch auch hier der allgemeine Grundsatz, dass demjenigen, der seine Verurteilung durch Erhebung einer Einrede abwenden kann, durch die Nichtleistung keine nachteiligen Folgen treffen dürfen.

# Rechtsfolgen des Schuldner- und Gläubigerverzug

Schuldrecht AT, Rn. 86

## Verzug

### Schuldnerverzug, §§ 286 ff.

- Verzögerungsschaden, §§ 280 I, II, 286
- Verzugszinsen, § 288
- Pauschaler Rechtsverfolgungsschaden, § 288 V
- Haftungsverschärfung des § 287

### Gläubigerverzug, §§ 293 ff.

**Zwar kein Schadensersatz, aber:**

- Haftungsprivileg des § 300 I
- Übergang der Leistungsgefahr nach § 300 II (selten wegen § 243 II)
- Übergang der Preisgefahr nach § 326 II S. 2 Alt. 2 (vgl. auch §§ 446 S. 3, 644 S. 2)
- Ausschluss des Rücktrittsrechts, § 323 VI Alt. 2
- Ersatz von Mehraufwendungen nach § 304
- §§ 373, 374 HGB

**Schuldnerverzug setzt Nichtleistung voraus, liegt aber nur vor, wenn die Leistung noch erbracht werden kann. Kann der Leistungserfolg vom Schuldner nicht mehr herbeigeführt werden, handelt es sich nicht um Schuldnerverzug, sondern um Unmöglichkeit. Unmöglichkeit beendet daher einen zuvor eingetretenen Schuldnerverzug. Dabei ist es natürlich denkbar, dass Unmöglichkeit erst während des Schuldnerverzugs eintritt. In diesem Fall ist zu differenzieren: Schadensersatz statt der Leistung kann der Gläubiger jetzt nach §§ 280, 283 wegen Ausschlusses der Leistungspflicht verlangen. Der Ersatz des bis zum Eintritt der Unmöglichkeit entstandenen Verzögerungsschadens erfolgt jedoch über §§ 280 I, II, 286, da es im „Unmöglichkeitsrecht" denknotwendig keine Begleitschäden *neben* der Leistung geben kann.**

**Von besonderer Bedeutung ist § 287, der ab Verzugseintritt einen abweichenden Haftungsmaßstab für das Vertretenmüssen des Schuldners regelt. Nach § 287 S. 1 haftet der Schuldner im Verzug für jede Fahrlässigkeit, was ohnehin § 276 entspricht. § 287 S. 1 hat also nur in den Fällen Bedeutung, in denen der Schuldner ansonsten privilegiert wäre (z.B. §§ 346 III S. 1 Nr. 3, 521, 599, 708).**

**Wichtiger ist dagegen § 287 S. 2, wonach der Schuldner während des Schuldnerverzugs auch für Zufall haftet. Zufall liegt nicht nur bei höherer Gewalt vor, sondern immer dann, wenn der Schaden weder vom Schuldner noch vom Gläubiger zu vertreten ist.**

**Beachten Sie auch den dogmatischen Unterschied zwischen Gläubiger- und Schuldnerverzug. Während der Schuldnerverzug eine schuldhafte Verletzung einer Leistungspflicht darstellt, handelt es sich beim Annahmeverzug um eine verschuldensunabhängige Obliegenheitsverletzung. Der Gläubigerverzug begründet deswegen auch keinen Schadensersatzanspruch.**

# Voraussetzungen des Schuldnerverzuges

**Schuldrecht AT, Rn. 128 ff.**

1. **Nichtleistung**
   Unmöglichkeit, wenn Leistungserfolg nicht nachholbar

2. **Fälligkeit und Einredefreiheit**

3. **Mahnung, § 286 I S. 1**

   ⇨ Erhebung der Leistungsklage und Zustellung eines Mahnbescheides stehen einer Mahnung gleich, § 286 I S. 2 (§ 291 ist hierbei zu beachten)

   **Grds. erforderlich, außer**

   a) **Entbehrlichkeit nach § 286 II**

      - unmittelbare Zeitbestimmung nach dem Kalender
      - Berechnungsmöglichkeit nach dem Kalender
      - ernsthafte und endgültige Erfüllungsverweigerung
      - besondere Gründe unter Abwägung der beiderseitigen Interessen

   b) Automatischer Verzugseintritt nach § 286 III bei Entgeltforderungen mit Ablauf von 30 Tagen nach Fälligkeit und Zugang der Rechnung

4. **Keine Widerlegung des vermuteten Vertretenmüssen, § 286 IV**
   ⇨ es gelten die §§ 276 ff.; Beweislastumkehr beachten

Der Verzug ist bei Bestehen von Einreden ausgeschlossen. Diese Wirkung tritt anders als bei Einwendungen, welche von Amts wegen zu beachten sind, nur ein, wenn der Schuldner sich auf die Einrede beruft, wobei die verzugshindernde Wirkung grds. bereits vor Erhebung der Einrede besteht. Von diesem Grundsatz gibt es allerdings auch Ausnahmen:

Die Einrede des Zurückbehaltungsrechts (ZBR) gem. <u>§§ 273, 1000</u> entfaltet erst mit ihrer Erhebung die verzugshindernde Wirkung. Grund dafür ist die Möglichkeit des anderen Teils, das ZBR gem. § 273 III (auf § 1000 entsprechend anwendbar) durch Sicherheitsleistung abzuwenden. Diese würde durch eine „Rückwirkung" der Einrede beschränkt.

Anders wiederum bei der Einrede des nichterfüllten Vertrages gem. <u>§ 320</u>, bei der bereits das Bestehen verzugshindernd wirkt. Der Schuldner gerät aber nur dann in Verzug, wenn der Gläubiger die ihm obliegende Gegenleistung in Annahmeverzug begründender Weise anbietet.

Die Mahnung muss <u>*nach*</u> Eintritt der Fälligkeit oder <u>*zumindest gleichzeitig*</u> mit der die Fälligkeit herbeiführenden Handlung erfolgen. Eine vorherige Mahnung hat keine Wirkung. Die Mahnung muss darüber hinaus eindeutig und hinreichend bestimmt sein. Aus ihr muss sich eindeutig ergeben, welche Leistung erwartet wird. § 286 II und III regeln Fälle, in denen der Schuldner auch ohne Mahnung in Verzug kommt.

Bei Entgeltforderungen tritt der Verzug nach § 286 III *spätestens* mit Ablauf von 30 Tagen nach Fälligkeit ein, d.h. Verzug kann auch schon zuvor durch Mahnung oder nach § 286 II eintreten. Verbraucher müssen hierauf aber hingewiesen werden, vgl. § 286 III S. 1 HS 2.

# Voraussetzungen des Gläubigerverzuges

Schuldrecht AT, Rn. 89 ff.

1. **Tatsächliches Angebot, § 294 (Ausnahmen: §§ 295 f.)**
   - Grds. muss der Schuldner die Leistung am rechten Ort (§§ 269, 270) zur rechten Zeit (§ 271) tatsächlich anbieten.
   - Die Leistung ist so anzubieten, wie sie geschuldet ist (vgl. z.B. §§ 266, 433 I S. 2), sodass der Gläubiger nur zugreifen muss, um sie anzunehmen.
2. **Leistungsfähigkeit und Leistungsbereitschaft des Schuldners, § 297**
3. **Nichtannahme der Leistung durch den Gläubiger, § 293**

Die richtige Leistungszeit gem. § 271 (vgl. auch § 271a) liegt vor, wenn dem Schuldner die Erfüllung der Verpflichtung möglich ist. Anders als beim Schuldnerverzug ist keine Fälligkeit erforderlich (§ 271 II), sondern nur Erfüllbarkeit. Erfolgt das Angebot allerdings unerwartet früh, tritt kein Annahmeverzug ein.

Gem. § 294 ist grundsätzlich ein tatsächliches Angebot erforderlich. Ist für die Leistung ein fester Zeitpunkt vereinbart, dann kommt der Gläubiger auch dann in Annahmeverzug, wenn der Schuldner die Leistung in seiner Abwesenheit anbietet; dies gilt selbst dann, wenn der Gläubiger nichts von dem tatsächlichen Angebot weiß.

Es gibt aber auch Ausnahmen von dem Erfordernis des tatsächlichen Angebotes gem. § 294:

- Gem. § 295 genügt ein wörtliches Angebot, wenn der Gläubiger dem Schuldner gegenüber die Annahmeverweigerung erklärt oder eine erforderliche Mitwirkungshandlung unterlassen hat (insbesondere bei der Holschuld). Widerruft der Gläubiger allerdings seine Ablehnungserklärung, ist wiederum ein tatsächliches Angebot erforderlich.
- Gem. § 296 bedarf es nicht einmal eines wörtlichen Angebots, wenn der Zeitpunkt für die unterlassene Mitwirkungshandlung des Gläubigers kalendermäßig bestimmt ist. Diese Vorschrift hat ihren Hauptanwendungsbereich im Arbeitsrecht nach einer unwirksamen Kündigung durch den Arbeitgeber.

Gläubigerverzug setzt die Nichtannahme der Leistung voraus, § 293. Dieser steht es gleich, wenn der Gläubiger bei einer Zug-um-Zug-Verpflichtung nicht bereit ist, die Gegenleistung zu erbringen (§ 298). Bei unterlassener Vorleistungspflicht kommt eine analoge Anwendung von § 298 in Betracht.

| | §§ 280 I, III, 281 I S. 1 Alt. 2 | § 280 I |
|---|---|---|
| **I. Voraussetzungen** | **1. Schuldverhältnis**<br>**2. Schlechtleistung, d.h. nicht wie geschuldet erbrachte Leistung**<br>**3. Vertretenmüssen des Schuldners, § 280 I S. 2 (Beweislastumkehr)**<br>**4. erfolglose Fristsetzung; Ausnahme: § 281 II** | **1. Schuldverhältnis**<br>**2. Schlechtleistung**<br>**3. Vertretenmüssen des Schuldners, § 280 I S. 2 (Beweislastumkehr)** |
| | ↓ | ↓ |
| **II. Rechtsfolge** | **Wahlweise:**<br>**1.** Schadensersatz statt der Leistung, § 281 I S. 1 Alt. 2<br>**2.** unter Voraussetzungen des § 281 I S. 3 Schadensersatz statt der ganzen Leistung, dann aber Rückgewähranspruch des Schuldners, § 281 V<br>**3.** Ersatz vergeblicher Aufwendungen, § 284 nur alternativ | Begleitschaden in Form des mangelbedingten Folgeschadens |

Die §§ 280, 281 schaffen allgemeine und einheitliche Anspruchsgrundlagen auf Schadensersatz im Zusammenhang mit der Verletzung leistungsbezogener Pflichten, die für alle Vertragstypen abschließend gelten, sofern diese nicht speziellere Regelungen enthalten.

Für die Wahl der richtigen Anspruchsgrundlage ist nach der Art der Pflichtverletzung und dem zu ersetzenden Schaden zu unterscheiden. §§ 280 I, III, 281 I S. 1 Alt. 2 betreffen die Fälle der Leistungspflichtverletzung in Form der Schlechtleistung und gewähren Schadensersatz statt der Leistung. Dabei handelt es sich i.d.R. um den sog. Mangelschaden.

Unter § 280 I fallen dagegen die schlechtleistungsbedingten Folgeschäden. Das sind solche Schäden, die an sonstigen Rechtsgütern des Gläubigers im Zusammenhang mit der Leistungserbringung eingetreten sind. Eine Fristsetzung zur Mängelbeseitigung wäre hier sinnlos.

Weiter ist zu beachten, dass § 281 I zwischen dem (großen) Schadensersatz statt der ganzen Leistung und dem kleinen Schadensersatz statt der Leistung differenziert.

§ 281 I S. 3 schließt die Geltendmachung des großen Schadensersatzes statt der ganzen Leistung bei Unerheblichkeit der Pflichtverletzung aus (vgl. für den Rücktritt § 323 V S. 2). Hierdurch soll verhindert werden, dass der Gläubiger bei jeder noch so geringen Schlechtleistung die gesamte Leistung ablehnen und sich vom Vertrag lösen kann.

## Rücktritt nach § 323

### I. Voraussetzungen

1. **Gegenseitiger Vertrag**
2. **Nicht oder nicht vertragsgemäß erbrachte Leistung**
   Ausnahme: § 323 V S. 2 bei Unerheblichkeit
3. **Fälligkeit und Durchsetzbarkeit**
   Ausnahme: § 323 IV, Rücktritt vor Fälligkeit bei offensichtlichem Eintreten der Rücktrittsvoraussetzungen
4. **Erfolglose Nachfristsetzung**
   Ausnahme: § 323 II (insb. Erfüllungsverweigerung und relatives Fixgeschäft); § 323 III (Abmahnung anstelle der Fristsetzung); § 326 V
5. **Kein Ausschluss des Rücktrittsrechts, § 323 VI**
6. **Rücktrittserklärung, § 349**
7. **keine Unwirksamkeit gem. § 218**

### II. Rechtsfolge

1. **Rückabwicklung nach §§ 346, 347 (vgl. ÜK 18)**
2. **Zug um Zug, § 348**
3. **Schadensersatz nur nach allg. Regeln §§ 280–283 (§ 346 IV)**

§ 323 regelt das Rücktrittsrecht in dem Fall, dass die Leistung nicht oder nicht wie geschuldet erbracht wird. Erfasst sind also die Fälle der Verzögerung der Leistung und der Schlechtleistung. § 323 steht dabei inhaltlich in engem Zusammenhang mit § 281, der den Schadensersatz statt der Leistung in diesen Fällen regelt.

§ 325 stellt dabei klar, dass die Möglichkeit, nach §§ 323, 324 und 326 V vom Vertrag zurückzutreten, den Anspruch auf Schadensersatz nicht ausschließt.

Einen Sonderfall des Rücktritts nach § 323 regelt § 326 V für den Fall der Unmöglichkeit der Leistung. Im Zusammenhang mit der Unmöglichkeit erlangt dieses Rücktrittsrecht v.a. im Fall der Unmöglichkeit der Nacherfüllung (über §§ 437 Nr. 2, 634 Nr. 3) selbstständige Bedeutung, für die § 326 I S. 1 ja nach § 326 I S. 2 gerade nicht gilt.

Im Fall der Unmöglichkeit kann der Gläubiger seine bereits erbrachte Gegenleistung, die ja wegen § 326 I S. 1 nicht geschuldet war, „ipso iure", d.h. auch ohne Gestaltungserklärung nach §§ 326 IV, 346 ff. zurückverlangen (vgl. dazu auch ÜK 36).

# Schadensersatz bei „Unmöglichkeit“



| | **Ausschluss der Leistungspflicht (nachträgliche Unmöglichkeit) §§ 280 I, III, 283** | **Leistungshindernis bei Vertragsschluss (anfängliche Unmöglichkeit) § 311a II** |
|---|---|---|
| **I. Voraussetzungen** | **1.** Schuldverhältnis<br>**2.** Leistungshindernis nach § 275 nach Entstehung des Schuldverhältnisses<br>**3.** Vertretenmüssen, § 280 I S. 2 (Beweislastumkehr) | **1.** Vertrag<br>**2.** Leistungshindernis nach § 275 schon bei Vertragsschluss vorhanden<br>**3.** Kenntnis oder Vertretenmüssen der Unkenntnis, § 311a II S. 2 (Beweislastumkehr) |

**Wahlweise:**

**II. Rechtsfolge**

1. Schadensersatz statt der Leistung, §§ 280 I, III 283 bzw. § 311a II S. 1 ggf. i.V.m. § 281 V (als großer Schadensersatz statt der **ganzen** Leistung) [liegen die Voraussetzungen des § 281 I S. 2, 3 i.V.m. § 283 S. 2 bzw. § 311a II S. 3 nicht vor, dann ist nur kleiner Schadensersatz statt der Leistung möglich]
2. Alternativ: Ersatz vergeblicher Aufwendungen, § 284
3. Herausgabe des Surrogates, § 285 I

Unterschieden werden muss bei der Unmöglichkeit danach, ob das Leistungshindernis vor oder nach Vertragsschluss eingetreten ist, da jeweils verschiedene Anspruchsgrundlagen eingreifen.

Eine genauere Betrachtung beider Anspruchsgrundlagen zeigt jedoch, dass auch diese Unterscheidung nur im Rahmen des Vertretenmüssens Bedeutung erlangt. Der Grund dafür, dass § 311a II für die Fälle der anfänglichen Unmöglichkeit eine eigenständige Anspruchsgrundlage enthält und nicht als Unterfall des § 280 I ausgestaltet wurde, wird damit begründet, dass Haftungsgrund im Fall des § 311a die sorglose Abgabe eines Leistungsversprechens und nicht die Verletzung einer Leistungspflicht ist, die trotz wirksamen Vertrages (§ 311a I) bei anfänglicher Unmöglichkeit ja erst gar nicht zur Entstehung gelangt. Aus diesem Grund stellt § 311a II abweichende Voraussetzungen für das Vertretenmüssen auf, regelt jedoch im Ergebnis wieder identische Rechtsfolgen.

Bei teilweiser Unmöglichkeit ist auf der Rechtsfolgenseite die Unterscheidung zwischen „großem und kleinem Schadensersatz" (§§ 283 S. 2, 281 I S. 2, V) zu beachten.

Beachte: Der Ersatz eines Begleitschadens nach § 280 I neben der Leistungspflicht kommt bei Unmöglichkeit nicht in Betracht, da die Primärleistungspflicht nicht mehr besteht (§ 275).

# Ausschluss der Leistungspflicht nach § 275

Schuldrecht AT, Rn. 15 ff.

| **§ 275 I „wirkliche" Unmöglichkeit** | **§ 275 II faktische Unmöglichkeit** | **§ 275 III moralische Unmöglichkeit** |
|---|---|---|
| **Einwendung, d.h. Primärleistungsanspruch entfällt** | **Rechtsvernichtende Einrede bzw. Gestaltungsrecht, d.h. Primärleistungsanspruch entfällt ebenfalls** | |

**§ 275 I:**

- **physische Unmöglichkeit:** Leistung nach den Naturgesetzen nicht möglich
  ***Bsp.:*** *geschuldete Sache für immer zerstört*
- **juristische Unmöglichkeit:** Vornahme der Leistung scheitert an rechtlichen Gründen
  ***Bsp.:*** *Übereignung an den Eigentümer geschuldet*
- **Zweckerreichung:** Leistungshandlung vornehmbar, Leistungserfolg auf andere Weise eingetreten
  ***Bsp.:*** *Selbstbeseitigung des Mangels durch Käufer*
- **Zweckfortfall:** Wegfall des Leistungssubstrats
  ***Bsp.:*** *Untergang des Schiffs vor Bergung*
- **absolutes Fixgeschäft:** Einhaltung der Leistungszeit so wesentlich, dass verspätete Leistung keine Erfüllung
  ***Bsp.:*** *Hochzeitsbuffet am Tag nach der Hochzeit*

**§ 275 II:**

- **faktische Unmöglichkeit:** Leistungserbringung nicht ausgeschlossen, erfordert vom Schuldner aber Anstrengungen, die in grobem Missverhältnis zum Interesse des Gläubigers an der Leistung stehen.

  ***Bsp.:*** *Übereignung eines Rings auf dem Meeresboden*

**§ 275 III:**

- **moralische Unmöglichkeit:** Leistungserbringung nicht ausgeschlossen, aber aus persönlichen Gründen nicht zumutbar.

  ***Bsp.:*** *Sängerin verweigert Auftritt wegen Tod ihres Kindes*

§ 275 I regelt die „wirkliche Unmöglichkeit“, d.h. die Fälle der dauerhaften Nichterbringbarkeit des Leistungserfolgs. Dabei spielt die Unterscheidung zwischen objektiver und subjektiver, zu vertretender und nicht zu vertretender, teilweiser oder vollständiger Unmöglichkeit keine Rolle mehr. Gleiches gilt für die Differenzierung zwischen anfänglicher und nachträglicher Unmöglichkeit. Diese ist nur noch für die Sekundäransprüche auf Schadensersatz relevant. § 275 I führt dazu, dass der Anspruch auf die unmöglich gewordene Leistung erlischt. Es handelt sich hierbei um eine Einwendung, die von Amts wegen durch die Gerichte zu prüfen ist.

§ 275 II, III regeln Fälle der faktischen und moralischen Unmöglichkeit. Anders als bei der „wirklichen“ Unmöglichkeit, ist die Erbringung der Leistung durch den Schuldner in diesen Fällen zwar nicht tatsächlich ausgeschlossen, aber aus besonderen Gründen dennoch nicht notwendig. Unter den Voraussetzungen von § 275 II, III kann der Schuldner einredeweise geltend machen, dass ihm die Leistungserbringung unmöglich sei. Ihm steht also ein Leistungsverweigerungsrecht zu, das vom Gericht nur dann zu berücksichtigen ist, wenn der Schuldner sich tatsächlich darauf beruft. Tut er dies nicht, so bleibt er zur Leistungserbringung verpflichtet. Der Schuldner kann also wählen. Nach einer im Vordringen befindlichen Ansicht handelt es sich bei § 275 I, II um Gestaltungsrechte.

Nicht zum Ausschluss der Leistungspflicht führen die so genannte wirtschaftliche Unmöglichkeit sowie die Fälle der Zweckstörung (Interessefortfall). Hierfür bilden die Grundsätze von der Störung der Geschäftsgrundlage (§ 313) eine flexiblere Lösung.

# Auswirkungen des § 275 auf die Gegenleistung - § 326

Schuldrecht AT, Rn. 70 ff.

## § 326

**I. Voraussetzungen**

1. **Synallagmatischer Vertrag,**
d.h. Leistung und Gegenleistung im Austauschverhältnis

2. Ausschluss der Leistungspflicht nach § 275 I, II, III → Ausnahme § 326 I S. 2: qualitative Unmöglichkeit

↓ (Ausnahme) → **§ 326 V:** Rücktritt vom Vertrag nach § 323 ohne Fristsetzung

**II. Rechtsfolge**

1. **Grundsatz § 326 I S. 1:** Anspruch auf die Gegenleistung entfällt ganz oder teilweise; Rückabwicklung nach §§ 326 IV, 346 ff.

2. **Ausnahme § 326 II:** Anspruch auf Gegenleistung bleibt erhalten, Anrechnung nach § 326 II S. 2
   - ⇨ alleinige oder weit überwiegende Verantwortlichkeit des Gläubigers
   - ⇨ Annahmeverzug des Gläubigers
   - ⇨ Exkurs: Übergang der Gegenleistungsgefahr in sonstigen Fällen, z. B. §§ 446, 447 I, 614 I S. 2, 615, 644 f., 2380

3. **Ausnahme § 326 III:** Geht der Gläubiger nach § 285 vor, bleibt er zur anteiligen Gegenleistung verpflichtet

§ 275 I - III regeln die Folgen, die die Unmöglichkeit auf die Primärleistungspflicht hat. Sie regeln die Leistungsgefahr, d.h. die Frage, welche Anstrengungen der Schuldner machen muss, um von der Leistungspflicht frei zu werden. Sie treffen jedoch keine Aussage darüber, welche Auswirkungen die Unmöglichkeit auf die Gegenleistung hat. § 275 IV verweist hierfür als Rechtsgrundverweisung auf § 326, der das Schicksal der Gegenleistung abschließend regelt.

§ 326 I S. 1 regelt das Erlöschen der Gegenleistungspflicht. Der zur Leistung verpflichtete Schuldner trägt also bis zur vollständigen Erfüllung die Gegenleistungsgefahr (Preisgefahr), sofern diese nicht ausnahmsweise nach § 326 II oder anderen Gefahrtragungsregeln auf den Gläubiger übergeht.

Er wird im Falle der Unmöglichkeit zwar selbst nach § 275 I von der Leistungspflicht befreit oder kann nach § 275 II, III die Leistung verweigern, erhält in diesem Fall aber auch keine Gegenleistung, sofern keine der Ausnahmeregelungen eingreift. Erstreckt sich das Leistungshindernis nur auf einen Teil der Leistung, wird der Gläubiger auch nur in entsprechendem Verhältnis von der Gegenleistung frei. Für die Berechnung gelten dabei die Vorschriften der Minderung, § 441 III.

Im Falle der Schlechtleistung bei Kauf- und Werkvertrag hat der Gläubiger nach § 439 bzw. § 635 grds. einen Anspruch auf Nacherfüllung. Handelt es sich jedoch um eine irreparable Schlechtleistung, so ist dieser Anspruch gem. § 275 I ausgeschlossen, sodass grds. § 326 I S. 1 einschlägig wäre. § 326 I S. 2 schließt dies jedoch gerade nach Übergabe („Leistung“) aus. Der Anspruch auf die Gegenleistung erlischt also gerade nicht. Hintergrund: Der Käufer soll sein Wahlrecht zwischen Rücktritt und Minderung nicht verlieren. § 326 V verleiht dem Gläubiger vielmehr ein Rücktrittsrecht. Ist dagegen wie im Regelfall § 326 I S. 1 einschlägig, kommt § 326 V wegen des nach § 326 IV ohnehin schon bestehenden Rückforderungsrechts nur untergeordnete Bedeutung zu.

# Überblick: Rechtsfolgen der Unmöglichkeit



**Schuldrecht AT, Rn. 70 ff.**



## Primärleistungspflicht

**unabhängig vom Vertretenmüssen**

§ 275 I - III

→ Ausschluss der Leistungspflicht, nach § 275 I oder § 275 II, III

## Gegenleistungspflicht und Schadensersatz

**Unmöglichkeit von keinem zu vertreten**

→ Gegenleistungspflicht entfällt, § 326 I S. 1 (Ausnahme: § 326 II Alt. 2 Annahmeverzug)
kein Schadensersatz

**Unmöglichkeit vom Schuldner zu vertreten**

→ Gegenleistungspflicht entfällt, § 326 I S. 1 (Ausnahme: §§ 326 III, 285)
Schadensersatz nach §§ 280, 283 bzw. § 311a II

§ 275 IV

**Gläubiger allein oder überwiegend verantwortlich**

→ Gegenleistungspflicht bleibt bestehen, § 326 II Alt. 1

kein Schadensersatz

**Unmöglichkeit beiderseits zu vertreten**

→ **nicht geregelt; Lösung nach neuem Ansatz (Bsp.: KV):**

**1.** Kaufpreisanspruch entfällt, § 326 I S. 1

**2.** V ⇨ K: SE-Anspruch nach §§ 280 I, 241 II, gekürzt um § 254 I

**3.** K ⇨ V: SE-Anspruch gem. §§ 280, 283, gekürzt um § 254 I

Für die Ermittlung des Schadens im Rahmen von §§ 283, 280 bei gegenseitigen Verträgen sind zwei Methoden denkbar: Nach der ***Surrogationsmethode*** bleibt der Gläubiger zur Erbringung der Gegenleistung verpflichtet. An die Stelle der Leistung des Schuldners tritt als Surrogat der Wert der Leistung, den der Gläubiger als Schadensersatz verlangen kann. Nach der ***Differenzmethode*** erlöschen die gegenseitigen Leistungsverpflichtungen. Der Schaden besteht dann in der Differenz zwischen dem Wert der Leistung und der Gegenleistung. Wichtig wird diese Unterscheidung insbes. beim Tauschvertrag.
Hat der Gläubiger seine Gegenleistung noch nicht erbracht, so schuldet er diese nach § 326 I S. 1 auch nicht mehr, sodass er jedenfalls nach der *Differenzmethode* Schadensersatz verlangen kann. Nach § 326 I S. 1 erlischt zwar der Anspruch des Schuldners auf die Gegenleistung. Das ändert aber nichts an dem Recht des Gläubigers, seine Leistung zu erbringen, da er im Rahmen des Schadensersatzes statt der Leistung so zu stellen ist, wie er bei gehöriger Erfüllung stehen würde. Erbringt der Gläubiger also seine Gegenleistung, dann kann er auch nach der *Surrogationsmethode* vorgehen.
Hat der Gläubiger seine Gegenleistung bereits erbracht, hat er nach § 326 IV einen Anspruch auf Rückerstattung. Daneben kann er Schadensersatz nach der *Differenzmethode* verlangen. § 326 IV verpflichtet den Gläubiger aber nicht zur Rücknahme der Gegenleistung. Aus diesem Grund kann der Gläubiger dem Schuldner auch die Gegenleistung belassen und stattdessen Schadensersatz nach der *Surrogationsmethode* verlangen.
Gesetzlich nicht geregelt ist die Konstellation der ***beiderseits zu vertretenden Unmöglichkeit***. Insbesondere § 326 II Alt. 1 betrifft diesen Fall nicht. Nach der im Vordringen befindlichen Ansicht schuldet der Käufer dem Verkäufer wegen einer Schutzpflichtverletzung Schadensersatz nach §§ 280 I, 241 II. Gem. § 241 II sind die Parteien verpflichtet, alles zu unterlassen, was die Erfüllung des Vertrages vereiteln könnte. Durch die Herbeiführung der Unmöglichkeit hat der Gläubiger die Erfüllung (mit-)vereitelt. Der Schaden des Verkäufers (= Verlust des Anspruches auf den Kaufpreis gem. § 326 I S. 1) beruht damit auf der Verletzung einer nicht leistungsbezogenen Pflicht, auf die Vermögensinteressen des Verkäufers angemessen Rücksicht zu nehmen (§ 241 II Var. 3), insbesondere alles zu unterlassen, was zu einem Erlöschen des Kaufpreisanspruches führen könnte.
Der BGH hat angedeutet, dieser Ansicht zu folgen. Er hat dies aber offengelassen, weil es im Fall nicht entscheidungserheblich war. Lesen Sie dazu BGH, Life&Law 07/2015, 475 ff. = jurisbyhemmer!

**I. Anspruchsgrundlage**

**§ 284 i.V.m.:**

- §§ 282, 280 bei Verletzung einer Nebenpflicht i.S.v. § 241 II
- §§ 281 I S. 1 Alt. 1, 280 bei Verzögerung der Leistung
- §§ 281 I S. 1 Alt. 2, 280 bei Schlechtleistung
- §§ 283 S. 1, 280 bzw. § 311a II bei Unmöglichkeit

**II. Voraussetzungen**

1. **Anspruch auf Schadensersatz statt der Leistung**

   **a)** Grundtatbestand für Schadensersatz, § 280 I

   **b)** zusätzliche Voraussetzungen der §§ 281 – 283, vgl. § 280 III, bzw. bei anfänglicher Unmöglichkeit des § 311a I, II

   **c)** nach **h.M.** ist **§ 284 auch bei anderen Schadensersatzansprüchen auf das positive Interesse anwendbar (z.B. bei § 536a; vgl. auch § 651i III Nr. 7)**

2. **Ausübung des Wahlrechts auf Aufwendungsersatz**

**III. Rechtsfolge**

**Ersatz der vergeblichen Aufwendungen,**

- die er im Vertrauen auf die Leistung gemacht hat
- die er billigerweise machen durfte und
- die ohne Pflichtverletzung ihren Zweck erreicht hätten.

Schäden sind unfreiwillige Vermögenseinbußen, Aufwendungen hingegen sind freiwillige Vermögensopfer. Über § 280 i.V.m. §§ 281 – 283 kann der Gläubiger nur Schadensersatz statt der Leistung verlangen. Er ist dabei so zu stellen, wie er bei ordnungsgemäßer Erfüllung stehen würde. Aufwendungen im Zusammenhang mit dem Vertragsschluss sind davon nicht erfasst, da diese auch bei ordnungsgemäßer Erfüllung entstanden wären.

Der Gläubiger kann aber u.U. ein Interesse daran haben, dass ihm seine vergeblich gemachten Aufwendungen ersetzt werden. Das ist immer dann der Fall, wenn die Pflichtverletzung des Schuldners zwar dazu führt, dass der Vertrag nicht zur geplanten Abwicklung kommt, dem Gläubiger aber hierdurch keine ersatzfähigen Schäden entstehen. Ist er beispielsweise extra von München nach Berlin geflogen, um zu einem überhöhten Preis ein besonderes Gemälde zu kaufen und wird dieses Gemälde durch Unachtsamkeit des Verkäufers zerstört, so wird der potentielle Käufer sicher ein Interesse daran haben, zumindest seine Reisekosten erstattet zu bekommen.

§ 284 gibt daher dem Gläubiger in all den Fällen, in denen er Schadensersatz statt der Leistung verlangen könnte, die Möglichkeit, anstelle dieses Schadensersatzes Ersatz der frustrierten Aufwendungen zu verlangen. Der Aufwendungsersatz ersetzt somit einen Teil des sog. Vertrauensschadens (quasi negatives Interesse), ist aber aufgrund des Erfordernisses eines freiwilligen Vermögensopfers enger als dieser. Es handelt sich daher nicht um einen Schadensersatzanspruch im eigentlichen Sinne.

Der Gläubiger verliert sein Wahlrecht nicht bereits durch die Geltendmachung einer der Ansprüche, da § 281 IV nicht analog anwendbar ist. Erst wenn der Schuldner nach entsprechender Aufforderung durch den Gläubiger einen der Ansprüche erfüllt hat bzw. eine Änderung des Wahlrechts treuwidrig wäre, erlischt der andere Anspruch des Gläubigers (§ 362 I bzw. § 242).

# Störung der Geschäftsgrundlage, § 313



Schuldrecht AT, Rn. 607 ff.



**I. Voraussetzungen**

1. **Anwendbarkeit** (Subsidiarität zu spezielleren Vorschriften)
2. **reales Element:**
   Vorliegen von Umständen, die eine Partei bei Vertragsschluss vorausgesetzt hat, die aber nicht Vertragsinhalt geworden sind, und die sich nach Vertragsschluss schwerwiegend verändert haben (§ 313 I: Wegfall der Geschäftsgrundlage) oder als falsch herausgestellt haben (§ 313 II: Motivirrtum).
3. **hypothetisches Element:**
   Bei Kenntnis der Veränderungen hätten die Vertragsparteien den Vertrag nicht so oder gar nicht geschlossen.
4. **normatives Element:**
   Beibehaltung des Vertrags ist unter Berücksichtigung aller Umstände, insbesondere der vertraglichen oder gesetzlichen Risikoverteilung für die benachteiligte Partei unzumutbar

**II. Rechtsfolge**

**Grundsatz:** Anspruch der benachteiligten Partei auf Vertragsanpassung nach § 313 I

**Ausnahme:** Rücktritts-/Kündigungsrecht, wenn Vertragsanpassung nicht möglich oder einem Teil nicht zumutbar, § 313 III

§ 313 nach wie vor nur für solche Fälle anwendbar, in denen das Gesetz keine speziellere Regelung bereithält (z.B. bei der neLG, *vgl. BGH, Life&Law 11/2008, 719 ff. ⇨ Rechtsprechungsänderung!*). Das folgt schon aus der systematischen Stellung des § 313 im Bereich des allgemeinen Schuldrechts. Speziellere Vorschriften sind beispielsweise die §§ 519, 528, 530, 775, 779, 2077, 2079, sowie im Fall des Motivirrtums § 119 II und § 2078.

Ebenfalls examensrelevant ist die Abgrenzung der Störung der Geschäftsgrundlage zur ergänzenden Vertragsauslegung. Während die Störung der Geschäftsgrundlage eine Zugrundelegung des Umstandes der Geschäftsgrundlage ist, voraussetzt, handelt es sich bei der ergänzenden Vertragsauslegung um Umstände, an die bei Vertragsschluss gerade nicht gedacht wurde. Beide Institute haben also einen unterschiedlichen Anwendungsbereich. Auf ähnliche Weise erfolgt die Abgrenzung zu § 812 I S. 2 Alt. 2 (condictio ob rem). § 812 I S. 2 Alt. 2 setzt eine Zweckvereinbarung zwischen den Parteien voraus. Bei § 313 geht es dagegen um einen von einer Partei einseitig verfolgten Zweck bzw. um ein beiderseitiges Motiv, über welches die Parteien aber gerade keine Vereinbarung getroffen haben.

Nach der mittelalterlichen Lehre der Störung der großen Geschäftsgrundlage (clausula rebus sic stantibus) erwarten die Vertragsparteien insbesondere von Dauerschuldverhältnissen, dass keine Änderungen der äußeren Umstände eintreten, die für den Vollzug des Vertrages entscheidend sind. Insbesondere bei höherer Gewalt kann daher unter den Voraussetzungen des § 313 I BGB die Anpassung des Vertrages verlangt werden. Dieses Rechtsinstitut greift aber nur unter strengen Voraussetzungen ein und ist höchstsubsidiär. Angesichts der COVID-19-Pandemie erfährt diese Lehre vom „Vorbehalt gleichbleibender Umstände“ eine Renaissance. Zu beachten ist aber, dass aufgrund der „Corona-Gesetzgebung“ zahlreiche Sondervorschriften existieren, die einen Rückgriff auf den subsidiären § 313 verbieten.

Zu Art. 240 §§ 1 bis 5 EGBGB (Gesetz zur Abmilderung der Folgen der COVID-19-Pandemie im Zivil-, Insolvenz-, Strafverfahrens- und Veranstaltungsrecht) vgl. Tyroller, Life&Law 07/2020, 493 ff.

**Fallgruppen**

Eine abschließende Aufzählung ist nicht möglich: Folgende Fallgruppen sind allerdings allgemein anerkannt:

1. **Zweckstörung:**

   Der geschuldete Erfolg kann noch herbeigeführt werden, der Gläubiger hat aber kein Interesse mehr daran.

2. **Äquivalenzstörung:**

   Störung des angemessenen Verhältnisses von Leistung und Gegenleistung. SGG ist aber nicht bei allen Äquivalenzstörungen anwendbar, sondern nur bei extremen, nicht vorhersehbaren Ausnahmesituationen oder bei Verträgen mit Versorgungscharakter (z.B. Unterhaltsverträge/Schadensersatzrenten)

3. **Motivirrtum, § 313 II:**

   Irrtum beider Parteien bei Vertragsschluss oder einseitiger, für den anderen Teil erkennbarer Irrtum über ein dem Vertrag zugrunde liegendes Motiv (beim „doppelten" Eigenschaftsirrtum geht § 119 II vor; str.).

4. **Wirtschaftliche Unmöglichkeit:**

   Die Leistung ist nur unter so erschwerten Bedingungen möglich, dass die Zumutbarkeits- bzw. Opfergrenze für den Schuldner überschritten wird.

§ 313 selbst nennt keine Regelbeispiele die Anhaltspunkte geben, wann im Einzelfall die Voraussetzungen erfüllt sind. Hier können jedoch die von der Rspr. zur SGG gebildeten Fallgruppen herangezogen werden.

Anders als Zweckerreichung und Zweckfortfall, die Fälle der Unmöglichkeit darstellen und unter § 275 I fallen, unterfällt die Zweckstörung § 313. Hierbei ist zu beachten, dass die Verwendbarkeit des Vertragsgegenstandes grds. in den Risikobereich des Empfängers fällt. Anders ist dies aber, wenn der andere Teil sich die geplante Verwendung so zu Eigen gemacht hat, dass auch er sie als wesentliche Grundlage des Vertrages ansieht.

*Bsp.: Die geplante Busfahrt zu einem Fußballspiel kann noch stattfinden, der Gläubiger, der den Bus eigens dafür gemietet hat, hat aber kein Interesse mehr daran, da das Spiel ausfällt.*

Die SGG ist auch auf die Fälle des doppelten Motivirrtums - oder besser beiderseitigen Motivirrtums - anwendbar, § 313 II.

Im Fall eines doppelten Eigenschaftsirrtums ist es aber überzeugender, § 119 II anzuwenden, da nur derjenige anfechten wird, der sich hiervon auch etwas verspricht. Dann ist es aber auch nicht unbillig, wenn er dem anderen Teil dessen negatives Interesse nach § 122 I zu ersetzen hat.

# Vertrag mit Schutzwirkung zugunsten Dritter

**I. Rechtsgrundlage**

Rspr.: ergänzende Vertragsauslegung
h.L.: auf § 242 beruhende richterliche Rechtsfortbildung *(nur eine absolute M.M. zieht § 311 III S. 1 heran)*

**II. Voraussetzungen**

1. **Leistungsnähe des Dritten**
   Dritter kommt mit geschuldeter Leistung bestimmungsgemäß in Berührung und ist Gefahren von Schutzpflichtverletzungen ebenso ausgesetzt wie der Gläubiger
2. **Gläubigernähe**
   ursprünglich nur „Wohl-und-Wehe-Formel“
   heutige Rspr (darüber hinaus): Dritter fällt in den Schutzbereich des Vertrages, wenn die Leistung nach dem Vertragsinhalt einem D bestimmungsgemäß zugutekommen soll (auch bei gegenläufigen Interessen) oder sich Anhaltspunkte für einen auf Schutz des D gerichteten (hypothetischen) Parteiwillen ergeben
3. **Erkennbarkeit von Punkt 1 und 2 für den Schuldner**
4. **Schutzbedürftigkeit des Dritten**
   (+), wenn D keine eigenen gleichwertigen (d.h. vertraglichen) Ansprüche (egal gegen wen) hat

**III. Rechtsfolgen**

Dritter hat bei der Verletzung vertraglicher Pflichten eigene vertragliche Schadensersatzansprüche gegen den Schuldner. Der Anspruch auf die geschuldete Hauptleistung (sog. Primäranspruch) steht dagegen alleine dem Gläubiger zu

Der Vertrag mit Schutzwirkung zugunsten Dritter wurde vor allem entwickelt, um die Schwächen des Deliktsrechts auszugleichen: Haftung für Dritte nicht nach § 278, sondern nur nach § 831 I möglich (Nachteile: nur bei Verrichtungsgehilfen; außerdem Entlastungsbeweis möglich), kein Ersatz von reinen Vermögensschäden nach § 823 I, keine Beweislastumkehr nach § 280 I S. 2. Diese Nachteile werden umgangen, wenn der Geschädigte seinen Schadensersatzanspruch auf eine vertragliche Grundlage stützen kann. Dabei ist zu beachten, dass der Vertrag mit Schutzwirkung selbst keine Anspruchsgrundlage darstellt, sondern nur die im Rahmen von § 280 I erforderliche Sonderverbindung. Beim Vertrag mit Schutzwirkung wird der Anspruch zum Schaden gezogen (im Gegensatz zur Drittschadensliquidation, hier wird der Schaden zum Anspruch gezogen). Der Vertrag mit Schutzwirkung führt im Ergebnis zu einer Risikohäufung beim Schuldner, da er nicht nur für die Schäden des Gläubigers, sondern zusätzlich auch für die des Dritten haftet.

Der Vertrag mit Schutzwirkung ist vom echten und vom unechten Vertrag zugunsten Dritter (VzD) abzugrenzen:

- Beim echten VzD (§§ 328 ff.) hat der Versprechensempfänger gegen den Versprechenden einen Anspruch auf Leistung an den begünstigten Dritten, vgl. § 335. Aber auch der Dritte hat gegen den Versprechenden ein eigenes Forderungsrecht und kann bei dessen Störung unmittelbar Sekundäransprüche geltend machen.
- Beim unechten VzD hat nur der Versprechensempfänger einen Anspruch auf Leistung an den begünstigten Dritten. Der Dritte hat kein eigenes Forderungsrecht gegen den Versprechenden. In diesem Verhältnis sind allenfalls Ansprüche aus §§ 280 I, 241 möglich.

Vgl. zum Vertrag mit Drittwirkung auch ausführlich Tyroller, Life&Law 06/2015, 446 ff.

## Drittschadensliquidation

**I. Voraussetzungen**

1. **Anspruchsberechtigter hat keinen Schaden**
2. **Geschädigter hat keinen Anspruch**
3. **Zufällige Schadensverlagerung:**

   Anerkannte Fallgruppen:
   - a) Vertragliche Vereinbarung
   - b) Mittelbare Stellvertretung
     ⇨ insbes. Kommission, §§ 383 ff. HGB
   - c) Obhutsfälle
   - d) Obligatorische Gefahrentlastung
     ⇨ insbes. §§ 446, 447 I, 644 I S. 2

**II. Rechtsfolge**

Der Anspruchsinhaber bleibt Inhaber der verletzten Rechtsstellung und muss den Schaden des Dritten liquidieren. Der Dritte kann dann gem. § 285 I analog oder aus vertraglicher Nebenpflicht die Herausgabe des Schadensersatzes bzw. die Abtretung des Schadensersatzanspruches vom Gläubiger verlangen.

Anders als beim Vertrag mit Schutzwirkung zugunsten Dritter, bei dem ein Dritter zusätzlich in den Schutzbereich eines Vertrages miteinbezogen wird, kommt es bei der Drittschadensliquidation (DSL) aufgrund eines Rechtsverhältnisses zwischen dem Ersatzberechtigten und dem Dritten zu einer Verlagerung des Schadens vom Anspruchsinhaber auf den Dritten. Daher liquidiert der Anspruchsinhaber für den Dritten dessen Schaden. Die Abgrenzung von Vertrag mit Schutzwirkung und DSL können Sie sich mit folgendem Merksatz erleichtern: Beim Vertrag mit Schutzwirkung wird der Anspruch zum Schaden gezogen, bei der DSL dagegen der Schaden zum Anspruch.

Ein entscheidendes Kriterium der DSL ist das Vorliegen einer Risikoverlagerung, also die zufällige Schadensverlagerung. Hierbei wurden von der Rechtsprechung einige Fallgruppen (s. Vorderseite) entwickelt. Eine Erstreckung der DSL über diese Fälle hinaus ist nur ausnahmsweise möglich. In der Klausur sollten Sie im Zweifel darauf verzichten. Eine zufällige Schadensverlagerung ergibt sich häufig bei der mittelbaren Stellvertretung (Bsp.: § 383 HGB). Der mittelbare Stellvertreter handelt dabei im eigenen Namen für fremde Rechnung - i.R. der DSL macht er den Schaden des Geschäftsherrn für diesen geltend. Auch bei den Obhutsfällen kommt es zur zufälligen Schadensverlagerung. Hierbei kann derjenige, der als berechtigter Besitzer einer fremden Sache einen Vertrag schließt, der eine Obhutspflicht für die Sache begründet, bei Verletzung dieser Pflicht den Schaden des Eigentümers geltend machen. Gesetzlich geregelter Obhutsfall ist die Gastwirtshaftung gem. § 701.

Von besonderer Klausurrelevanz sind die Gefahrtragungsregeln. V.a. die §§ 446 f., 644 führen dazu, dass der wirtschaftliche Schaden nicht bei dem durch die Verletzungshandlung unmittelbar Betroffenen, sondern bei einem Dritten liegt. Standardfall zur Gefahrentlastung ist der Versendungskauf an einen Unternehmer und ausnahmsweise an einen Verbraucher (vgl. § 475 II). Geht die Ware während des Transportes unter, so steht dem Verkäufer gegen die Transportperson ein Schadensersatzanspruch zu. Da er jedoch wegen § 447 I den Vergütungsanspruch gegen den Käufer behält, hat er keinen Schaden. Der Käufer kann zwar den Schadensersatzanspruch des Schuldners über §§ 421 I S. 2 HS 1, 425 HGB geltend machen, gleichwohl besteht aber weiterhin die Gefahr, dass der Transporteur mit befreiender Wirkung an den Schuldner zahlt (vgl. §§ 421 I S. 2 HS 2 HGB i.V.m. §§ 429 III S. 1, 422 I S. 1 BGB), sodass im Verhältnis Käufer – Verkäufer § 285 BGB anwendbar bleibt.

# Forderungsabtretung, §§ 398 ff.

**SchR AT**

Basics Zivilrecht I, Rn. 403 ff.

**ÜK 43**

| | |
|---|---|
| **I. Rechtsnatur und Begriff** | Die Abtretung ist eine Verfügung, bei der eine Forderung von einem Gläubiger (Zedent) auf einen anderen (Zessionar) übertragen wird |
| **II. Voraus-setzungen** | **1. gültiger Abtretungsvertrag**<br>I.d.R. formfrei – Ausnahme: § 1154<br>**2. Bestehen der Forderung**<br>Die Forderung muss bestehen, da ein gutgläubiger Forderungserwerb nicht möglich ist (Ausnahmen §§ 405, 2366)<br>Abtretung einer künftigen Forderung ist dagegen möglich (Vorausabtretung)<br>**3. Bestimmtheit bzw. Bestimmbarkeit**<br>Die Forderung muss bestimmt bzw. bei der Abtretung von künftigen Forderungen zumindest bestimmbar sein<br>**4. Nichtbestehen eines Abtretungsverbots**<br>§§ 399, 473, 717 |
| **III. Schuldner-schutz** | Der Schuldner wird durch §§ 404 ff. geschützt, da die Abtretung grds. ohne seine Mitwirkung und sein Wissen möglich ist. |

Der Abtretung liegt regelmäßig ein Kausalgeschäft zugrunde, z.B. Forderungskauf (§ 453 I beim Factoring), Sicherungsabrede (§ 311 I) oder Schenkung (§ 516). Fehlt ein solches Kausalgeschäft, ist die abgetretene Forderung kondizierbar, § 812 I S. 1 Alt. 1.

Sinn und Zweck der Schuldnerschutzvorschriften gem. §§ 404 ff. ist, dass die Rechtsposition des Schuldners durch die Abtretung nicht verschlechtert wird. Besondere Aufmerksamkeit verdient dabei die Differenzierung bei der Aufrechnung:

Hat der Schuldner vor der Abtretung gegenüber dem alten Gläubiger aufgerechnet, kann er dem neuen Gläubiger die Erlöschenswirkung des § 389 gem. § 404 entgegenhalten.

Weiß der Schuldner nichts von der Abtretung, kann er gem. § 407 I gegenüber dem alten Gläubiger aufrechnen.

Weiß er von der Abtretung, kann er unter den Voraussetzungen des § 406 gegenüber dem Zessionar aufrechnen, obwohl es an der Gegenseitigkeit fehlt.

Zu beachten ist auch der Forderungsübergang kraft Gesetzes (cessio legis). Dieser erfolgt nicht durch Abtretung, sondern ipso iure (Bsp.: §§ 426 II, 774 I, 1143 I).

Sowohl bei der cessio legis als auch bei der Abtretung spielt § 401 (bei der cessio legis i.V.m. § 412) eine wichtige Rolle. Dieser regelt, dass mit der abgetretenen bzw. übergehenden Forderung auch akzessorische Sicherungsrechte (entsprechend auch die Auflassungsvormerkung) mit übergehen.
(Zu den besonderen Problemen der Globalzession, insbesondere im Verhältnis zum verlängerten Eigentumsvorbehalt, vgl. Hemmer/Wüst, Kreditsicherungsrecht, Rn. 335 ff.).

Vgl. zur Abtretung auch ausführlich Tyroller, Life&Law 10/2015, 768 ff.

# Schuldübernahme, §§ 414 ff.

**BGB AT III, Rn. 626 ff.**

**SchR AT**

**ÜK 44**

| | |
|---|---|
| **I. Begriff und Rechtsnatur** | Befreiende Schuldübernahme = Schuldnerwechsel, (Doppelnatur des Vertrages: Verfügungsgeschäft wegen des Schuldnerwechsels und Verpflichtungsgeschäft wegen der Verpflichtungsübernahme) |
| **II. Voraussetzung** | Übernahmevertrag – zwei Möglichkeiten:<br>**1. Vertrag zwischen dem Gläubiger und dem Übernehmer, § 414**<br>= ausnahmsweise zulässige Verfügung zugunsten eines Dritten<br>⇨ keine Mitwirkung des Altschuldners erforderlich<br>**2. Vertrag zwischen Schuldner und Übernehmer, §§ 415 f.**<br>⇨ Die Genehmigung des Gläubigers gem. § 415 I S. 1 ist erforderlich; bis zur Genehmigung bzw. nach deren Verweigerung liegt gem. § 415 III im Zweifel eine Erfüllungsübernahme vor, § 329<br>⇨ Bei hypothekarisch gesicherten Forderungen gilt gem. § 416 I S. 2 die Genehmigungsfiktion des Schweigens, wenn nach § 416 II S. 2 der belehrte Gläubiger nicht innerhalb von 6 Monaten reagiert (bei Grundschuld § 416 analog). |
| **III. Sonstiges** | • Der Inhalt der Schuld bleibt von der Übernahme berührt ⇨ Übernehmer kann Gläubiger sämtliche Einwendungen entgegenhalten, die dem Altschuldner zustanden, § 417 I S. 1<br>• Mit Schuldübernahme erlöschen die für die Verbindlichkeit des Altschuldners bestellten akzessorischen Sicherungsrechte (Schuldübernahme insofern rechtsvernichtende Einwendung), § 418 – Ausnahme: Sicherungsgeber hat in die Schuldübernahme eingewilligt, § 418 I S. 3. |

Die Genehmigung des Gläubigers zum Vertrag zwischen Übernehmer und Schuldner kann gem. § 182 I sowohl gegenüber dem Übernehmer als auch dem Altschuldner erklärt werden. Die Genehmigung bedarf keiner Form, selbst wenn der Übernahmevertrag ausnahmsweise formbedürftig ist, § 182 II. Der Genehmigung entspricht die vorherige Zustimmung des Gläubigers.

Äußert sich der Gläubiger auf die Mitteilung der Schuldübernahme nicht, so können gem. § 415 II S. 2 sowohl der Altschuldner als auch der Übernehmer dem Gläubiger zur Genehmigungserklärung eine Frist setzen. Mit Ablauf der Frist gilt dann die Genehmigung als verweigert. Anders ist dies bei hypothekarisch gesicherten Forderungen, s. Vorderseite. (*vgl. genauer BGB AT III, Rn. 635*).

Die Schuldübernahme ist vom Schuldbeitritt (Schuldmitübernahme, kumulative Schuldübernahme) abzugrenzen:

Während bei der Schuldübernahme der Schuldner ausgewechselt wird, tritt beim Schuldbeitritt der Beitretende neben den alten Schuldner als Gesamtschuldner. Der gem. § 311 I zulässige Schuldbeitritt kann zwischen Beitretendem und Schuldner als echter Vertrag zugunsten Dritter (= Gläubiger) oder zwischen Beitretendem und Gläubiger vereinbart werden. Hier gibt es häufig Abgrenzungsprobleme zur Bürgschaft.

Des Weiteren ist die Schuldübernahme von der Vertragsübernahme zu unterscheiden: Bei letzterer handelt es sich um eine rechtsgeschäftliche Übertragung eines ganzen Schuldverhältnisses. Diese ist gesetzlich nicht geregelt, sondern nur als Folge anderer Rechtsgeschäfte vorgesehen, so z.B. in den §§ 566, 613a, 1251. Die Vertragsübernahme ist aber aufgrund einer Rechtsfortbildung nach h.M. zulässig. Die §§ 398 ff., 414 ff. gelten (mit Einschränkung) analog.

Vgl. hierzu ausführlich Tyroller, Life&Law 02/2016, 130 ff.

**I. § 421**

Schulden mehrere eine Leistung in der Weise, dass jeder die ganze Leistung zu bewirken verpflichtet, der Gläubiger aber die Leistung nur einmal zu fordern berechtigt ist (Gesamtschuldner), so kann der Gläubiger die Leistung nach seinem Belieben von jedem der Schuldner ganz oder zu einem Teil fordern.

**II. Vorauss. der Gesamtschuld**

1. **Voraussetzungen**

   **a)** Mehrheit von Schuldnern, von denen jeder auf das Ganze verpflichtet ist
   **b)** Gläubiger darf Leistung nur einmal fordern
   **c)** Gleichartigkeit des Leistungsinteresses (vollkommene Identität oder einheitlicher Rechtsgrund ist nicht erforderlich; vgl. auch Umkehrschluss aus § 650t)
   **d)** innere Verbundenheit der Forderungen
   - nach früherer Rspr. (+) bei Zweckgemeinschaft (inzwischen aufgegeben)
   - nach h.L. und neuerer Rspr. (+) bei Gleichstufigkeit der Schuld

   gem. Auslegungsregel des § 427 sind mehrere, die sich gemeinschaftlich zu einer teilbaren Leistung verpflichten, im Zweifel Gesamtschuldner

2. **Die wichtigsten gesetzlich geregelten Fälle:**
   §§ 830, 840, 769, 1357 I S. 2, 1664 II, 2058 und § 128 HGB

**III. Rechtsfolgen der Gesamtschuld**

- Jeder Schuldner ist zur ganzen Leistung verpflichtet
- Der Gläubiger kann die Leistung insgesamt nur einmal fordern.
- Gesamtwirkung bei §§ 422 - 424
- Einzelwirkung im Fall des § 425 I, II
- Regress gem. § 426 I, II

**Auf der Schuldnerseite können mehrere Personen zur Leistung verpflichtet sein.**

**Teilschuldnerschaft: Gemäß § 420 sind teilbare Leistungen, wenn sie von mehreren geschuldet werden, im Zweifel anteilig zu erbringen. Bei der Schuldnergemeinschaft (Gesamthandsschuld und gemeinschaftliche Schuld i.e.S.) sind die Schuldner in ihrer Gesamtheit zur Leistung verpflichtet. Die Leistung muss also von allen gemeinschaftlich erbracht werden. Der Gläubiger kann die Leistung auch nur von allen Schuldnern gemeinsam verlangen.**

**Den Gegensatz zur Gesamtschuldnerschaft bildet die Gesamtgläubigerschaft, § 428. Hierbei kann jeder Gläubiger die ganze Leistung an sich mit schuldbefreiender Wirkung fordern. Diese ist von der Teilgläubigerschaft gem. § 420 und der wesentlich bedeutsameren Mitgläubigerschaft gem. § 432 abzugrenzen. Teilgläubigerschaft liegt vor, wenn eine teilbare Leistung von mehreren Gläubigern nur anteilsmäßig gefordert werden kann. Bei der Mitgläubigerschaft kann der einzelne Gläubiger Erfüllung nur an alle Mitgläubiger verlangen. Der Schuldner kann nur durch Leistung an alle schuldbefreiend erfüllen. Klausurrelevanz besitzt v.a. die Frage, ob Eheleute bei Geschäften i.S.d. § 1357 I Gesamt- oder Mitgläubiger sind (vgl. BGB AT I, Rn. 361), z.B.: Eheleute eröffnen gemeinsames Konto ⇨ Auslegung ergibt § 428.**

**Nicht selten stellt sich in Examensklausuren die Problematik des „gestörten Gesamtschuldnerausgleichs": Haften mehrere Schädiger als Gesamtschuldner (§ 840 I), so kann der zahlende Schädiger im Innenverhältnis entsprechend den jeweiligen Verursachungsanteilen gem. § 426 von den Mitschädigern Regress verlangen. Ist aber die Haftung eines der Schädiger aufgrund gesetzlicher (z.B. §§ 1359, 1664) oder vertraglicher Privilegierung ausgeschlossen, entsteht schon gar kein Gesamtschuldverhältnis und damit keine Regressmöglichkeit. Zur Lösung der Regressbehinderung aufgrund dieser gestörten Gesamtschuld werden drei Wege vertreten: Lösung zu Lasten des (an sich) privilegiert Haftenden, des Zweitschädigers oder des Geschädigten (vgl. ausführlich dazu OLG Celle, Life&Law 2008, 647 ff. sowie Hemmer/Wüst, SchadensersatzR III, Rn. 267 ff.).**

**Vgl. zur Gesamtschuld ausführlich Tyroller, Life&Law 04/2016, 280 ff.; 02/2017, 132, 04/2017, 279 ff. und 02/2018, 127 ff.**

# Weggefallen

# Weggefallen

# Allgemeine Geschäftsbedingungen

## Verbraucherschutzrecht, Rn. 141 ff.

**I. Begriff der allgemeinen Geschäftsbedingung, § 305 I**

1. Vorformulierung
2. Für eine Vielzahl von Verträgen
3. Veranlassung der Einbeziehung durch Verwender („Stellen“)
4. Keine Individualvereinbarung

(zu 2.–4.: Beachte die Einbeziehungs-erleichterung gem. § 310 III)

**II. Sachlicher und persönlicher Anwendungsbereich, § 310**

**III. Einbeziehung, § 305 II, III**

1. Hinweis des Verwenders
2. Möglichkeit der Kenntnisnahme
3. Einverständnis des Vertragspartners
4. Überraschende Klauseln, § 305c I

**IV. Auslegung**

1. Vorrang der Individualabrede, § 305b
2. Unklarheitenregel, § 305c II

**V. Inhaltskontrolle**

1. Anwendungsbereich, § 310 und § 307 III
2. Klauselverbote ohne Wertungsmöglichkeit, § 309
3. Klauselverbote mit Wertungsmöglichkeit, § 308
4. Generalklausel, § 307 (erst § 307 II, dann § 307 I)

**VI. Rechtsfolgen bei nicht einbezogenen oder fehlerhaften AGB, § 306**

**VII. Umgehungsverbot, § 306a**

**Mit der Einbeziehung der AGB in den Vertrag verwandt ist das in den §§ 305 ff. nicht geregelte Problem der beiderseitigen Verwendung *sich widersprechender AGB*:**

**Hauptsächlich im Verkehr unter Kaufleuten werden häufig beide Seiten versuchen, ihre AGB in den Vertrag einzuführen: Der Käufer bestellt zu seinen Einkaufsbedingungen, der Verkäufer liefert zu seinen Verkaufsbedingungen. Soweit die AGB inhaltlich nicht übereinstimmen, ist fraglich, ob überhaupt ein wirksamer Vertrag zustande gekommen ist und (wenn ja) mit welchem Inhalt.**

**Zumindest das Zustandekommen eines wirksamen Vertrages lässt sich hier in der Regel bejahen. Die Annahme eines *Dissens* würde hier zumindest dann an der Realität vorbeigehen, wenn die Parteien den Vertrag schon teilweise ausgeführt haben. Denn mit der Ausführung des Vertrages zeigen beide, dass sie den Streit um die unterschiedlichen AGB nicht austragen wollen, sondern vielmehr vom Vorliegen einer Einigung ausgehen.**

**Fraglich ist aber, unter Zugrundelegung welcher AGB der Vertrag abzuwickeln ist. Früher arbeitete die Rechtsprechung hier mit der aus § 150 II abgeleiteten *„Theorie des letzten Wortes“.* Demnach würden die Bedingungen desjenigen gelten, der zuletzt auf seine AGB verwiesen hat.**

**Diese Ansicht wird heute nur noch dann vertreten, wenn der Vertragspartner keine sog. Abwehrklausel in seinen AGB verwendet. Mit einer sog. „Abwehrklausel“ wird Geltung der AGB´en der anderen Partei abgelehnt. Hier wird die „Theorie des letzten Wortes“ aber mittlerweile zu Recht nicht (mehr) angewendet. Sie würde den Inhalt des Vertrages von zu vielen Zufälligkeiten abhängig machen. Vor allem ist nicht einzusehen, dass einer Person, die zuvor klipp und klar den gegenteiligen Willen bekundet hat, nun eine konkludente Willenserklärung untergeschoben werden soll. In diesem Fall gelten bei widersprechenden AGB diese nur insoweit, als sie der anderen Partei günstig sind. Im Übrigen gilt das *dispositive Gesetzesrecht* (vgl. § 306 II).**

## Widerrufsrecht bei außerhalb von Geschäftsräumen geschlossenen Verträgen, § 312b i.V.m. § 312g

**Verbraucherschutzrecht, Rn. 298 ff.**

**SchR AT**

**ÜK 48**

**I. Anwendungsbereich**

Soweit für den Vertrag zugleich ein nach den in § 312g III aufgezählten Verbraucherschutzvorschriften ein Widerrufsrecht besteht, gehen diese Regelungen dem Widerrufsrecht nach §§ 312b, g vor; anwendbar bleibt jedoch der besondere Gerichtsstand des § 29c ZPO

**II. Voraussetzungen**

1. **Verbrauchervertrag gem. § 310 III, d.h. Vertrag über entgeltliche Leistung zwischen Unternehmer (§ 14) und Verbraucher (§ 13)**
2. **Kein Ausnahmefall des § 312 II bis VI**
   - Wichtig insbesondere § 312 II Nr. 12 (Verträge mit Entgelt bis einschließlich 40,- €)
3. **Außerhalb von Geschäftsräumen geschlossener Vertrag, § 312b I S. 1 Nr. 1 bis 4**
4. **Kein Ausschluss des Widerrufsrechts nach § 312g II**
   - Wichtig insbesondere § 312g II Nr. 11

**III. Rechtsfolge**

1. **Widerrufsrecht nach § 312g I**
2. **Rechtsfolge: § 355 III i.V.m. § 357**

Gemäß § 312g i.V.m. 312b besteht bei außerhalb von Geschäftsräumen geschlossenen Verträgen ein Widerrufsrecht (vgl. dazu auch BGH, Life&Law 12/2018, 804 ff.).

Ein außerhalb von Geschäftsräumen (vgl. § 312b II) geschlossener Vertrag gem. Nr. 1 ist ein Vertrag, der bei gleichzeitiger Anwesenheit des Unternehmers und des Verbrauchers an einem Ort, der nicht zu den Geschäftsräumen des Unternehmers gehört, geschlossen wird.

§ 312b I knüpft – mit Ausnahme der Kaffeefahrt nach § 312b I S. 1 Nr. 4 – nicht (mehr) ausschließlich an das Vorliegen bestimmter, besonders gefährlicher Situationen, wie z.B. Verhandlungen am Arbeitsplatz oder in einer Privatwohnung an. Die Norm stellt vielmehr allgemein darauf ab, ob der Vertrag außerhalb der Geschäftsräume des Unternehmers verhandelt oder geschlossen wurde.

Das Kriterium der situativen Überrumpelung findet sich in der Definition des Geschäftsraumes. Nach der Legaldefinition in Absatz 2 sind Geschäftsräume nicht nur unbewegliche, sondern auch bewegliche Gewerberäume. Hierzu zählen daher neben Ladengeschäften auch Stände, Verkaufswagen, saisonale Verkaufsbuden (z.B. in einem Skiort oder am Strand), Marktstände sowie Stände auf Messen und Ausstellungen im Sinne der §§ 64, 65 GewO. Der Unternehmer muss sein Gewerbe dort aber für gewöhnlich ausüben, damit kein Widerrufsrecht besteht. Die Anwendung des Kriteriums der gewöhnlichen Ausübung soll Verbraucher vor übereilten Vertragsschlüssen schützen, insbesondere in Fällen, in denen sie nicht mit einem Vertragsschluss rechnen müssen. Eine solche Situation kann vorliegen, wenn dem Verbraucher überraschend fachfremde, nicht mit dem Thema des Ladengeschäfts, der Messe, Ausstellung etc. im Zusammenhang stehende Waren angeboten werden.

Das Widerrufsrecht entfällt, wenn der Verbraucher den Unternehmer ausdrücklich aufgefordert hat, ihn aufzusuchen, um dringende Reparatur- oder Instandhaltungsarbeiten vorzunehmen, § 312g II S. 1 Nr. 11. In allen anderen Fällen einer vorherigen Bestellung besteht daher ein Widerrufsrecht.

# Widerrufsrecht bei Fernabsatzverträgen, § 312c i.V.m. § 312g



**Verbraucherschutzrecht, Rn. 331 ff.**



**I. Anwendungsbereich**

Soweit für den Vertrag zugleich ein Widerrufsrecht nach den in § 312g III aufgezählten Verbraucherschutzvorschriften besteht, gehen diese Regelungen dem Widerrufsrecht nach §§ 312b, g vor.

**II. Voraussetzungen**

1. **Fernabsatzvertrag (Def.: § 312c I)**
   a) Vertrag über die Lieferung von Waren oder Erbringung von Dienstleistungen
   b) zwischen Unternehmer (§ 14) und Verbraucher (§ 13)
   c) unter Verwendung von Fernkommunikationsmitteln (Def.: § 312c II)
   d) innerhalb eines für Fernabsatz organisierten Vertriebs- und Dienstleistungssystems (wird vermutet, § 312c I a.E.)

2. **Kein Ausnahmefall des § 312 II bis VI**

   Wichtig insbesondere § 312 II Nr. 12 (Verträge mit Entgelt bis einschließlich 40,- €)

3. **Kein Vorliegen der Ausschlusstatbestände des § 312g II**

**III. Rechtsfolge**

1. **Widerrufsrecht nach § 312g I**
2. **Rechtsfolge: § 355 III i.V.m. § 357**

Zu beachten ist, dass das 14-tägige Widerrufsrecht bei außerhalb von Geschäftsräumen geschlossenen Verträgen und bei Fernabsatzverträgen nicht mit Vertragsschluss zu laufen beginnt (vgl. § 355 II S. 2), sondern erst nach Belehrung über das Widerrufsrecht gem. § 355 III S. 1 i.V.m. Art. 246a § 1 II S. 1 Nr. 1 EGBGB, und beim Verbrauchsgüterkauf außerdem nicht vor Erhalt der Ware, § 356 II Nr. 1.

Die Erklärung des Widerrufs ist formlos möglich, § 355 I S. 2.

Zu beachten sind außerdem die Informationspflichten nach § 312d bis § 312f.

Wichtig ist ferner, dass nach § 312k I von den Vorschriften der §§ 312 ff. nicht zum Nachteil des Verbrauchers abgewichen werden darf.

Beachten Sie bei den Ausschlusstatbeständen nach § 312g II insbesondere die Nr. 1. Es genügt hier nicht, einfach festzustellen, ob der Verbraucher eine spezielle Anfertigung bestellt hat. Der Verbraucherschutz gebietet hier einen weiteren Rahmen. Wenn im Einzelfall die zu liefernde Ware zwar auf Bestellung des Verbrauchers aus vorgefertigten Standardbauteilen zusammengefügt wird, diese aber mit verhältnismäßig geringem Aufwand ohne Beeinträchtigung ihrer Substanz oder Funktionsfähigkeit wieder getrennt werden können, greift der Ausschlusstatbestand des § 312g II Nr. 1 nicht ein, sodass ein Widerrufsrecht besteht (BGH, Life&Law 2003, 534 ff.). Beim Kauf einer Matratze ist auch nach Entfernung der Schutzfolie das Widerrufsrecht nicht nach § 312g II Nr. 3 BGB ausgeschlossen, weil eine Matratze nicht zu den in der europäischen Verbraucherrechterichtlinie genannten Waren gehört, bei denen aus Gründen des Gesundheitsschutzes oder aus Hygienegründen eine Rückgabe ausgeschlossen ist. Lesen Sie dazu BGH, Life&Law 10/2019, 666 ff. = jurisbyhemmer.

Da die „Versteigerungen" bei eBay nicht durch einen Zuschlag gem. § 156, sondern zwei übereinstimmende Willenserklärungen zustande kommen, ***entfällt*** bei einem derartigen Vertragsschluss das ***Widerrufsrecht*** des Verbrauchers ***nicht*** gem. § 312g II Nr. 10. Lesen Sie dazu BGH, Life&Law 2005, 93 ff. sowie Life&Law 03/2017, 155 ff. = jurisbyhemmer!

## Das besondere Schuldrecht im Überblick (2. Buch, 8. Abschnitt des BGB)

**Besonderes Schuldrecht: Einzelne Schuldverhältnisse**

**Besonderes Vertragsrecht**

- KaufV und TauschV
- Schenkungsvertrag
- MietV
- Dienst- und Behandlungsvertrag
- Werk-, Reise- und MaklerV
- Bürgschaft und Schuldanerkenntnis
- sonstige typische Verträge

**Gesetzliche Schuldverhältnisse**

- GoA, §§ 677 ff.
- Deliktsrecht, §§ 823 ff.
- Bereicherungsrecht, §§ 812 ff.
- ***Exkurs*:** auch das im SachenR geregelte EBV (§§ 987 ff.) und das im ErbR geregelte Erbschaftsbesitzerverhältnis (§§ 2018 ff.) sind gesetzliche Schuldverhältnisse

Das besondere Schuldrecht ist ein wichtiger Bereich, der in kaum einem Examen fehlt. Grundsätzlich zu unterscheiden ist dabei das besondere Vertragsrecht (Kaufvertrag, Werkvertrag, Mietvertrag, Dienstvertrag usw.) und das Recht der außervertraglichen Haftung (GoA, Bereicherungsrecht und Deliktsrecht).

Die Unterschiede zwischen diesen beiden Teilbereichen führen in vielen Klausuren zu erforderlichen Differenzierungen: So sind z.B. die Fragen der Haftung für das Verhalten Dritter, der Verjährung oder des Schadensumfanges im Vertragsrecht und im Deliktsrecht z.T. deutlich unterschiedlich geregelt.

Beachten Sie in diesem Zusammenhang aber auch die gegenseitige Annäherung beider Bereiche:

So führt eine Pflichtverletzung bei der GoA zur Haftung nach §§ 280 I, 677. Ebenso führt z.B. die Haftung für vorvertragliche Pflichtverletzungen (§§ 280 I, 241 II, 311 II) zu einer „quasi-deliktischen" Haftung, innerhalb derer aber die Verschuldenszurechnung nach § 278 S. 1 sowie der Ersatz bloßer Vermögensschäden möglich sind.

## Vertragsarten: Typische, gemischte und atypische Verträge

**Typische Verträge**
im Gesetz explizit geregelt

**Gemischte Verträge**
aus Elementen mehrerer Vertragstypen zusammengesetzt

z.B. gemischte Schenkung, Bewirtungsvertrag (Miete/ Werk/DienstV u. KaufV)

**Verträge eigener Art („sui generis")**
im Gesetz nicht geregelt

zulässig nach § 311 I aufgrund der Privatautonomie

**Behandlung von Leistungsstörungen**

Typische Verträge:

- Mängelrecht, soweit geregelt
- daneben § 280 I, soweit nicht durch spezielles Mängelrecht ausgeschlossen

Gemischte Verträge:

- GewährleistungsR
  strittig aber, welches:
  h.M.: Schwerpunkt des Vertrages *(Absorptionstheorie)*
  a.A.: abhängig davon, in welchem Vertragsteil die Störung eintritt *(Kombinationstheorie)*
- soweit keine Regelungen: allg. LeistungsstörungsR

Verträge eigener Art:

allgemeines LeistungsstörungsR

Insbesondere wenn es um den Primäranspruch (also um die Zahlungs- bzw. Leistungspflicht) geht, kann an sich die genaue Einordnung des Vertrages im Ergebnis dahinstehen, da sich die Ansprüche ohne weiteres aus der vertraglichen Abmachung ergeben. Gleichwohl empfiehlt es sich im Gutachten natürlich, kurz zu der Frage Stellung zu nehmen, welcher Vertragstyp vorliegt; nur so kommen Sie bei den typischen Verträgen auch dazu, die richtige Anspruchsgrundlage zu zitieren.

Von entscheidender Bedeutung ist dagegen auch schon beim Primäranspruch die richtige Einordnung des Vertragstyps, wenn bei Vorliegen eines bestimmten Vertrages Formvorschriften zu beachten sind: So ist z.B. die Abgrenzung zwischen einem „günstigen Kauf" und einer „gemischten Schenkung" wegen § 518 I erforderlich. Zur Abgrenzung zwischen einem gegenseitigen Vertrag und einer belohnenden Schenkung vgl. auch BGH, Life&Law 09/2009, 587 ff. = NJW 2009, 2737 ff. = jurisbyhemmer!

Ein gesetzlich geregelter Fall der Kombinationstheorie ist die Erstellung eines Hauses durch einen Bauträger auf einem gleichzeitig zu übereignenden Grundstück (§ 650u): Soweit Mängel des Grundstücks betroffen sind (z.B. Bodenkontaminationen), ist gem. § 650u I S. 3 das Kaufrecht durchaus angemessen; soweit es dagegen um die Errichtung des Hauses geht, führt das gem. § 650u I S. 2 anwendbare Werkvertragsrecht mit seinen Nachbesserungsmöglichkeiten zu angemesseneren Ergebnissen.Ein gesetzlich geregelter Fall der Schwerpunkt- bzw. Absorptionstheorie ist § 434 II S. 1.

Beachte aber: Im Überschneidungsbereich von Kauf- und Werkvertrag hat die Regelung des § 650 hinsichtlich beweglicher Sachen abschließenden Charakter. Hier gilt auch hinsichtlich der Herstellung Kaufrecht!

## Kaufrecht: Denkbare Problemfelder

**I. Abschluss eines KaufV**

- wirksame Einigung nach §§ 145 ff. mit möglichen Problemen, z.B. bei invitatio ad offerendum; § 150 II; kaufmännisches Bestätigungsschreiben
- Abgrenzung zu anderen Vertragsarten, insb. WerkV

**II. Wirksamkeit des Vertrages**

- allg. Voraussetzungen, insb. §§ 104 ff.
- Formfragen, insb. § 311b
- Widerrufsrechte bei Verbraucherverträgen, § 355
- Anfechtung, insb. Verhältnis § 119 II zu §§ 434 ff.
- Rücktritt nach §§ 323, 324, 326 V (ggfs. i.V.m. § 437 Nr. 2)

**III. Rechtsfolgen**

- Pflichten des Käufers: Kaufpreiszahlung und Abnahme, § 433 II
- Pflichten des Verkäufers: Übergabe und mangelfreie Verschaffung des Eigentums bzw. des verkauften Rechts, § 433 I (i.V.m. § 453)
- Sachmängelhaftung: §§ 434 ff.
- allg. Leistungsstörungen, §§ 280 ff., 323 ff.
- sonstige allg. Vorschriften, z.B. § 320

Die umseitige Übersicht zeigt (wenngleich sicher nicht alle, so doch) sehr viele Probleme, an die man im Rahmen einer Kaufrechtsklausur denken muss. Keinesfalls aber sind in jeder Klausur all diese Punkte auch anzusprechen; vielmehr finden einzelne Probleme (z.B. das der invitatio ad offerendum) nur dann Erwähnung, wenn der Sachverhalt einen entsprechenden Hinweis darauf enthält. Auch ist auf die richtige Schwerpunktsetzung zu achten: Zumindest in Examensklausuren ist ein unproblematischer Vertragsschluss nur noch kurz zu erwähnen, wenn die Hauptprobleme eindeutig im Mängelrecht liegen.

Im Übrigen gilt es auch, klausurtaktisch zu denken: Wenn sich nur durch die Annahme eines wirksamen Vertrages Folgeprobleme aus dem Mängelhaftungsrecht ergeben, die in der Klausur deutlich angelegt sind, spricht einiges dafür, bei einer Zweifelsfrage hinsichtlich des wirksamen Vertragsschlusses eher die Wirksamkeit anzunehmen, um sich nicht schon an dieser Stelle aus der Klausur zu schreiben.

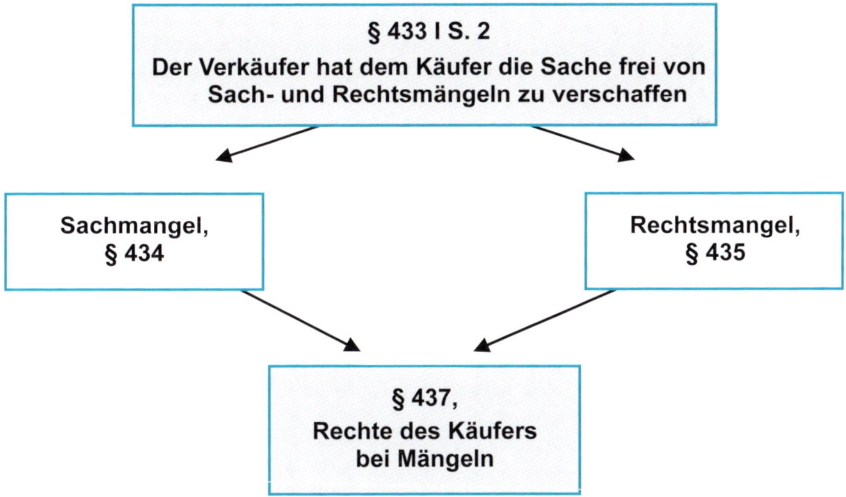
§ 433 I S. 2
Der Verkäufer hat dem Käufer die Sache frei von Sach- und Rechtsmängeln zu verschaffen
Sachmangel, § 434
Rechtsmangel, § 435
§ 437, Rechte des Käufers bei Mängeln

Die §§ 280 ff., 323 ff. regeln ein einheitliches Leistungsstörungsrecht unter Einbeziehung der Fälle der Schlechtleistung, das aufgrund seiner systematischen Stellung auf jeden schuldrechtlichen Vertrag Anwendung findet, sofern für diesen keine Sonderregelungen vorgesehen sind. Anknüpfungspunkt und Haftungsgrundlage ist dabei in allen Fällen, also auch im Rahmen der Schlechtleistung, die Verletzung von vertraglichen Pflichten.

Dementsprechend stellt § 433 I S. 2 ausdrücklich klar, dass es zu den Pflichten des Verkäufers gehört, die Sache frei von Sach- und Rechtsmängeln zu verschaffen (sog. „Gutleistungspflicht"). Der Gesetzgeber hat sich damit eindeutig für die Erfüllungstheorie entschieden.

Liefert der Verkäufer eine mangelhafte Sache, so kann der Käufer bis zur Nacherfüllung die Kaufpreiszahlung gem. § 320 verweigern. Nach Verjährung des Nacherfüllungsanspruches gewähren § 438 IV, V die Mängeleinrede (vgl. ÜK 13).

Umstritten ist der Fall, dass eine unbehebbar mangelhafte Sache geliefert wird. § 320 ist bei Unmöglichkeit nicht einschlägig und § 326 I S. 2 bestimmt, dass kein automatisches Erlöschen des Kaufpreisanspruches gem. § 326 I S. 1 HS 2 eintritt. Nach e.A. besteht gem. § 242 eine Mängeleinrede. Nach der überzeugenden h.L. besteht hierfür kein Bedürfnis, weil der Käufer nun ja gestalten kann, ohne eine Frist setzen zu müssen. Nach einem neuen Urteil des BGH soll auch bei Unmöglichkeit der Nacherfüllung die Mängeleinrede bestehen. Der Käufer ist im Fall der Unmöglichkeit der Nacherfüllung nach § 326 V BGB zum Rücktritt von dem Vertrag berechtigt. Die Rücktrittsberechtigung führt – vorbehaltlich der Obliegenheit des Käufers zur Konkretisierung der geltend gemachten Mängel – daher auch zum Fortbestand der Mängeleinrede (BGH, Life&Law 06/2020, 367 [374 f.] = jurisbyhemmer). Diese Ansicht des BGH ist so pauschal nicht überzeugend. Der BGH erklärt auch überhaupt nicht, worauf er diese „Mängeleinrede" stützen möchte. § 320 BGB ist bei Unmöglichkeit unvertretbar. Daher plädiert die Literatur dafür, in diesem Fall dem Käufer lediglich eine aus § 242 BGB abgeleitete angemessene „Überlegungsfrist" einzuräumen (so zutreffend Looschelders, NJW 2020, 2074 (2077).

## Sachmangel

**Ausgangspunkt: maßgeblich**

| | |
|---|---|
| **1. Stufe subjektiv** | **§ 434 I S. 1** vereinbarte Beschaffenheit |

**falls nichts vereinbart:**

| | |
|---|---|
| **2. Stufe subjektiv/ objektiv** | **§ 434 I S. 2 Nr. 1** Eignung für die vertraglich vorausgesetzte Verwendung |

**sonst:**

| | |
|---|---|
| **3. Stufe objektiv** | **§ 434 I S. 2 Nr. 2** Eignung für die gewöhnliche sowie übliche Verwendung<br>**§ 434 I S. 3** außerdem Werbeaussagen und Warenkennzeichnung |

**Besondere Fälle des Sachmangels**

- § 434 II S. 1: fehlerhafte Montage
- § 434 II S. 2: fehlerhafte Montageanleitung
- § 434 III Alt. 1: aliud (andere Sache)
- § 434 III Alt. 2: Zu-wenig-Lieferung

Zu beachten ist, dass § 434 I eine dreistufige Sachmangelprüfung vorsieht. § 434 I S. 2 Nr. 1 und 2 sind also nur dann anwendbar, wenn keine Vereinbarung i.S.v. § 434 I S. 1 vorliegt. § 434 I S. 2 Nr. 2 ist zudem nur anwendbar, wenn nicht schon § 434 I S. 2 Nr. 1 einschlägig ist.

Nach Ansicht des BGH muss eine vertraglich vorausgesetzte Verwendung i.S.d. § 434 I S. 2 Nr. 1 über eine bloße Beschaffenheit der Kaufsache hinausgehen. Der BGH begründet die restriktive Auslegung des Begriffs der *„Verwendung“* damit, dass anderenfalls die strengen Anforderungen, die an eine Beschaffenheitsvereinbarung nach § 434 I S. 1 BGB zu stellen sind, unterlaufen würden (BGH, Life&Law 10/2019, 659 ff. = jurisbyhemmer).

Sichert der Verkäufer eine – tatsächlich fehlende - Eigenschaft ausdrücklich zu, so wird hierin i.d.R. eine Garantieübernahme i.S.v. § 276 I S. 1 zu sehen sein, die zu einer verschuldensunabhängigen Haftung führt.

Von wesentlicher Bedeutung ist auch § 434 III, wodurch die Unterscheidung zwischen Mangel und aliud bzw. Zu-wenig-Lieferung hinfällig ist. Diese Gleichstellung dehnt den Mangelbegriff aus. Sinn und Zweck des § 434 III ist es, Abgrenzungsprobleme zwischen Mangel und vor allem der Falschlieferung zu vermeiden. Da diese Probleme aber beim Stückkauf typischerweise gar nicht bestehen, ist str., ob § 434 III auf diesen Fall Anwendung findet (vgl. Life&Law 2003, 54 ff.). Dies ist mit der absolut h.M. zu bejahen, da der Gesetzgeber nicht zwischen Stück- und Gattungsschuld differenziert hat. Erforderlich ist aber, dass der Verkäufer mit der Aliud-Lieferung aus Sicht des Käufers seine Verpflichtung aus dem Kaufvertrag erfüllen wollte (sog. Erfordernis einer Tilgungsbestimmung zur Vermeidung unbilliger Ergebnisse).

Wenn der Verkäufer ein *wertvolleres* „aliud“ geliefert hat, ist strittig, ob er dieses kondizieren kann (vgl. dazu FEST/TYROLLER, *„Kann der Verkäufer ein geleistetes höherwertiges „aliud“ kondizieren?“*, in Life&Law 04/2005, 268 ff.).

# Kaufrecht: Rechtsmangel, § 435



Schuldrecht BT I, Rn. 138 ff.



## Rechtsmangel

**Definition, § 435 S. 1**

**Negative Abgrenzung:**
kein Rechtsmangel, wenn Dritte keine oder nur die im KV übernommenen Rechte gegenüber dem Käufer geltend machen können

**Gleichgestellt, § 435 S. 2**

Buchrecht: Dem Rechtsmangel steht ein im Grundbuch eingetragenes, aber tatsächlich nicht bestehendes Recht gleich.

**Ausnahme, § 436 II**

Keine Haftung für öffentliche Belastungen des Grundstücks, die nicht zur Eintragung ins Grundbuch geeignet sind.

**Sonderregelung, § 436 I**

Kein Rechtsmangel aber abweichende Kostenverteilung für Erschließungsmaßnahmen vor Vertragsschluss

**§ 437 stellt Sach- und Rechtsmängel auf der Rechtsfolgenebene gleich. Die Voraussetzungen für das Vorliegen eines Rechtsmangels sind jedoch eigenständig in § 435 geregelt und knüpfen anders als beim Sachmangel an rein objektive Kriterien an. Ein Rechtsmangel liegt deshalb auch dann vor, wenn das betreffende Drittrecht den Käufer in der vertraglich vereinbarten Verwendung gar nicht beeinträchtigen kann. Die Unterscheidung zwischen Sach- und Rechtsmangel bleibt daher relevant, weil nur beim Sachmangel die Vereinbarung der Beschaffenheit nach § 434 I S. 1 Vorrang hat. Strittig ist, ob das Eigentum ein Rechtsmangel. Lesen Sie dazu TYROLLER, *„Der Verkauf gestohlener Sachen: Gedanken zur anfänglichen subjektiven Unmöglichkeit beim Kaufvertrag!“*, in Life&Law 2008, 197 ff.**

**Nach § 436 II haftet der Verkäufer nicht für die Freiheit des Grundstücks von den dort aufgeführten öffentlichen Belastungen. Hierbei handelt es sich um eine Ausnahmevorschrift zu § 435 S. 1, dessen Wortlaut grundsätzlich auch öffentliche Belastungen erfassen würde. Eine Sonderregelung trifft jedoch § 436 I für öffentliche Belastungen in Form von Erschließungsbeiträgen. Diese soll der Verkäufer tragen. Gesetzessystematisch handelt es sich hier um eine Kostenlastverteilungsvorschrift, da nicht an eine Pflichtverletzung des Verkäufers angeknüpft wird.**

**Zu beachten ist, dass die Sach- und Rechtsmängelhaftung in Konkurrenz zum Anfechtungsrecht nach § 119 II tritt. Der Grund dafür liegt darin, dass die Mängelansprüche nach § 438 I Nr. 3, II grds. in zwei Jahren verjähren. Würde das Anfechtungsrecht uneingeschränkt weitergelten, könnte der Käufer, wenn er erst nach zwei Jahren Kenntnis von dem Mangel erlangt, den Vertrag anfechten und damit die Vorschriften der Rechtsmängelhaftung unterlaufen. Hinzu kommt, dass das Anfechtungsrecht anders als das Gewährleistungsrecht (§ 442 I S. 2) selbst bei fahrlässiger Unkenntnis nicht ausgeschlossen ist. Ferner würde durch das Anfechtungsrecht der Vorrang der Nacherfüllung leer laufen.**

**Zum Konkurrenzverhältnis der Mängelrechte zur Anfechtung, c.i.c. und Störung der Geschäftsgrundlage“ vgl. auch Tyroller, Life&Law 06/2010, 413 ff.**

## 1. Stufe

**§ 437 Nr. 1**

**§ 439 - Nacherfüllung**

**wahlweise**

**Nachbesserung (= Mangelbeseitigung),** § 439 I Alt. 1

**Nachlieferung,** § 439 I Alt. 2

## 2. Stufe

**§ 437 Nr. 2** **nebeneinander** **§ 437 Nr. 3**

§ 437 Nr. 2 – **wahlweise**:

**Rücktritt**
Anwendbar: §§ 440, 323, 326 V

**Minderung,**
§ 441

§ 437 Nr. 3:

**Schadensersatz**
Anwendbar: §§ 440, 280, 281, 283, 311a oder § 284

Die §§ 437 ff. treffen im Kaufrecht zahlreiche Bestimmungen für den Fall der Leistung einer mangelhaften Sache. Dennoch handelt es sich hierbei nicht um ein eigenständiges Gewährleistungsrecht. Bei den §§ 437 ff. handelt es sich vielmehr um Sonderregelungen, die das allgemeine Leistungsstörungsrecht überlagern, aber nicht völlig verdrängen. So werden die Rechtsfolgen, anknüpfend daran, dass es sich bei der Leistung einer mit Sach- oder Rechtsmängeln behafteten Sache um eine Pflichtverletzung handelt, weitestgehend in das allgemeine Leistungsstörungsrecht integriert. Soweit es die Besonderheiten dieser Pflichtverletzung aber verlangen, bleibt es bei eigenständigen Regelungen.

Als entscheidende Besonderheit des Kaufrechts gegenüber dem allgemeinen Leistungsstörungsrecht gewähren die §§ 437 Nr. 1, 439 dem Käufer einer mangelhaften Sache einen vorrangig (s. ÜK 9) geltend zu machenden Nacherfüllungsanspruch in Form der Mängelbeseitigung oder Nacherfüllung. Erst bei Vorliegen weiterer Voraussetzungen kann der Käufer nach § 437 Nr. 2 vom Vertrag zurücktreten oder mindern und daneben nach § 437 Nr. 3 Schadensersatz statt der Leistung oder wahlweise Aufwendungsersatz nach § 284 verlangen.

§ 437 Nr. 2 und 3 verweist dabei für den Fall des Rücktritts und der Geltendmachung von Schadensersatz statt der Leistung als Rechtsgrundverweisungen auf die jeweils einschlägigen Vorschriften des allgemeinen Leistungsstörungsrechts, deren Voraussetzungen folglich zusätzlich zu prüfen sind. § 440 passt dabei als Sondervorschrift die §§ 281, 323 an die Besonderheit des kaufrechtlichen Nacherfüllungsanspruches an, indem er zusätzliche Ausnahmefälle regelt, in denen eine Fristsetzung entbehrlich ist. Als weitere Besonderheit gewährt § 437 Nr. 2 dem Käufer wahlweise neben dem Rücktritt auch das Recht zur Minderung und schafft damit einen zusätzlichen Haftungstatbestand, den das allgemeine Leistungsstörungsrecht nicht kennt.

# Kaufrecht: Nacherfüllung, §§ 439, 437 Nr. 1

Schuldrecht BT I, Rn. 153 ff.

## I. Voraussetzungen

1. **Kaufvertrag**
2. **Anwendbarkeit, §§ 437 ff.**
3. **Sach-/Rechtsmangel bei Gefahrübergang, §§ 446 f.**
4. **Kein Ausschluss kraft Gesetzes oder durch vertragliche Vereinbarung, § 444**
5. **keine Verjährung, § 438**

## II. Rechtsfolge

**Grds:** **Wahlrecht des Käufers zwischen:**

- **Nachbesserung (= Mangelbeseitigung), § 439 I Alt. 1**
- **Nachlieferung, § 439 I Alt. 2**
  **⇨ Rückgewähr der mangelhaften Sache, §§ 439 V, 346 ff.**

**Aber:** **§ 439 IV S. 1: Weigerungsrecht des Verkäufers,** wenn gewählte Art der Nacherfüllung mit unverhältnismäßigen Kosten verbunden (vgl. auch § 439 IV S. 2). Anspruch des Verkäufers dann beschränkt auf andere Nacherfüllungsart, sofern nicht auch diese unverhältnismäßig ist, § 439 IV S. 3 (sog. absolute Unverhältnismäßigkeit).
(**Achtung**: Beim VGK darf der Verkäufer die NE nicht wegen absoluter Unverhältnismäßigkeit verweigern (§ 475 IV S. 1). Er kann aber den Aufwendungsersatz auf einen angemessenen Betrag beschränken (vgl. § 475 IV S. 2)!

**Der in §§ 437 Nr. 1, 439 geregelte (verschuldensunabhängige) Anspruch des Käufers auf Nacherfüllung genießt Vorrang vor den Rechten aus § 437 Nr. 2, 3 und steht daher insbesondere einem sofortigen Rücktritt im Wege. Dieser Vorrang ist zwar nicht ausdrücklich normiert, ergibt sich aber aus der Gesetzessystematik. Will der Käufer nämlich nach § 437 Nr. 2 zurücktreten oder nach § 437 Nr. 3 Schadensersatz statt der Leistung verlangen, muss er nach § 323 I bzw. § 281 I S. 1 Alt. 2 zuvor eine Frist zur Nacherfüllung setzen, sofern die Nacherfüllung nicht nach § 275 I unmöglich ist. Der Rücktrittsgrund ist daher nicht der Sachmangel, sondern dessen Nichtbehebung.**

**Der Nacherfüllungsanspruch geht grds. nach Wahl des Käufers auf Nachbesserung oder Nachlieferung. Bei der *Stückschuld* ist die Nacherfüllung nach umstrittener Ansicht nicht auf die Nachbesserung beschränkt. Auch im Falle des Stückkaufs sei die Nacherfüllung durch Ersatzlieferung grundsätzlich möglich, sofern es sich um Sachen handelt, die austauschbar sind und das Leistungsinteresse des Käufers zufrieden stellen. Dies wird bei gebrauchten Sachen aber nur ganz ausnahmsweise bejaht werden können (vgl. BGH, Life&Law 11/2006, 725 ff. = jurisbyhemmer).**

**Der Verkäufer kann jedoch nach § 439 IV S. 1 die gewählte Art der Nacherfüllung (sog. „relative“ Unverhältnismäßigkeit) bzw. die Nacherfüllung insgesamt (sog. „absolute“ Unverhältnismäßigkeit) ablehnen, wenn deren Vornahme für ihn unzumutbar ist (BGH, Life&Law 01/2019, 1 ff. = jurisbyhemmer). § 439 IV S. 1 gewährt dem Verkäufer ein Leistungsverweigerungsrecht für den Fall der wirtschaftlichen Unmöglichkeit. Die Vorschrift stellt damit aus Verkäufersicht geringere Anforderungen an eine Leistungsverweigerung als die daneben anwendbaren (aber wegen der höheren Anforderungen kaum relevanten) Regelungen des § 275 II, III. Ist eine Art der Nacherfüllung (oder die Nacherfüllung insgesamt) tatsächlich unmöglich, steht dem Verkäufer ohnehin die Einwendung des § 275 I zu. Beim *Verbrauchsgüterkauf* (§ 474) darf der Unternehmer bei absoluter Unverhältnismäßigkeit die Nacherfüllung nicht verweigern, § 475 IV S. 1. Er kann aber den zu leistenden Aufwendungsersatz auf einen angemessenen Betrag beschränken, § 475 IV S. 2.**

# Kaufrecht: § 437 Nr. 2 und Nr. 3

Schuldrecht BT I, Rn. 198 ff.

## Nacherfüllung möglich

↓

**Nachfristsetzung**

**Ausnahmen:**

**§ 440 S. 1:**
- **Verweigerung**
- **fehlgeschlagen**
- **unzumutbar**

§ 281 II bzw. § 323 II

- **Rücktritt,** §§ 437 Nr. 2, <u>323</u>
- **Minderung,** §§ 437 Nr. 2, 441
- **Schadensersatz statt der Leistung,** §§ 437 Nr. 3, *280 I, III, 281 I S. 1 Alt. 2*

## Nacherfüllung unmöglich

↓

**gem. § 275 I keine Nacherfüllungspflicht**

- **Rücktritt,** §§ 437 Nr. 2, 326 V
- **Minderung,** §§ 437 Nr. 2, 441, 326 V
- **Schadensersatz statt der Leistung,** §§ 437 Nr. 3, *280 I, III, 283 bzw. 311a II*

Das Kaufrecht räumt der Nacherfüllung gem. §§ 437 Nr. 1, 439 i.R.d. Mängelhaftung den Vorrang vor den Sekundärrechten aus § 437 Nr. 2 und Nr. 3 ein. Will der Käufer statt der Nacherfüllung vom Vertrag zurücktreten oder mindern und Schadensersatz statt der Leistung verlangen, so sind zwei Fallgruppen zu unterscheiden:

Ist dem Verkäufer die Nacherfüllung möglich, muss der Käufer zunächst versuchen, seinen Nacherfüllungsanspruch nach §§ 437 Nr. 1, 439 durchzusetzen. Gewährt der Verkäufer keine Nacherfüllung, bestehen für den Käufer zwei Möglichkeiten. Hat er besonderes Interesse an der Nacherfüllung, kann er versuchen, seinen Nacherfüllungsanspruch gerichtlich durchzusetzen. Möchte der Käufer hingegen die Sekundärrechte aus § 437 Nr. 2, 3 geltend machen, so muss er dem Verkäufer zunächst nach § 281 I bzw. § 323 I eine Nachfrist setzen, sofern dies nicht ausnahmsweise §§ 440, 281 II bzw. § 323 II entbehrlich ist. Erst nach erfolglosem Verstreichen der Nachfrist kann er wahlweise vom Vertrag zurücktreten oder mindern und jeweils zusätzlich Schadensersatz statt der Leistung verlangen.

Ist dem Verkäufer die Nacherfüllung nicht möglich, so ist der Anspruch des Käufers auf Nacherfüllung bereits nach § 275 I ausgeschlossen. Aus diesem Grund kann der Käufer unmittelbar die Sekundärrechte aus § 437 Nr. 2 und Nr. 3 geltend machen. Dementsprechend richten sich die Rechtfolgen auf Sekundärebene auch nach den allgemeinen Haftungsregeln über den Ausschluss der Leistungspflicht (§§ 283, 311a II, 326), die keine Nachfristsetzung kennen. Dabei ist jedoch zu beachten, dass § 326 V als Sondervorschrift für gerade diesen Fall ein Rücktrittsrecht nach § 323 - allerdings ohne Fristsetzung - gewährt.

# Kaufrecht: Mängelhaftung - Rücktritt und Minderung



| | §§ 437 Nr. 2, 440, 323 bzw. 441 | §§ 437 Nr. 2, 440, 326 V bzw. 441 |
|---|---|---|
| **I. Voraussetzungen** | **1. Kaufvertrag** | **1. Kaufvertrag** |
| | **2. Anwendbarkeit, § 437 ff.** | **2. Anwendbarkeit, § 437 ff.** |
| | **3. Sach-/Rechtsmangel bei Gefahrübergang, §§ 446 f.** | **3. Sach-/Rechtsmangel bei Gefahrübergang, §§ 446 f.** |
| | **4. Voraussetzungen des Rücktritt** | **4. Voraussetzungen des Rücktritts** |
| | **a)** Erklärung des Rücktritts (§ 349) bzw. der Minderung (§ 441) | **a)** Erklärung des Rücktritts bzw. der Minderung |
| | **b)** Erheblichkeit des Mangels, § 323 V S. 2, unnötig bei Minderung, § 441 I S. 2 | **b)** Erheblichkeit d. Mangels, § 323 V S. 2, unnötig bei Minderung, § 441 I S. 2 |
| | **c)** Fristsetzung erforderlich, falls Mangel behebbar, 323 I; Ausn.: §§ 440, 323 II | **c)** Fristsetzung entbehrlich falls Mangel unbehebbar, § 326 V |
| | **d)** kein Ausschluss nach § 323 VI | **d)** kein Ausschluss nach § 323 VI |
| | **5. kein Ausschluss kraft Gesetzes oder durch vertragl. Vereinbarung, § 444** | **5. kein Ausschluss kraft Gesetzes oder durch vertragl. Vereinbarung, § 444** |
| | **6. keine Unwirksamkeit gem. § 438 IV, V** | **6. keine Unwirksamkeit, § 438 IV, V** |

**II. Rechtsfolgen**

**Rücktritt: §§ 346 ff.** ⟵ **wahlweise** ⟶ **Minderung: § 441 III, IV**

§ 437 Nr. 2 gewährt dem Käufer bei Mangelhaftigkeit der Sache wahlweise das Recht zum Rücktritt oder zur Minderung. § 437 Nr. 2 verweist für das Rücktrittsrecht auf die allgemeinen Vorschriften der §§ 323 und 326 V, die durch § 440 modifiziert, und den Besonderheiten des Kaufrechts (Nacherfüllungsanspruch) angepasst werden.

§ 323 regelt das Rücktrittsrecht bei behebbaren Mängeln und setzt grds. eine Nachfristsetzung zur Nacherfüllung voraus. § 326 V regelt den Rücktritt bei nicht behebbaren Mängeln und verzichtet konsequenterweise auf eine Nachfristsetzung zur Nacherfüllung. Ansonsten unterliegt der Rücktritt in beiden Fällen jedoch den gleichen Voraussetzungen, da § 326 V bis auf das Erfordernis der Nachfristsetzung den § 323 für anwendbar erklärt. Insbesondere aus dem Wortlaut des § 326 V geht dabei hervor, dass es sich hierbei systematisch um ein selbstständiges Rücktrittsrecht und nicht nur um einen Anwendungsfall des § 323 handelt.

Wie der Rücktritt ist auch das Minderungsrecht ein Gestaltungsrecht. Die Rechtsfolgen der Minderung treten daher bereits mit Zugang der Erklärung (§ 130 I) beim Verkäufer, den Kaufpreis zu mindern, ein. § 441 stellt das Minderungsrecht hinsichtlich der Voraussetzungen weitgehend dem Rücktrittsrecht gleich, so dass auch hier nach der Behebbarkeit des Mangels zu differenzieren ist.

Nach § 441 I S. 2 ist jedoch anders als beim Rücktrittsrecht (§ 323 V S. 2) bei einer Unerheblichkeit des Mangels das Minderungsrecht nicht ausgeschlossen. § 441 III regelt die Berechnung des Minderungsbetrages. § 441 IV S. 1 schafft eine ausdrückliche Anspruchsgrundlage für das Rückzahlungsverlangen des Käufers und verweist für Nebenforderungen (z.B. Zinsen) auf die Vorschriften zum Rücktritt, § 441 IV S. 2.

| | §§ 437 Nr. 3, 280, 281 I S. 1 Alt. 2 | §§ 437 Nr. 3, 280, 283 bzw. 311a II |
|---|---|---|
| **I. Voraussetzungen** | **1.** Kaufvertrag<br>**2.** Anwendbarkeit, §§ 437 ff.<br>**3.** Sach-/Rechtsmangel bei Gefahrübergang, §§ 446 f.<br>**4. Voraussetzungen der §§ 280, 281**<br>**a) erfolglose Fristsetzung Ausnahmen: §§ 440 S. 1, 281 II**<br>**b) Vertretenmüssen, § 280 I S. 2**<br>**5.** kein Ausschluss kraft Gesetzes oder durch Vereinbarung, § 444<br>**6.** keine Verjährung, § 438 | **1.** Kaufvertrag<br>**2.** Anwendbarkeit, §§ 437 ff.<br>**3.** Sach-/Rechtsmangel bei Gefahrübergang, §§ 446 f.<br>**4. Voraussetzungen der §§ 283, 311a**<br>**a) anfängliche oder nachträgliche Unmöglichkeit der Nacherfüllung**<br>**b) Vertretenmüssen, § 280 I S. 2 bzw. Kenntnis oder Vertretenmüssen der Unkenntnis, § 311a II S. 2**<br>**5.** kein Ausschluss kraft Gesetzes oder durch Vereinbarung, § 444<br>**6.** keine Verjährung, § 438 |

**II. Rechtsfolgen**

**Wahlweise:**

1. **grds. Schadensersatz statt der ganzen Leistung möglich,**
   § 281 I S. 1 bzw. § 283 S. 1 bzw. § 311a II S. 1, dann Rückgewähranspruch des Schuldners, § 281 V (i.V.m. § 283 S. 2 bzw. § 311a II S. 3);
   **Ausnahme: § 281 I S. 2, 3 i.V.m. § 283 S. 2 bzw. § 311a II S. 3 liegt nicht vor**
2. **Ersatz vergeblicher Aufwendungen, § 284 (i.V.m. § 311a II S. 1)**

Ansprüche auf Schadensersatz oder Ersatz vergeblicher Aufwendungen treten auf Sekundärebene neben (vgl. auch § 325) die Rechte aus § 437 Nr. 2. § 437 Nr. 3 verweist hierfür auf die allgemeinen Vorschriften der §§ 280, 281, 283, 311a II, die wiederum durch § 440 modifiziert und den Besonderheiten des Kaufrechts (Nacherfüllungsanspruch) angepasst werden. Verlangt der Käufer Schadensersatz statt der Leistung wegen Mangelhaftigkeit der Leistung ist zu differenzieren: Handelt es sich um einen behebbaren Sachmangel, findet § 281 I S. 1 Alt. 2 i.V.m. § 437 Nr. 3 Anwendung, der grds. eine erfolglose Fristsetzung zur Nacherfüllung vorschreibt. Demgegenüber verzichten die §§ 283, 311a II i.V.m. § 437 Nr. 3 in den Fällen des nicht behebbaren Mangels konsequenterweise auf die Nachfristsetzung, stellen jedoch – je nachdem, ob es sich um anfängliche oder nachträgliche Unmöglichkeit der Nacherfüllung handelt – unterschiedliche Erfordernisse für das Vertretenmüssen auf. Die Rechtsfolgen sind jedoch in allen Fällen gleich.

Der Ersatz von Begleitschäden („Mangelfolgeschäden“) erfolgt unter den „einfachen“ Voraussetzungen des § 280 I i.V.m. § 437 Nr. 3. Da solche Schäden ohnehin unabhängig vom Erfolg einer etwaigen Nacherfüllung fortbestehen, bedarf es unabhängig von der Behebbarkeit des Mangels nie einer Nachfristsetzung zur Nacherfüllung. Außerdem ist dieser Anspruch unabhängig von einer Rangfolge und kann bereits zusammen mit dem Anspruch auf Nacherfüllung geltend gemacht werden.

Gerät der Verkäufer mit der Nacherfüllung in Verzug, kann der Käufer unter den Voraussetzungen der §§ 280 I, II, 286 i.V.m. §§ 437 Nr. 1, 439 I Ersatz des Verzögerungsschadens verlangen. Der mangelbedingte Betriebsausfallschaden fällt dagegen unter §§ 437 Nr. 3, 280 I (zur Abgrenzung vgl. BGH, Life&Law 10/2009, 649 ff.). Der Nutzungsausfall nach erklärtem Rücktritt ist hingegen als Schadensersatz statt der Leistung gem. §§ 437 Nr. 3, 280 I, III, 281 BGB zu ersetzen, BGH, Life&Law 08/2010, 503 ff. = jurisbyhemmer.

Wird jedoch bereits die mangelhafte Sache zu spät geliefert, finden die §§ 280 I, II, 286 unmittelbare Anwendung, ein Rückgriff auf § 437 Nr. 3 ist dann nicht notwendig. Das Gleiche gilt für Schadensersatz nach § 280 I für sonstige, nichtleistungsbezogene Nebenpflichtverletzungen.

**Ausschluss**

**kraft Gesetzes**

- **§ 442 I:** *Kenntnis* des Mangels bei Vertragsschluss (**S. 1**); Ausnahme: im Grundbuch eingetragene Rechte (§ 442 II)

  *grob fahrlässige Unkenntnis* des Mangels bei Vertragsschluss (**S. 2**), Ausnahme: arglistiges Verschweigen oder Garantie

- **§§ 439 III S. 2, 442 I:**

  *Kenntnis* bzw. *grob fahrlässige Unkenntnis* bei Einbau/Anbringen; Achtung: nur Verlust des Aufwendungsersatzanspruches, § 439 III S. 1 (andere Mängelrechte bleiben erhalten)

- **§ 377 II, III HGB:**

  **Untersuchungs-/**Rügeobliegenheit beim beiderseitigen Handelskauf wurde verletzt

**kraft Vereinbarung**

**grds. möglich (Vertragsfreiheit)**

**Ausnahmen:**

- **§ 444:** arglistiges Verschweigen oder Garantie durch Verkäufer
- **§ 476 I:** kein Haftungsausschluss bei Verbrauchsgüterkauf
- **§ 309 Nr. 8b:** Haftungsausschluss in AGB bei neu hergestellten Sachen

§ 442 I schließt die Rechte aus § 437 aus, wenn der Käufer den Mangel kennt oder infolge grober Fahrlässigkeit nicht kennt. Das Gesetz geht in diesen Fällen also davon aus, dass der Käufer nicht schutzwürdig ist. Das ändert sich im Falle grob fahrlässiger Unkenntnis aber dann, wenn der Verkäufer den Mangel arglistig verschwiegen oder eine Garantie über die Beschaffenheit der Sache abgegeben hat. In diesen Fällen ist wiederum der Verkäufer aufgrund seines Verhaltens nicht schutzwürdig, selbst wenn dem Käufer der Mangel grob fahrlässig entgangen ist. § 442 II trägt den Besonderheiten des Grundstücksrechts Rechnung. Kenntnis der im Grundbuch eingetragenen Rechte hat der Käufer immer, da er darüber vom Notar belehrt wird. Gäbe es § 442 II nicht, würde für Grundstücksbelastungen nie gehaftet. Da jedoch die Übernahme eingetragener Rechte unter Anrechnung auf den Kaufpreis im notariellen Kaufvertrag meistens ausdrücklich geregelt wird, bleibt diese Vorschrift ohne praktische Bedeutung.

Auf den Aufwendungsersatzanspruch des Käufers für den Ausbau einer mangelhaften und den Einbau der mangelfreien Sache nach § 439 III S. 1 findet § 442 I mit der Maßgabe Anwendung, dass für die Kenntnis des Käufers an die Stelle des Vertragsschlusses der Einbau oder das Anbringen der mangelhaften Sache durch den Käufer tritt, vgl. § 439 III S. 2.

Für Verkäufer ist es natürlich interessant, die Rechte des Käufers durch vertragliche Vereinbarung einzuschränken oder gar auszuschließen. Dies ist durch Individualvereinbarung grds. möglich (vgl. § 202), sofern der Verkäufer den Mangel nicht arglistig verschwiegen oder eine Garantie für die Beschaffenheit der Sache übernommen hat, vgl. § 444.

Im Rahmen von AGBen schränkt jedoch § 309 Nr. 8b die Möglichkeit eines Haftungsausschlusses weitreichend ein.

Beim Verbrauchsgüterkauf verbietet § 476 I die Einschränkung der Rechte aus § 437 und zwar auch durch Individualvereinbarung. Nach § 476 III bleibt der Ausschluss oder die Beschränkung des Anspruchs auf Schadensersatz möglich. Hier wird dann wieder die AGB-Kontrolle nach §§ 309 Nr. 8b und § 309 Nr. 7 wichtig.

# Kaufrecht: Durchsetzbarkeit der Mängelansprüche

## Nacherfüllung und Schadensersatz

### Verjährung

**§ 438 I Nr. 1: 30 Jahre**

a) dingliches Herausgaberecht eines Dritten

b) sonstiges im Grundbuch eingetragenes Recht

**§ 438 I Nr. 2: fünf Jahre**

**a)** Mangel bei Bauwerk

**b)** mangelhafte für Bauwerk verwendete Sache

**§ 438 I Nr. 3: zwei Jahre**

sonstige Mängel

**§ 438 III: regelmäßige Verjährungsfrist, (§ 195)**

abweichend von § 438 I Nr. 2, 3 bei arglistigem Verschwiegen des Mangels, bei § 438 I Nr. 2 jedoch nicht vor Ablauf der dort bestimmten Frist

## Rücktritt und Minderung

### Unwirksamkeit von Rücktritt/Minderung

**§§ 438 IV S. 1, V, 218**

mit Verjährung des Nacherfüllungsanspruchs und Geltendmachung durch Verkäufer

### Leistungsverweigerungsrecht des Käufers

**§ 438 IV S. 2 (i.V.m. V)**

bei Unwirksamkeit von Rücktritt/Minderung insoweit, als ansonsten zu Rücktritt/Minderung berechtigt

- Verweigerung der Kaufpreiszahlung insgesamt

  **Folge:** § 438 IV S. 3 Rücktrittsrecht des Verkäufers, Rückgabe der mangelhaften Sache nach §§ 346 ff.

- nur anteilige Verweigerung der Kaufpreiszahlung

  **Folge:** keine Rückgabepflicht, § 438 V verweist nicht auf IV S. 3

§ 438 regelt in den Absätzen I - III nach dem ausdrücklichen Gesetzeswortlaut nur die Verjährung der in § 437 Nr. 1 und Nr. 3 genannten Ansprüche auf Nacherfüllung und Schadensersatz. § 438 I gibt dabei je nach Art des Mangels drei unterschiedliche Verjährungsfristen vor, die nach § 438 II bei Grundstücken mit der Übergabe und ansonsten mit der Ablieferung zu laufen beginnen. Nach § 438 III S. 1 tritt in den Fällen des arglistigen Verschweigens des Mangels durch den Verkäufer die regelmäßige Verjährungsfrist des § 195 von drei Jahren an die Stelle der in § 438 I Nr. 2 und Nr. 3 genannten Verjährungsfristen. Dies erscheint auf den ersten Blick insofern ungerecht, als damit im Fall des § 438 I Nr. 2 die fünfjährige Verjährungsfrist durch eine kürzere dreijährige Frist ersetzt wird, obwohl der Verkäufer doch gerade weniger schutzwürdig ist. Zu beachten ist jedoch, dass bei § 438 III die Verjährung nicht bereits mit der Übergabe bzw. Ablieferung beginnt, sondern nach § 199 I Nr. 2 an die Kenntnis der den Anspruch begründenden Umstände durch den Käufer gebunden ist und nach § 438 III S. 2 nicht kürzer als die Verjährungsfrist des § 438 I Nr. 2 sein darf.

§ 437 Nr. 2 ist aus der Verjährung ausgeklammert, da es sich bei Rücktritt und Minderung nicht um Ansprüche, sondern um Gestaltungsrechte handelt, die der Verjährung nicht unterliegen (vgl. § 194). Durch die §§ 438 IV S. 1, V, 218 wird aber eine Frist für die Erklärung des Rücktritts bzw. der Minderung geregelt. Danach ist das Rücktritts-/Minderungsrecht verfristet, wenn der Nacherfüllungsanspruch verjährt ist. § 438 IV S. 2 (i.V.m. V) bestimmt, dass der Käufer trotz Ausschluss des Rücktritts-/Minderungsrechtes die Zahlung des Kaufpreises insoweit verweigern kann, als er ansonsten hätte zurücktreten oder mindern können. Zahlt er den „geminderten“ Kaufpreis, kann er die mangelhafte Sache behalten. Verweigert er die Kaufpreiszahlung ganz, dann kann der Verkäufer seinerseits nach § 438 IV S. 3 vom Vertrag zurücktreten und die mangelhafte Sache nach §§ 346 ff. zurückverlangen.

## Verhältnis der Mängelhaftung zu anderen Regelungen

**I. Ausgangspunkt**

Innerhalb ihres Anwendungsbereichs gehen die §§ 437 ff. den allgemeinen Regelungen (§§ 280 ff., 320, Anfechtung) als leges speciales vor und verdrängen diese teilweise.

**II. Das Verhältnis zu anderen Regeln im Einzelnen**

- **zur Anfechtung**
  - § 119 I (keine Konkurrenz) und § 123 (keine Schutzwürdigkeit des Verkäufers) anwendbar
  - § 119 II für Käufer ausgeschlossen, soweit Irrtum über Mangelfreiheit (Arg. §§ 438, 442 I S. 2; Vorrang des Nacherfüllungsanspruchs)
  - Zeitpunkt str., nach e.A. ab Gefahrübergang (a.A. ab Vertragsschluss); auch bei Gewährleistungsausschluss kein Wiederaufleben
  - Anfechtung durch Verkäufer stets möglich; nach § 119 II aber nicht, wenn dadurch Mängelrechte unterlaufen werden sollen
- **zu §§ 280 ff., 323 ff.**:
  - Liegt Pflichtverletzung in Verschaffung mangelhafter Sache i.S.v. § 433 I S. 2, allein §§ 437 ff. anwendbar, die die §§ 280 ff., 323 ff. modifizieren
  - Bei sonstiger Pflichtverletzung z.B. Verzögerung der Leistung (nicht der Nacherfüllung) allg. Leistungsstörungsrecht anwendbar.
- **zu § 320:**
  - Einrede d. nicht erfüllten Vertrages bei Nichterfüllung im Nacherfüllungsstadium
  - Mängelhaftung bei Schlechterfüllung
- **zu §§ 823 ff.:**
  - DeliktsR schützt Integritätsinteresse
  - Mängelhaftung schützt Äquivalenzinteresse
  - „weiterfressender“ Mangel = Eigentumsverletzung, wenn Stoffgleichheit (-)

Das Verhältnis der verschiedenen Rechtsbehelfe untereinander ist für die Klausur von großer Bedeutung, da im Gutachten die Rechtslage regelmäßig umfassend geprüft werden muss. Dabei sollten Sie nicht die entscheidenden Wertungen aus dem Auge verlieren: Allgemeine Vorschriften treten insbesondere dann hinter das Gewährleistungsrecht zurück, wenn diese sonst das System des Mängelrechts zu unterlaufen drohen. Bei Arglist ist hingegen der Rückgriff auf die c.i.c. (§§ 280 I, 311 II) möglich; vgl. BGH, Life&Law 07/2009, 433 ff. Zur Bedeutung der c.i.c. neben dem Mängelrecht im Fall der arglistigen Täuschung vgl. TYROLLER, Life&Law 07/2009, 493 ff.; sowie TYROLLER, „Die Konkurrenzen im Zivilrecht-Teil II", Life&Law 06/2010, 413 ff.

Zu den am meisten diskutierten Problemen des Kaufrechts gehört nach wie vor die Problematik des sog. „Weiterfresserschadens". Ist nur ein Teil der verkauften Sache mangelhaft, wird aber die mangelfreie Restsache infolge dieses Mangels später beschädigt oder zerstört, so ist streitig, ob die §§ 823 ff. neben den Mängelrechten anwendbar sind. Würden die §§ 823 ff. zugelassen, so käme ein Ersatzanspruch des Käufers über die Verjährungsfrist des § 438 hinaus in Betracht, die dadurch unterlaufen werden könnte. Die Rspr. löst das Problem durch die Unterscheidung zwischen dem Äquivalenzinteresse, also für die erbrachte Gegenleistung eine mangelfreie Leistung zu bekommen, und dem Integritätsinteresse. Für Äquivalenzstörungen ist das Mängelrecht abschließend. Erst wenn die mangelfreie Restsache beschädigt oder zerstört wird, ist das Integritätsinteresse betroffen und der Weg für eine Anwendung der §§ 823 ff. frei.

Dieser Problemansatz sollte Ihnen geläufig sein. Die Unterschiede bei der Verjährungsfrist (zwei Jahre nach § 438 I Nr. 3 bzw. drei Jahre, vgl. §§ 195, 199 für das Deliktsrecht) sind nicht so gravierend. Da aber der Fristbeginn ein anderer ist (§ 438 II: Übergabe, § 199: Kenntnis bzw. grob fahrlässige Unkenntnis vom schädigenden Ereignis), kann dies zu großen Abweichungen führen. Denn gerade in den hier relevanten Fällen tritt die Kenntnis erst dann ein, wenn der Mangel sich weiter frisst. Lesen Sie hierzu TYROLLER, „Das Problem des „weiterfressenden Mangels" nach der Modernisierung des Schuldrechts", Life&Law 10/2005, 710 ff.

## Sonderformen des Kaufs (I)

- **Kauf unter Eigentumsvorbehalt**
  - ⇨ Vereinbarung: einzelvertraglich oder durch AGBen (auf „Abwehrklauseln" achten)
  - ⇨ sachenrechtliche Wirkung: Übereignung ist im Zweifel (vgl. § 449 I) aufschiebend bedingt (i.d.R. durch vollständige Kaufpreiszahlung), §§ 929, 158 I (⇨ Entstehung eines Anwartschaftsrechts); u.U. sachenrechtlich (vertragswidrig) möglich, auch wenn schuldrechtlich nicht vereinbart
  - ⇨ Sonderformen: verlängerter, erweiterter EV

- **Rechtskauf, § 453:** Anwendung der Regeln über den Sachkauf (§ 434 nicht uneingeschränkt)

- **Factoring**
  - ⇨ **Forderungskauf** mit Elementen von Geschäftsbesorgung und Darlehen
  - ⇨ **Globalzession** der Ansprüche eines Unternehmens an den „Factor" (sog. **Mantelzession**), aufschiebend bedingt durch KaufV über einzelne Forderung
  - ⇨ Zedent erhält von Factor Kaufpreis, der unter **Nennwert** der **Forderung** liegt
  - ⇨ **echtes Factoring**: Factor trägt Risiko der Uneinbringlichkeit der Forderung (sog. **Delkredererisiko**);
  - ⇨ **unechtes Factoring**: Factoring-**Kunde** trägt **Risiko** (Rückbelastung bei Uneinbringlichkeit)
  - ⇨ **Sonderproblem**: Kollision von Factoring und verlängertem Eigentumsvorbehalt („Vertragsbruchstheorie")

Das Factoring ist im Gesetz selbst nicht ausdrücklich geregelt; dementsprechend ist seine Rechtsnatur streitig. Wichtiger als die Einordnung des Factorings als kauf- oder kreditvertragsähnlich ist allerdings die Frage, welche Rechte und Pflichten sich im konkreten Fall aus der Vereinbarung ergeben. Um diese zu verstehen, ist es wichtig, sich entsprechend der umseitigen Darstellung einen groben Überblick über die Rechtsverhältnisse zwischen den am Factoring beteiligten Parteien zu verschaffen. Hauptstreitpunkt ist die Anwendung der sog. Vertragsbruchstheorie bei der Kollision von Factoring und verlängertem Eigentumsvorbehalt: Beim echten Factoring, bei dem der Factor das Delkredererisiko trägt, ist man sich einig, dass die Vertragsbruchstheorie keine Anwendung findet, da die Rechtslage hier nicht anders ist, als wenn der Eigentumsvorbehaltskäufer den Kaufpreis für die Weiterveräußerung selbst einzieht. Beim unechten Factoring möchte die wohl h.M. (insbesondere auch die Rspr.) die Vertragsbruchstheorie anwenden; dagegen wird allerdings vorgebracht, dass bei einer eventuellen Rückbelastung und Rückübertragung der Forderung der Eigentumsvorbehaltskäufer letztlich nicht anders steht, als wenn er die Forderung überhaupt nicht abgetreten hätte.

Beachten Sie in diesem Zusammenhang auch § 354a I S. 1 HGB, wonach eine Abtretung trotz Abtretungsverbotes (§ 399 Alt. 2) gleichwohl wirksam ist, wenn für beide Teile ein Handelsgeschäft vorliegt!

Von großer Klausurrelevanz ist der - im Gesetz nicht ausführlich geregelte - Kauf unter Eigentumsvorbehalt: Unterscheiden Sie hierbei die sachenrechtliche (§§ 929, 158) und schuldrechtliche (§ 449) Komponente. Auch das Anwartschaftsrecht, das der Eigentumsvorbehaltserwerber nach h.M. erwirbt, bietet vielfältige Möglichkeiten für einen Einbau in die Klausur, so z.B. die Frage nach seiner Übertragung (nach h.M. nach den Vorschriften über das Vollrecht) oder seiner Pfändung (nach h.M. sog. Doppelpfändung).

## Sonderformen des Kaufs (II)

- **Kauf auf Probe, §§ 454 f.:** Kauf steht unter (im Zweifel aufschiebender, § 454 I S. 2) Bedingung der Billigung durch Käufer

- **Wiederkauf, §§ 456 ff.:** Recht zum Wieder- oder Rückkauf wird schon im ersten Kaufvertrag eingeräumt (Rückkaufvertrag durch Ausübung einer Erklärung des Rückkäufers aufschiebend bedingt)

- **Vorkauf, §§ 463 ff.**
  - Vorkaufsrecht als doppelt aufschiebend bedingter KaufV (Abschluss eines KaufV mit Drittem und Ausübung des Vorkaufsrechts)
  - Vereinbarung grds. formfrei, aber bei Grundstücken § 311b I
  - durch Ausübung neuer KaufV zu denselben Bedingungen wie mit Drittem, § 464 II
  - abzugrenzen vom dinglichen VorkaufsR nach § 1094

- **Verbrauchsgüterkauf, §§ 474 ff.:** Sondervorschriften zum Schutz des Käufers in den Fällen, in denen ein Verbraucher (§ 13) von einen Unternehmer (§ 14) eine bewegliche Sache kauft.

- **Tausch, § 480:** Verweisung auf KaufR, d.h. jede Partei schuldet und haftet wie Verkäufer und hat Rechte wie Käufer

**Die Vorschriften über den Verbrauchsgüterkauf modifizieren das allgemeine Kaufrecht zum Schutz des Käufers. Verschaffen Sie sich einen Überblick über die §§ 474 ff. und prägen Sie sich die dort getroffenen Sonderregelungen ein.**

- <u>§ 474 I</u>: Begriff des Verbrauchsgüterkaufs
- <u>§ 474 II S. 2</u>: Ausschluss bei Verkauf gebrauchter Sachen in öffentlich zugänglicher Versteigerung (Legaldefinition in § 312g II S. 1 Nr. 10)
- <u>§ 475 I</u>: Fälligkeit der Leistung
- <u>§ 475 II</u>: Anwendbarkeit des § 447 I nur unter strengen Voraussetzungen (seltene Ausnahme)
- <u>§ 475 III S. 1</u>: Keine Nutzungsersatzpflicht bei Nachlieferung (S. 1)
- <u>§ 475 IV-VI</u>: Kein Leistungsverweigerungsrecht bei absoluter Unverhältnismäßigkeit (S. 1), aber Beschränkung des Aufwendungsersatzanspruches auf angemessenen Betrag; in diesem Fall ist Fristsetzung entbehrlich (§ 475 V).

  Vorschussanspruch nach VI
- <u>§ 476 I</u>: keine Beschränkung von Nacherfüllung, Rücktritt und Minderung
- <u>§ 476 II</u>: Verkürzung der Verjährung von Nacherfüllung, Rücktritt und Minderung nur eingeschränkt möglich
- <u>§ 476 III</u>: Schadensersatzansprüche beschränkbar (nur AGB-Kontrolle, §§ 307 - 309)
- <u>§ 477</u>: Beweislastumkehr bei Mängeln innerhalb von sechs Monaten nach Gefahrübergang (BGH, Life&Law 01/2017, 1 ff.!)
- <u>§ 478</u>: Sonderbestimmungen für den Unternehmerrückgriff nach §§ 445a, b (vgl. ÜK 17)
- <u>§ 479</u>: Garantien müssen einfach und verständlich formuliert sein

**Käufer**

↓ NE/Rücktritt/Minderung

**Verkäufer**

**Modifizierte Rechte aus § 437 (= unselbständiger Regress)**

- Fristsetzung entbehrlich, § 445a II
- Beweislastumkehr beim VGK, §§ 478 I, 477
- Ablaufhemmung der Verjährung, § 445b II
- Ausschluss beim VGK nur eingeschränkt möglich, § 478 II

**Aufwendungsersatz, § 445a I (= selbständiger Regress)**

- zweijährige Verjährungsfrist, § 445b I
- Beweislastumkehr beim VGK, §§ 478 I, 477
- Ablaufhemmung der Verjährung, § 445b II
- Ausschluss ist beim VGK nur eingeschränkt möglich, § 478 II

**„Lieferant I“**

Modifizierte Rechte aus § 437 ↓

↓ Aufwendungsersatz, § 445a I

**Gilt auch für „weitere Lieferanten“ in der Lieferkette, vgl. §§ 445a III, 445b III, 478 III**

Da der Verbrauchsgüterkauf den Unternehmer im Verhältnis zum gewöhnlichen Kaufrecht stärker belastet, er aber bei neuen Sachen regelmäßig nicht für die Mangelhaftigkeit der Sache verantwortlich ist, enthält § 478 beim Verbrauchsgüterkauf Sonderbestimmungen für den in den § 445a und § 445b geregelten „Verkäuferregress". Zu unterscheiden ist zwischen dem unselbständigen und dem selbständigen Verkäuferregress:

1.) Unselbständiger Regress, § 445a II:
Für die in § 437 bezeichneten Rechte des Verkäufers gegen seinen Lieferanten bedarf es wegen des vom Käufer geltend gemachten Mangels der sonst erforderlichen Fristsetzung nicht, wenn der Verkäufer die verkaufte neu hergestellte Sache als Folge ihrer Mangelhaftigkeit zurücknehmen musste oder der Käufer den Kaufpreis gemindert hat.
§ 478 modifiziert diesen unselbständigen Regress beim Verbrauchsgüterkauf, indem insbesondere die Beweislastumkehr des § 477 für anwendbar erklärt wird (§ 478 I) und ein Gewährleistungsausschluss nur unter den Voraussetzungen des § 478 II möglich ist.

2.) Selbständiger Regress, § 445a I:
§ 445a I gewährt einen von Verschulden und den Voraussetzungen des § 437 unabhängigen Aufwendungsersatzanspruch gegenüber dem Lieferanten. Damit wird der Schutz des Verkäufers für den Fall erweitert, dass er die Sache zwar nicht zurücknehmen, jedoch im Rahmen des Nacherfüllungsanspruches des Käufers Aufwendungen nach § 439 II, III bzw. beim VGK nach § 475 IV bis VI tragen musste. Beim Verbrauchsgüterkauf ist die Modifizierung durch § 478 zu beachten.
Im Verkehr zwischen Kaufleuten bleibt die Rügeobliegenheit des § 377 HGB nach § 445a IV bestehen.
§§ 445a III, 445b III und § 478 III beim VGK erweitern diese Form des Unternehmerrückgriffs auch auf sog. Lieferketten. Hat der Lieferant die Sache selbst von einem weiteren Zwischenhändler bezogen, so ist er in diesem Verhältnis ebenso schutzwürdig wie der Unternehmer. Auch er soll vor einer Haftung geschützt werden, die er letztlich nicht zu verantworten hat.

## I. Gelddarlehen, §§ 488 ff.

**§§ 488 – 490: Allgemeine Regelungen für alle Gelddarlehensverträge**

- Pflicht zur Überlassung des Geldbetrages durch den Darlehensgeber (§ 488 I S. 1)
- Pflicht zur Zinszahlung und zur Rückerstattung des Geldbetrages bei Fälligkeit durch den Darlehensnehmer (§ 488 I S. 2)
- ordentliches (§ 489) und außerordentliches Kündigungsrecht (§ 490) des Darlehensnehmers

**§§ 491 – 505d: Zusätzliche Sonderregeln für Allgemein- und Immobiliar-Verbraucherdarlehensverträge**

- Anwendungsbereich: Gelddarlehensvertrag zwischen Verbraucher (§ 13) und Unternehmer (§ 14), Ausnahmen nach § 491 II S. 2, III S. 2
- Sondervorschrift für Überziehungskredite (§§ 504 f.)
- Schriftformerfordernis und notwendiger Vertragsinhalt (§ 492)
- Rechtsfolgen von Formmängeln (§ 494) und Widerrufsrecht (§ 495)

## II. Sachdarlehen, §§ 607 ff.

**§§ 607 – 609: Regelungen für alle Sachdarlehen**

- Pflicht zur Überlassung der vereinbarten vertretbaren Sache durch den Darlehensgeber (§ 607 I S. 1),
- Pflicht zur Zahlung des Darlehensentgelts und zur Rückerstattung von Sachen gleicher Art und Güte bei Fälligkeit für den Darlehensnehmer (§ 607 I S. 2)
- Kündigung (§ 608)

Geld- und Sachdarlehen unterliegen unterschiedlichen Vorschriften. Die §§ 607 ff. regeln das Sachdarlehen, während die §§ 488 ff. das Gelddarlehen erfassen.
Innerhalb der Vorschriften über das Gelddarlehen finden sich in den §§ 491 ff. Sondervorschriften über Verbraucherdarlehen.

Gewährt ein Unternehmer einem Verbraucher ein unentgeltliches Darlehen, sind gem. § 514 I die §§ 497 I, III sowie § 498 und die §§ 505a bis 505c sowie 505d II bis IV entsprechend anzuwenden. Dies gilt nicht in dem in § 491 II S. 2 Nr. 1 bestimmten Umfang. Gem. § 514 II steht dem Verbraucher bei unentgeltlichen Darlehensverträgen auch ein Widerrufsrecht nach § 355 zu. Dies gilt gem. § 514 II S. 2 nicht, wenn bereits ein Widerrufsrecht nach § 312g I besteht, und nicht bei Verträgen, die § 495 II Nr. 1 entsprechen. Für den Fristbeginn ist § 356d zu beachten.

Der Darlehensvertrag ist häufig Grundlage von personalen (insbesondere Bürgschaft) bzw. Realsicherheiten (insbesondere Grundschuld, Hypothek). Ist dann nach den Rechten des Gläubigers gefragt, dürfen Sie nicht vergessen, neben den Ansprüchen aus dem Sicherungsmittel auch den Anspruch aus dem Darlehensvertrag auf Rückzahlung (§ 488 I S. 2) mit zu prüfen. Soweit es sich um akzessorische Sicherungsmittel handelt, ist das Bestehen eines zu sichernden Anspruches Voraussetzung für das wirksame Entstehen des Sicherungsmittels.

# Finanzierungshilfen und Ratenlieferungsvertrag

**Schuldrecht BT II, Rn. 135, 138 ff.**

| | |
|---|---|
| **I. Stundung, § 506 I** **[bzw. §§ 515, 514 bei Unentgeltlichkeit]** | • Voraussetzung des § 506 I: entgeltlicher Zahlungsaufschub zwischen einem Verbraucher (§ 13) und einem Unternehmer (§ 14)<br>• Rechtsfolge: weitgehende Anwendung der Vorschriften über das Verbraucherdarlehen, Ausnahme: § 492 IV<br>***[bei Unentgeltlichkeit gelten die §§ 515, 514]*** |
| **II. Mietkauf/Leasing, § 506 II Nr. 1 bis 3** **[bzw. §§ 515, 514 bei Unentgeltlichkeit]** | • **Mietkauf**, § 506 II Nr. 1, und **Finanzierungsleasing** [als Begriff nicht mehr im Gesetz erwähnt], § 506 II Nr. 2 und Nr. 3<br>• Rechtsfolge: teilweise Anwendung der §§ 358, 359, 491a ff.<br>***[bei Unentgeltlichkeit gelten die §§ 515, 514]*** |
| **III. TeilzahlungsV, §§ 506 I, 507 ff.** **[bzw. §§ 515, 514 bei Unentgeltlichkeit]** | • Sondervorschriften für Teilzahlungsgeschäfte zwischen einem Verbraucher (§ 13) und einem Unternehmer (§ 14); Definition in § 506 III<br>• Rechtsfolge: teilweise Anwendung der §§ 491a ff.<br>• notwendiger Vertragsinhalt und Rechtsfolgen von Formmängeln (§ 507)<br>• Rückgaberecht und Rücktrittsrecht (§ 508)<br>***[bei Unentgeltlichkeit gelten die §§ 515, 514]*** |
| **IV. Ratenlieferungsvertrag, § 510** | • Ratenlieferungsverträge zwischen einem Verbraucher (§ 13) und einem Unternehmer (§ 14), Fallgruppen § 510 I S. 1 Nr. 1 - 3<br>• Schriftform nötig, § 510 I S. 1, Ausn.: elektronischer Abschluss, § 510 I S. 2<br>• Widerrufsrecht gem. §§ 510 II, 355; Ausnahme: § 510 III |

Von den Verbraucherschutzvorschriften kann gem. § 512 nicht zum Nachteil des Verbrauchers abgewichen oder der Schutz durch andere Gestaltungen umgangen werden.

Sie gelten gemäß § 513 auch für natürliche Personen, die den Vertrag zur Aufnahme einer gewerblichen oder selbstständigen beruflichen Tätigkeit abschließen (sog. Existenzgründer), sofern der Nettodarlehensbetrag oder Barzahlungspreis 75.000,- € nicht übersteigt.

Aus dem Wortlaut des § 513 (gelten „auch“) sowie des § 13 („zugerechnet“ werden kann) entnimmt die h.M. zu Recht, dass der Existenzgründer nicht als Verbraucher, sondern bereits als Unternehmer zu behandeln ist. § 512 erweitert („auch“) daher den Anwendungsbereich des Verbraucherschutzes.

Lesen Sie hierzu BGH, Life&Law 2005, 359 ff. = NJW 2005, 1273 f.

Wenn ein Unternehmer einem Verbraucher einen *unentgeltlichen Zahlungsaufschub* oder eine *sonstige unentgeltliche Finanzierungshilfe* gewährt, gelten § 514 sowie die §§ 358 bis 360 entsprechend.

## Die Schenkung

| | |
|---|---|
| **I. Vertragsnatur** | • Zuwendung auf der Grundlage der rechtsgeschäftlichen Vereinbarung der Unentgeltlichkeit<br>• abzugrenzen von Gefälligkeitszuwendung ohne rechtlichen Charakter<br>• Zuwendungsgegenstand kann jede vermögenswerte Leistung sein, soweit keine spezielle Regelung (z.B. Leihe, Auftrag vorliegt, nicht aber das Unterlassen eines Vermögenserwerbs [§ 517]) |
| **II. Form** | • Handschenkung (d.h. Vollzug der Zuwendung bei Einigung über Unentgeltlichkeit) formfrei (§ 516 I)<br>• sonst für Schenkungs<u>versprechen</u> notarielle Beurkundung, § 518 I, aber Heilungsmöglichkeiten, § 518 II<br>• Schenkung auf Todesfall: § 2301 (ggf. aber Vorrang des § 331) |
| **III. Unentgeltlichkeit** | • Nur, wenn keine synallagmatische oder konditionale Gegenleistung; dagegen schadet Auflage (und i.d.R. auch Verfolgung eines Zwecks mit Schenkung) nicht<br>• Sonderproblem: „gemischte Schenkung“<br>- abzugrenzen von günstigem Geschäft<br>- Behandlung str.: Einheitstheorie/Trennungstheorie |
| **IV. Gewährleistung und Rückforderung** | • Gewährleistung des Schenkers: §§ 523, 524: nur bei arglistigem Verschweigen<br>• Haftung im Übrigen: nach § 522 keine Verzugszinsen; nach § 521 nur Haftung für Vorsatz und grobe Fahrlässigkeit (gilt auch für konkurrierende deliktische Haftung, soweit Zusammenhang mit geschenkter Sache)<br>• Rückforderungsrecht des Schenkers<br>- § 528: bei Verarmung (soweit nicht § 529 eingreift)<br>- § 530: bei schwerer Verfehlung/grobem Undank des Beschenkten |

Ist in einer Klausur von einer Schenkung die Rede, so liegen die Hauptprobleme häufig nicht einmal in den §§ 516 ff. selbst, sondern in anderen Vorschriften, die einen unentgeltlichen Erwerb voraussetzen, so z.B. die §§ 816 I S. 2, 822, 988: All diesen Vorschriften ist gemeinsam, dass der unentgeltlich Erwerbende im Konfliktfall oft weniger schutzwürdig ist als der (ursprünglich) Berechtigte („wie gewonnen, so zerronnen").

Im Schenkungsrecht findet sich - ebenso wie in anderen Regelungen über unentgeltliche Leistungen - eine Reihe von Haftungsprivilegierungen für den unentgeltlich Leistenden: Ein wichtiges Problem ist die Frage, inwiefern diese auch auf ein reines Gefälligkeitsverhältnis Anwendung finden können. Wertungsmäßig spricht zwar auch hier auf den ersten Blick viel dafür, eine Haftungsprivilegierung anzunehmen. Allerdings weist insbesondere die Rspr. häufig auch darauf hin, dass außerhalb des rechtsgeschäftlichen Bereiches gerade kein Rechtsbindungswille der anderen Partei dahingehend besteht, auf seinen deliktischen Schutz zu verzichten und verneint daher eine entsprechende Anwendung des § 521 im Gefälligkeitsverhältnis.

Klausurrelevant ist auch die Behandlung der gemischten Schenkung: Eine gemischte Schenkung ist ein Vertrag, bei dem sich der Wert der Leistung und der Wert der Gegenleistung nur zum Teil entsprechen, die Vertragsparteien dies wissen und übereinstimmend wollen, dass der überschießende Wert unentgeltlich gegeben wird. Fraglich ist dann, ob die Vorschriften über Schenkung oder Kauf Anwendung finden. Nach der Einheitstheorie finden im Grundsatz alle Rechtsnormen kumulative Anwendung, die für die verschiedenen Vertragstypen gelten, nach der Trennungstheorie soll das Geschäft in einen entgeltlichen und einen unentgeltlichen Teil zerlegt werden. Interessengerecht ist hierbei aber die vermittelnde Ansicht, die auf den Zweck des jeweiligen Geschäfts abstellt (gemilderte Trennungstheorie bzw. Zweckwürdigungstheorie).

Zur Abgrenzung gegenseitiger Vertrag sui generis ⇔ belohnende Schenkung vgl. BGH, Life&Law 10/2009, 587 ff. = NJW 2009, 2737 = jurisbyhemmer!

## Mietvertrag, §§ 535 ff. (I)

**I. Allgemeines**

- **Vertrag über entgeltliche Gebrauchsüberlassung** ⇨ synallagmatische Pflichten sind Gebrauchsüberlassung und Erhaltungspflicht sowie die Mietzahlung
- grds. Formfreiheit, aber Befristung bedarf ggf. d. Schriftform gem. § 550 S. 1 (ggfs. i.V.m. § 578 I, II)
- allgem. **Vorschriften** für alle Mietverträge in §§ 535 - 548; Sondervorschriften für Wohnraummiete in §§ 549 - 577a und für Mietverhältnisse über andere Sachen in §§ 578 - 580a

**II. Gewährleistung**

- **Ausgangspunkt:** § 535 I S. 2: Pflicht des Vermieters, Mietsache in gebrauchstauglichem Zustand zu überlassen und zu erhalten (fortwirkender Erfüllungsanspruch)
- **§ 536:** Mietpreisminderung kraft Gesetzes bei Fehler (I), Fehlen einer zugesicherten Eigenschaft (II) und Rechtsmangel (III) ⇨ beachte Ausnahme des § 536 Ia
  ⇨ §§ 812 ff. als Anspruchsgrundlage für zu viel gezahlte Miete, ansonsten Einwendung gegen Zahlungsanspruch
- **§ 536a: Schadensersatz** (Mangel- und Mangelfolgeschaden) bei
  - Var. 1: anfänglichem Mangel auch ohne Verschulden des Vermieters
  - Var. 2: nachträglichem Mangel, soweit vom Vermieter zu vertreten
  - Var. 3: Schuldnerverzug (§ 286) des Vermieters mit der Mängelbeseitigungspflicht aus § § 535 I S. 2, Hs. 2
- **§ 543 I, II Nr. 1, III: nach Fristsetzung und –ablauf: Recht zur fristlosen Kündigung durch Mieter**
- **Ausschluss der Gewährleistung**
  - kraft Gesetzes, wenn Mieter Mangel kannte oder kennen musste: § 536b
  - kraft Gesetzes bei unterlassener Mängelanzeige: § 536c II
  - kraft vertraglicher Vereinbarung in den Grenzen des § 536d
    bei Wohnraummiete nur begrenzt zulässig, § 536 IV

Die Rückgabepflicht nach Ablauf des Mietverhältnisses (§ 546) steht nicht im Gegenseitigkeitsverhältnis (Synallagma) zur Zahlung der Miete; sie ist damit ein Beispiel für eine Pflicht innerhalb eines synallagmatischen Vertrages, die gerade nicht im Gegenseitigkeitsverhältnis steht. Da das Leistungsstörungsrecht nicht zwischen synallagmatischen und sonstigen Leistungspflichten unterscheidet, bleibt diese Differenzierung jedoch i.d.R. in der Klausur ohne Bedeutung. Ausnahme: Unmöglichkeitsrecht, § 326 I S. 1 ⇨ hier muss die synallagmatische Leistungspflicht unmöglich sein.

Klausurrelevant ist das Problem der – in der Praxis üblichen – Abwälzung der Schönheitsreparaturen auf den Mieter. Diese gehören nämlich nach der gesetzgeberischen Konzeption zur Hauptleistungspflicht des Vermieters (§ 535 I S. 2: Überlassung des vertragsmäßigen Gebrauchs). Der BGH geht davon aus, dass diese Pflicht auch nach der Übertragung auf den Mieter eine synallagmatische Hauptleistungspflicht bleibt, da die Übertragung nichts an deren Rechtsnatur ändert und der Mieter durch die Übernahme Miete spart. Kommt der Mieter seiner Verpflichtung nicht nach und lässt der Vermieter die Reparaturen anderweitig durchführen, so stehen ihm die Rechte wegen Ausschlusses der Leistungspflicht zu, §§ 280, 283, 326. Ein Mieter, der trotz Vorliegens eines Mietmangels die Miete vorbehaltlos weiter bezahlt, verliert sein Recht zur Mietminderung nicht in analoger Anwendung des § 536b. Zu prüfen bleibt, ob der Mieter dieses Recht unter den strengeren Voraussetzungen der Verwirkung (§ 242) oder des stillschweigenden Verzichts verloren hat (Life&Law 2003, 675 ff.). Achten Sie im Mietrecht darauf, dass, anders als im Kaufrecht, der Vermieter stets sein Eigentum behält; wird eine Sache durch den Mieter zerstört, treten deshalb regelmäßig vertragliche und deliktische Haftung nebeneinander. Dies ist auch ein Grund dafür, dass, anders als bei anderen Verträgen, die h.M. die kurze Verjährung des § 548 I auch auf deliktische Ansprüche anwendet. Denken Sie in diesem Zusammenhang beim unwirksamen Mietvertrag immer auch an das EBV und die Problematik des Fremdbesitzerexzesses.

Zur Zulässigkeit von sog. „Schönheitsreparaturen-Klauseln“ lesen Sie auch Tyroller, „Die Entwicklung der BGH-Rechtsprechung zur formularvertraglichen Abwälzung der Vornahme von Schönheitsreparaturen auf den Mieter“, Life&Law 01/2019, 56 ff.

# Mietvertrag, §§ 535 ff. (II)

**III. Weitere Pflichten von Mieter und Vermieter**

- **Pflichten des Vermieters:**
  - § 539: Ersatz von Verwendungen des Mieters
  - Schadensersatzpflicht bei Mängeln nach § 536a I bzw. bei Schutz- und Nebenpflichtverletzungen aus §§ 280 I, 241 II (jeweils auch i.V.m. VSD möglich)
  - Ersatz von Mängelbeseitigungskosten, § 536a II
- **Pflichten des Mieters:**
  - § 536c Obhutspflicht und Mängelanzeige
  - bei pflichtwidriger Beschädigung der Mietsache, Anspruch des Vermieters aus § 280 (kurze Verjährung nach § 548 I), §§ 823 ff.
  - § 546 Rückgabe nach Ablauf der Mietzeit (bei Unmöglichkeit § 283)
  - oft kraft Vertrages: Nebenkosten und (entgegen § 535 I S. 2) Schönheitsreparaturen

**IV. Untervermietung**

- **§ 540 I S. 1** Untervermietung nur mit Erlaubnis des Vermieters möglich
- **§ 540 I S. 2** bei grundloser Verweigerung der Erlaubnis Kündigung durch Mieter möglich
- **§ 553** bei Wohnraum bei berechtigtem Interesse des Mieters klagbarer Anspruch auf Erlaubniserteilung zur teilweisen Untervermietung

**V. Vermieterpfandrecht**

- **§ 562** an eingebrachten Sachen des Mieters für Mietforderung (auch künftige, Abs. 2)
- umfasst neben Eigentum auch AnwR (bei Erstarken § 1287 S. 2 analog); nach BGH bei zeitgleicher Entstehung mit SiÜ bei Raumsicherungsvertrag Vorrang des Vermieterpfandrechts (str.).
- Erlöschen des Pfandrechts nach § 562a
- Durchsetzung bzw. Selbsthilferecht nach § 562b (Sonderproblem: § 562b II S. 2 gilt nicht i.R.d. § 805 ZPO)

**VI. §§ 578, 566**

- „Kauf bricht nicht Miete“, gesetzliche Vertragsübernahme, Problem § 883 II, Vormerkungsschutz

Im Rahmen eines Mietverhältnisses kann sich häufig auch die Frage nach einer Anwendung der Vorschriften über den „Vertrag mit Schutzwirkung zugunsten Dritter“ (VSD) stellen: Zum einen kann problematisch sein, ob Mieter in den Schutzbereich eines Vertrages fallen, den der Vermieter mit einem Dritten (z.B. einem Handwerker) geschlossen hat; zum anderen können aber auch auf Seiten des Mieters gegenüber dem Vermieter bestimmte Personen in den Schutzbereich des Vertrages miteinbezogen sein (z.B. Familienangehörige, abzulehnen dagegen bei Bekannten, die nur zu Besuch sind).

Daneben beinhaltet das Mietrecht zahlreiche weitere Sonderprobleme, die hier nur angedeutet werden können. So v.a. die auf ÜK 21 dargestellten Probleme, ferner beim Vermieterpfandrecht die Frage nach einem gutgläubigen Erwerb (der – unabhängig von der Frage nach der grundsätzlichen Möglichkeit eines gutgläubigen Erwerbs an gesetzlichen Pfandrechten – abgelehnt wird, da es sich um ein besitzloses Pfandrecht handelt) oder das Verhältnis des Vermieterpfandrechts zur Sicherungsübereignung. Im Falle der unberechtigten Untervermietung ist der Mieter nach ständiger Rspr. des BGH nicht verpflichtet, dem Vermieter die eingezogene Untermiete herauszugeben (vgl. BGH, NJW 1996, 838). Es kommen zwar eine Reihe von Anspruchsgrundlagen in Betracht, die im Ergebnis aber abzulehnen sind (vgl. hierzu Hemmer/Wüst, BerR, Rn. 330!).

Eine ganz ähnliche Problematik hat der BGH entschieden bei der Vermietung von zur Sicherheit an eine Bank übereigneten Gegenständen. Auch hier lehnt der BGH – wie im Untermietfall – die Herausgabe der gezogenen Nutzung (Miete) ab. Lesen Sie dazu BGH, Life&Law 08/2007, 507 ff.

| | |
|---|---|
| **Ausgangspunkt, § 542** | **Ende des Mietverhältnisses**<br>• **unbefristeter Mietvertrag**, § 542 I: Kündigung nach gesetzlichen Vorschriften, d.h. grds. ordentliche und außerordentliche Kündigung möglich<br>• **befristeter Mietvertrag**, § 542 II:<br>Beendigung durch Zeitablauf oder außerordentliche Kündigung |
| **Wohnraummietverhältnisse** | **Schriftformerfordernis der Kündigung, § 568 I**<br>• **außerordentliche Kündigung: aus wichtigem Grund § 543 i.V.m. § 569**<br>• **ordentliche Kündigung**: Kündigungsfrist, § 573c<br>- bei Kündigung durch Vermieter berechtigtes Interesse erforderlich und in Kündigungsschreiben anzugeben (§ 573, Ausnahme § 573a)<br>- Widerspruchsrecht des Mieters (§ 574), wenn selbst unter Abwägung mit berechtigten Interessen des Vermieters nicht zu rechtfertigende Härte, dabei aber nur Berücksichtigung der im Kündigungsschreiben angegebenen Gründe<br>- Form und Frist des Widerspruchs (§ 574b), Fristversäumnis unerheblich, wenn Vermieter nicht auf Widerspruchsmöglichkeit hingewiesen hat (§§ 574b II S. 2, 568 II)<br>- bei nicht zu rechtfertigender Härte Anspruch des Mieters auf Fortsetzung des Mietverhältnisses, § 574a, c<br>• **Sonderregelung** über die Zulässigkeit von Zeitmietverträgen, § 575 |
| **Mietverhältnisse über andere Sachen** | **kein Schriftformerfordernis (§ 578 I, II verweisen nicht auf § 568!)**<br>• außerordentliche Kündigung aus wichtigem Grund § 543 und bei Tod des Mieters, § 580<br>• ordentliche Kündigung: Kündigungsfrist je nach Mietsache, § 580a |

Die Besonderheiten bei der Kündigung von Wohnraum („soziales Mietrecht“) haben praktische Bedeutung; sie sind aber - nicht zuletzt wegen der Praxisrelevanz - auch für die Klausur bedeutsam, zumal in entsprechenden Fällen zweierlei Befähigungen geprüft werden können: Zum einen die saubere Arbeit mit dem (gerade in diesem Bereich sehr ausführlichen, aber auch etwas unübersichtlichen) Gesetz, zum anderen die Abwägung der betroffenen Interessen. Um im Ernstfall nicht zu viel Zeit durch zielloses Suchen zu verschwenden, sollten Sie die einschlägigen (insbesondere die wichtigen umseitig genannten) Vorschriften einmal studieren und sich – soweit dies nach der in Ihrem Bundesland geltende Ausbildungsordnung zulässig ist - auch kommentieren. Ein Sonderproblem stellt sich, wenn bei der Kündigung wegen Eigenbedarfs dieser nachträglich, d.h. nach der Kündigung aber vor der Entscheidung über einen entsprechenden Rechtsstreit, weggefallen ist (so z.B. weil der Sohn, der einziehen wollte, im Ausland studiert). Nach inzwischen geänderter Rechtsprechung des BGH wird die Kündigung dadurch nicht unwirksam. Der Vermieter ist aber verpflichtet, dem Mieter den Wegfall des Eigenbedarfs mitzuteilen (§ 241 II) und diesem die Aufhebung der Kündigungswirkung anzubieten. Verletzt der Vermieter diese Pflicht macht er sich schadensersatzpflichtig. Die Berufung auf die Rechtsfolgen der Kündigung kann im Einzelfall dann auch rechtsmissbräuchlich sein, § 242 (BGH, Life&Law 04/2017, 241 ff. = jurisbyhemmer).

Diese Regelung taucht auch im Arbeitsrecht auf, wenn vor Ablauf der Kündigungsfrist der Kündigungsgrund wegfällt. Hier gewährt die Rspr. einen Anspruch auf Wiedereinstellung aus vertraglicher Nebenpflicht.

## Leasing (I): Begriff und Typen

**I. Begriff**

- Gebrauchsüberlassung einer Sache oder Sachgesamtheit von Leasinggeber (LG) an Leasingnehmer (LN), wobei LG regelmäßig nicht Hersteller ist
- Anwendbar ist als Ausgangspunkt v.a. MietR; letztlich aber interessensgerechte Lösungen für (oft Drei-Personen-)Verhältnisse zu suchen

**II. Typen**

- Operating-Leasing: (oft nur kurzfristige) Gebrauchsüberlassung an mehrere LN hintereinander während wirtschaftlicher Nutzungszeit ⇨ Gebrauchsmöglichkeit steht im Mittelpunkt
- Finanzierungsleasing: Überlassung für (meist längere) fest bestimmte Zeit, wobei den LN die Gefahrtragungs- und Unterhaltungspflicht trifft ⇨ Finanzierungsfunktion steht im Mittelpunkt
  Ist der LN ein Verbraucher, so muss geprüft werden, ob eine entgeltliche sonstige Finanzierungshilfe i.S.d. § 506 II S. 1 Nr. 2, 3 vorliegt **[bei Unentgeltlichkeit sind die §§ 515, 514 zu beachten]**
  *Notwendig hierfür:* Einstandspflicht des Verbrauchers für einen bestimmten Restwert!
- weitere Einordnungskriterien
  - Immobilienleasing (Finanzierungsleasing für Immobilien mit extrem langen Laufzeiten)
  - Hersteller-Leasing (LG ist selbst Hersteller ⇨ kein Drei-Personen-Verhältnis)
  - Null-Leasing: Voll-Amortisation und bindendes Angebot zum Eigentumserwerb
  - Sale-and-lease-back: LN ist Eigentümer der Sache, die er an LG veräußert und dann least

Dem Leasing kommt in der Wirtschaftspraxis eine außerordentlich große Bedeutung zu. Deshalb sind Rechtsprechung und Literatur immer wieder gefordert, zu den daraus resultierenden Problemen Stellung zu nehmen. Aus diesem Grund muss sowohl bei Praktikern als auch bei Professoren immer wieder damit gerechnet werden, dass einmal eine Leasing-Klausur zum Examen eingereicht wird.

Vergegenwärtigen Sie sich den Ausgangspunkt, dass es sich beim Leasing regelmäßig um einen Gebrauchsüberlassungsvertrag handelt, sodass im Ausgangspunkt die mietrechtlichen Vorschriften und Wertungen anwendbar sind. Nur soweit diese (ausdrücklich oder – was nur selten der Fall sein dürfte – konkludent) abbedungen sind, müssen Sie zu den daraus resultierenden Folgeproblemen Stellung nehmen:

⇨ Dies ist zum einen die Wirksamkeit einer solchen Abbedingung. Diese ist jedoch stets im Zusammenhang mit der regelmäßig erfolgenden Abtretung der kaufrechtlichen Mängelrechte zu sehen, sodass regelmäßig keine Rechtlosstellung vorliegen wird und daher eine Unwirksamkeit der Abbedingung gemäß § 307 I, II abzulehnen ist.

⇨ Zum anderen sind es die daraus entstehenden Folgeprobleme im Drei-Personen-Verhältnis.

## Leasing (II): Leistungsstörungen

**III. Zahlungsverzug des LN**

- Häufig Regelungen über Fälligstellung, SchaE oder Kündigung in ABGen Wirksamkeit nach § 307 I, II prüfen
- SchaE neben Kündigung durch LG möglich

**IV. Mängel der Leasingsache**

- Ausgangspunkt: LN hätte nach dem Gesetz die Rechte aus §§ 536 ff.
- aber regelmäßig Abbedingung gegen Abtretung der kaufrechtlichen Mängelrechte gem. §§ 437 ff. aus Verhältnis LG zu Lieferant
  - § 309 Nr. 8b aa) unanwendbar (vgl. Wortlaut „Verträge über die Lieferung"...)
  - § 307 I, II (-), da wegen der Abtretung keine Rechtlosstellung (h.M., aber str.)
- Folge nach erfolgtem Rücktritt vom Kaufvertrag für LeasingV
  - nach h.M. Rücktritt vom Leasingvertrag und Rückforderung der bereits geleisteten Raten nach §§ 346 ff. möglich, da die Geschäftsgrundlage des LeasingsV entfällt, § 313 I, III S. 1
  - gilt auch, wenn Hersteller mittlerweile insolvent oder unauffindbar/nicht mehr existent
  - soweit LG nach §§ 346, 347 an Hersteller Nutzungsersatz zu leisten hat, ist dieser von LN zu erstatten, §§ 313 III S. 1, 346 I, II

**V. Zurechnung im Drei-Personen-Verh.**

- im Verhältnis zu Hersteller ist LN Erfüllungsgehilfe des LG hinsichtlich der Abnahmepflicht
- Hersteller ist Erfüllungsgehilfe des LG bei Aufklärung/Information des LN bis Lieferung (anderseits nach h.M. i.d.R. Dritter i.S.d. § 123 II bei Anf. ggü. LG)
- LG muss (schlechte) Prozessführung des Herstellers im Rücktrittsprozess regelmäßig gegen sich gelten lassen, wenn er vom Prozessbeginn unterrichtet wurde (§ 242)

**Ist die Abbedingung der mietrechtlichen Gewährleistungsansprüche im Verhältnis von Leasinggeber zu Leasingnehmer erfolgt und hat der Leasinggeber dem Leasingnehmer dafür seine kaufrechtlichen Mängelrechte abgetreten, so ergibt sich ein nicht ganz einfach zu behandelndes Drei-Personen-Verhältnis, dessen Grundzüge man einerseits lernen, andererseits vor allem aber auch verstehen muss:**

**Der Leasingnehmer hat nunmehr die Möglichkeit, im Falle eines Mangels und bei Vorliegen der übrigen Voraussetzungen das Rücktrittsrecht des Leasinggebers wahrzunehmen und damit nach h.M. auch dem Leasingvertrag die Geschäftsgrundlage zu entziehen, da eine Rückabwicklung (und d.h. auch eine Rückgabe der Leasingsache an den Hersteller) erfolgen muss.**

**Rechtsfolge dieser Störung der Geschäftsgrundlage (§ 313) ist im Verhältnis zwischen Leasingnehmer und Leasinggeber zum einen, dass der Leasingnehmer auch vom Leasingvertrag zurücktreten kann (§ 313 III S. 1). Er muss also keine weiteren Leasingraten mehr bezahlen und kann außerdem die bereits geleisteten Leasingraten zurückverlangen, §§ 313 III S. 1, 346 ff. (*nach einer M.M. soll wegen des Dauerschuldcharakters nur ein Kündigungsrecht für die Zukunft bestehen, § 313 III S. 2)*.Dass der LN dabei unter Umständen gem. § 346 II S. 1 Nutzungsersatz leisten muss, benachteiligt ihn nicht unbillig und führt auch zu keiner unbilligen Bereicherung des Leasinggebers, da dieser u.U. nach dem Rücktritt auch Nutzungsersatz an den Hersteller zu leisten hat (§§ 437 Nr. 2, 323, 346, 347).**

**Erklärt der LN hingegen die Minderung, so hat der LN gegen den LG bzgl. der Höhe einen Anspruch auf Anpassung der Leasingraten entsprechend der Minderung, § 313 I BGB.**

**Fortsetzung auf ÜK 26!**

## Leasing (III): Zusammenfassende Übersicht zum Gewährleistungsrecht

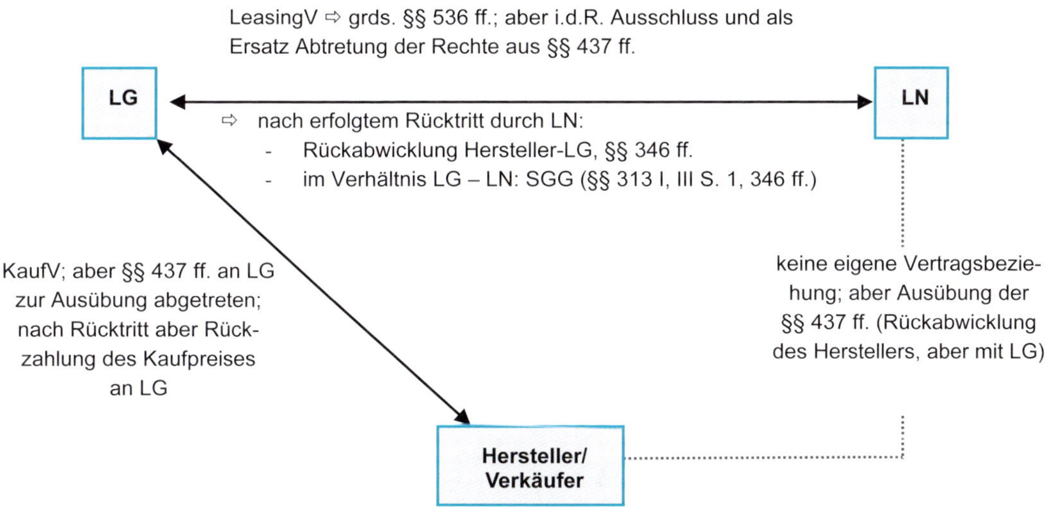

Fortsetzung von ÜK 25

Wird der Leasingnehmer aber von seinen Verpflichtungen frei und erhält er die gezahlten Leasingraten (teilweise) zurück, so kann es nicht sein, dass er nach erfolgtem Rücktritt zusätzlich auch noch die Kaufpreissumme vom Hersteller erhält.

Deshalb nimmt die h.M. an, dass dem Leasingnehmer das Rücktrittsrecht nur zur Ausübung übertragen wird, dass aber die Rückabwicklung nach erfolgtem Rücktritt zwischen Leasinggeber und Hersteller erfolgt.

Die Rückgewähransprüche des Leasingnehmers sind grds. unabhängig davon, ob auch der Leasinggeber seinerseits seine Ansprüche beim Hersteller realisieren kann, sodass insbesondere das Insolvenzrisiko des Verkäufers beim Leasinggeber liegt.

# Weitere Gebrauchsüberlassungsverträge

**I. Pacht, §§ 581 ff.**

- Begriff: Gebrauchsüberlassung *und* Gestattung der Fruchtziehung
- § 581 II: grds. Anwendbarkeit des Mietrechts, soweit in §§ 582 bis 584b keine Sondervorschriften
- Abgrenzung zur Miete bei Überlassung von Geschäftsräumen: Überlassung von Inventar als wichtigstes Kriterium für Pacht
- §§ 585 ff.: Sondervorschriften über Landpacht

**II. Leihe, §§ 598 ff.**

- § 598: Verpflichtung zu *unentgeltlicher* Überlassung
- Ende mit Ablauf der vereinbarten Zeit oder mit Kündigung nach § 605 bzw. § 314 (⇨ Rückgabepflicht nach § 604 I); wenn keine Zeit/kein Zweck vereinbart, jederzeitiges Rückforderungsrecht, § 604 III
- Haftung des Verleihers:
  § 599: nur für Vorsatz + grobe Fahrlässigkeit
  § 600: bei Sach- oder Rechtsmängeln: nur bei arglistigem Verschweigen
- Verjährung der Ansprüche des Verleihers in sechs Monaten: § 606
  Problem: Anwendung der Haftungserleichterung und der Verjährung auf konkurrierende deliktische Handlung

Leihe und Pacht haben gemeinsam, dass sie in der Klausur regelmäßig nicht als „eigener“ Problemschwerpunkt auftreten, sondern nur Einstiegs- bzw. Zusatzprobleme zu den möglichen Klausurschwerpunkten bilden: So wird man bei dem Pachtvertrag häufig über die Verweisungsvorschrift in mietrechtliche Probleme kommen oder aber bei Unwirksamkeit bzw. nach Kündigung des Pachtvertrages Ansprüche aus EBV, GoA o.Ä. zu prüfen haben.

Auch bei der Leihe wird man regelmäßig vorrangig zu Fragen gesetzlicher Schuldverhältnisse, insbesondere des Deliktsrechts, Stellung nehmen müssen, wenn die verliehene Sache beschädigt wird. Wird vom Entleiher als Nichtberechtigtem über die Sache verfügt, kommen Ansprüche aus § 816 I S. 1 oder § 687 II in Betracht.

Umgekehrt kann bei deliktischen Ansprüchen des Entleihers die Frage auftreten, inwiefern die Haftungsprivilegierungen des § 599 bzw. die Verjährungserleichterung des § 606 für Ansprüche des Verleihers auch ins Deliktsrecht übertragbar sind.

## Dienstvertrag, §§ 611 ff. (I)

**Dienstvertrag = Verpflichtung zur Leistung von Diensten gegen Vergütung**

**I. Begriff**

- abzugrenzen von
  - Arbeitsvertrag, § 611a
  - Behandlungsvertrag, § 630a (besonderer Fall des Dienstvertrages, § 630b)
  - Werkvertrag: nicht nur Tätigwerden, sondern Erfolg geschuldet
  - Auftrag: unentgeltliche Tätigkeit (weiter differenzieren zu reiner Gefälligkeit)
  - atypische Verträge mit nur Dienstvertragselementen

**II. Abschluss**

- **grds. formfrei** möglich
  - bei Unwirksamkeitsgründen/Anfechtungsrecht wird Nichtigkeit u.U. über die Figur des „fehlerhaftes Arbeitsverhältnis“ überwunden.
    Grund: ansonsten Rückabwicklung über §§ 812 ff. unpraktikabel und u.U. unbillig)
- bei fehlender Vereinbarung über Höhe der Vergütung § 612 II, im Zweifel taxmäßige Vergütung

**III. Rechte und Pflichten**

- **Pflichten des Dienstverpflichteten**
  - Tätigwerden (und Einhaltung entsprechender Sorgfaltspflichten)
  - Treuepflicht, insb. im Arbeitsrecht
- **Pflichten des Dienstberechtigten**
  - Zahlung der Vergütung
  - Fürsorgepflicht, insb. im Arbeitsrecht

**Wird das Vorliegen eines Dienstvertrages geprüft, so ist regelmäßig zumindest kurz zur Abgrenzung vom Werkvertrag Stellung zu nehmen (gleiches gilt im Übrigen natürlich ebenso, wenn im Ergebnis ein Werkvertrag bejaht wird). Wichtigstes Abgrenzungskriterium ist hierbei die Frage, ob ein bloßes Tätigwerden oder ein (werkvertraglicher) Erfolg geschuldet wird. Dabei ist von Bedeutung, dass „Erfolg" eben gerade weiter zu verstehen ist als „Erfüllung der vertraglichen Verpflichtung" (denn diese wird ja auch beim Dienstvertrag geschuldet). Vielmehr muss ein weiterer, über das Tätigwerden hinausgehender Erfolg geschuldet werden, um zur Annahme eines Werkvertrages zu kommen.**

**In vielen Fällen wird das Ergebnis hierbei eindeutig sein. Wo es dagegen zweifelhaft ist - z.B. bei der Frage, wann – eine Dienstleistung als Erfolg (§ 631 II: „Tatortreiniger" bzw. „Beförderungsvertrag") oder als bloße Tätigkeit (§ 611: „Putzkraft im Privathaushalt") geschuldet ist, können bei entsprechender Begründung beide Ansichten vertretbar sein. Hier kommt es dann auch auf die Klausurtaktik an.**

**Die größte Bedeutung haben die §§ 611 ff. freilich beim – hier nicht näher erörterten – Arbeitsvertrag (§ 611a). Hier ist z.B. daran zu denken, dass die beim Dienstvertrag bestehende Fürsorgepflicht des Dienstherrn zu einem Beschäftigungsanspruch des Arbeitnehmers führen kann oder, dass bei der Beendigung durch den Arbeitgeber die besonderen Vorschriften des arbeitsrechtlichen Kündigungsschutzes zu beachten sind (z.B. KSchG, MuSchG).**

## Dienstvertrag, §§ 611 ff. (II)

**IV. Leistungsstörungen**

- bei Verzug und Unmöglichkeit der Dienstleistung grds. allgemeine Vorschriften, aber insb. bei Krankheit § 616 (für AN gilt § 3 EntgeltFZG)
- bei Annahmeverzug des Dienstberechtigten § 615
- bei Schlechtleistung gilt allgemeines Leistungsstörungsrecht, bei Vertretenmüssen Schadensersatz gem. § 280 I (zu Lasten von AN gilt die Vermutung des § 280 I S. 2 nicht, vgl. § 619a)

**V. Beendigung**

- § 613: regelmäßig bei Tod des Dienstberechtigten
- § 620 I, II: mit Zeitablauf und Zweckerreichung
- § 621: ordentliche Kündigung (im Arbeitsrecht gelten dagegen §§ 622, 623)
- § 626: fristlose Kündigung aus wichtigem Grund
- § 627: fristlose Kündigung bei besonderer Vertrauensstellung

Ein klassisches Problem sowohl beim Arbeitsvertrag (§ 611a) als auch beim allgemeinen Dienstvertrag (§ 611) ist die Abgrenzung zwischen § 615 und § 326 I: § 615 S. 1 erhält die Zahlungspflicht des Dienstberechtigten, wenn dieser in Annahmeverzug gerät. Dagegen wird der Dienstberechtigte im Falle der Unmöglichkeit der Leistungserbringung (§ 275 I) gem. § 326 I von seiner Leistungspflicht befreit. Beide Vorschriften gelten dabei unabhängig vom Vertretenmüssen der Parteien.

Problematisch hinsichtlich der Abgrenzung beider Vorschriften ist, dass die Dienstleistungspflicht grds. Fixschuldcharakter hat, sodass man zu der Annahme gelangen könnte, dass bei ihrer nicht termingerechten Erbringung regelmäßig Unmöglichkeit eintritt. Dies hätte aber zur Konsequenz, dass § 615 zu Lasten des regelmäßig sozial schwächeren Arbeitnehmers bzw. Dienstverpflichteten mehr oder weniger leer liefe. Daher nimmt die h.M. eine Unmöglichkeit nur an, wenn die Dienstleistung auch theoretisch zu einem späteren Zeitpunkt nicht mehr nachgeholt werden könnte.

Liegt tatsächlich einmal ein Fall einer Unmöglichkeit vor, finden die §§ 283, 326 Anwendung. Für den Bereich des Arbeitsrechts ist hierbei allerdings die Lehre vom Betriebs- sowie vom Arbeitskampfrisiko zu berücksichtigen. Danach hat der Arbeitgeber all diejenigen Arbeitsausfälle zu vertreten, deren Ursachen im betrieblichen Bereich liegen, der Arbeitnehmer dagegen unter Umständen diejenigen, die auf einem Streik beruhen. Der Arbeitgeber bleibt gem. §§ 615 S. 3, 611a II zur Lohnzahlung verpflichtet.

## Werkvertrag, §§ 631 ff.

### I. Begriff

- Verpflichtung zur Herstellung eines Werkes gegen Zahlung von Werklohn
- **Besondere Werkverträge:** Bauvertrag (§§ 650a ff.), Verbraucherbauvertrag (§§ 650i ff.)
- **Werkvertragsähnliche Verträge:** Architekten- und Ingenieurvertrag (§§ 650p ff.); Bauträgervertrag (§§ 650u, v.) und Pauschalreisevertrag (§§ 651 ff.)
- Abgrenzung zum
  - Dienstvertrag: Erfolg, nicht nur Leistung wird für Vergütung geschuldet
  - Kaufvertrag: Herstellung, nicht nur Lieferung der Sache
  - Werklieferungsvertrag: vgl. § 650 Lieferung herzustellender oder zu erzeugender beweglicher Sachen (Kaufrecht anwendbar)

### II. Rechte und Pflichten

- **Pflichten des Bestellers:**
  - Zahlung des Werklohns, § 631 I *(beachte auch die Pflicht zur Erbringung von Abschlagszahlungen gem. §§ 632a, 650m, 650v)*
  - Abnahme des Werkes, § 640, d.h. grds. körperliche Hinnahme des Werkes als in der Hauptsache vertragsgemäß (§ 641 Fälligkeit des Werklohns)
  - u.U. Obliegenheit zur Mitwirkung
- **Pflichten des Unternehmers**: Erstellung des Werkes

### III. Gefahrtragung

**Leistungsgefahr**: solange (Neu-)Herstellung möglich ist grds. beim Unternehmer

**Ausnahmen:** - bereits Abnahme erfolgt, § 640 (bzw. Vollendung, § 646)
- Annahmeverzug des Bestellers

**Preisgefahr**: grds. gilt § 644 I S. 1

- bis zur Abnahme/Vollendung beim Unternehmer, §§ 640, 646
- ab Abnahme, im Annahmeverzug (§ 644 I S. 2) und in Fällen des § 645 I bei Besteller („Haftung“ für Umstände, die im Risikobereich des Bestellers liegen, allerdings wird allgemeine „Sphärentheorie“ überwiegend abgelehnt.

Beim Werkvertrag ist im Gegensatz zum Dienstvertrag ein über das bloße Tätigwerden hinausgehender Erfolg geschuldet, um einen Anspruch auf die Vergütung zu erhalten.

Da § 650 S. 1 für die Herstellung beweglicher Sachen auf das Kaufrecht verweist, wird der Anwendungsbereich des Werkvertrages stark eingeschränkt. Das insbesondere deshalb, weil nun auch die Herstellung nicht vertretbarer beweglicher Sachen dem Kaufrecht unterstellt wird.

Lediglich § 650 S. 3 modifiziert das Kaufrecht durch einige Vorschriften des Werkvertragsrechtes und passt es damit den Besonderheiten dieser Fallkonstellation an. Für den Werkvertrag bleiben damit im Wesentlichen nur die Herstellung von Bauwerken, reine Reparaturarbeiten und die Herstellung nicht körperlicher Werke.

Hintergrund: Für die dem Kaufrecht unterstellten Verträge gelten die §§ 474 ff.! Diese Vorschriften müssen aufgrund der Verbrauchsgüterkaufrichtlinie auch bei Verträgen über die Herstellung und Lieferung beweglicher Sachen Anwendung kommen!

Ein weiteres klassisches Problem im Anwendungsbereich der §§ 631 ff. ist die Frage, ob bei einem nichtigen Werkvertrag die Annahme einer GoA in Betracht kommt. Die Rspr. bejaht dies grundsätzlich mit dem Argument, dass der Werkunternehmer ein „auch fremdes Geschäft" ausführe. Hiergegen lässt sich allerdings einwenden, dass zum einen der Werkunternehmer in Erfüllung seiner (vermeintlichen) Verpflichtung letztlich ein eigenes Geschäft führt und, dass zum anderen für die Rückabwicklung fehlgeschlagener Verträge das Bereicherungsrecht „sedes materiae" ist.

# Werkvertrag: Mängelhaftung



**§ 633 I**
**Der Unternehmer hat dem Besteller das Werk frei von Sach- und Rechtsmängeln zu verschaffen**

**Sachmangel,**
**§ 633 II** (vgl. ÜK 5)

**Rechtsmangel,**
**§ 633 III**

**§ 634,**
**Rechte des Bestellers bei Mängeln**

Die Mängelhaftung im Werkvertragsrecht und im Kaufrecht wurde weitgehend harmonisiert. Ein Vergleich der Vorschriften zeigt, dass die §§ 633 ff. den §§ 433 ff. in Aufbau und Systematik fast spiegelbildlich entsprechen.

§ 633 I als Ausgangpunkt der Mängelhaftung greift die Vorschrift des § 433 I S. 2 auf und regelt wie diese, dass es zu den Pflichten des Unternehmers gehört, das Werk frei von Sach- und Rechtsmängeln zu verschaffen.

§ 633 II normiert, wann ein Sachmangel vorliegt. Inhaltlich entspricht diese Vorschrift weitestgehend dem dreistufigen Sachmangelbegriff des § 434, sodass hierzu auf ÜK 5 verwiesen werden kann. Ausgeklammert wurde jedoch die Haftung für Werbeaussagen, da diese im Werkvertragsrecht nicht sinnvoll ist, zumal Unternehmer und Hersteller im Werkvertragsrecht anders als im Kaufrecht identisch sind. Einheitlich dagegen sind die Regelungen hinsichtlich der Gleichstellung von Sachmangel und aliud/ Zuweniglieferung.

§ 633 III normiert für das Werkvertragsrecht erstmals eine Haftung für Rechtsmängel. In sachlicher Hinsicht ergeben sich auch hier keine Unterschiede zum Kaufrecht. Insbesondere erfolgt die Bestimmung auch hier nach rein objektiven Kriterien.

Liegt ein Mangel des bestellten Werkes vor, so ergeben sich die Rechte des Bestellers aus § 634, der wiederum systematisch § 437 im Kaufrecht weitestgehend entspricht.

Wie im Kaufrecht steht dem Besteller auch hier vorrangig (zur Begründung vgl. ÜK 8) ein Anspruch auf Nacherfüllung zu (§ 634 Nr. 1). Während im Kaufrecht ein Wahlrecht des Käufers zwischen Nachlieferung und Nachbesserung besteht, steht das Wahlrecht zwischen Nachherstellung und Nachbesserung im Werkvertragsrecht aber dem Unternehmer zu, § 635 I. Wurde die Nacherfüllung in Form der Neuherstellung vorgenommen, hat der Unternehmer einen Anspruch auf Rückgabe des zuvor gelieferten mangelhaften Werkes nach §§ 635 IV, 346 - 348.

# Werkvertrag: System der Mängelhaftung, § 634



Schuldrecht BT I, Rn. 510



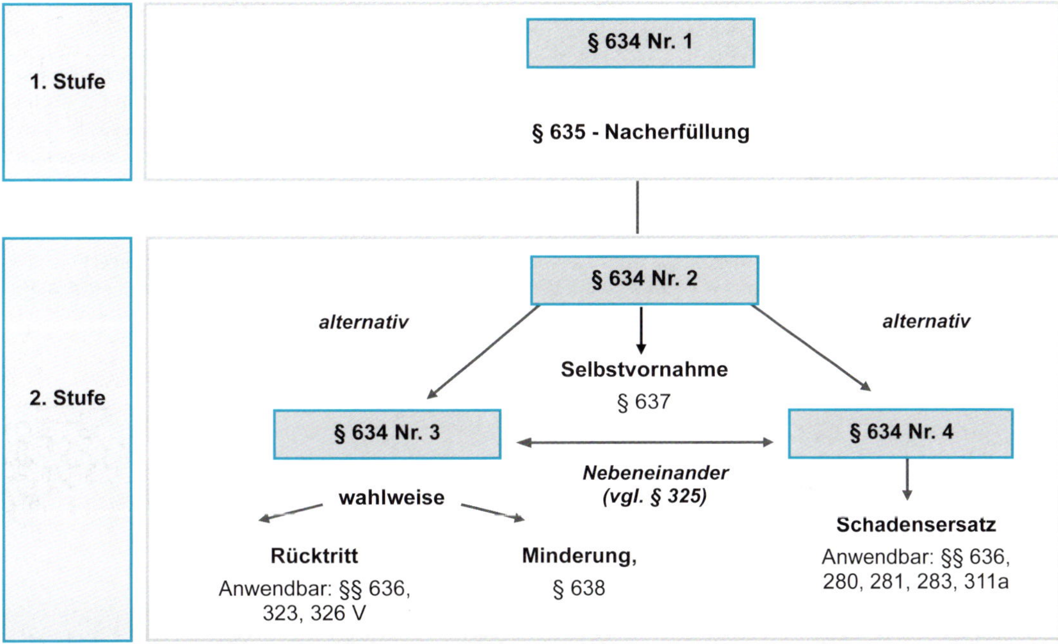

Kommt der Unternehmer der Aufforderung zur Nacherfüllung trotz Verstreichen der Nachfrist nicht nach, kann der Besteller die Sekundärrechte aus § 634 Nr. 2 - 4 geltend machen. Wie im Kaufrecht kann er dabei nach § 634 Nr. 3 entweder vom Vertrag zurücktreten oder mindern und daneben jeweils nach § 634 Nr. 4 Schadensersatz verlangen. § 634 Nr. 3 und 4 verweisen dabei wie auch § 437 Nr. 2 und 3 für Rücktritt und Schadensersatz auf die entsprechenden Vorschriften des allgemeinen Leistungsstörungsrechtes, die durch § 636 den Besonderheiten des Werkvertrags angepasst werden. Ebenso stimmt § 638 für die Minderung mit § 441 grds. überein. Sachlich kann deshalb auf die zum Kaufrecht gemachten Ausführungen verwiesen werden (vgl. ÜK 9 - 11).

Mit der Verweisung auf das allgemeine Leistungsstörungsrecht in § 634 Nr. 4 muss für die in Betracht kommenden Schadensersatzansprüche differenziert werden wie im Kaufrecht: Mangelfolgeschäden sind nach §§ 634 Nr. 4, 280 zu ersetzen. Der reine Mangelschaden fällt hingegen unter §§ 634 Nr. 4, 281 (bzw. bei Unbehebbarkeit § 283/§ 311a II) und wird grds. nur nach vorheriger Fristsetzung ersetzt.

Als Besonderheit gegenüber dem Kaufrecht gewähren §§ 634 Nr. 2, 637 dem Besteller zusätzlich das Recht, alternativ zu den Rechten aus § 634 Nr. 3 und 4 den Mangel selbst zu beseitigen und Ersatz der erforderlichen Aufwendungen zu verlangen. Das Recht zur Selbstvornahme besteht daher unabhängig vom Vertretenmüssen des Schuldners, und dem Besteller steht ein Anspruch auf Vorschuss zu (§ 637 III). Letzteres ist die eigentliche Bedeutung des Selbstvornahmerechts.

## Pauschalreisevertrag, §§ 651a ff. (I)

**I. Einordnung**

- Verpflichtung des Reiseveranstalters, eine Pauschalreise als Gesamtheit von Reiseleistungen (= Reise) zu erbringen, § 651a I, II
- §§ 651a ff. als leges speciales ggü. §§ 631 ff. und zwingende Regelungen (§ 651y ⇨ keine Abweichung zu Lasten des Reisenden möglich)
- grds. nicht anwendbar auf einzelne Reiseleistungen (z.B. nur Vermietung einer Wohnung)

**II. Abschluss und Durchführung des Pauschalreise V**

- § 651b, v, w: Abgrenzung zur bloßen Vermittlung (beachte aber § 651b I S. 2!)
- Reisebüro i.d.R. nur Vertreter (Ausnahme möglich)
- Möglichkeit der Vertragsübertragung nach § 651e
- Versicherungspflicht des Reiseveranstalters nach § 651r
- jederzeitiger Rücktritt des Reisenden nach § 651h I (dann aber grds. Pflicht zu angemessener Entschädigung, § 651h I S. 3, II; Ausnahme: § 651h III)

**III. Rechte des Kunden bei Reisemangel**

- Begriff des Reisemangels (vgl. § 651i II)
  - Fehlen einer vereinbarten Beschaffenheit, § 651i II S. 1
  - Keine Eignung für vertraglich vorausgesetzten Nutzen (§ 651i II S. 2 Nr. 1) oder objektiv mangelhaft nach § 651i II S. 2 Nr. 2
  - Verzug und Unmöglichkeit sind ebenfalls Reisemängel, § 651i II S. 3
- §§ 651i III Nr. 1 bis 4 i.V.m. § 651k (Abhilfe)
- §§ 651i III Nr. 6, 651o Minderung tritt kraft Gesetzes ein (§ 651m I) (Anspruchsgrundlage für Rückforderung des zu viel geleisteten Reisepreises § 651m II S. 1 sowie §§ 651m II S. 2, 346 I, 347 I)

Wie die Stellung der §§ 651a ff. im Untertitel 4 des 9. Titels im 8. Abschnitt des 2. Buches zeigt, ist der Pauschalreisevertrag ein „werkvertragsähnlicher Vertrag“. Die hierbei von der Rspr. entwickelte Kasuistik sowie weitere Sonderregelungen (v.a. Richtlinien) wurden in den §§ 651a ff. normiert.

Dies hat den Vorteil, dass man für die Falllösung ein sehr ausdifferenziertes Gesetz vorfindet. Allerdings muss man sich bereits, bevor es einmal zum Ernstfall in der Klausur kommt, einen Überblick über die umfangreichen und zum Teil etwas unübersichtlichen Regelungen verschafft haben, um mit diesen arbeiten zu können.

Von geringerer Bedeutung für die Klausur dürfte dabei die Vorschrift des § 651e (Vertragsübertragung) sowie insbesondere die Versicherungspflicht des Reiseunternehmers nach § 651r sein.

In einer typischen Reisevertragsklausur müssen drei Leistungen erbracht werden:

Zunächst ist genau herauszuarbeiten, wer die Vertragspartner des Reisevertrages sind. Hierbei ist insbesondere an die sog. Vermittlungsklausel des § 651b I S. 2 sowie auf Seiten der Reisenden an die Möglichkeit des Vertrags zugunsten Dritter bei Ehepaaren oder Familien zu denken.

Des Weiteren muss die Systematik der verschiedenen Mängelrechte (Abhilfe, Kündigung, Minderung, Schadensersatz) beherrscht werden.

Als Drittes schließlich ist auch Ihr Argumentationsvermögen gefragt, wenn im Sachverhalt bestimmte Vorkommnisse der Reise geschildert werden und Sie unter Abwägung der jeweiligen Interessen und unter Berücksichtigung möglichst vieler Faktoren begründen müssen, ob im jeweiligen Fall ein Reisemangel vorliegt oder nicht.

Zur Neuregelung des Reisevertragsrechts durch das „Dritte Gesetz zur Änderung reiserechtlicher Vorschriften“ vgl. Tyroller, Life&Law 06/2018, 409 ff.

## Pauschalreisevertrag, § 651a ff. (II)

**III. Rechte des Kunden bei Reisemangel**

- **§§ 651i III Nr. 5, 651l: Kündigung**
  - bei erheblicher Beeinträchtigung (§ 651l I)
  - verdrängt § 314 und §§ 323 ff. von Anfang an (etwa wenn schon Flug entfällt, vgl. § 651i II S. 3)
  - Voraussetzungen: Fristsetzung zur Mängelbeseitigung (§ 651l I S. 2); Ausnahme: §§ 651l I S. 2 HS 2, 651k II S. 2
  - Rechtsfolge: nach h.M. Rückgewährverhältnis gem. § 651l II S. 2 HS 2 allerdings u.U. teilweiser Entschädigungsanspruch des Veranstalters (§ 651l II S. 1)

- **§§ 651i III Nr. 7, 651n: Schadensersatz** bei Vertretenmüssen des exkulpationspflichtigen Reiseveranstalters; umfasst auch Mangelfolgeschäden; § 651n II umfasst als Ausnahme zu § 253 I auch vertanen Urlaub

- **§§ 651i III Nr. 7, 284: Ersatz vergeblicher Aufwendungen**

- **§ 651j: Verjährung**
  Verjährung in zwei Jahren (S. 1) nach Reiseende (S. 2)

Gerade im Reisevertragsrecht ist es wichtig, aber auch nicht ganz einfach, die verschiedenen Rechte des Reisenden zu trennen. Dabei bestehen Unterschiede sowohl bei den Voraussetzungen als auch auf der Rechtsfolgenseite: Liegt ein Reisemangel vor, so kann der Reisende zunächst nach §§ 651i III Nr. 1, 651k I Abhilfe verlangen; anschließend erfolgte Selbsthilfe berechtigt zur Kostenerstattung, §§ 651i III Nr. 2, 651k II.

Solange und soweit der Mangel nicht beseitigt worden ist, ist der Reisepreis nach §§ 651i III Nr. 6, 651m I gemindert.

Wird die Reise in Folge des Mangels sogar erheblich beeinträchtigt, so kann der Reisende nach §§ 651i III Nr. 5, 651l den Vertrag kündigen.

Daneben kann der Reisende nach §§ 651i III Nr. 7, 651n I Schadensersatz verlangen, wenn der Veranstalter den Mangel zu vertreten hat (wobei letzterer die Beweiskraft dafür trägt, dass dies nicht der Fall ist). Ein Standardproblem im Reisevertragsrecht ist auch der Schadensersatz wegen vertanen Urlaubs. Nach §§ 651i III Nr. 7, 651n II kann jeder eine angemessene Entschädigung verlangen (auch Kinder, Arbeitslose, Rentner, etc.). Nach h.M. stellt § 651n II auch klar, dass das Gesetz nutzlos aufgewendete Urlaubszeit dem nichtvermögensrechtlichen Bereich zuweist (Ausnahmevorschrift zu § 253 I) und daher Schadensersatz aufgrund der Kommerzialisierung des Urlaubs außerhalb des Reisevertragsrechts ausscheidet.
<u>Sound</u>: “Time is <u>not</u> money“!

Unabhängig von Reisemängeln kann der Reisende jederzeit zurücktreten (§ 651h I S. 1). Der Reisende muss dann jedoch grundsätzlich eine angemessene (u.U. pauschale) Entschädigung zahlen (§ 651h I S. 3, II). Dies gilt nicht, wenn ein Fall des § 651h III vorliegt.

## Auftrag und Geschäftsbesorgung

### I. Auftrag

- **Begriff:** Verpflichtung zu einer unentgeltlichen Geschäftsbesorgung (⇨ abzugrenzen von entgeltlicher Geschäftsbesorgung und reiner Gefälligkeit), wobei Geschäftsbesorgung jede selbstständige oder unselbstständige, wirtschaftliche oder nicht wirtschaftliche, rechtsgeschäftliche oder tatsächliche Tätigkeit in fremdem Interesse ist
- **Pflichten des Beauftragten:**
  ⇨ Hauptpflicht: Führung des Geschäfts (i. Zw. persönlich, § 664 I) nach Weisungen des Geschäftsherrn (Ausnahme: § 665)
  ⇨ § 666: Auskunfts- und Rechenschaftspflicht
  ⇨ § 667: Herausgabe des aus der Geschäftsbesorgung Erlangten (bei Geld Zinspflicht nach § 668, bei Unmöglichkeit § 283)
- **Pflichten des Auftraggebers:**
  ⇨ § 669: Vorschusspflicht
  ⇨ § 670: Ersatz von Aufwendungen
    - Aufwendung = freiwilliges Vermögensopfer
    - umfasst nach h.M. aber auch Schäden, die typischerweise mit dem Risiko des Auftrags verbunden sind

### II. Entgeltliche Geschäftsbesorgung

- **Dienst oder Werkvertrag,** der Geschäftsbesorgung zum Gegenstand hat
- insbes. **§§ 665 – 670, 672 – 674** anwendbar
- i. Zw. kein Erlöschen durch Tod des Geschäftsherrn, **§ 672**, aber durch Tod des Beauftragten, § 673
- **§ 674**: Schutz des Beauftragten, solange er Erlöschen des Auftrags nicht kennt

Die Bedeutung des unentgeltlichen Auftrags ist naturgemäß in der Wirtschaftspraxis eher gering. Gleichwohl können die Vorschriften in der Klausur wichtig werden:

Das liegt zum einen daran, dass Verträge über unentgeltliche Leistungen wegen ihres Verhältnisses zum Deliktsrecht interessant sein können (wobei das Auftragsrecht gerade keine Haftungsprivilegierungen kennt!).

Zum anderen wird an vielen Stellen im Gesetz, etwa im Rahmen der GoA (§§ 681, 683 S. 1) oder auch für den Vorstand eines Vereins (§ 27 III) bzw. im Recht der GbR (§ 713) auf das Auftragsrecht verwiesen. Klausurklassiker ist dabei insbesondere die Vorschrift des § 670, der einen Aufwendungsersatz gewährt, dabei nach h.M. aber auch den Ersatz für solche Schäden umfasst, deren Gefahr typischerweise mit der übernommenen Tätigkeit verbunden ist (vgl. BGH, Life&Law 11/2015, 795 ff.).

Außerdem ist § 670 auch außerhalb des Auftragsrechts (z.B. im Arbeitsrecht) analog anwendbar.

Wegen der Vorschrift des § 168, welche die Geltung der Vertretungsmacht an das zugrunde liegende (unter anderem Auftrags-)Verhältnis koppelt, können die Vorschriften der §§ 672, 673 auch über das Fortbestehen bzw. Erlöschen des Auftrags im Todesfall im Rahmen einer vertretungsrechtlichen Klausur relevant werden: Wenn nach § 672 S. 1 der Auftrag im Zweifel nicht durch den Tod des Auftraggebers erlischt, so besteht auch die zu Lebzeiten erteilte Vollmacht im Zweifelsfall mit Wirkung für und gegen die Erben weiter. Man spricht hier von einer sog. transmortalen Vollmacht. Allerdings können die Erben diese widerrufen, sodass es für die Klausur u.U. von Bedeutung sein kann, ob ein durch den Vertreter geschlossenes Geschäft vor oder nach dem Widerruf erfolgt ist.

## Weitere typische Verträge

### I. MaklerV

- Einordnung: „Tätigkeitsvertrag“, wobei aber der Makler grds. nicht zum Tätigwerden verpflichtet ist, aber auch der Kunde nicht zur Zahlung für das Tätigwerden
- Abgrenzung zu der Geschäftsbesorgung/DienstV: abweichend von den §§ 652 ff. kann die Pflicht zum Tätigwerden/bestimmte Anzahl von Nachweisen vereinbart werden
- **Prüfungsschema** für das Bestehen eines Vergütungsanspruchs
  - ⇨ gültiger Maklervertrag (denkbare Probleme: Rechtsbindungswille; Anwendbarkeit des § 311b I; §§ 134, 138, 307 I, II)
  - ⇨ Leistung des Maklers (Nachweis oder Vermittlung)
  - ⇨ rechtsgültiges Zustandekommen des gewünschten Vertrages mit Drittem (**Probleme:** Nichtigkeit, Anfechtbarkeit, Rücktritt; wirtschaftliche Verflechtung mit Drittem)
  - ⇨ Kausalzusammenhang zwischen Maklerleistung und Vertragsschluss (**Probleme:** Mitverursachung, Vorkenntnis)
- EhemaklerV: § 656: Naturalobligation (Problem: Anwendbarkeit auf Partnervermittlungsverträge und EhemaklerdienstV)

### II. Weitere Vertragstypen

- §§ 657 ff., Auslobung: bindendes Versprechen bei öffentlicher Bekanntmachung
- §§ 688 ff., Verwahrung: Aufbewahrung einer hinterlegten Sache, im Zweifel unentgeltlich; bei unentgeltlicher Verwahrung nur Haftung für diligentia quam in suis
- *[§§ 701 ff.; Einbringung von Sachen bei Gastwirten nach h.M. gesetzliches SV]*
- §§ 762 ff., Spiel und Wette: Naturalobligationen

Beim ***Maklervertrag*** wird es in der Regel darum gehen, den Provisionsanspruch des Maklers anhand des umseitig abgebildeten Schemas zu prüfen, wobei die dort angesprochenen Probleme jeweils eine Rolle spielen können.

**Wichtig**: Begründet der Maklervertrag die Verpflichtung des Auftraggebers, ein Grundstück zu festgelegten Bedingungen an jeden vom Makler zugeführten Interessenten zu verkaufen oder eine Vertragsstrafe im Fall des Nichtverkaufs zu zahlen, bedarf der Maklervertrag der Form des § 311b I S. 1. Heilung nach § 311b I S. 2 tritt nach BGH jedoch bereits mit Zustandekommen des formgültigen Kaufvertrages ein!

Zur den ab dem 23.12.2020 geltenden Neuregelung in den §§ 656a ff. bei der Vermittlung von Kaufverträgen über Wohnungen und Einfamilienhäuser vgl. Tyroller, Life&Law 08/2020, 571 ff.

Bei den übrigen Verträgen geht es zum einen darum, ihr Vorliegen in der Klausur überhaupt zu entdecken. Zum anderen werden sie aber häufig nicht in „Reinkultur" vorliegen, sondern als Bestandteil eines gemischten Vertrages. Dann ist es Ihre Aufgabe, zu entscheiden, welche Vorschriften auf das entsprechende Element des Vertrags gerade anwendbar sind.

Bei einem Vertrag zur Heiratsvermittlung nach § 656 (welcher auf Partnerschaftsverträge analog anwendbar ist; h.M.) entsteht nach Abs. 1 S. 1, 2 nur eine Naturalobligation. Der Ausschlussgrund des Vertrages § 656 I S. 1 bezieht sich dabei aber nur auf die Naturalobligation des S. 1. Ist dagegen der zugrunde liegende Vertrag aus sonstigen Gründen nichtig, so steht § 656 I S. 2 einer Rückforderung nach Bereicherungsrecht nicht entgegen.

Enthält der Vertrag die Verpflichtung des Vermittlers zum Nachweis oder zur Vermittlung, die vom Vertragspartner ohne Rücksicht auf den Erfolg zu honorieren ist, dann liegt ein Ehemaklerdienstvertrag vor, auf den § 656 entsprechende Anwendung findet.

Die entsprechende Anwendung des § 656 auf die Partnerschaftsvermittlung (die die Eheanbahnung in der Praxis weitgehend abgelöst hat) ist umstritten. Hier muss im Einzelfall untersucht werden, ob eine vergleichbare Interessenlage vorliegt.

## Bürgschaft, §§ 765 ff. (I)

### I. Einordnung

Bürgschaft als

- **persönliches** Sicherungsmittel (⇨ Haftung grds. mit gesamtem Privatvermögen; unterscheide davon: dingliche Sicherungsmittel)
- **akzessorisches** Sicherungsmittel (⇨ in Bestand u. Höhe von Forderung abhängig (vgl. § 767 I); geht bei der Abtretung der Forderung mit über, § 401)

### II. Abgrenzung

- **GarantieV** (§§ 311 I, 241 I): schuldunabhängige Einstandspflicht des Dritten
- **Schuldübernahme** (§§ 414 ff.): Dritter tritt an Stelle des Schuldners
- **Schuldbeitritt** (§§ 311 I, 241 I): Dritter tritt neben Schuldner (⇨ Folge: Gesamtschuldner, §§ 414 ff. nicht anwendbar)

⇨ beachte allgemein: abzugrenzen nach Parteiinteressen und Rechtsbindungswillen

### III. Sonderformen der Bürgschaft

- **Ausfallbürge**: bürgt nur unter aufschiebender Bedingung der erfolglosen Zwangsvollstreckung beim Schuldner (auch ohne Einrede des § 771, vgl. unter IV.)
- **selbstschuldnerischer Bürge**: Verzicht auf Einrede des § 771 (vgl. auch unter IV.)
- **Nachbürge**: bürgt für Forderung gegen Bürgen
- **Rückbürge**: bürgt für Rückgriffsanspruch des Bürgen gegen Schuldner nach Zahlung (vgl. unter V.)
- **Bürge auf Zeit (§ 777)**: bürgt nur bis zum Ablauf einer bestimmten Zeit (nicht: „nur für Schulden aus einem bestimmten Zeitraum“)

Die Bürgschaft bietet sich geradezu ideal für eine Klausur an, da bei kaum einem schuldrechtlichen Institut so viele Problemfelder miteinander kombiniert werden können: Über den Grundsatz der strengen Akzessorietät wird z.B. der Bestand der Hauptforderung zu einer Voraussetzung des Anspruchs gegen den Bürgen, sodass neben der Bürgschaft selbst bereits ein zweiter Vertrag vollständig mitgeprüft werden kann.

Des Weiteren kann in der Klausur die Abgrenzung der Bürgschaft von anderen persönlichen Sicherungsmitteln (insbesondere Schuldbeitritt, Schuldübernahme, Garantie) eine Rolle spielen. Schließlich stellen sich auch hinsichtlich der Bürgschaftsvereinbarung selbst diverse Wirksamkeitsprobleme, so z.B. die Einhaltung der Form (welche über § 350 HGB den Einstieg ins Handelsrecht bilden kann), die Nichtigkeit nach § 138 (insbesondere bei der Bürgschaft naher Angehöriger) sowie Probleme der Anfechtung (§§ 119 II, 123 I, II).

## Bürgschaft, §§ 765 ff. (II)

**IV. Voraussetzungen eines Anspruchs des Bürgen**

- Einigung i.S.d. **§ 765**
- Form **§ 766** (beachte auch § 350 HGB, str. bei Scheinkaufmann)
- sonstige Wirksamkeitsvoraussetzungen, insb.
  - **§ 138 I** mit Problem der Sittenwidrigkeit bei Bürgschaft naher Angehöriger
  - **§ 142** bei Anfechtung mit Problemen bei
    - ⇨ § 119 II, keine Anfechtung bei Irrtum über Vermögenssituation
    - ⇨ § 123, Schuldner ist im Verhältnis zu Gläubiger i.d.R. Dritter i.S.d. § 123 II
- Bestand der Hauptforderung (**§ 767**, Grundsatz der Akzessorietät)
- Einreden des Bürgen (**§§ 768 – 773**)
  - **§ 768:** Bürge kann Einreden des Schuldners geltend machen
  - **§ 770 I:** Einrede der Anfechtbarkeit (h.M. analog für andere Gestaltungsrechte und Rücktritt; Minderung, Aufrechnungsmöglichkeit des Schuldners; str.)
  - **§ 770 II:** Einrede der Aufrechenbarkeit durch Gläubiger
  - **§ 771:** Einrede der Vorausklage (nach § 773 ausschließbar, sog. selbstschuldnerische Bürgschaft)

**V. Zahlung des Bürgen**

- **§ 774 I S. 1:** Forderung geht auf Bürgen über (cessio legis ⇨ Zweck: akzessorische Sicherungsrechte gehen nach §§ 412, 401 mit über)
- daneben Rückgriffsanspruch aus Innenverhältnis, z.B. § 670
  (§ 774 I S. 3, Innenverhältnis bestimmt auch Umfang des Rückgriffs nach cessio legis)
- Zahlung bei mehreren Sicherheiten
  - mehrere Bürgen: §§ 774 II, 426
  - Bürge neben Realsicherheit: Problem des „Wettlaufs der Sicherungsgeber“
    h.M: §§ 774 II, 426 analog; a.A.: Bürge privilegiert

Soweit es um Einwendungen und Einreden des Bürgen geht, müssen Sie vor allem das gesetzliche System verstehen, um in der Klausur jeweils den richtigen Anknüpfungspunkt zu finden. Insoweit sei auf die hemmer-Methode zur nachfolgenden Übersichtskarte ÜK 39 verwiesen.

Die zweite typische Alternative einer Bürgschaftsklausur neben dem Anspruch gegen den Bürgen ist der Rückgriffsanspruch des Bürgen gegen den Schuldner oder einen Dritten: § 774 I S. 1 ordnet an, dass die Forderung des Gläubigers gegen den Hauptschuldner durch die Zahlung des Bürgen grundsätzlich nicht erlischt, sondern auf den Bürgen übergeht, sog. cessio legis. Dieser übergegangene Anspruch tritt in der Regel neben einen aus dem Innenverhältnis zwischen Schuldner und Bürgen stammenden Ausgleichsanspruch, etwa nach § 670, wenn nicht ausnahmsweise vereinbart wurde, dass die Bürgschaft unentgeltlich ohne Rückgriffsanspruch erfolgen sollte. In diesem Fall besteht dann aber auch kein Anspruch aus der cessio legis, vgl. § 774 I S. 3. Hauptzweck der cessio legis neben diesem Anspruch ist, dass mit der Forderung zugleich auch akzessorische Sicherungsmittel mit auf den Bürgen übergehen, §§ 412, 401, z.B. eine Hypothek. Somit kann also die Zahlung des Bürgen in der Klausur zum einen Ausgangspunkt für Zahlungsansprüche gegen den Schuldner und weitere Personen sein, zum anderen in diesem Zusammenhang z.B. das Problemfeld des „Wettlaufs der Sicherungsgeber“ eröffnen.

Beachten Sie in diesem Zusammenhang auch stets § 774 I S. 3, wonach Einwendungen aus dem Innenverhältnis im Ergebnis auch der übergegangenen Forderung entgegengehalten werden können, sei es, dass die Forderung überhaupt nicht übergeht, sei es, dass ihr Einreden entgegengehalten werden können.

## Verteidigungsmöglichkeiten des Bürgen (Überblick)

### Einreden und Einwendungen gegen die Bürgschaft selbst

z.B.

⇨ Sittenwidrigkeit (§ 138 I)

⇨ Anfechtung der Bürgschaft (§ 142 I)

⇨ § 771 (Einrede der Vorausklage)

### Einreden und Einwendungen gegen die Hauptschuld

⇨ rechtsvernichtende Einwendungen: § 767, Umfang der Bürgschaft nur soweit wie Hauptschuld

⇨ Einreden des Hauptschuldners gegen Forderungen, § 768 I

⇨ Einreden der Anfechtbarkeit (nach h.M. auch sonstige Gestaltungsrechte und auch Rücktrittsrecht, Minderung str.) und Aufrechenbarkeit (str. bei Aufrechenbarkeit nur durch Schuldner) ⇨ § 770 I, II

Wie aus dem umseitigen Schema klar wird, ist die erste wichtige Entscheidung hinsichtlich der Verteidigungsmöglichkeiten des Bürgen die Frage, ob er sich gegen die Bürgschaft selbst richten möchte oder ob er seine Einwendungen bzw. Einreden mittelbar von der gesicherten Forderung ableiten möchte.

Hinsichtlich der Verteidigungsmöglichkeiten gegen die Bürgschaft selbst bestehen grundsätzlich keine Besonderheiten. Eine Sonderregelung enthält nur § 771 (Einrede der Vorausklage).

Hinsichtlich der Verteidigungsmöglichkeiten, die mittelbar von der gesicherten Forderung herrühren, ist das System der §§ 767 - 770 entscheidend: Soweit rechtshindernde oder rechtsvernichtende Einwendungen bestehen, ist auch der Umfang der Bürgschaft wegen des Akzessorietätsgrundsatzes entsprechend verringert, § 767. Anders sieht es dagegen aus, wenn gegen die gesicherte Forderung nur Einreden bestehen bzw. dem Schuldner noch Gestaltungsrechte oder Ähnliches zustehen. Soweit die Einreden bereits bestehen, ordnet § 768 an, dass diese auch vom Bürgen gegen die Bürgschaftsforderung vorgebracht werden können. Wenn dagegen der Schuldner nur die Möglichkeit hat, sich durch Anfechtung, Aufrechnung oder Rücktritt gegen die gesicherte Forderung zu wehren, so ist der Bürge zunächst in einer schlechten Situation. Er selbst nämlich kann diese (Gestaltungs-)Rechte nicht ausüben, da er nicht Vertragspartner ist. Um ihn in dieser Situation zu schützen, hat der Gesetzgeber in § 770 I angeordnet, dass der Bürge die Zahlung auch insoweit verweigern kann, wie der Schuldner die Hauptforderung noch zu Fall bringen kann. § 770 I gilt für andere Gestaltungsrechte als die Anfechtung nämlich analog (im Einzelnen sehr umstritten).

Ein wichtiges Teilproblem, das Sie kennen sollten, ist die stark rechtsprechungsgeprägte Bewertung der Sittenwidrigkeit von Bürgschaften unter dem Aspekt der wirtschaftlichen Überforderung bei Ehegatten, nahen Angehörigen und Arbeitnehmern, vgl. dazu BGH, Life&Law 2004, 78 ff. m.w.N.

## Schuldanerkenntnis, §§ 780, 781

### I. Begriff

- §§ 780, 781 regeln (als einheitliche Anspruchsgrundlage) nur das abstrakte Schuldanerkenntnis
- davon abzugrenzen sind deklaratorisches Schuldanerkenntnis und bloße Wissenserklärung
- wichtige Beispiele: Drittschuldnererklärung, Ausgleichsquittungen im Arbeitsrecht, Kontoabrechnung, Erklärungen von Unfallbeteiligten i.d.R. (-)

### II. Arten von Anerkenntnissen

**abstraktes Schuldanerkenntnis, §§ 780, 781**

- begründet (konstitutiv) neuen Schuldgrund
- abstrakt vom alten Schuldgrund (aber kondizierbar, wenn nicht seinem Zweck nach Kondiktion ausgeschlossen, § 812 II)
- Neubeginn der Verjährung bzgl. Schuldgrund, vgl. § 212 I Nr. 1

**deklaratorisches Schuldanerkenntnis, nicht geregelt**

- Vertrag i.S.d. §§ 311 I, 241 I
- bloße Bestätigung des alten Schuldgrundes
- keine eigene Anspruchsgrundlage
- nicht kondizierbar
- führt zu Ausschluss der bekannten Einwendungen und Einreden (evtl. auch unbekannte und zukünftige)
- Neubeginn der Verjährung, § 212 I Nr. 1

**reine Wissenserklärung**

- kein Rechtsbindungswille, kein Rechtsgeschäft
- führt zur Beweislastumkehr (h.M.) bzw. Indizfunktion (M.M.)
- Neubeginn der Verjährung, § 212 I Nr. 1

### III. Abgrenzung

- nach Rechtbindungswillen, der anhand objektiver Umstände zu bestimmen ist (§§ 133, 157 analog)
- für abstraktes Schuldanerkenntnis spricht grds., dass Schuldgrund in der Erklärung nicht genannt wird
- zumindest für deklaratorisches Schuldanerkenntnis spricht, wenn Schuldverhältnis erkennbar der Ungewissheit entzogen werden soll (z.B. Verzicht auf Einreden)

Hauptproblem einer jeden Klausur, in der ein Schuldanerkenntnis eine Rolle spielt, wird es sein, den entsprechenden Rechtsbindungswillen des Schuldners zu überprüfen. Hierbei stellt sich die Schwierigkeit, dass es sich beim Rechtsbindungswillen um ein rein subjektives Element handelt, man aber nicht „in den Schuldner hineinschauen" kann. Daher ist das subjektive Element anhand von objektiven Kriterien zu bestimmen, wobei es darauf ankommt, wie der Gegenüber die Erklärung redlicherweise verstehen durfte, §§ 133, 157 (letztlich nur analog, weil es nicht um den Inhalt einer Willenserklärung geht, sondern um die Frage, ob überhaupt eine solche vorliegt).

Die Kriterien, die dabei theoretisch herangezogen werden können, sind vielfältig. Regelmäßig werden aber vor allem die wirtschaftliche Bedeutung und das Interesse der Parteien an einer bestimmten Frage ausschlaggebend sein.

Im Übrigen können teilweise ähnliche Wertungen herangezogen werden wie bei der Abgrenzung zwischen einer invitatio ad offerendum und einem Angebot bzw. zwischen einer Garantie (vgl. § 276 I HS 2) und einer bloßen Anpreisung: Auch hier geht es letztlich um den Rechtsbindungswillen.

Klassisches Beispiel zur Abgrenzung der verschiedenen Arten von Schuldanerkenntnissen ist die Erklärung des Unfallbeteiligten am Unfallort: Hier wird häufig nur eine reine Wissenserklärung vorliegen. Indes ist dies keineswegs zwingend: Wenn sich z.B. der Geschädigte nur durch die schriftliche Erklärung des Unfallverursachers davon abbringen lässt, die Polizei zu rufen, damit diese den Unfall aufnehmen könne, so spricht durchaus Vieles dafür, hier zumindest ein deklaratorisches Schuldanerkenntnis anzunehmen. Eine Auslegung als reine Wissenserklärung würde u.U. den berechtigten Interessen des Geschädigten nicht gerecht werden.

## Überblick über die gesetzlichen Schuldverhältnisse

**I. Klausuraufbau**

- Prüfung regelmäßig erst nach vertraglichen Ansprüchen
- GoA i.d.R. vor DeliktsR und BereicherungsR

**II. Überblick**

**Gesetzliche Schuldverhältnisse**

| GoA (§§ 677 ff.) | DeliktsR (§§ 823 ff.) | BereicherungsR (§§ 812 ff.) |
| --- | --- | --- |
| **Zweck:**<br>**Schutz** des uneigennützig Helfenden und Schutz vor unberechtigter Einmischung | **Zweck:**<br>**Ausgleich** von Schäden, die durch anderen verursacht wurden | **Zweck:**<br>**Ausgleich** ungerechtfertigter Vermögensvorteile |
| • Absichten des Handelnden und Interessen des Betroffenen sind zu berücksichtigen | • Blick auf Geschädigten (= Gläubiger) steht im Mittelpunkt | • Blick auf Bereicherten (= Schuldner) steht im Mittelpunkt |

Die gesetzlichen Schuldverhältnisse umfassen mit der GoA, dem Bereicherungs- und dem Deliktsrecht drei verschiedene Anspruchssysteme, denen auch jeweils eine unterschiedliche Bedeutung zukommt: die Ansprüche für denjenigen, der in fremden Angelegenheiten tätig wird, der Ausgleich von rechtsgrundlosen Vermögensverschiebungen; der Ersatz von Schäden. Im Einzelfall kann diese unterschiedliche Zielrichtung durchaus einmal dazu führen, dass auch der Anspruchsumfang nach den verschiedenen Grundlagen unterschiedlich ist. Umgekehrt ergeben sich z.B. Überschneidungen auf Rechtsfolgenseite, da nach dem Recht der GoA auch Schadensersatz (§ 678) bzw. Herausgabe (§ 681 i.V.m. § 667) verlangt werden kann.

Denken Sie für die Reihenfolge der Prüfung daran, dass die berechtigte GoA im Rahmen der vertragsähnlichen Ansprüche, d.h. vor dem Bereicherungs- und dem Deliktsrecht zu prüfen ist, da die berechtigte GoA einen Rechtsgrund i.S.d. § 812 bzw. einen Rechtfertigungsgrund bei § 823 I darstellen kann und außerdem der Haftungsmaßstab des § 680 auch im Deliktsrecht anwendbar ist.

Behalten Sie auch im Auge, dass es typische, aber jeweils unterschiedlich strukturierte Klausurtypen gibt. Manche Sachverhalte verlangen eine nahezu ausschließliche, dafür aber umso tiefere Auseinandersetzung mit einem Gebiet (z.B. dem Deliktsrecht innerhalb und außerhalb des BGB bei Autounfällen), andere berühren nahezu den gesamten Bereich der gesetzlichen Schuldverhältnisse sowie weitere dingliche Ansprüche (so insbesondere die Veräußerung einer fremden Sache, die u.U. zu Ansprüchen aus §§ 987 ff. bzw. §§ 823 ff., § 687 II i.V.m. § 678 bzw. §§ 681, 667 sowie § 816 I S. 1 führen kann).

Beachten Sie: Denken Sie aus Konkurrenzerwägungen immer daran, ob Ansprüche aus den gesetzlichen Schuldverhältnissen möglicherweise durch dingliche Sonderregelungen verdrängt werden („Sperrwirkung des EVB“). Auch das Erbschaftsbesitzerrecht, §§ 2018 ff. BGB ist bei Veranlassung vor den gesetzlichen Schuldverhältnissen zu prüfen!

## Geschäftsführung ohne Auftrag im Überblick

**GoA**

**<u>Echte GoA, § 677</u>:**
Fremdgeschäftsführungswille (+)

- **berechtigte GoA:** Geschäftsführung entspricht Willen/Interesse des Geschäftsherrn
  - § 681 i.V.m. §§ 666-668, insb.:
    - Auskunftspflicht d. GF
    - Herausgabeanspruch des GH
  - §§ 677, 683, 670; Aufwendungsersatzanspruch des GF
- **unberechtigte GoA:** Geschäftsführung widerspricht Willen/Interesse des Geschäftsherrn
  - § 684 S. 1: keine Rechte des GH, aber Herausgabepflicht an GF nach §§ 812 ff.
  - § 684 S. 2: bei Genehmigung §§ 677, 683, 670
  - § 678: bei Fahrlässigkeit SchaE-Anspruch des GH

**<u>Unechte GoA, § 687</u>:**
kein Fremdgeschäftsführungswille (FGW)

- **vermeintliche Eigengeschäftsführung:** GF kennt Fremdheit nicht
  - § 687 I: Recht der GoA nicht anwendbar
- **angemaßte Eigengeschäftsführung:** GF kennt Fremdheit, führt Geschäft aber trotzdem als eigenes
  - § 687 II S. 1: SchaE- und Herausgabeanspruch des GH i.V.m. §§ 678, 684, 667
  - § 687 II S. 2: bei Geltendmachung Anspruch des GF i.V.m. §§ 684 S. 1, 812 ff.

Aufgabe der §§ 677 ff. ist es, einerseits das Tätigwerden des uneigennützigen Helfers zu honorieren, andererseits eine Einmischung in fremde Angelegenheiten zu verhindern. Um hier zu einem angemessenen Ausgleich zu kommen, müssen die Interessen beider Seiten, also die des Geschäftsherrn und des Geschäftsführers, berücksichtigt werden, was zu den umseitig dargestellten unterschiedlichen Differenzierungen führt.

Allgemein ist der Begriff der Geschäftsführung weit zu verstehen, und auch die übrigen Voraussetzungen der (berechtigten) GoA werden teilweise sehr weit gefasst. Dies ermöglicht einerseits ein gewisses „Billigkeitsrecht“, d.h. also einen gerechten Ausgleich in all den Konstellationen, in denen andere vertragliche oder gesetzliche Regelungen nicht weiterhelfen. Andererseits besteht dadurch natürlich auch die Gefahr, dass bestehende gesetzliche Wertungen (insbesondere Anspruchsbegrenzungen) umgangen werden.

Insbesondere im Recht der GoA ist es wichtig, die unterschiedlichen Rechtsfolgen auseinander zu halten, die sich für Geschäftsherrn bzw. Geschäftsführer ergeben können: Anders als im Delikts- bzw. Bereicherungsrecht ist nicht nur Schadensersatz oder Herausgabe geschuldet: Daneben sind z.B. auch Aufwendungsersatz- oder Auskunftsansprüche vorgesehen. Hier heißt es also, genau auf die Fallfrage zu achten oder aber bei unbestimmtem Bearbeitervermerk („Wie ist die Rechtslage?“) den Sachverhalt daraufhin zu analysieren, welche Anspruchsziele für den jeweiligen Gläubiger von Interesse sein könnten.

# Berechtigte GoA

Basics ZivilR II, Rn. 24 ff., Rückgriffsansprüche, Rn. 385 ff.

## Voraussetzungen der berechtigten GoA

**I. Geschäftsbesorgung**

- weit verstandener Begriff
- jede aktive Tätigkeit rechtsgeschäftlicher, aber auch tatsächlicher Art

**II. Fremdheit des Geschäfts**

- Unterscheide: obj. und subj. Fremdheit
  - obj.: Geschäft gehört zum Rechtskreis des GH
  - subj.: obj. neutrales Geschäft wird erst durch Fremdgeschäftsführungswillen (FGW) fremd
- Sonderproblem: „auch fremdes" Geschäft: nach h.M. genügt, wenn GF auch fremde Angelegenheiten besorgen will; Sonderprobleme etwa bei
  - eigener öffentlich-rechtlicher Verpflichtung
  - Selbstaufopferung im Straßenverkehr (⇨ § 7 II StVG?)
  - Abwicklung nichtiger (etwa Werk-)Verträge (⇨ Verhältnis zu § 812?)

**III. FGW**

bei obj. fremd. (nach h.M. z.T. auch bei "auch fremd.") Geschäft Vermutung

**IV. Ohne Auftrag oder sonstige Berechtigung**

- §§ 677 ff. nur anwendbar, wenn kein (wirksamer) Vertrag o.ä.
- abzustellen auf Berechtigung gegenüber GH

**V. Im Interesse und Willen des GH**

- bei tatsächlich geäußertem Willen: auf diesen abstellen
- auch unvernünftiger Wille zu respektieren; aber evtl. Unbeachtlichkeit des entgegenstehenden Willens nach § 679
- wenn tatsächlicher Wille nicht erkennbar ⇨ mutmaßlicher Wille aus obj. Interesse zu erschließen.

**Liegen die Voraussetzungen der berechtigten GoA vor, ergeben sich daraus folgende Ansprüche:**

**<u>1. Ansprüche des GF:</u>**

**Das Verhalten des GF ist hier rechtmäßig. Er kann daher Ersatz seiner Aufwendungen gem. §§ 683 S. 1, 670 verlangen (derselbe Anspruch ergibt sich über § 683 S. 2 i.V.m. § 679 bzw. über § 684 S. 2).**

**Aufwendungen sind alle freiwilligen Vermögensopfer, die der GF zum Zwecke der Ausführung des Geschäfts macht. § 670 ist entsprechend aber auch dann anwendbar, wenn der GF Schäden erleidet, in denen sich das typische Risiko der übernommenen Tätigkeit widerspiegelt. Ein etwaiges Mitverschulden des GF wird dann gem. § 254 BGB berücksichtigt.**

**Nicht unter den Aufwendungsbegriff fällt hingegen die Arbeitskraft als solche. Das folgt aus der Unentgeltlichkeit des Auftrags, § 662. Analog § 1835 III liegt aber eine ersatzfähige Aufwendung vor, wenn die Tätigkeit zum Beruf des GF gehört (Arzt hilft Unfallopfer).**

**<u>2. Ansprüche des GH:</u>**

**Den GF treffen gewisse Pflichten, bei deren Verletzung dem GH ein Schadensersatzanspruch zustehen kann. So kann dem GH z.B. bei einer Pflichtverletzung des GF bei der Ausführung ein Anspruch aus § 280 I zustehen (Arzt verletzt Unfallopfer schuldhaft, vgl. zuletzt Life&Law 2006, 579 ff.). Wichtig: Es kann sich nur um ein Ausführungsverschulden handeln, da im Falle des Übernahmeverschuldens § 678 greift, der nur im Rahmen der unberechtigten GoA anwendbar ist. Wichtig ist in diesem Zusammenhang die Vorschrift des § 680. Sie gilt auch i.R. eines eventuellen Anspruchs aus § 823 I, der aber nur bei einem Ausführungsverschulden in Betracht kommt, da die Geschäftsübernahme i.R.d. berechtigten GoA nicht rechtswidrig ist.**

**Achtung: Der professionelle Nothelfer kann sich nicht auf § 680 berufen. Grund: Er erhält nach § 1835 III analog Vergütung für seine Tätigkeit. Dann ist aber für eine Privilegierung kein Raum mehr!**

## Voraussetzungen

**I. Geschäft**

= jedes rechtsgeschäftliche oder tatsächliche Handeln mit wirtschaftlichen Folgen außer bloßem Unterlassen, Dulden oder Geben.

**II. Fremdheit des Geschäfts**

- **Objektiv fremdes Geschäft**
  Geschäft gehört schon nach äußerem Erscheinungsbild nicht zum Interessen- und Rechtskreis des GF
- **Auch fremdes Geschäft**
  Geschäftsübernahme liegt zugleich im eigenen und im fremden Interesse
- **Subjektiv fremdes Geschäft**
  Vom äußeren Erscheinungsbild her neutrales Geschäft, wenn nach außen erkennbar die Absicht besteht, das Geschäft für einen anderen zu führen
  - beim subj. fremden Geschäft müssen Besorgung eines fremden Geschäfts und Fremdgeschäftsführungswille (vgl. ÜK 5) zusammen geprüft werden!
  - Unterscheidung zudem wichtig für § 687, der ein objektiv fremdes Geschäft erfordert!

Objektiv fremd ist z.B. die Bezahlung fremder Schulden. Subjektiv fremd ist z.B. der Kauf eines Bildes (= neutrales Geschäft) für einen Fremden (= subjektiv fremdes Geschäft).

Das größte Problem bei der Fremdheit des Geschäftes ist das sog. „auch fremde Geschäft". Seine Bedeutung liegt insbesondere darin, dass bei ihm nach der Rspr. der Fremdgeschäftsführungswille vermutet wird. Das bedeutet für Sie in der Klausur, dass die sonst bei einem nicht objektiv fremden Geschäft erforderliche Prüfung des Fremdgeschäftsführungswillens entfallen kann. Gerade eine extensive Anwendung des auch fremden Geschäftes kann leicht zu einer Umgehung anderer gesetzlicher Wertungen führen. Sie sollten deshalb zwar in der Klausur die Figur des auch fremden Geschäfts durchaus in ihrem Grundsatz anerkennen, aber bei der Anwendung auf den konkreten Fall prüfen, ob sie mit der Gesetzessystematik im Übrigen in Einklang steht (z.B. bei der Selbstvornahme im Kaufrecht würde das Recht zur zweiten Andienung des Verkäufers ausgehöhlt).

Ein Sonderproblem stellt sich, wenn mehrere Personen verpflichtet sind, eine Leistung zu erbringen und einer leistet. Steht dem Leistenden im Innenverhältnis die GoA als Regressform zur Verfügung?

⇨ Bei der echten Gesamtschuld scheitert die GoA schon deshalb, weil der Zahlende kein fremdes Geschäft führt, da gem. § 426 II die Forderung des Gläubigers auf ihn übergeht. Die übrigen Gesamtschuldner bleiben also weiterhin verpflichtet.

⇨ Bei der sog. unechten Gesamtschuld greift die GoA auch nicht: Zahlt der Privilegierte, führt er kein Geschäft des Letztverpflichteten, da dieser nicht frei wird. Bsp.: GH verletzt Sohn des GF. GF zahlt aufgrund Unterhaltspflicht Arztkosten. GF gegen GH aus GoA (-), da GH wegen § 843 IV nicht frei wird. GF führte kein Geschäft des GH.

  Zahlt hingegen der primär Haftende, liegt kein Geschäft für den Bessergestellten vor, da er der im Innenverhältnis Verpflichtete ist.

# Fremdgeschäftsführungswille

Basics ZivilR II, Rn. 13 ff., Rückgriffsansprüche, Rn. 399 ff.

## Übersicht zum Fremdgeschäftsführungswillen (FGW)

**objektiv fremdes Geschäft**
↓
FGW wird (widerlegbar) vermutet

**sog. auch fremdes Geschäft**
↓
Nach Rspr. wird FGW z.T. widerlegbar vermutet
↓
**Problemfälle**
- Tätigwerden aufgrund Vertrages mit einem Dritten
- Tätigwerden aufgrund spezieller öffentlich-rechtlicher Vorschriften
- Tätigwerden aufgrund nichtigen Vertrages

**subjektiv fremdes Geschäft**
↓
FGW muss nach außen erkennbar sein

Erforderlich für den (FGW) ist zunächst das Bewusstsein, ein fremdes Geschäft zu führen (wenn (-) ⇨ § 687 I). Zudem bedarf es des Willens, das Geschäft für einen anderen zu führen (wenn (-) ggfs.⇨ § 687 II). Ob der Geschäftsführer den Geschäftsherrn kennt, ist irrelevant, vgl. § 686.

Wie der Fremdgeschäftsführungswille zu prüfen ist, hängt von der Art des Geschäftes ab: Beim obj. fremden Geschäft wird der FGW vermutet. Es müssen demnach bestimmte Anhaltspunkte im Sachverhalt gegeben sein, damit der FGW verneint werden kann. Beim subj. fremden Geschäft müssen Fremdheit und das Vorliegen des FGW zusammen geprüft werden (vgl. ÜK 4).

Allein problematisch ist das „auch fremde Geschäft" (vgl. dazu den Problemaufsatz in Life&Law 03/2013 zu den einzelnen Fällen des „auch-fremden" Geschäfts): Bsp.: Aufgrund Werkvertrags mit der Polizei schleppt GF das Auto des GH ab. GF gegen GH aus §§ 683, 670?

Problem: Vertrag steht im Vordergrund. Wenn zusätzlich GoA eingreift, ergeben sich Abwicklungsschwierigkeiten: GF hat zwei Schuldner, die nicht Gesamtschuldner sind, bei Schlechtleistung eventuell zwei Gläubiger, GH wäre staatlichem Kostenanspruch und Anspruch aus GoA ausgesetzt.

Nach richtiger Ansicht will der Abschleppunternehmer nur seiner vertraglichen Verpflichtung nachkommen, weshalb der FGW fehlt. Anspruch GF gegen GH (-).

Ähnliche Probleme ergeben sich in den Fällen des Tätigwerdens aufgrund öffentlich-rechtlichen Vertrags (Funkenflugfall) und des Tätigwerdens aufgrund nichtigen Vertrags. In der hier genannten Konstellation besteht die Gefahr, dass die Wertungen des Bereicherungsrechts unterlaufen werden.

Ein Mieter, der aufgrund einer unerkannt unwirksamen Endrenovierungsklausel Schönheitsreparaturen in der Mietwohnung vornimmt, führt damit kein Geschäft des Vermieters, sondern wird nur im eigenen Rechts- und Interessenkreis tätig, weil er eine Leistung erbringen will, die rechtlich und wirtschaftlich Teil des von ihm für die Gebrauchsüberlassung an der Wohnung geschuldeten Entgelts ist (vgl. BGH, Life&Law 08/2009, 505 ff.).

Fehlt der Rechtsbindungswille (Gefälligkeitsverhältnis), findet die GoA keine Anwendung, Life&Law 2015, 795 ff.

# Berechtigung zur Geschäftsführung



Basics ZivilR II, Rn. 23 ff., Rückgriffsansprüche, Rn. 416 ff.

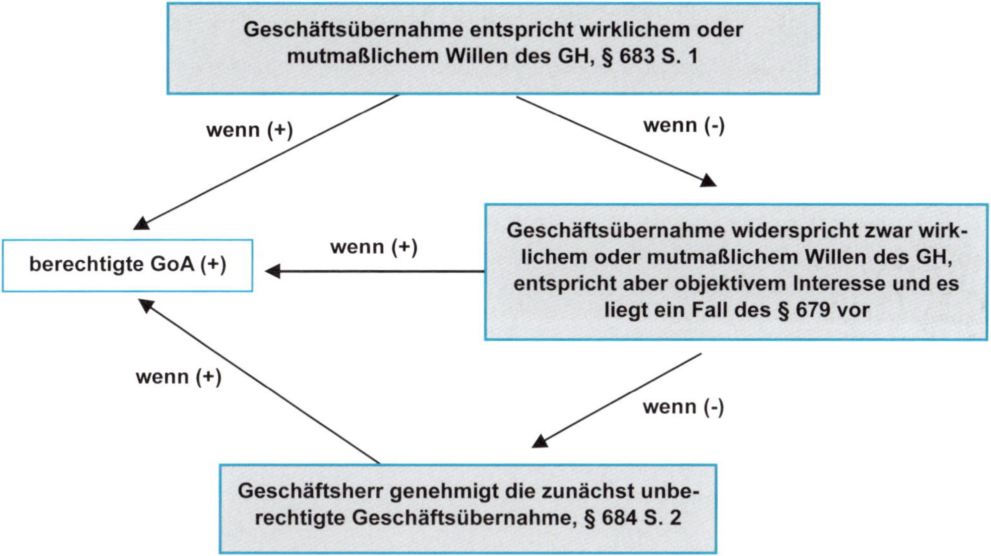

Grundsatz: Der wirkliche Wille des GH ist entscheidend. Daraus folgt: Liegt die Geschäftsführung im obj. Interesse des GH, widerspricht sie aber seinem Willen, liegt unberechtigte GoA vor (es sei denn, § 679 greift ein). Im umgekehrten Fall liegt eine berechtigte GoA vor.

Demzufolge empfiehlt sich folgende Prüfungsreihenfolge:

1. Feststellung des wirklichen Willens

   a) Entspricht die Übernahme des Geschäfts diesem Willen: berechtigte GoA (+), obj. Interesse egal

   b) Entspricht die Übernahme nicht dem Willen, erfolgt Prüfung des § 679

2. Wirklicher Wille lässt sich nicht feststellen: Ermittlung des mutmaßlichen Willens (obj. Interesse als Auslegungshilfe)

3. wenn danach unberechtigte GoA: Genehmigung?

Bei der Frage danach, ob die Geschäftsführung dem Interesse und Willen des Geschäftsherrn entspricht, ist eine mögliche Verlängerung des Problems durch Minderjährige denkbar: Ist der GH minderjährig, stellt sich die Frage, ob auf den Minderjährigen selbst oder analog § 166 I auf die Erziehungsberechtigten als gesetzliche Vertreter abzustellen ist. Für ein Abstellen auf die Erziehungsberechtigten spricht, dass die GoA bis zu einem gewissen Grade „vertragsähnlich“ ist, da insbesondere auch ihr Rechtsfolgensystem an das des Auftragsrechts angelehnt ist.

Der geschäftsunfähige bzw. in der Geschäftsfähigkeit beschränkte Geschäftsführer haftet nur nach den Vorschriften des Delikts- und Bereicherungsrechts, § 682, nicht aber aus GoA (§ 678, § 280 I im Rahmen der berechtigten GoA, § 681 S. 2). Seine eigenen Ansprüche werden von § 682 hingegen nicht berührt!

## Unberechtigte GoA

**I. Voraussetzung**

- Geschäftsführung widerspricht Interesse und Willen des GH (§ 683 S. 1) und wurde nicht genehmigt (§ 684 S. 2)

**II. Rechtsfolgen**

- **Ansprüche des Geschäftsherrn**
  - Anspruch aus § 678, wobei jedoch das Haftungsprivileg des § 680 zu beachten ist
  - Zudem kommt § 280 I der unberechtigten GoA in Betracht; str. (allerdings Ausschlussverhältnis zu § 678), § 680 beachten!
  - Herausgabeanspruch aus §§ 681 S. 2, 667 (str.)
  - §§ 812 ff., 823 ff., beachte aber § 680 (str.)
- **Ansprüche des Geschäftsführers**
  - lediglich § 684 S. 1, wobei jedoch Entreicherungseinwand (§ 818 III) möglich
  - im Übrigen keine Ansprüche, da GF bei unberechtigter GoA rechtswidrig handelt

## HEMMER-METHODE zu ÜK 7

Wichtigste Anspruchsgrundlage für den Geschäftsherrn im Fall der unberechtigten GoA ist § 678. Diese Vorschrift setzt ein Übernahmeverschulden, d.h. die Frage, ob der Geschäftsführer erkennen konnte, dass die Geschäftsführung nicht dem Interesse des Geschäftsherrn entspricht, voraus. § 678 greift auch dann ein, wenn neben dem Übernahmeverschulden noch ein Ausführungsverschulden vorliegt, auch wenn ein solches keine Anspruchsvoraussetzung darstellt, vgl. Wortlaut.

Eine wichtige Rolle spielt in diesem Zusammenhang die Haftungsprivilegierung des § 680, die nach der Gesetzessystematik zunächst nur das Ausführungsverschulden bei der berechtigten GoA betrifft, denn § 680 bezieht sich nicht auf § 678. Allerdings erscheint es interessengerecht, § 680 auch auf ein Übernahmeverschulden anzuwenden.

Streitig ist, ob dem GH auch der Anspruch aus §§ 681 S. 2, 667 zustehen soll. Die h.M. bejaht dies, da der unberechtigte GF nicht besser stehen soll als der berechtigte. Die Gegenmeinung ist der Auffassung, der GH könne ja die Geschäftsführung genehmigen und so zu dem Anspruch aus §§ 681 S. 2, 667 gelangen (dann aus berechtigter GoA). Dem ist jedoch entgegenzuhalten, dass der GH dann seinen Schadensersatzanspruch aus § 678 verlieren würde!

Der GF seinerseits hat nur einen Anspruch aus § 684 S. 1 i.V.m. § 818 I, II (Rechtsfolgenverweisung!), z.B. Ersatz werterhaltender Aufwendungen, die für den GH später sowieso angefallen wären.

# Eigengeschäftsführung

| | |
|---|---|
| **I. Vermeintliche Eigengeschäftsführung** | • **Voraussetzung:** Bewusstsein von Fremdheit des Geschäfts fehlt<br>• **Rechtsfolgen:** §§ 677 ff. unanwendbar (⇨ §§ 812 ff., 823 ff., 987 ff.) |
| **II. Angemaßte Eigengeschäftsführung** | • **Voraussetzung:** positive Kenntnis der Fremdheit (= hohe Hürde!), aber kein Fremdgeschäftsführungswille<br>• **Rechtsfolgen:**<br>- GH gegen GF: § 687 II S. 1 i.V.m. § 678 bzw. §§ 681, 667 (daneben §§ 812 ff., 823 ff., 987 ff. anwendbar!)<br>- GF gegen GH: § 687 II S. 2: Anspruch nach §§ 684 S. 1, 818 nur, wenn GH Ansprüche geltend macht.<br>Sonst allenfalls § 994 II, wenn die Voraussetzungen des § 683 vorliegen<br>(gemischte Rechtsgrund-, Rechtsfolgenverweisung) |

Voraussetzung für die Anwendung des § 687 ist ein obj. fremdes Geschäft, denn ein neutrales Geschäft wird ja erst durch den Fremdgeschäftsführungswillen zum fremden, der bei § 687 aber gerade fehlt.

Bei der irrtümlichen Eigengeschäftsführung finden die §§ 677 ff. keine Anwendung. Davon unberührt bleiben allerdings Ansprüche aus §§ 987 ff., 823 ff., 812 ff., und zwar sowohl des GH als auch des GF!

Im Fall des § 687 II ist der GF überhaupt nicht schutzwürdig. Die Vorschrift geht daher in seinen Rechtsfolgen sehr weit. Insbesondere der Anspruch aus §§ 681 S. 2, 667 ist günstig, da er auch den vom GF erzielten Gewinn umfasst (im Deliktsrecht gilt § 252 und im Bereicherungsrecht kann ein Gewinn nur bei § 816 I S. 1 herausverlangt werden). Aber auch § 678 ist günstiger als § 823, da der GF für Folgeschäden auch ohne Verschulden haftet.

Der Anwendungsbereich ist jedoch aufgrund der vorausgesetzten positiven Kenntnis erheblich enger als z.B. der der §§ 989, 990 (grobe Fahrlässigkeit genügt) oder des § 816 I S. 1 (kein subj. Element notwendig).

Macht der GH diese Ansprüche geltend, so hat der GF seinerseits den Anspruch aus §§ 684 S. 1, 818. Dann ergibt sich das etwas verwirrende Ergebnis, dass der GH dem GF das Erlangte herausgeben muss und der GF dem GH ebenfalls nach §§ 687 II S. 1, 681 S. 2, 667 (sog. juristisches Karussell). Daher ist § 687 II S. 2 so zu lesen: Verlangt der GH den Gewinn vom GF heraus, kann sich der GF hinsichtlich gemachter Aufwendungen auf § 818 III berufen.

## Grundgedanke

| | |
|---|---|
| **I. Ziel des Bereicherungsrechts** | • *Ausgleich ungerechtfertigter Vermögensverschiebungen* - entstanden wegen mangelhafter schuldrechtlicher Grundlage - durch Herausgabe des Erlangten bzw. Wertersatz |
| **II. Gesetzliches Schuldverhältnis** | • Begründung eines *neuen gesetzlichen Schuldverhältnisses* mit eigenen Regeln, nicht Fortsetzung eines ursprünglichen Schuldverhältnisses |
| **III. Unterschiede zu §§ 346 ff.** | • Ziel des Rücktritts zwar auch Rückgewähr von ausgetauschten Leistungen<br>• aber konstruktiver Unterschied: Fortsetzung des ursprünglichen Schuldverhältnisses durch Umwandlung in *Rückgewährschuldverhältnis,* d.h. Rechtsgrund i.S.d. § 812 (+) |

Ziel des Bereicherungsrechts ist es, überall dort einen gerechten und billigen Ausgleich zu schaffen, wo das Recht zwar zunächst einen wirksamen Vermögenserwerb herbeiführt, dieser aber mit den materiellen Gerechtigkeitsvorstellungen nicht übereinstimmt. Zu einer solchen Diskrepanz kann es leicht aufgrund des Abstraktionsprinzips kommen, wenn das Erfüllungsgeschäft wirksam, die zugrundeliegende causa aber unwirksam ist.

*Klassischer Fall: Der Eigentumserwerb eines Minderjährigen infolge eines rechtlich nicht lediglich vorteilhaften Kaufvertrages.*

Hier verlangt die Billigkeit die Rückgängigmachung des Rechtserwerbs. Der Verkäufer, der keinen Kaufpreisanspruch hat, muss selbstverständlich das Eigentum an der Sache zurückfordern können. Das Bereicherungsrecht wird daher häufig auch als Billigkeitsrecht bezeichnet.

Das Bereicherungsrecht ist äußerst examensrelevant. In Examensklausuren kann das Bereicherungsrecht einerseits Hauptgegenstand der Prüfung sein. Andererseits taucht das Bereicherungsrecht in einer Vielzahl zivilrechtlicher Examensklausuren als Folgeproblemkomplex auf. Da sich das Bereicherungsrecht als Schnittstelle vieler Teilgebiete des BGB darstellt, sind in beiden Klausurvarianten regelmäßig Fragen außerhalb des Bereicherungsrechts relevant.

Z.B. sind die §§ 812 ff. regelmäßig Folge unwirksamer Verträge, so dass bei der Frage des fehlenden Rechtsgrundes häufig Probleme aus dem BGB-AT zu prüfen sind (z.B. Geschäftsfähigkeit gem. §§ 104 ff. oder Nichtigkeitsgründe wie §§ 134, 138, 142).

Abgrenzungsprobleme ergeben sich insbesondere im Zusammenhang mit dem Institut der Störung der Geschäftsgrundlage (§ 313) und dem Eigentümer-Besitzer-Verhältnis (§§ 987 ff.).

## Verhältnis zu vertraglichen Beziehungen

**I. Ergänzende Vertragsauslegung**

- Bereicherungsrecht ist ausgeschlossen, wenn sich Erfüllungsanspruch im Wege ergänzender Vertragsauslegung ergibt, da dann ein Rechtsgrund besteht.

**II. Störung der Geschäftsgrundlage**

- Bereicherungsrecht ist unanwendbar, wenn Rechtsfolge der Störung der Geschäftsgrundlage die Vertragsanpassung ist, da auch dann ein Rechtsgrund besteht.
- Ist Anpassung ausnahmsweise nicht möglich, Auflösung des Rechtsgeschäfts durch Gestaltungserklärung und Rückabwicklung nach §§ 346 ff. (vgl. § 313 III S. 1).

**III. Fehlerhafte Gesellschafts- und Arbeitsverträge**

- grds. kein Bereicherungsrecht, da Rückabwicklung gem. §§ 812 ff. nach Invollzugsetzung des Gesellschafts- oder Arbeitsverhältnisses kaum praktikabel
- daher modifiziertes Vertragsrecht nach den Grundsätzen des fehlerhaften Gesellschafts- oder Arbeitsverhältnisses

Das Bereicherungsrecht ist immer dann unanwendbar, wenn ein vertraglicher Erfüllungsanspruch besteht, da dieser Rechtsgrund i.S.d. §§ 812 ff. ist. Vorrangig sind dabei auch diejenigen vertraglichen Ansprüche, die sich erst durch die Ausfüllung einer Vertragslücke im Wege ergänzender Vertragsauslegung bzw. Vertragsanpassung im Fall der Störung der Geschäftsgrundlage (§ 313) oder über die Grundsätze des fehlerhaften Gesellschafts- oder Arbeitsverhältnisses ergeben.

Dabei kann die Abgrenzung zwischen Störung der Geschäftsgrundlage gem. § 313 und der Zweckkondition gem. § 812 I S. 2, Alt. 2 im Einzelfall problematisch sein.

Beachten Sie, dass § 313 für die Rückabwicklung im Fall der Störung der Geschäftsgrundlage ein gesetzliches Rücktrittsrecht gibt (§ 313 III S. 1).

Bei der Abgrenzung zu den Grundsätzen des fehlerhaften Arbeits- oder Gesellschaftsverhältnisses ist zu beachten, dass diese keine Anwendung finden, wenn der Zweck der Unwirksamkeitsnorm der faktischen Wirksamkeit des Vertrages entgegensteht (z.B. Minderjährigenschutz).

Im Übrigen führen diese Grundsätze dazu, dass für die Vergangenheit ein Rechtsgrund besteht und das Dauerschuldverhältnis nur mit Wirkung ex nunc aufgelöst wird.

## Verhältnis zum Eigentümer-Besitzer-Verhältnis

| | |
|---|---|
| **I. Ansprüche auf Nutzungs-, Schadens- und Verwendungsersatz** | • Grundsätzlicher Ausschluss des Bereicherungsrechts durch das EBV, soweit Regelungsbereich der §§ 987 ff. reicht, also insbesondere *Nutzungsersatzansprüche (§§ 987 ff.)* und *Verwendungsersatzansprüche (§§ 994 ff.)* |
| **II. Ansprüche wegen Veräußerung oder Verbrauchs der Sache selbst** | • Bereicherungsansprüche wegen *Veräußerung (§ 816)* oder *Verbrauchs* der Sache *(§ 812 I S. 1, Alt. 2, § 818 II)* sind möglich, da keine Regelung im EBV |
| **III. Ansprüche aufgrund gesetzlichen Eigentumserwerbs** | • keine Verdrängung der *Wertersatzansprüche* der §§ 951, 812 ff. durch die §§ 987 ff., da EBV nur Schadensersatz, Nutzungen und Verwendungen regelt; für Verwendungen str. (Theorie der absoluten Sperrwirkung) |

Die §§ 987 ff. enthalten Sondervorschriften für das Verhältnis des Eigentümers zum unrechtmäßigen Besitzer. Zweck dieser Vorschriften ist vor allem die Privilegierung des gutgläubigen unverklagten Besitzers, die durch andere Vorschriften nicht unterlaufen werden darf. Daher ist der unrechtmäßige Besitzer nach § 993 I a.E. nur unter den Voraussetzungen der §§ 987 ff. zur Nutzungsherausgabe oder zum Schadensersatz verpflichtet, Bereicherungsansprüche (vgl. insb. § 818 I) bestehen daneben nicht.

Der Ausschluss bereicherungsrechtlicher Ansprüche geht aber nur soweit, als der Anwendungsbereich der §§ 987 ff. überhaupt reicht. Nicht ausgeschlossen sind daher Ansprüche auf Herausgabe des Veräußerungserlöses nach § 816 I S. 1, Ansprüche wegen des Verbrauchs der Sache selbst aus §§ 812 I S. 1, Alt. 2, 818 II, da dieser keine Nutzung der Sache darstellt, und reine Wertersatzansprüche aufgrund gesetzlichen Eigentumserwerbs gem. §§ 951, 812 ff.

Das Verhältnis der §§ 951, 812 ff. zu dem Verwendungsersatzanspruch nach § 994 kann allerdings im Einzelfall sehr problematisch sein (vgl. ÜK 13).

**Analogie unentgeltlich = rechtsgrundlos i.R.d. § 988**

**I. Rspr: Gleichstellung des unentgeltlichen und rechtsgrundlosen Besitzerwerbs i.R.d. § 988**

**Rechtsfolge:**

- keine Durchbrechung der Sperrwirkung der §§ 987 ff.
- Anspruch des Eigentümers gegen den rechtsgrundlosen Besitzer auf Nutzungsherausgabe bzw. Wertersatz in analoger Anwendung der §§ 988, 818 I, II

**II. Literatur: Leistungskondiktion neben den §§ 987 ff. bei rechtsgrundlosem Besitzerwerb zulässig**

**Rechtsfolge:**

- Durchbrechung der Sperrwirkung der §§ 987 ff. bei Leistungskondiktion
- Anspruch des Eigentümers gegen rechtsgrundlosen Besitzer auf Wertersatz der Nutzungen aus §§ 812 I S. 1, Alt. 1, 818 I, II

Der Grundsatz der Sperrwirkung der §§ 987 ff. führt bei Unwirksamkeit des (entgeltlichen) Grundgeschäftes in folgendem Fall zu merkwürdigen Ergebnissen:

*Der gutgläubige Erwerber einer Sache könnte die Nutzungen behalten dürfen, wenn Grundgeschäft und Übereignung nichtig sind – da nach § 988 nur der unentgeltliche Besitzer Nutzungsersatz leisten muss und Bereicherungsrecht aufgrund der Sperrwirkung des EBV ausgeschlossen ist.*

*Er müsste aber die Nutzungen nach §§ 812 I S. 1, Alt. 1, 818 I, II herausgeben, wenn nur das Grundgeschäft unwirksam ist, da aufgrund des Eigentumsübergangs gar kein EBV vorliegt.*

Damit würde derjenige, der wegen der Nichtigkeit der Übereignung noch Eigentümer ist, schlechter stehen, als wenn er auch das Eigentum verloren hätte.

Daher wendet die Rechtsprechung in diesem Fall § 988 analog auf den rechtsgrundlosen Besitzerwerb an, während die Literatur bei rechtgrundlosem Erwerb die Leistungskondiktion neben den §§ 987 ff. zulässt.

Praktische Auswirkungen hat dieser Meinungsstreit allerdings nur im Dreipersonenverhältnis, da beide Ansichten im Zweipersonenverhältnis zum gleichen Ergebnis führen, so dass hier eine zu breite Diskussion der Ansichten überflüssig ist.

## Verhältnis der §§ 951, 812 ff. zu §§ 994 ff.

**I. Vorliegen von Verwendungen i.S.d. §§ 994 ff. nach sog. engen Verwendungsbegriff**

- §§ 951, 812 ff. ausgeschlossen, da §§ 994 ff. hier als Sonderregelungen vorrangig

**II. Keine Verwendungen i.S.d. §§ 994 ff. nach sog. engen Verwendungsbegriff (z.B. Hausbau auf fremdem Grund)**

- BGH: Theorie der absoluten Sperrwirkung der §§ 994 ff.: Ausschluss aller Anspruchsgrundlagen, die auf demselben Sachverhalt beruhen, auch wenn keine Verwendungen i.S.d. §§ 994 ff. aufgrund des engen Verwendungsbegriffes vorliegen; dann letztlich nur Wegnahmerecht des Besitzers nach § 997 bzw. Ausgleichsanspruch aus § 242
- Lit.: Ausschluss nur dann, wenn tatsächlich Verwendungen i.S.d. §§ 994 ff. vorliegen. Ansonsten Verwendungsersatz nach §§ 951, 812, 818 II

Das Verhältnis der §§ 951, 812 ff. zu den §§ 994 ff. ist ein sehr klausurrelevantes Problem. Es beruht darauf, dass nach BGH im Rahmen der §§ 994 ff. der sog. enge Verwendungsbegriff gilt: Als Verwendungen sind demnach nur solche Vermögensaufwendungen anzusehen, die der Sache zugutekommen, sie aber nicht grundlegend verändern.

Liegt eine Verwendung in diesem Sinne tatsächlich vor, so treten die §§ 951, 812 ff. nach allgemeiner Meinung hinter den spezielleren §§ 994 ff. zurück.

Strittig ist die Lösung allerdings, wenn aufgrund des engen Verwendungsbegriffes keine Verwendung i.S.d. §§ 994 ff. vorliegt, wenn also die Sache grundlegend verändert wurde (wichtigster Fall: Hausbau auf fremdem Grundstück).

- Nach BGH begründen die §§ 994 ff. auch in diesem Fall eine absolute Sperrwirkung ggü. anderen Anspruchsgrundlagen, d.h. der Besitzer ist letztlich auf sein Wegnahmerecht nach § 997 angewiesen. Im Einzelfall billigt aber der BGH einen Ausgleichsanspruch aus Treu und Glauben zu.
- Nach der Literatur kann die Sperrwirkung der §§ 994 ff. nur dann eintreten, wenn der Anspruch des Besitzers überhaupt eine Verwendung i.S.d. § 994 ff. betrifft. Ist dies nicht der Fall, sollen dem Besitzer Ansprüche auf Wertersatz nach den §§ 951, 812 ff. zustehen. Diese Lösung vermeidet unbillige Ergebnisse, die darin bestehen, dass der Besitzer für Umgestaltungsmaßnahmen auch dann keinen Ersatz verlangen kann, wenn diese eine erhebliche Wertsteigerung der Sache bewirkt haben. Der Schutz des Eigentümers kann dann interessengerecht über die Anwendung der Grundsätze der aufgedrängten Bereicherung erreicht werden.
- Nach vorzugswürdiger Ansicht gilt der weite Verwendungsbegriff, so dass auch bei einem Hausbau auf fremdem Grund über § 996 Ersatz verlangt werden kann. Schutz des Eigentümers: Grundsätze der „aufgedrängten Verwendungen"!

**Überblick über die Anspruchsgrundlagen**

**Leistungskondiktionen**

- § 812 I S. 1, Alt. 1 (condictio indebiti)
- § 812 I S. 2, Alt. 1 (condictio ob causam finitam)
- § 812 I S. 2, Alt. 2 (condictio ob rem)
- § 817 S. 1 (condictio ob turpem vel iniustam causam)
- § 813 I S. 1

**Nichtleistungskondiktionen**

- § 812 I S. 1, Alt. 2
- § 816 I S. 1
- § 816 I S. 2
- § 816 II
- § 822

Das Bereicherungsrecht enthält keinen einheitlichen Rückabwicklungstatbestand, sondern unterscheidet zwischen der Leistungs- und der Nichtleistungskondiktion (sog. Trennungslehre). Diese Unterscheidung ist insbesondere wichtig für die Bestimmung der Parteien des Bereicherungsverhältnisses. Nach der alten Lehre, die von einem einheitlichen Bereicherungstatbestand ausging, wurden die bereicherungsrechtlich relevanten Parteien anhand des Unmittelbarkeitserfordernisses bestimmt, welches aus dem Tatbestandsmerkmal „auf dessen Kosten" gefolgert wurde. Dieses forderte, dass der Verlust des Bereicherungsgläubigers und der Erwerb des Bereicherungsschuldners auf demselben Vorgang beruhten. Das Unmittelbarkeitserfordernis führte aber aufgrund seiner Unbestimmtheit dort zu Schwierigkeiten, wo sich der Leistende zur Erfüllung eines Dritten bediente oder nicht an den eigentlichen Leistungsadressaten, sondern an einen anderen leistete.

Nach der heute herrschenden Trennungslehre gilt das Merkmal „auf dessen Kosten" nur für die Nichtleistungskondiktion, da sich die bereicherungsrechtlich relevanten Personen bei der Leistungskondiktion schon aus dem Begriff der Leistung selbst ergeben. Unter Leistung ist hierbei die bewusste zweckgerichtete Mehrung fremden Vermögens zu verstehen, wobei die Zweckbestimmung nach h.M. aus der Sicht des Leistungsempfängers beurteilt wird (obj. Empfängerhorizont analog §§ 133, 157).

<u>Beachten Sie aber</u>:

Im Zweipersonenverhältnis schließen sich Leistungs- und Nichtleistungskondiktion gegenseitig aus. Was durch Leistung erlangt wurde, kann nicht gleichzeitig „in sonstiger Weise" erlangt sein!

Im Mehrpersonenverhältnis gilt dagegen der Grundsatz des Vorrangs der Leistungsbeziehung, d.h. die Nichtleistungskondiktion ist subsidiär. Damit wird sichergestellt, dass nur im jeweiligen Schuldverhältnis rückabgewickelt wird. Liegt also eine Leistungsbeziehung vor, so verdrängt sie auch im Verhältnis zu Dritten grundsätzlich die Nichtleistungskondiktion.

## Bereicherungsgegenstände

| | |
|---|---|
| **I. Rechte aller Art** | • insb. dingliche Rechte (z.B. Eigentum, Pfandrecht, Anwartschaftsrecht) |
| **II. Vorteilhafte Rechtsstellungen** | • Besitz (str.), Grundbuchposition, Auflassung |
| **III. Befreiung von Verbindlichkeiten** | • insbesondere Leistung eines Dritten auf fremde Schuld gem. § 267 |
| **IV. Gebrauchs- und Nutzungsvorteile** | • z.B. Arbeitsleistung, Gebrauchs- und Nutzungsvorteile bei Kfz oder Räumen |
| **V. Bereicherungsansprüche** | • Bereicherungsanspruch gegen Dritten als Bereicherungsgegenstand („Kondiktion der Kondiktion") |

Voraussetzung eines bereicherungsrechtlichen Anspruchs ist, dass der Bereicherungsschuldner überhaupt etwas erlangt hat. „Etwas erlangt" bedeutet dabei jeder Vermögensvorteil, es muss also eine Verbesserung der Vermögenslage des Bereicherten eingetreten sein.

Besonders klausurrelevant sind hierbei folgende Problemkomplexe:

- Der bloße Besitz kann Gegenstand einer Leistungskondiktion sein. Bei der Eingriffskondiktion ergibt sich ein Konkurrenzproblem. Ließe man die Eingriffskondiktion zu, so würden die besonderen Voraussetzungen des besitzrechtlichen Herausgabeanspruchs gem. § 861 I unterlaufen (vgl. aber Palandt § 861 Rn. 2, wonach ein Eingriff in das Recht zum Besitz die Eingriffskondiktion eröffnet). Bei der Leistungskondiktion besteht mangels Konkurrenzverhältnis diese Gefahr nicht.

- Nach BGH kann der Bereicherungsgegenstand auch in der Ersparnis von Aufwendungen liegen. Im Flugreisefall (BGHZ 55, 128) sah er die Bereicherung des Minderjährigen in der Ersparnis der Flugreisekosten (vgl. zum Flugreisefall zuletzt überzeugend AG Kerpen, Life&Law 2007, 73 ff.)

  Nach h.L. ist die Ersparnis von Aufwendungen aber eine Frage des § 818 III und nicht des Tatbestandes des § 812. Die Konstruktion des BGH vermischt die Frage der Bereicherung mit jener der Entreicherung und ist zudem überflüssig. Erlangt ist nämlich schon die bloße Gebrauchsmöglichkeit als Vermögenswert, im konkreten Fall die Inanspruchnahme der Flugreise.

- Bei der sog. Rückabwicklung „über´s Eck" im Dreipersonenverhältnis kann auch ein Bereicherungsanspruch selbst Bereicherungsgegenstand sein (sog. „Kondiktion der Kondiktion"). Dies kommt insbesondere beim sog. „Doppelmangel" vor, wenn sowohl Valuta- als auch Deckungsverhältnis unwirksam sind. Streitig ist hier allerdings, ob sich der Bereicherungsanspruch dann auf Herausgabe des Bereicherungsanspruchs gegen den Dritten im Wege der Abtretung (§ 398) oder unmittelbar auf Herausgabe von Geld im Wege des Wertersatzes gem. § 818 II richtet (vgl. hierzu: Hemmer/Wüst, BereicherungsR, Rn. 192 ff.). Im Rahmen der Anweisungsfälle ergibt sich das Problem wegen des generellen Durchgriffs gegen den Empfänger bei fehlender (wirksamer) Weisung nicht mehr.

## Die Leistungskondiktion gem. § 812 I S. 1, Alt. 1

| | |
|---|---|
| **I. Etwas erlangt** | • jeder Vermögensvorteil |
| **II. Durch Leistung** | • jede bewusste und zweckgerichtete Mehrung fremden Vermögens<br>• entscheidend: objektiver Empfängerhorizont, §§ 133, 157 analog (h.M.) |
| **III. Ohne Rechtsgrund** | • Fragen der Wirksamkeit des Vertrages, z.B. Minderjährigkeit, §§ 134, 138 etc. |
| **IV. Ausschlusstatbestände** | • §§ 814, 817 S. 2 |
| **V. Umfang des Bereicherungsanspruchs** | • §§ 818 ff.<br>• Haftungsverschärfungen, §§ 818 IV, 819 |

Bei der Leistungskondiktion handelt es sich um die Rückabwicklung fehlgeschlagener Leistungen (§§ 812 I S. 1, Alt. 1, 812 I S. 2, Alt. 2, 817) oder um die Rückabwicklung von Leistungen nach Erledigung des Kausalverhältnisses (§ 812 I S. 2, Alt. 1). Die sog. condictio indebiti gem. § 812 I S. 1, Alt.1 ist dabei als Grundfall der Leistungskondiktion aufzufassen.

Die Einteilung in verschiedene Fallgruppen der Leistungskondiktion muss in der Klausur unbedingt beachtet werden, da sie vor allem für die Ausschlusstatbestände (§§ 814, 815, 817 S. 2) und die Haftungsverschärfungen (§§ 819, 820) entscheidend sein kann, da diese Vorschriften nicht für alle Arten der Leistungskondiktion gelten.

Soweit ein Bereicherungsanspruch aufgrund einer rechtsgrundlosen Leistung in Betracht kommt, hat die Leistungskondiktion grundsätzlich Vorrang vor der Nichtleistungskondiktion. Die Möglichkeit einer Leistungskondiktion ist daher in der Klausur stets vor einem Anspruch aus Bereicherung in sonstiger Weise (NLK) zu prüfen!

## Prüfungsschema Dreipersonenverhältnis

| | |
|---|---|
| **I. Bestehen Leistungsbeziehungen? Welche?** | • Feststellung, ob überhaupt Leistungsbeziehungen bestehen, und wenn ja, zwischen welchen Personen |
| **II. In welcher Leistungsbeziehung fehlt der Rechtsgrund?** | • Feststellung, in welcher Leistungsbeziehung der Rechtsgrund fehlt<br>• Rückabwicklung grundsätzlich in diesem Rechtsverhältnis |
| **III. „Gegenprobe" anhand von Wertungskriterien** | • ggf. Korrektur des Ergebnisses anhand von Wertungskriterien im Einzelfall |

Die Bestimmung der bereicherungsrechtlich relevanten Parteien bereitet im Zweipersonenverhältnis keine Schwierigkeiten. Problematisch und klausurrelevant sind daher die Drei- bzw. Mehrpersonenverhältnisse. Die Parteien werden hierbei anhand des sog. modernen Leistungsbegriffes der h.M. bestimmt:

Dieser setzt eine „doppelte Finalität“ voraus, nämlich Leistungsbewusstsein und Leistungszweck. Konsequenz des modernen Leistungsbegriffes ist, dass sich die Person des Leistenden und des Leistungsempfängers unmittelbar aus dem Zweck der Leistung ergeben. Im Grundfall des § 812 I S. 1, Alt. 1 besteht dieser Zweck z.B. in der Erfüllung einer (vermeintlichen) Verbindlichkeit.

Aufgrund dieses Leistungsbegriffes ist bei der Leistungskondiktion das Tatbestandsmerkmal „auf dessen Kosten“ nicht zu prüfen, weil es nach der Absicht des Gesetzgebers nur die Aufgabe hatte, die Parteien des bereicherungsrechtlichen Anspruchs zu bestimmen.

In der Literatur wird der moderne Leistungsbegriff zwar als zu starr kritisiert und deshalb versucht, die Problematik mit Hilfe allgemeiner Rechtsprinzipien wie der Risikozurechnung und dem Abstraktionsprinzip zu lösen.

In der Klausur ist diese Ansicht wegen ihrer Unbestimmtheit aber nicht handhabbar.

Der BGH verwendet in seiner Rechtsprechung zwar stereotyp die Formel, es verbiete sich „jede schematische Lösung“, orientiert sich aber grundsätzlich auch am Leistungsbegriff und weicht nur in Ausnahmefällen davon ab.

Im Dreipersonenverhältnis empfiehlt sich daher ein Vorgehen nach dem vorderseitigen Prüfungsschema.

Beachten Sie: Verfolgt der Leistende selbst einen anderen Zweck, als sich dies aus der Sicht des Empfängers darstellt, beurteilt sich nach h.M. die Zweckbestimmung nach dem objektiven Empfängerhorizont (nach a.A. soll wegen § 267 I die Sicht des Leistenden maßgebend sein).

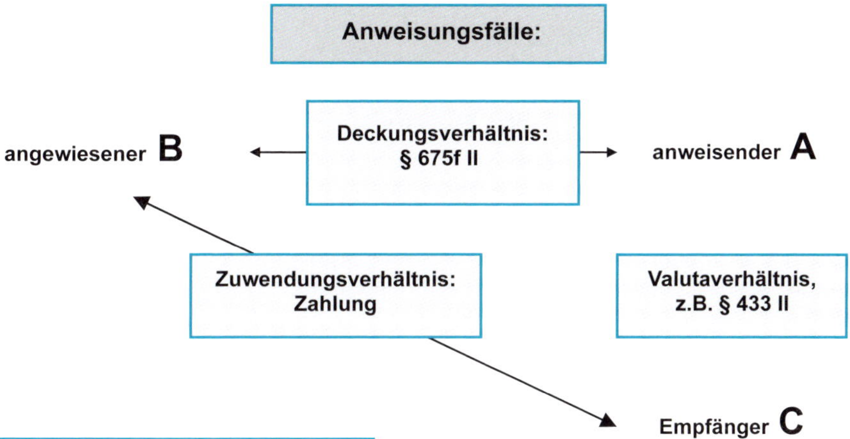


**I. Feststellung der Leistungsbeziehungen**

**II. Rückabwicklung**

Hauptbeispiel der Anweisungsfälle ist die Überweisung im Giroverkehr der Banken, bei der die §§ 675a ff. berücksichtigt werden müssen. In der Klausur kann man bei Anweisungsfällen schulmäßig mit dem modernen Leistungsbegriff arbeiten:

I. Feststellung der Leistungsbeziehungen:

1. B/A: Erfüllung des Geschäftsbesorgungsvertrages (Deckungsverhältnis)
2. A/C: Erfüllung der (vermeintlichen) Verbindlichkeit (Valutaverhältnis) mittels Leistungsmittlers B
3. B/C: Keine bereicherungsrechtlich relevante Leistung (Zuwendungsverhältnis)

II. Bereicherungsrechtliche Rückabwicklung:

1. Grundsatz:

   Abwicklung in der jeweils unwirksamen Leistungsbeziehung nach § 812 I S. 1, Alt. 1.

2. Ausnahme: Direktkondiktion B/C gem. § 812 I S. 1, Alt. 2 (NLK)

   Es fehlt vom objektiven Empfängerhorizont des C an Leistungsbeziehung A/C, weil Empfänger C Fehler positiv kannte (z.B. für C erkennbar widerrufene, unwirksame oder fehlende Anweisung). Direktkondiktion nach § 812 I S. 1, Alt. 2 möglich.

   Aber: Selbst wenn Empfänger dies nicht wissen sollte, also von einer Leistung des A ausgeht, muss die Wertung des § 675u S. 1 beachtet werden. Immer dann, wenn es an einer (wirksamen) Autorisierung im Verhältnis zur Bank fehlt (z.B. Minderjährigkeit des A, fehlende Anweisung - Veranlasserprinzip), ist im Verhältnis B/C abzuwickeln, vgl. BGH, Life&Law 2015, 896 ff.)

## Tilgung fremder Schulden

### Die fremde Schuld hat in Wirklichkeit nicht bestanden

1. Dritter zahlt mit dem Willen, die fremde Schuld des vermeintlichen Schuldners zu tilgen, § 267 I: "Onkelfälle": Direktkondiktion (NLK) nach § 812 I S. 1, Alt. 2

2. Dritter zahlt in der irrigen Annahme, selbst verpflichtet zu sein: LK nach § 812 I S. 1, Alt. 1

### Die fremde Schuld hat wirklich bestanden

1. Dritter zahlt mit dem Willen, die fremde Schuld des Schuldners zu tilgen, § 267: Rückgriffskondiktion gegen ursprüngl. Schuldner, wenn keine Sonderregelungen eingreifen

2. Dritter zahlt in der irrigen Annahme, selbst verpflichtet zu sein:
   - Grundsatz: LK gegen Empfänger
   - Ausnahme: Nachträgliche Änderung der Tilgungsbestimmung

Bei der Tilgung fremder Schulden nach § 267 I ist zu unterscheiden, ob die fremde Schuld, auf die gezahlt wurde, in Wirklichkeit bestanden hat oder nicht.

*I. <u>Die fremde Schuld hat in Wirklichkeit nicht bestanden:</u>*

1. Dritter zahlt mit dem Willen, die Schuld des vermeintlichen Schuldners zu tilgen, § 267 I: Nach h.M. kann der Dritte hier direkt vom Zahlungsempfänger nach § 812 I S. 1, Alt. 2 kondizieren, da der vermeintliche Schuldner die Zahlung nicht veranlasst hat (vgl. ÜK 20).
2. Dritter zahlt in der irrigen Annahme, selbst verpflichtet zu sein (Putativschuldner): Der Leistende verfolgt hier einen eigenen Leistungszweck gegenüber dem Leistungsempfänger, daher LK nach § 812 I S. 1, Alt. 1.

*II. <u>Die fremde Schuld hat wirklich bestanden:</u>*

1. Dritter zahlt mit dem Willen, die fremde Schuld des Schuldners zu tilgen, § 267 I: Rückgriffskondiktion (§ 812 I S. 1, Alt. 2) gegen Schuldner, wenn keine speziellen Rückgriffsregelungen (z.B. GoA) eingreifen (vgl. BerR Rn. 350, Medicus, BR, Rn. 949)
2. Dritter zahlt in der irrigen Annahme, selbst verpflichtet zu sein:
   a) <u>Grundsatz</u>: Leistungskondiktion gegen Empfänger gem. § 812 I S. 1, Alt. 1.
   b) <u>Ausnahme</u>: Nachträgliche Änderung der Tilgungsbestimmung in eine Drittschuldnerzahlung i.S.d. § 267, so dass aus der Leistung auf eine Nichtschuld eine Leistung auf eine bestehende Drittschuld wird. Dann Rückgriff beim wirklichen Schuldner (vgl. II S. 1). Die nachträgliche Änderung der Tilgungsbestimmung kommt somit einer Forderungsabtretung des Gläubigers an den Zahlenden gleich, was der Schuldner nicht hätte verhindern können. Zum Schutz des Schuldners werden daher die §§ 404, 406 ff. angewendet (BerR Rn. 362, Medicus, BR, Rn. 951, 952).

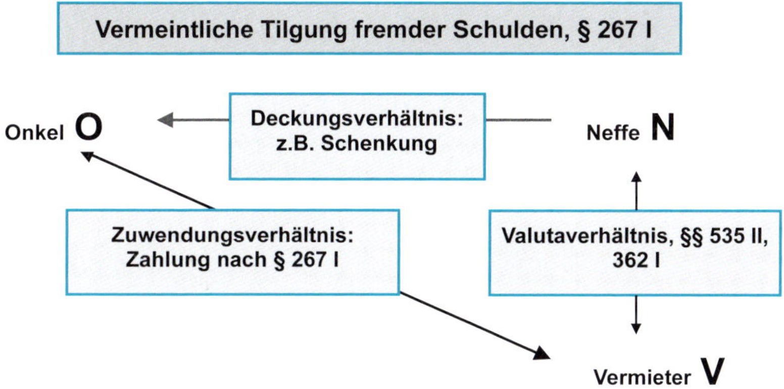


I. Feststellung der Leistungsbeziehungen

II. Rückabwicklung

*„<u>Onkelfall</u>“: Onkel O zahlt die vermeintlichen Mietschulden seines Neffen N, die dieser kurz zuvor aber selbst schon gegenüber dem Vermieter V erfüllt hatte (vgl. Übersicht Vorderseite). Das Prüfungsschema für Dreipersonenverhältnisse ergibt Folgendes:*

I. <u>Feststellung der Leistungsbeziehungen</u>:

1. O/N: Leistungszweck: Begründung bzw. Erfüllung z.B. einer Schenkung (Deckungsverhältnis)
2. N/V: Leistungszweck: Erfüllung des Mietvertrages (Valutaverhältnis)
3. Nach h.M. keine Leistung des O gegenüber Vermieter, da Tilgungsbestimmung nach § 267 I keine ausreichende Zwecksetzung i.S.d. § 812 I S. 1, Alt. 1 ist (umstritten); ausnahmsweise aber Leistung des O, wenn dieser ablöseberechtigt ist und ein eigenes Interesse an der Zahlung hat (z.B. §§ 268, 1142)

II. <u>Bereicherungsrechtliche Rückabwicklung</u>:

a) Grundsatz: Eigentlich Abwicklung über's Eck in den Leistungsbeziehungen N/V und O/N.

b) Hier aber Ausnahme aus Wertungsgründen:

Trotz bestehender Leistungsbeziehung zwischen N und V (problematisch aber, wenn V die bereits erfolgte Zahlung des N kannte) ist in Ausnahme zum Grundsatz der Subsidiarität der NLK die Direktkondiktion des O gegen V nach § 812 I S. 1, Alt. 2 zulässig.

Grund: Wer nichts veranlasst hat, soll auch nicht in die Rückabwicklung hineingezogen werden („Veranlasserprinzip“). Dies entspricht auch der Wertung bei den Anweisungsfällen, wenn von vornherein gar keine Anweisung gegeben wurde (Modellcharakter der Anweisungsfälle für das Bereicherungsrecht).

# Unechter Vertrag zugunsten Dritter

BereicherR, Rn. 215 ff.



## Unechter Vertrag zugunsten Dritter

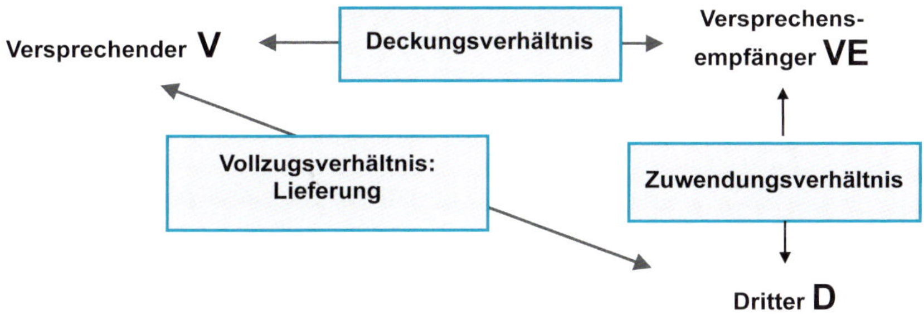


I. Leistungsbeziehungen

II. Rückabwicklung

**Beim unechten Vertrag zugunsten Dritter verpflichtet sich der Schuldner (Versprechender) gegenüber dem Gläubiger (Versprechensempfänger), die geschuldete Leistung an einen Dritten zu erbringen. Aus diesem Vertrag erlangt der Dritte jedoch – anders als beim echten Vertrag zugunsten Dritter – keinen eigenen Anspruch auf die Leistung.**

**Bei der bereicherungsrechtlichen Rückabwicklung kann wieder anhand des Prüfungsschemas für Dreipersonenverhältnisse vorgegangen werden:**

**I. <u>Feststellung der Leistungsbeziehungen</u>:**

**1. V/VE: Erfüllung des Versprechens (Deckungsverhältnis)**

**2. VE/D: Erfüllung des zugrunde liegenden Kausalverhältnisses (Valuta- oder Zuwendungsverhältnis)**

**3. V/D: keine bereicherungsrechtlich relevante Leistung (Vollzugsverhältnis)**

**II. <u>Bereicherungsrechtliche Rückabwicklung</u>:**

**1. Grundsatz: Abwicklung in der jeweils unwirksamen Leistungsbeziehung nach § 812 I S. 1, Alt. 1**

**2. Ausnahme: Direktkondiktion V/D gem. § 812 I S. 1, Alt. 2 (NLK), wenn ein unentgeltliches Valutaverhältnis vorliegt. Hier rechtfertigt die Wertung der §§ 816 I S. 2, 822 die Ausnahme vom Grundsatz der Subsidiarität der NLK.**

**Beachten Sie auch, dass es der Systematik des BGB entspricht, dass der unentgeltliche Erwerb weniger geschützt wird, vgl. nur §§ 521, 599, 816 I S. 2, 822, 988.**

# Echter Vertrag zugunsten Dritter

BereicherR, Rn. 221 ff.

SchR BT II

ÜK 22

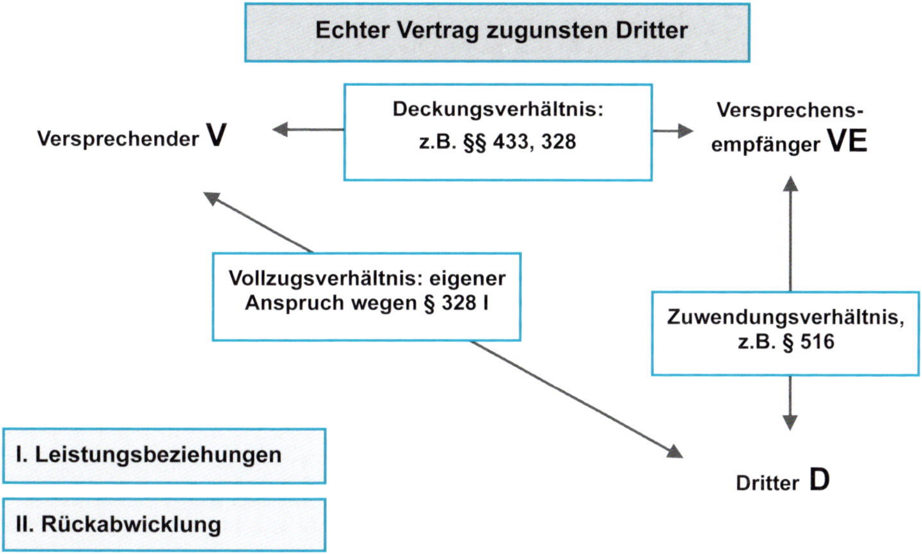

Der echte Vertrag zugunsten Dritter ist bereicherungsrechtlich problematisch, weil hier aufgrund des eigenen Anspruchs des Dritten (§ 328 I) gegen den Versprechenden in allen drei Verhältnissen eine bereicherungsrechtlich relevante Leistung vorliegt:

I. Feststellung der Leistungsbeziehungen:

1. V/VE: Erfüllung des Versprechens (Deckungsverhältnis)
2. VE/D: Erfüllung des zugrunde liegenden Kausalverhältnisses (Valuta- oder Zuwendungsverhältnis)
3. V/D: Erfüllung einer eigenen Verbindlichkeit (eigenes Leistungsforderungsrecht des D, § 328 I)

II. Bereicherungsrechtliche Rückabwicklung:

1. *Problem*: Die Zuwendung des Versprechenden stellt sich sowohl als Leistung an den Versprechensempfänger als auch als Leistung an den Dritten dar. V hat also bei Unwirksamkeit des Deckungsverhältnisses gleichzeitig an zwei Personen rechtsgrundlos geleistet, so dass der Leistungsbegriff allein zur Bestimmung der Personen für die Rückabwicklung nicht ausreicht.
2. Lösung nach der h.M.: Abwicklung zwischen V und VE gem. § 812 I S. 1, Alt. 1
   Als Grundsatz gilt auch hier, dass kein Direktanspruch des Zahlenden gegen den Dritten besteht, dieser muss sich nur mit seinem eigenen Vertragspartner auseinandersetzen. Grund: Durch den eigenen Anspruch des D nach § 328 I soll der Dritte besser gestellt werden. Wäre er einem bereicherungsrechtlichen Direktanspruch des V ausgesetzt, würde er aber ein zusätzliches Risiko tragen (z.B. Einwendungsverlust) und damit schlechter stehen als beim unechten Vertrag zugunsten Dritter.
3. Ausnahme aus Wertungsgesichtspunkten: Direktkondiktion V gegen D gem. § 812 I S. 1, Alt. 1
   a) D hat übergeordnete Stellung (D drängt auf ungerechtfertigte Leistung), Stichwort: Leistungsnähe
   b) Unentgeltlichkeit des Valutaverhältnisses (§ 822 analog)

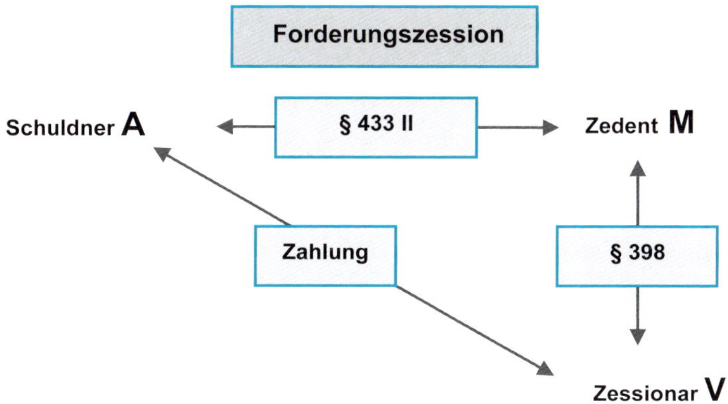


**I. Feststellung der Leistungsbeziehungen**

**II. Rückabwicklung**

Die Forderungszession gehört zu den wohl schwierigsten Problemkomplexen bereicherungsrechtlicher Dreiecksverhältnisse. Wichtig ist hierbei, die Konstellation der Abtretung einer nicht bestehenden Forderung von der unwirksamen Abtretung einer tatsächlich existierenden Forderung zu unterscheiden.

I. Feststellung der Leistungsbeziehungen:

Nach der Abtretung verfolgt A nur den Zweck, seine Verbindlichkeit gegenüber dem V zu erfüllen, daher liegt die Leistung also im Verhältnis zwischen A und V

II. Bereicherungsrechtliche Rückabwicklung:

*1. Abtretung einer nicht bestehenden Forderung:*

a) Grundsatz: eigentlich Rückabwicklung im Verhältnis A/V nach § 812 I S. 1, Alt. 1
b) aber h.M.: Rückabwicklung zwischen A und M nach § 812 I S. 1, Alt. 2

Grund: Bei einer Direktabwicklung zwischen A und V wäre A mit Liquiditätsrisiko des „Schein-Zessionars“ V belastet, obwohl er sich diesen nicht als Vertragspartner ausgesucht hat. Die Stellung des Schuldners darf sich durch die Zession nicht verschlechtern (BGH, Life&Law 2005, 427 ff.; 2012, 853 ff.).

*2. Unwirksame Abtretung einer bestehenden Forderung*

a) Auch hier wird grds. zwischen A und M nach § 812 I S. 1, Alt. 2 abgewickelt wegen des Liquiditätsrisikos für A.
b) Ausnahmsweise aber Abwicklung zwischen A und V, wenn der Schutzzweck der Norm, welche Grund für die Unwirksamkeit ist (z.B. §§ 107 ff.) aus Wertungsgründen eine Kondiktion gegen M verbietet. Dem Schuldner kann hier aber § 409 helfen, der bzgl. der Zahlung an V wie ein Rechtsgrund wirkt; dann Abwicklung M gegen V gem. § 816 II (vgl. BerR, Rn. 242 ff.).

## Checkliste der Wertungskriterien im bereicherungsrechtlichen Mehrpersonenverhältnis

| | |
|---|---|
| **I. Minderjährigenschutz** | • keine Nachteile aus bereicherungsrechtlicher Rückabwicklung |
| **II. Unentgeltlicher Erwerb** | • Rechtsgedanke der §§ 816 I S. 2, 822: geringerer Schutz des unentgeltlichen Erwerbs |
| **III. Einwendungsverlust** | • relevant v.a. beim Doppelmangel (Empfänger werden Einwendungen gegen Zwischenperson und dieser ihre Einwendungen gegen den Leistenden abgeschnitten) |
| **IV. Verlagerung des Liquiditätsrisikos** | • relevant bei der Forderungszession ⇨ wichtig im schuldrechtlichen Dreieck |
| **V. Wertung der §§ 932 II, 935** | • BerR darf gutgläubigen Erwerb nicht unterlaufen ⇨ wichtig im „sachenrechtlichen Dreieck“ |
| **VI. Leistungsnähe** | • wichtig beim echten Vertrag zugunsten Dritter (Dritter steht in enger Verbindung zu dem mit der Leistung verfolgten Zweck) |
| **VII. Veranlassungsprinzip** | • wichtig bei der Drittschuldnerzahlung |

Die bereicherungsrechtliche Rückabwicklung im Dreipersonenverhältnis lässt sich mit dem auf der Übersichtskarte 17 dargestellten Prüfungsschema gut lösen. Man muss also fürs Examen keine Einzelfälle auswendig lernen, sondern die dahinterstehende Systematik verstanden haben.

Letztendlich lassen sich alle Mehrpersonenverhältnisse mit dem dargestellten Dreierschritt in den Griff bekommen.

Aber auch die Wertungskriterien auf der dritten Stufe sind nicht uferlos. Vielmehr handelt es sich zum einen immer wieder um die gleichen Wertungsaspekte, zum anderen sind bestimmte Kriterien nur bei bestimmten Fallgruppen überhaupt von Bedeutung.

Die übersichtliche Zusammenfassung der Wertungskriterien auf der Vorderseite kann Ihnen somit bei der Falllösung als „Checkliste“ dienen.

Lesen Sie als wichtiges Beispiel zu einem bereicherungsrechtlichen Mehrpersonenverhältnis folgende Entscheidung nach: BGH, Life&Law 08/2008, 503 ff. = NJW 2008, 2331 ff.

## Die Leistungskondiktion wegen späteren Wegfalls des Rechtsgrundes, § 812 I S. 2, Alt. 1

| | |
|---|---|
| **I. Etwas erlangt** | • jeder Vermögensvorteil (vgl. ÜK 15) |
| **II. Durch Leistung** | • jede bewusste und zweckgerichtete Mehrung fremden Vermögens |
| **III. Späterer Wegfall des Rechtsgrundes** | • Eintritt einer auflösenden Bedingung, § 158 II<br>• Eintritt eines Endtermins, §§ 163, 158 II<br>• Anfechtung (str.; nach a.A. wegen § 142 I § 812 I S. 1, Alt. 1)<br>• Vertragsaufhebung (nur sofern keine vertragliche Sonderregelung)<br>• Leistungen nur vorläufiger Art<br>• Schenkungswiderruf nach §§ 530, 531 II |
| **IV. Ausschlusstatbestände** | • § 814 (-), § 817 S. 2 |
| **V. Umfang des Bereicherungsanspruchs** | • §§ 818 ff.<br>• Haftungsverschärfungen, §§ 818 IV, 819, 820 |

Bei der Leistungskondiktion gem. § 812 I S. 2, Alt. 1 (condictio ob causam finitam) war im Zeitpunkt der Leistung ein Rechtsgrund vorhanden, der jedoch nachträglich endgültig weggefallen ist, z.B. § 158 II. Der Grund des Wegfalls ist hier unerheblich, soweit nicht für den speziellen Fall eine Sonderregelung vorgesehen ist.

Beachten Sie folgenden Problemkomplex:

- Streitig ist die Einordnung der Anfechtung. Nach e.A. ist hier § 812 I S. 1, Alt. 1 anzuwenden, da aufgrund der Rückwirkung der Anfechtung gem. § 142 I (ex tunc) der Fall so behandelt werden müsse, als habe von Anfang an kein Rechtsgrund bestanden.

  Nach a.A. soll die Rückwirkung der Anfechtung bereicherungsrechtlich irrelevant sein und daher § 812 I S. 2, Alt. 1 Anwendung finden.

  Bedeutung hat dieser Streit im Hinblick auf § 814, der nur für die Leistungskondiktion gem. § 812 I S. 1, Alt. 1 gilt (vgl. HEMMER/WÜST, BerR, Rn. 260 ff.).

## Die Leistungskondiktion gem. § 812 I S. 2, Alt. 2

| | |
|---|---|
| **I. Etwas erlangt** | • jeder Vermögensvorteil (vgl. ÜK 15) |
| **II. Durch Leistung** | • jede bewusste und zweckgerichtete Mehrung fremden Vermögens |
| **III. Nichteintritt des bezweckten Erfolges** | • Nichteintritt eines über den bloßen Erfüllungszweck *hinausgehenden* Erfolges oder Zweckbestimmung als alleinige Grundlage der Leistung<br>• Erfolgszweck tatsächlich (nicht vertraglich!) *vereinbart* |
| **IV. Ausschlusstatbestände** | • §§ 815, 817 S. 2 |
| **V. Bereicherungsumfang** | • §§ 818 ff.<br>• verschärfte Haftung, § 818 IV, §§ 819, 820 |

**Die Zweckverfehlungskondiktion gem. § 812 I S. 2, Alt. 2 setzt voraus, dass über den mit jeder Leistung notwendig verfolgten Tilgungszweck hinaus ein besonderer, zukünftig eintretender Erfolg rechtlicher oder tatsächlicher Natur von den Parteien vereinbart, aber nicht eingetreten ist. Für die Leistung ist zwar ein Rechtsgrund vorhanden, sie erreicht aber den hiermit bezweckten Erfolg nicht. Die Zweckverfehlungskondiktion ist wegen ihrer Abgrenzungsprobleme besonders examensrelevant. Sie steht zwischen einer vertraglichen Vereinbarung im Sinne eines gegenseitigen Vertrages und dem Wegfall der Geschäftsgrundlage:**

1. **§ 812 I S. 1, Alt. 1 (condictio indebiti):**
   **Es liegt eine vertragliche Verbindlichkeit vor, die unwirksam ist.**
2. **§ 812 I S. 2, Alt. 1:**
   **Der Zweck wurde als auflösende Bedingung vereinbart (§ 158 II). Das ist i.d.R. dann der Fall, wenn die Parteien nicht auf den Eintritt des Erfolges vertrauen, sondern gerade an der endgültigen Durchführung des Geschäftes zweifeln.**
3. **§ 812 I S. 2, Alt. 2 (condictio ob rem):**
   **a) Nichteintritt eines Zweckes, der alleinige Grundlage der Leistung ist oder neben dem eigentlichen Erfüllungszweck vereinbart wurde (h.M.).**
   **Wichtig: Vereinbarter Erfolg muss über die bloßen vertraglichen Erfüllungspflichten *hinausgehen (ansonsten nämlich conditio indebiti).***
   **b) Über die Zweckbestimmung muss nach Parteiwillen eine *tatsächliche Einigung* (vgl. exemplarisch BGH, Life&Law 2013, 883 ff.) bestehen.**
4. **Störung der Geschäftsgrundlage:**
   **Umstand, den mindestens eine Vertragspartei erkennbar (!) bei Vertragsschluss vorausgesetzt hat, über den aber keine tatsächliche Einigung erzielt wurde.**
5. **Zweckbestimmung lediglich einseitiges, nicht erkennbares Motiv der Leistung:**
   **Nach gesetzgeberischer Wertung unbeachtlich.**

## Die Leistungskondiktion gem. § 817 S. 1

| | |
|---|---|
| **I. Etwas erlangt** | • jeder Vermögensvorteil (vgl. ÜK 15) |
| **II. Durch Leistung** | • jede bewusste und zweckgerichtete Mehrung fremden Vermögens |
| **III. Gesetzes- oder Sittenverstoß** | • Gesetzes oder Sittenverstoß gerade durch die Annahme ("der Empfänger")<br>• es ist nicht erforderlich, dass auch ein dingliches Rechtsgeschäft gesetzes- oder sittenwidrig ist<br>• positive Kenntnis des Empfängers von der Gesetzes- bzw. Sittenwidrigkeit (BGH: leichtfertiges Augenverschließen) |
| **IV. Ausschlusstatbestände** | • § 817 S. 2, aber evtl. Einschränkung wiederum durch § 242 (insbesondere in den sog. Schenkkreisfällen) |
| **V. Bereicherungsumfang** | • §§ 818 ff.<br>• Haftungsverschärfung, §§ 818 IV, 819 II |

§ 817 S. 1 ist ein Sonderfall der Leistungskondiktion und gewährt einen selbstständigen Bereicherungsanspruch neben § 812 I S. 1, Alt. 1.

Anders als bei § 812 I BGB ist aber das Fehlen des Rechtsgrundes keine Voraussetzung.

Beachten Sie Folgendes:

- Zwar wird in vielen Fällen bereits ein Bereicherungsanspruch aus § 812 I S. 1, Alt. 1 i.V.m. §§ 134, 138 gegeben sein, praktische Bedeutung hat § 817 S. 1 aber v.a. für die Fälle, in denen der Bereicherungsanspruch aus § 812 I S. 1 nach § 814 ausgeschlossen ist, da dieser für § 817 S. 1 nicht gilt.
- § 817 S. 1 findet nur dann Anwendung, wenn der Empfänger gerade durch die Annahme der Leistung gegen ein Gesetzes- oder Sittenverbot verstößt. Voraussetzung ist ferner, dass der Hauptzweck der Leistung verboten oder sittenwidrig ist.
- § 817 S. 1 setzt positive Kenntnis des Empfängers von der Gesetzes- bzw. Sittenwidrigkeit voraus. Beachten Sie in diesem Zusammenhang, dass es nach BGH aufgrund der Beweisschwierigkeiten hierfür ausreicht, dass der „Empfänger leichtfertig vor dem Verbot bzw. der Sittenwidrigkeit seines Handels die Augen verschließt".

# Die Nichtleistungskondiktion gem. § 812 I S. 1, Alt. 2



BereicherR, Rn. 310 ff.



## Die Nichtleistungskondiktionen gem. § 812 I S. 1, Alt. 2

### Eingriffskondiktion

- Vorrang der LK
- Bereicherungsgegenstand „etwas erlangt“
- „in sonstiger Weise“: Eingriff in fremden Zuweisungsgehalt
- auf Kosten des Bereicherungsgläubigers
- Fehlen des rechtlichen Grundes

### Verwendungskondiktion

- Vorrang der LK
- keine speziellen Verwendungsersatzansprüche (z.B. §§ 683, 670; 994, 996)
- Bereicherungsgegenstand
- Verwendung
- auf Kosten des Bereicherungsgläubigers
- Fehlen des rechtlichen Grundes
- „aufgedrängte Bereicherung“, § 818 III

### Rückgriffskondiktion

- Vorrang der LK
- Leistung auf fremde bestehende Schuld bzw. nachträgliche Tilgungsbestimmung, § 267 I
- keine spezielle Rückgriffsregelung (z.B. §§ 774 I, 426, 268 III)
- „aufgedrängter Rückgriff“, §§ 404 ff. analog

§ 812 I S. 1, Alt. 2 beinhaltet die Nichtleistungskondiktion. Die Bereicherung „in sonstiger Weise“ kann dabei entweder durch eigenes Verhalten des Bereicherten eingetreten sein (sog. Eingriffskondiktion) oder durch Handlungen anderer, auch des Bereicherungsgläubigers selbst (sog. Aufwendungskondiktion).

Denken Sie immer daran, dass für alle NLK der Grundsatz der Subsidiarität gilt, d.h. eine NLK scheidet aus, wenn eine Leistung bezüglich desselben Bereicherungsgegenstandes gegeben ist. Dabei ist nicht erforderlich, dass die Leistung gerade zwischen den beiden betreffenden Personen gegeben ist. Erforderlich ist jedoch, dass gerade derselbe Bereicherungsgegenstand geleistet wurde (vgl. den sog. „Jungbullenfall“ in BerR, Rn. 313).

1. Die Eingriffskondiktion ist der wichtigste Fall der NLK. Nach der h.M. liegt ein Eingriff i.S.d. § 812 I S. 1, Alt. 2 dann vor, wenn in einen fremden Zuweisungsgehalt eingegriffen wird. Nach der „Lehre vom Zuweisungsgehalt“ bestimmen sich neben dem „Eingriff“ selbst auch die Tatbestandsmerkmale „auf dessen Kosten“ und „ohne rechtlichen Grund“ nach dem Eingriff in eine fremde Rechtsposition (zu den Einzelheiten vgl. BerR, Rn. 318 ff.).
2. Bei der Verwendungskondiktion geht es um den Ersatz von Aufwendungen, die jemand aus eigenen Mitteln auf Sachen des Bereicherungsschuldners gemacht hat und dadurch dessen Vermögen rechtsgrundlos vermehrt hat, ohne dabei eine Leistung vorzunehmen (vgl. BerR, Rn. 342 ff.)
3. Bei der Rückgriffskondiktion erbringt der Bereicherungsgläubiger eine Leistung an einen Dritten, die den Bereicherungsschuldner begünstigt, und verlangt von diesem Ersatz. Aufgrund der vielfältigen speziellen Rückgriffsregelungen ist die Rückgriffskondiktion die NLK mit der geringsten Bedeutung (vgl. hierzu schon ÜK 19 und BerR, Rn. 249 ff.)

# Die Eingriffskondiktion gem. § 816

**BereicherR, Rn. 365 ff.**

**SchR BT II**

**ÜK 29**

## Die Eingriffskondiktion gem. § 816

### § 816 I S. 1

- Verfügung
- durch einen Nicht-berechtigten
- dem Berechtigten gegenüber wirksam (gutgläubiger Erwerb , §§ 932 ff., 892, 1207 etc. oder Genehmigung, § 185 II)
- erlangtes Etwas (str.: Gewinn)

### § 816 I S. 2

- Verfügung
- durch einen Nichtberechtigten
- dem Berechtigten gegenüber wirksam
- Unentgeltlichkeit des Geschäftes (str.: unentgeltlich = rechtsgrundlos)
- erlangtes Etwas
- RF: ausnahmsweise Durchgriff

### § 816 II

- Leistung an einen Nichtberechtigten
- dem Berechtigten gegenüber wirksam (gesetzlich, z.B. § 808 I S. 1, §§ 407-409, oder wegen Genehmigung, § 185 II)

§ 816 ist ein Spezialfall der Eingriffskondiktion, der aber nicht dem Grundsatz der Subsidiarität unterliegt. Er enthält drei eigenständige Anspruchsgrundlagen:

1. ***§ 816 I S. 1 betrifft den Fall, dass ein Nichtberechtigter über einen Gegenstand eine Verfügung trifft, die dem Berechtigten gegenüber wirksam ist.***

   a) Verfügung: alle Rechtsgeschäfte, durch die ein bestehendes Recht unmittelbar aufgehoben, übertragen, belastet oder inhaltlich verändert wird [str.: Vermietung fremder Sachen, h.M. (-)]
   b) Nichtberechtigter: Verfügender weder Rechtsinhaber noch zur Verfügung ermächtigt (§ 185 I)
   c) Wirksamkeit der Verfügung: von Anfang an (z.B. §§ 932 ff., 892, 1207) oder nachträglich durch Genehmigung des Berechtigten gem. § 185 II S. 1, Alt. 1 (nach BGH konkludent in Erlösverlangen)
   d) Erlangtes Etwas: Str., ob konkreter Erlös inklusive Gewinn (h.M., Begrenzung: § 242) oder lediglich objektiver Wert nach § 818 II herauszugeben ist.

2. ***§ 816 I S. 2 betrifft den Fall, dass der Nichtberechtigte unentgeltlich verfügt, also selbst nichts erlangt hat. Dann richtet sich der Anspruch unmittelbar gegen den Erwerber.***

   a) Verfügung und Nichtberechtigung wie bei § 816 I S. 1
   b) Unentgeltlichkeit: Abgrenzung zu § 822
   c) str. : Analogie „rechtsgrundlos = unentgeltlich“ nach h.L. (–), vom BGH noch nicht entschieden

3. ***§ 816 II betrifft die Fälle, in denen der Leistende befreit wird, obwohl er an einen Nichtberechtigter geleistet hat. Wichtig hier: Zusammenspiel von §§ 407 ff. und § 816 II***

   a) Nichtberechtigter: Wem das Recht (hier i.d.R. Forderung!) nicht zusteht
   b) Wirksamkeit der Leistung gegenüber dem Berechtigten: aufgrund gesetzlicher Bestimmung insb. §§ 407 ff., 793, 808 I S. 1, 851, 893, 2019 II, 2367 (auch § 836 II ZPO) oder nachträgliche Genehmigung gem. § 185 II S. 1, Alt. 1.

# Die Kondiktion nach § 822

| | |
|---|---|
| **I. Rechtsgrundloser (Vor-)Erwerb des Zuwendenden (= Empfänger)** | • Fehler des Kausal-, nicht auch des Verfügungsgeschäftes (Abstraktionsprinzip) (i.d.R. Verfügung eines Berechtigten ⇨ Abgrenzung zu § 816 I S. 2) |
| **II. Zuwendung an einen Dritten** | • rechtsgeschäftlicher Erwerb |
| **III. Unentgeltlichkeit dieser Zuwendung** | • i.d.R. Schenkung |
| **IV. Wegfall des Bereicherungsanspruchs gegen den Zuwendenden** | • Haftung aus Rechtsgründen (§ 818 III!), nicht aus tatsächlichen Gründen ausgeschlossen<br>Beachte: Verschärfte Haftung lässt Anspruch gegen Empfänger bestehen! |
| **V. Rechtsfolge** | • Durchgriff des ursprünglich Berechtigten |

§ 822 ist von § 816 I S. 2 abzugrenzen. Gemeinsam ist beiden Normen, dass der unentgeltliche Erwerber den dinglich wirksamen Rechtserwerb nicht behalten darf, da seine Interessen nach der gesetzlichen Wertung weniger schutzwürdig sind als die eines entgeltlich Erwerbenden. Dem unentgeltlich Erwerbenden kann ein Durchgriff (von einem unbekannten Dritten, dem vormals Berechtigten) daher zugemutet werden.

§ 816 I S. 2 und § 822 unterscheiden sich aber in den Tatbestandvoraussetzungen: Bei § 816 I S. 2 geht es um die Verfügung eines Nichtberechtigten, bei § 822 um die Verfügung eines dinglich Berechtigten.

Folgendes müssen Sie sich jedoch klar machen: Die Haftung nach § 822 stellt nur eine subsidiäre Aushilfshaftung dar. Das bedeutet, dass die Haftung des Dritten nur dann eintritt, wenn infolge der unentgeltlichen Zuwendung des Erlangten an ihn die Haftung des ursprünglichen Empfängers ausgeschlossen ist. Dies ist nur dann der Fall, wenn die Verpflichtung des ursprünglichen Bereicherungsschuldners infolge der unentgeltlichen Weitergabe der Sache nach § 818 III erloschen ist.

Erforderlich ist aber immer, dass der Anspruch gegen den ursprünglichen Empfänger aus Rechtsgründen erloschen ist. Mangelnde Durchsetzbarkeit aus nur tatsächlichen Gründen (z.B. Zahlungsunfähigkeit, Abwesenheit, etc.) genügt nicht, um eine Aushilfshaftung des Dritten zu begründen.

§ 822 entfällt daher auch, wenn die Verpflichtung des Erstempfängers fortbesteht, weil er verschärft nach § 818 IV bzw. §§ 819, 820 haftet (vgl. hierzu Hemmer/Wüst, BerR, Rn. 427).

## Die Ausschlusstatbestände

### I. § 814

- Anwendungsbereich: nur LK gem. § 812 I S. 1, Alt. 1
- § 814 1. Alt.: positive Kenntnis der Nichtschuld
- § 814 2. Alt.: sittliche oder Anstandspflicht

### II. § 815

- Anwendungsbereich: nur Zweckkondiktion gem. § 812 I S. 2, Alt. 2
- § 815 1. Alt.: positive Kenntnis der Unmöglichkeit des Erfolgseintritts
- § 815 2. Alt.: treuwidrige Verhinderung des Erfolgseintritts

### III. § 817 S. 2

- Anwendungsbereich: Alle LK, aber nicht NLK oder andere nichtbereicherungsrechtliche Ansprüche
- Gesetzes- oder Sittenverstoß beider Parteien oder des Leistenden allein (entgegen Wortlaut)

**Während § 814 schon nach seinem Wortlaut nur für die LK nach § 812 I S. 1, Alt. 1 (und damit auch für den Unterfall des § 813 I S. 1) und § 815 für die LK gem. § 812 I S. 2, Alt. 2 gilt, ist § 817 S. 2 nicht auf die seltenen Fälle des § 817 S. 1 beschränkt, sondern enthält eine allgemeine Regel, die für alle LK, v.a. also auch für § 812 I S. 1, Alt. 1 gilt. Trotz seiner Stellung als Satz 2 des § 817 ist er als eigener Ausschlusstatbestand zu behandeln. Beachten Sie im Rahmen des § 817 S. 2:**

- **Nach h.M. handelt es sich bei § 817 S. 2 nicht um eine allgemeine Rechtsschutzversagung, sondern wegen seines Strafcharakters um einen Fremdkörper im Zivilrecht (restriktive Handhabung).**
- **§ 817 S. 2 kommt aber entgegen seinem Wortlaut auch dann zur Anwendung, wenn allein dem Leistenden ein Gesetzes- oder Sittenverstoß zur Last fällt (sonst Wertungswiderspruch).**
- **In Bezug auf die positive Kenntnis der Verbots- oder Sittenwidrigkeit gilt das Gleiche wie bei Satz 1: ein „leichtfertiges Augenverschließen" steht der positiven Kenntnis gleich.**
- **Wichtig ist v.a. die Beschränkung des Leistungsbegriffes: Leistung i.S.d. § 817 S. 1 ist nur das, was endgültig in das Vermögen des Leistungsempfängers übergegangen ist. § 817 S. 2 ist damit unanwendbar, wenn die Leistung nur zu einem vorübergehenden Zweck erbracht wird und ihrer Natur nach zurückgewährt werden muss. Entscheidend ist dies in den Fällen des sittenwidrigen Ratenkredites: Die Darlehenssumme muss jedenfalls zurückgezahlt werden, da sie dem Darlehensnehmer nicht endgültig verbleiben sollte (vgl. zu den Einzelheiten: HEMMER/WÜST, BerR, Rn. 452). Aus § 817 S. 2 folgt lediglich, dass keine Zinsen zu zahlen sind (h.M.).**
- **Im Einzelfall (*klausurrelevant!*) kann die Berufung auf § 817 S. 2 auch durch § 242 ausgeschlossen sein, wenn die Anwendung des § 817 S. 2 zu der Konsequenz führt, dass ein von der Rechtsordnung (§ 138) nicht gebilligter Rechtszustand aufrecht erhalten würde. Nicht im Falle der verbotenen Schwarzarbeit, BGH, Life&Law 2014, 477 ff.; 2015, 643 ff.**

## Umfang des Bereicherungsanspruches

| | |
|---|---|
| **I. Primärer Herausgabegegenstand** | • das Erlangte<br>• bei Doppelmangel str., ob Kondiktion der Kondiktion oder Wertersatz nach § 818 II |
| **II. Erweiterung der Herausgabepflicht über § 818 I** | • tatsächlich gezogene Nutzungen, § 100<br>• Surrogate, die in bestimmungsgemäßer Ausübung des Rechtes erlangt sind; *nicht*: Rechtsgeschäftliche Surrogate, weil hierfür § 818 II lex specialis (aber: §§ 818 IV, 285 beachten!) |
| **III. Wertersatz gem. § 818 II** | • objektiver Verkehrswert (h.M.)<br>• im Zeitpunkt der Anspruchsentstehung |
| **IV. Entreicherung gem. § 818 III** | • Abschöpfung nur der noch vorhandenen Bereicherung<br>• abzugsfähig sind alle Nachteile, die kausal auf dem rechtsgrundlosem Erwerb beruhen (Rspr.)<br>• Saldotheorie |
| **V. Verschärfte Haftung** | • §§ 818 IV, 819, 820 |

**Der Umfang des Bereicherungsanspruches ist in den §§ 818 ff. geregelt.**

**Grundsätzlich ist das herauszugeben, was erlangt wurde, also der vorher festgestellte Bereicherungsgegenstand. Da aber häufig eine Herausgabe in Natur nicht mehr möglich ist, besteht dann (nur) ein Anspruch auf Wertersatz nach § 818 II. Im Rahmen des Wertersatzes nach § 818 II ist grundsätzlich der objektive Verkehrswert entscheidend. Auf das subjektive Interesse des Bereicherten ist nur ausnahmsweise bei der sog. aufgedrängten Bereicherung abzustellen. Ist Bereicherungsgegenstand nur der Besitz und kann dieser nicht herausgegeben werden, besteht neben einer eventuellen Ersatzpflicht im Hinblick auf Nutzungen kein eigenständiger Wertersatzanspruch im Hinblick auf den Besitz, BGH, Life&Law 2014, 176 ff.**

**Hinter § 818 III steht der Gedanke, dass nur eine noch vorhandene Bereicherung abgeschöpft werden soll. Umstritten ist jedoch, welche Nachteile im Rahmen des § 818 III abzugsfähig sind. Nach Ansicht der Rspr. sind grundsätzlich alle Vermögensnachteile abzugsfähig, die in adäquatem Kausalzusammenhang mit dem Bereicherungsvorgang stehen. Die Lit. stellt dagegen darauf ab, ob die in Frage stehenden Aufwendungen des Bereicherten gerade im Vertrauen auf die Beständigkeit des Rechterwerbs gemacht wurden. Allerdings weicht auch die Rspr. von der reinen Kausalitätsprüfung in Einzelfällen aus Wertungsgesichtspunkten ab (vgl. Hemmer/Wüst, BerR, Rn. 481).**

**Wichtig: Bei den NLKen der § 816 I S. 1 bzw. §§ 951, 812 kann der an einen Dritten gezahlte Kaufpreis i.R.d. § 818 III nicht abgezogen werden. Zwar sind auch die Kosten des Erwerbs (Aufwendungen, die kausal auf dem Bereicherungsvorgang beruhen) grds. im Rahmen des § 818 III abzugsfähig. Die §§ 816, 951, 812 sind aber an die Stelle des § 985 getreten (sog. Rechtsfortwirkungsansprüche), dem gegenüber sich der Besitzer nicht auf Zahlungen an einen Dritten hätte berufen können (keine Verwendungen auf die Sache). Dies muss auch für die Rechtsfortwirkungsansprüche gelten.**

**Erfolgt die Entreicherung i.R. eines gegenseitigen Vertrages, so muss in der Klausur zur sog. Saldotheorie Stellung genommen werden.**

## Rückabwicklung bei gegenseitigen Verträgen

**I. Zweikondiktionenlehre**

- zwei selbständige Herausgabeansprüche unabhängig vom Schicksal des Gegenanspruchs
  Ausgleich nur im Wege der Aufrechnung oder des ZBR

**II. Saldotheorie**

- von vornherein nur ein einheitlicher Bereicherungsanspruch
- gleichartige Bereicherungsansprüche werden automatisch saldiert
- der Wert der Entreicherung wird zum Abzugsposten (bis auf Null) vom eigenen Bereicherungsanspruch des Entreicherten

**III. Einschränkungen der Saldotheorie aus Wertungsgesichtspunkten**

- nicht zu Lasten des Geschäftsunfähigen oder Minderjährigen
- nicht zu Lasten des arglistig Getäuschten
- Wertung des § 346 III S. 3 Nr. 3 BGB

**Die Berücksichtigung der Gegenleistung bei der Rückabwicklung gegenseitiger Verträge ist umstritten:**

**Die Zweikondiktionenlehre orientiert sich streng am Gesetzeswortlaut. Hiernach stehen sich die Bereicherungsansprüche der Parteien unabhängig voneinander gegenüber: Jeder Vertragsteil hat einen selbständigen Bereicherungsanspruch gegen den anderen. Ein Ausgleich ist nur im Wege der Aufrechnung oder des Zurückbehaltungsrechts gem. § 273 möglich.**

**Diese Rückabwicklung entspricht aber nicht dem Wesen der synallagmatischen Verträge. Nach h.M. bleiben die *Leistungspflichten eines unwirksamen gegenseitigen Vertrages* trotz ihrer Rechtsgrundlosigkeit durch den Austauschzweck miteinander verknüpft, d.h. das Synallagma muss in der bereicherungsrechtlichen Rückabwicklung fortgesetzt werden (sog. faktisches Synallagma). Daher ist bei der bereicherungsrechtlichen Rückabwicklung grds. von der sog. Saldotheorie auszugehen. Statt der isolierten Rückabwicklung besteht von vornherein nur ein einheitlicher Bereicherungsanspruch zugunsten desjenigen, für den sich ein positiver Saldo ergibt. Gleichartige Bereicherungsansprüche werden saldiert, der Wert der Entreicherung wird vom eigenen Bereicherungsanspruch des Entreicherten abgezogen. Bei ungleichartigen Leistungen besteht ein Rückgewähranspruch Zug-um-Zug gegen Rückgabe der selbst empfangenen Leistung.**

**Die Saldotheorie ist nur anwendbar, wenn die Leistungen bereits ausgetauscht wurden, nicht dagegen bei einseitiger Vorleistung. Ferner ist die Saldotheorie dann nicht anwendbar, wenn übergeordnete Wertungsgesichtspunkte dies erfordern (vgl. Vorderseite). Folge: Rückabwicklung nach der Zweikondiktionenlehre, wie vom Gesetzeswortlaut vorausgesetzt. Beachten Sie: Die Saldotheorie ist im Rahmen des Anspruches des Bereicherungsgläubigers zu prüfen, bei dem die Entreicherung eingetreten ist. Sein Bereicherungsanspruch wird dann ggf. um die eigene Entreicherung (bis auf Null) gekürzt!**

## Haftungsverschärfungen

**I. § 818 IV**

- Rechtshängigkeit gem. §§ 253 I, 261 I ZPO

**II. § 819**

- Geltung für alle Bereicherungsansprüche
- positive Rechtsfolgenkenntnis erforderlich
  beim Minderjährigen Differenzierung: bei LK Kenntnis des gesetzlichen Vertreters analog § 166 I (Ausnahme, wenn durch deliktische Handlung Leistung veranlasst, § 828 III analog), bei EK eigene Kenntnis analog § 828 III

**III. § 820**

- Geltung nur bei § 812 I S. 2, Alt. 2 und § 812 I S. 2, Alt. 1
- objektive und subjektive Ungewissheit

**IV. Rechtsfolgen der verschärften Haftung**

- keine Berufung auf § 818 III, d.h. Haftung nach allgemeinen Vorschriften, insb. §§ 276 I S. 1, 292, 987 ff., 285 (rechtsgeschäftliches Surrogat in Ausnahme zu § 818 I)

Über die Verweisung des § 818 IV kann trotz Entreicherung des Bereicherungsschuldners ein Anspruch gegeben sein.

Klausurrelevant ist hierbei insbesondere § 819 i.V.m. § 818 IV.

- I.R.d. § 819 ist häufig problematisch, auf wessen Kenntnis abzustellen ist:

  Beim Minderjährigen ist nach h.M. nach der Art der Kondiktion zu differenzieren: Bei der LK ist wegen deren Rechtsgeschäftsähnlichkeit grds. auf die Kenntnis des gesetzlichen Vertreters abzustellen (§ 166 I), während bei der EK wegen der Deliktsähnlichkeit die Kenntnis des Minderjährigen entscheidend ist, wenn Einsichtsfähigkeit vorliegt (Wertung des § 828 III).

- Bei den Rechtsfolgen der verschärften Haftung ist zu beachten, dass diese nur dann eintreten, wenn die jeweiligen Voraussetzungen der Haftungsnorm der allgemeinen Vorschriften überhaupt vorliegen (z.B. Vertretenmüssen bei § 989). Wichtig ist hierbei die Paragraphenkette der §§ 819 I, 818 IV, 292 I, 989.

- Von der Verweisung wird nach h.M. auch § 285 erfasst, so dass der verklagte bzw. bösgläubige Bereicherungsschuldner entgegen der Grundregel des § 818 I auch das rechtsgeschäftliche Surrogat herausgeben muss.

Zur verschärften Haftung des Bereicherungsschuldners vgl. auch TYROLLER, Life&Law 2007, 135 ff. (= Heft 2); 278 ff. (= Heft 4) und 346 ff. (= Heft 5)!

## Die aufgedrängte Bereicherung

**I. § 1001 S. 2 analog bzw. §§ 1004, 823 I, 242**

- BGH: Grundstückseigentümer kann den Bereicherungsanspruch abwehren, wenn er dem Ersteller das Bauwerk entsprechend § 1001 S. 2 zur Verfügung stellt.
- Außerdem Missbrauchseinwand gem. § 242 gegen Bereicherungsanspruch wegen Beseitigungsansprüchen aus §§ 1004, 823 I i.V.m. § 249

**II. § 814**

- versagt bei Verwendungskondiktion, da nur bei LK gem. § 812 I S. 1, Alt. 1 anwendbar

**III. Wert des Erlangten (§ 818 II, III) nicht objektiv, sondern subjektiv zu bestimmen**

- h.L.: Vermögen des Begünstigten nur insoweit vermehrt, als sein Interesse daran reicht („subj. Brauchbarkeit"); ansonsten § 818 III

Die aufgedrängte Bereicherung ist ein beliebtes Klausurproblem. Eine solche entsteht, wenn bereicherungsrechtlich etwas abgeschöpft werden soll, was der Bereicherungsschuldner gar nicht wollte.

*Typisches Beispiel: V baut auf das Grundstück des Eigentümers E ein Gebäude. E erwirbt daran gem. § 946 Eigentum, obwohl ihm das Gebäude überhaupt nichts nützt, weil er das Grundstück als Fußballwiese benutzen will. Problem: Anspruch des V gegen E aus §§ 951, 812, obwohl ein EBV besteht?*

Problematisch am Ansatz des BGH ist, dass er versagt, wenn die Beseitigung oder Wegnahme entweder tatsächlich unmöglich bzw. unzulässig (Abrissverbot) ist oder mangels Rechtswidrigkeit, Verschuldens oder Schadens gar kein Beseitigungsanspruch gegen den Aufdrängenden besteht.

Da auch § 814 in den problematischen Fällen keine Lösung bietet (vgl. Vorderseite) ist die Auffassung am überzeugendsten, die die Lösung im Bereicherungsumfang selbst sucht: Ob das Ergebnis dabei über § 818 II oder § 818 III begründet wird, ist nicht entscheidend. Wichtiger ist, dass Sie im Klausursachverhalt darauf achten, ob der Vermögenszuwachs dem Bereicherungsschuldner auch subjektiv zugutekommt. Ist das nicht der Fall, kommt immer der Rechtsgedanke der aufgedrängten Bereicherung in Betracht. Geben Sie zu erkennen, dass diese im Gesetz nicht geregelt ist, und erörtern Sie kurz die vorderseitig genannten Lösungswege, um sich dann für die Formel der subjektiven Brauchbarkeit zu entscheiden.

Ein ähnliches Problem stellt sich bei den nützlichen Verwendungen des § 996: auch hier entscheidet letztlich die subjektive Brauchbarkeit!

## Überblick über die deliktische Haftung

**Deliktische Haftung**

**verschuldensabhängig**

**Haftung für tatsächliches Eigenverschulden**

- § 823 I
- § 823 II
- § 824
- § 826

**Haftung für vermutetes Eigenverschulden**

- im BGB
  - § 831
  - § 832
  - § 833 S. 2
  - § 834
  - §§ 836 - 838
- außerhalb des BGB
  § 18 StVG

- außerdem: § 839 i.V.m. Art. 34 GG:
  Haftung für Verschulden

**Verschuldensunabhängig (Gefährdungshaftung)**

- im BGB:
  - § 833 S. 1
  - § 904 S. 2
- außerhalb des BGB
  - § 7 I StVG
  - § 1 HaftPflG
  - § 33 LuftVG
  - § 1 ProdHaftG
  - §§ 717 II, 945 ZPO

- außerdem: § 829 (Billigkeitshaftung)

Das Deliktsrecht fragt nach der Verantwortlichkeit einer Person für einen Schaden, unabhängig von einer vertraglichen Beziehung. Es geht im Deliktsrecht also um die Verletzung der allgemeinen, zwischen allen Personen bestehenden Rechtsbeziehungen. Es gilt das Gebot des "neminem laedere".

Anders als das Strafrecht sanktioniert das Deliktsrecht nicht über den entstandenen Schaden hinaus, es hat also keine Straf-, sondern eine Ausgleichsfunktion. Dennoch kommt dem Deliktsrecht durch die Ersatzverpflichtung auch eine gewisse Präventivfunktion zu, indem es dazu anhält, von schadensstiftendem Verhalten abzusehen.

**1. Verschuldenshaftung:**

Die Verantwortung soll aber grundsätzlich nur den treffen, der einen Schaden rechtswidrig und schuldhaft verursacht hat, *sog. Verschuldensprinzip.* Soweit ein Mensch die nötige Einsichtsfähigkeit besitzt (vgl. §§ 827, 828), ist er frei in seiner Entscheidung, das Gebot des neminem laedere zu beachten oder dagegen zu verstoßen.

**2. Gefährdungshaftung**

Ausnahmsweise normiert das Gesetz eine Haftung auch ohne Verschulden, wenn durch eine erlaubte Tätigkeit eine gewisse Gefahrenlage geschaffen wird und infolgedessen Rechtsgüter anderer verletzt werden, z.B. § 7 I StVG. Die Gefährdungshaftung ist ein Kompromiss zwischen dem Interesse an der Ausübung der gefahrschaffenden Tätigkeit und den Interessen eines jeden am Schutz seiner Rechtsgüter. Der Gesetzgeber vermeidet so ein grundsätzliches Verbot solcher Tätigkeiten, indem er dem Handelnden die Pflicht auferlegt, auch ohne Verschulden solche Schäden zu ersetzen, die aus der Verwirklichung der besonderen Gefahrenlage resultieren.

## Verhältnis zu anderen Regelungen

**I. Vertragsrecht**

Grds. nach Vorauss. und Rechtsfolgen selbständig, aber Wechselwirkungen: keine Aushöhlung vertraglicher Vorschriften durch Deliktsrecht

**Vertragsrecht**

- Geschäftsfähigkeit §§ 104 ff.
- bzgl. Dritter § 278
- kurze Verjährung bei Gewährleistung

**Deliktsrecht**

- Deliktsfähigkeit §§ 827, 828
- bzgl. Dritter § 831
- Verjährung: §§ 195, 199 (= 3 Jahre)

**II. EBV**

Deliktsrecht grundsätzlich ausgeschlossen, §§ 993 I 2. Hs., Ausnahme: § 992 und Fremdbesitzerexzess; § 826 mangels Schutzwürdigkeit immer neben EBV

**III. §§ 812 ff.**

Unterschiedliche Zielrichtung, daher uneingeschränkt nebeneinander anwendbar

Da das vertragliche Schadensersatzrecht spezieller als die §§ 823 ff. ist, hat das Deliktsrecht jedenfalls keine Auswirkungen auf das Vertragsrecht. Vertragliche *Haftungsprivilegien* gelten jedoch regelmäßig auch i.R.d. §§ 823 ff. (z.B. § 680 sowohl für § 280 I i. V. m. GoA als auch für Ansprüche aus § 823 I).

Bezüglich der Erstreckung kurzer *vertraglicher Verjährungsvorschriften* auf das Deliktsrecht bedarf es einer Einzelfallbetrachtung: In Fällen, in denen eine Vertragsverletzung i.d.R. auch zu einer Deliktshaftung führt, verdrängt die kurze vertragliche Verjährungsfrist §§ 195, 199 bzgl. des deliktischen Anspruchs (vgl. etwa §§ 548, 606, 1057). Anders bzgl. der §§ 438, 634a, denn das Gewährleistungsrecht schützt das Äquivalenzinteresse, während die §§ 823 ff. das Integritätsinteresse schützen. Deliktische Ansprüche verjähren in diesen Fällen selbständig gemäß §§ 195, 199.

Liegt ein Eigentümer-Besitzer-Verhältnis vor, kann Schadensersatz grundsätzlich nur nach den §§ 989, 990 verlangt werden. Grund dafür ist der Schutz des redlichen, unverklagten Besitzers, der durch die fein abgestuften Haftungsregelungen des EBV verwirklicht wird. Diese Regelung würde durch die uneingeschränkte Anwendung der deliktischen Ansprüche unterlaufen, weil es im Deliktsrecht nicht auf Bösgläubigkeit oder Rechtshängigkeit ankommt. Ausnahmen davon bestehen einerseits nach § 992 und andererseits für den Exzess des nichtberechtigten Fremdbesitzers. Grund: Der nichtberechtigte Fremdbesitzer soll nicht besser stehen als der berechtigte, der ja seinerseits mangels EBV nach Vertrag und §§ 823 ff. haftet.

Das Bereicherungsrecht stellt, anders als das Deliktsrecht, auf den Herausgabeschuldner ab. Bei ihm ist das Erlangte i.S.d. § 812 I und die Entreicherung i.R.d. § 818 III zu berücksichtigen. Das Deliktsrecht schaut dagegen auf die Person des Geschädigten: Er ist verletzt, er hat den Schaden, bei ihm kommt evtl. Vorteilsanrechnung in Betracht. Wechselwirkungen bestehen daher zum Bereicherungsrecht nicht.

## Überblick: § 823 I

**§ 823 I**

**1.** Rechtsgutsverletzung
**2.** Verletzungshandlung: Tun oder Unterlassen
**3.** Haftungsbegründende Kausalität:
- Äquivalenz
- Adäquanz
- Schutzzweck der Norm

**4.** Rechtswidrigkeit
**5.** Verschulden, § 276
**6.** Schaden
**7.** Haftungsausfüllende Kausalität (Prüfung wie haftungsbegründende Kausalität)
**8.** Art/Umfang des Ersatzes, §§ 249 ff., 842, 843
**9.** Mitverschulden, Verjährung, etc.

§ 823 I bildet neben § 823 II und § 826 einen Grundtatbestand deliktischer Haftung. Die Vorschrift schützt nicht etwa vor jeglicher Schadenszufügung, sondern nur bei Verletzung der dort genannten Rechtsgüter (Enumerationsprinzip). Auch die Verletzung "sonstiger Rechte" ist nicht generalklauselartig zu verstehen. Darunter fallen nur absolute, d.h. von jedermann zu beachtende Rechtsgüter (vgl. ÜK 43).

Eine Verletzungshandlung kann sowohl in positivem Tun als auch in einem Unterlassen bestehen. Handeln ist jedes menschliche Tun, das der Bewusstseinskontrolle unterliegt, also nicht etwa Bewegungen im Zustand der Bewusstlosigkeit oder solche, die durch unwiderstehliche Gewalt (vis absoluta) erzwungen werden. Ist die Abgrenzung zwischen Tun und Unterlassen schwierig, so ist auf den Schwerpunkt der Vorwerfbarkeit abzustellen.

Das Unterlassen ist aber nur dann vorwerfbar, wenn gerade gegenüber dem Geschädigten eine Pflicht zum Tätigwerden bestand. Bezüglich des Vorliegens einer Garantenstellung kann auf die strafrechtlichen Grundsätze zurückgegriffen werden:

- *Obhuts- und Beschützergarant*, z.B. §§ 1353, 1626, freiwillige Übernahme, enge Gefahrengemeinschaft
- *Sicherungs- und Überwachungsgarant*¸ z.B. Sachherrschaft über gefährliche Sachen, Ingerenz, Aufsichtspflichten
- Aus *allgemeinen Verkehrssicherungspflichten,* z.B. Streupflicht, Treppenbeleuchtung, Kinderspielplatz, Produzentenhaftung

Wichtig ist, dass die Garantenstellung gerade gegenüber dem Geschädigten bestehen muss. Das bedeutet, dass Verkehrssicherungspflichten räumlich beschränkbar sind, etwa durch Verbotsschilder oder Absperrungen.

## Prüfungsschema zu § 823 I

| | |
|---|---|
| **vor I.: Anwendbarkeit** | • grds. neben EBV ausgeschlossen (vgl. § 993 I a.E.)<br>• Ausnahme: § 992; Fremdbesitzerexzess, § 826 |
| **I. Rechtsgutsverletzung** | • in § 823 I abschließend aufgezählt (keine deliktische Generalklausel)<br>• aber gewisse Erweiterung durch "sonstige Rechte" |
| **II. Handlung oder Unterlassen** | • Handlung stets ausreichend<br>• Unterlassen bei Pflicht zum Tätigwerden |
| **III. Haftungsbegründende Kausalität** | • Kausalität zwischen Handlung/Unterlassen und Rechtsgutsverletzung (Äquivalenz)<br>• nach h.M. Adäquanztheorie (str.)<br>Schutzzweck der Norm (Zurechnung) (vgl. auch ÜK 44) |
| **IV. Rechtswidrigkeit** | • nach h.M. grds. durch Rechtsgutsverletzung indiziert<br>• bei Rahmenrechten nach h.M. positiv festzustellen<br>(vgl. auch ÜK 45) |

Das Prüfungsschema zu § 823 ist eigentlich relativ einfach und erinnert bis zu einem gewissen Grad an die Prüfungsreihenfolge im Strafrecht, wobei es selbstverständlich gewisse Abweichungen und Ausdifferenzierungen gibt.

Auch wenn sich die Prüfung natürlich letztlich auch aus dem Gesetz ergibt, sollten Sie gleichwohl das Schema lernen, da manche Prüfungspunkte, auf die in der Klausur durchaus großer Wert gelegt wird, zumindest nicht explizit im Gesetz erwähnt sind (so z.B. die Begriffe der haftungsbegründenden und -ausfüllenden Kausalität). Wenn ein gewisser Schwerpunkt auf dem Deliktsrecht liegt, dürfte es in der Regel nicht falsch (wenngleich auch nicht immer notwendig, aber hier ist auch vieles Geschmacksfrage) sein, wenn alle Punkte des Prüfungsschemas zumindest erwähnt werden.

## Fortsetzung des Prüfungsschemas zu § 823 I

**V. Verschulden**

- Deliktsfähigkeit: §§ 827 ff.
- grds. Haftung für Vorsatz u. Fahrlässigkeit, § 276
- u.U. Haftungsprivilegierungen zu beachten, z.B. § 680 (vgl. auch ÜK 46)

**VI. Schaden**

- grds. nach §§ 249 ff. festzustellen (Differenzhypothese),
- Sonderregelungen für Personenschäden in §§ 842 ff. (vgl. auch ÜK 47)

**VII. Haftungsausfüllende Kausalität**

- Kausalität zwischen Rechtsgutsverletzung und Schaden
- grds. wie bei III.

**VIII. Ausschlussgründe**

- § 254: Ausschluss/Minderung des SchaE durch Mitverschulden
- Gestörte Gesamtschuld
- Verjährung, §§ 195, 199 (u.U. Problem des Durchgreifens vertraglicher Verjährungsfristen, insb. bei § 548)

Wie Sie sehen, ist das vollständige Schema zu § 823 I relativ umfangreich. Für die Behandlung seiner Punkte gilt daher in der Klausur: Fassen Sie sich bei den Punkten, die unproblematisch sind, so kurz wie möglich. Hier kann durchaus knappster Urteilsstil zur Anwendung kommen, mit dem zwei oder drei Prüfungspunkte in einem kurzen Satz erledigt werden.

Wichtig ist es, den Schwerpunkt richtig zu setzen: Hier ist es eben ein Unterschied, ob die Frage der Rechtsgutsverletzung an sich schon problematisch ist (so z.B. bei der bloßen Nutzungsbeeinträchtigung des Eigentums) oder ob diese mit einem Satz bejaht werden kann und der Schwerpunkt der Prüfung auf der Kausalitäts- und Zurechnungsfrage liegt.

## Rechtsgutsverletzung, § 823 I



Deliktsrecht I, Rn. 18 ff.



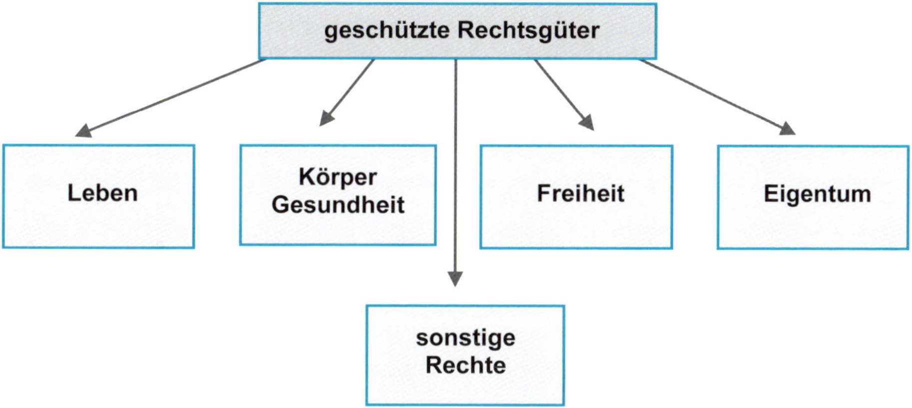


<u>**Achtung**</u>: Das **Vermögen als solches** ist **nicht Schutzgut** i.S.d. **§ 823 I**. Vermögensschäden, die nicht auf der Verletzung eines Rechtsguts nach § 823 I beruhen, können nur unter den Voraussetzungen der §§ 823 II, 824, 826, 839 ersetzt werden!

Verletzung des Lebens bedeutet Tötung. Da damit der Verlust der Rechtsfähigkeit einhergeht, hat der Getötete -und infolgedessen auch dessen Erbe - keinen Anspruch aus § 823 I. Eine Verletzung des Lebens spielt daher nur i.R.d. §§ 844, 845 eine Rolle.

Eine Körperverletzung liegt in jeder Beeinträchtigung der äußeren körperlichen Integrität einschließlich einer bloßen Schmerzzufügung. Gesundheitsverletzung ist jede medizinisch erhebliche Beeinträchtigung der inneren körperlichen Integrität. Die Abgrenzung hat i.d.R. keine Bedeutung in der Klausur. Hierher gehört auch der nicht unerhebliche (nämlich behandlungsbedürftige) Schock, den z.B. die Ehefrau beim Tod ihres Mannes erleidet. Problematisch ist dann i.R.d. haftungsbegründenden Kausalität, ob dies dem Unfallverursacher zuzurechnen ist (vgl. ÜK 44).

Im Rahmen ärztlicher Eingriffe stellt sich hier ein Beweislastproblem: Grundsätzlich hat der Patient die haftungsbegründenden Umstände zu beweisen. Dies kann der Patient aber i.d.R. mangels Sachkenntnis nicht. Daher hat die Rspr. ein abgestuftes System von Beweiserleichterungen entwickelt, je nachdem, wie sehr die Verletzung typischerweise auf einem Behandlungsfehler beruht. Vorrangig ist hier natürlich an Ansprüche wegen Pflichtverletzung des Behandlungsvertrages zu denken, §§ 630a, 280 I BGB.

Wird ein nasciturus verletzt, hat dieser mangels Rechtsfähigkeit eigentlich keinen eigenen Anspruch. Wird er aber lebend geboren, gewährt ihm die Rechtsprechung dennoch einen eigenen Anspruch aus § 823 I. Das BGB lässt in einer Fülle von Vorschriften erkennen (z.B. §§ 844 II, 1923 II), dass das Gesetz auf das Wohl des Ungeborenen bedacht ist. Dieser Schutz muss nach Ansicht des BGH auch i.R.d. Deliktsrechts verwirklicht werden.

Anders zu entscheiden ist, wenn aufgrund eines Arztfehlers ein schwer behindertes Embryo nicht abgetrieben wird: Hier kann das Kind nicht geltend machen, dass es ohne den Arztfehler nicht zur Welt gekommen wäre, da wegen Art 1 I, 2 I GG niemand ein Recht auf seine eigene Abtreibung, also Nichtexistenz, hat ("wrongful life"). Wohl aber steht den Eltern ein Schadensersatzanspruch wegen der Unterhaltskosten zu (vgl. dazu Müller, NJW 2003, 697 ff.). Zum Leben als Schaden vgl. auch Life&Law 2019, 439 ff.

# § 823: Eigentumsverletzung



**Deliktsrecht I, Rn. 30 ff.**



**Eigentum**

**Schutzbereich des Eigentums: Schutz gegen**

- **Sachentziehung**
- **Zerstörung der Sachsubstanz**
- **Beeinträchtigung der Gebrauchsmöglichkeit**
- **Zuordnungsverletzung**

- Schutz gegen Sachentziehung
  - Verletzung durch dauernde oder vorübergehende Entziehung der Sache
  - Naturalrestitution durch Rückgabe; bei Unmöglichkeit auch SchaE in Geld
- Schutz gegen Zerstörung der Sachsubstanz
  - Beschädigung oder Zerstörung
    Abgrenzungsproblem zum Äquivalenzinteresse bei Lieferung fehlerhafter Sache (weiterfressender Mangel)
- Schutz gegen Beeinträchtigung der Gebrauchsmöglichkeit
  - Eigentum umfasst auch Gebrauchsmöglichkeit
  - nach Rspr. aber nur, wenn auf die Sache selbst eingewirkt wird oder die Sache vollständig dem Gebrauch entzogen wird
  - nach Lit. z.T. auch bei besonders intensiver Funktionsbeeinträchtigung
  - nach h.M. nicht ausreichend: ideelle oder ästhetische Beeinträchtigung
- Schutz gegen Zuordnungsverletzung
  - durch Verfügungen eines Nichtberechtigten
  - oft EBV spezieller; daneben an §§ 816 I S. 1, 687 II denken

1. Als Sachentziehung werden die Fälle bezeichnet, in denen die Sache dem Eigentümer durch Diebstahl, Unterschlagung etc. entzogen werden.
2. Eine Substanzverletzung liegt immer dann vor, wenn die Sache beschädigt oder zerstört wird. Problematisch sind in diesem Zusammenhang die Fälle des sog. weiterfressenden Mangels. Hier ist fraglich, ob der Erwerber einer mangelhaften Sache noch in seinem Eigentum verletzt werden kann und somit neben vertraglicher Gewährleistung eine deliktische Haftung in Betracht kommt. Der BGH bejaht eine Eigentumsverletzung nur dann, wenn durch den Mangel die mangelfreie Restsache beschädigt wird und der Schaden höher ist als der bisherige Mangelunwert der Sache (fehlende Stoffgleichheit). Hintergrund ist, dass § 823 I nur das Integritätsinteresse schützt. Für etwaige Äquivalenzstörungen ist das Vertragsrecht abschließend.
3. Eine Gebrauchsverletzung liegt nur dann vor, wenn auf die Sache selbst unmittelbar eingewirkt und dadurch der bestimmungsgemäße Gebrauch entzogen wird. Bei der bloßen Beeinträchtigung der wirtschaftlichen Nutzungsmöglichkeit hingegen handelt es sich lediglich um einen reinen Vermögensschaden, der von § 823 I nicht ersetzt wird (vgl. Fleetfall, BGHZ 55, 153 ff.; zur Parallelproblematik im Rahmen des § 7 I StVG vgl. BGH, Life&Law 2015, 157 ff.). Ferner kommen als Gebrauchsverletzung Immissionen in Betracht, die nach § 906 nicht zu dulden sind, wie z.B. unwägbare Einwirkungen, die sich entweder auf ein Grundstück oder auf die sich dort befindlichen Sachen schädigend auswirken. Umstritten ist die Eigentumsverletzung jedoch bei sog. ideellen, ästhetischen Immissionen (Schrottplatz neben Hotel). Der BGH verneint einen Anspruch, um eine uferlose Ausweitung des § 906 zu vermeiden.
4. Eine Zuordnungsverletzung liegt dann vor, wenn in den Zuweisungsgehalt des Eigentums als solches eingegriffen wird, z.B. Veräußerung der Sache durch einen Nichtberechtigten. Anders als bei der Sachentziehung wird hier direkt auf das Rechtsgut Eigentum eingewirkt.

## Sonstige Rechte

**I. Herrschaftsrechte**

- **Dingliche** Rechte, z.B. Erbbaurecht, Dienstbarkeit, dingliches Vorkaufsrecht, Hypothek, Grundschuld, etc.
- **Anwartschaften**, z.B. aus Eigentumsvorbehalt, Vormerkung
- **Aneignungs**- und **Gebrauchsrechte**, z.B. Jagdrecht
- **Absolute Immaterialgüterrechte** und **gewerbliche Schutzrechte**, z.B. Patent-, Urheber-, Warenzeichenrechte
- **Mitgliedschaftsrechte**, z.B. Aktien
- **Familienrechte**, z.B. elterliche Sorge

**II. Besitz**

nach h.M. jedenfalls der berechtigte, unmittelbare Besitz, da **eigentumsähnliche Stellung** (Besitz hat dann eigenen Zuweisungsgehalt)

**III. Rahmenrechte**

- **Allgemeines Persönlichkeitsrecht (APR):**
  - nach h.M. als Rahmenrecht (+), abgeleitet aus Art. 1 I, 2 I GG (⇨ verfassungskonforme Auslegung des § 253 I)
  - beachte auch spezielle Regelungen (z.B. § 12, §§ 22-24 KunstUrhG, § 97 UrhG u.ä.)
  - umfassende Güterabwägung nach betroffenem Rechtskreis, Intensität des Eingriffs, entgegenstehendem Interesse erforderlich
  - Rechtsfolge: neben SchaE i.F.v. Beseitigung/Unterlassung auch Schmerzensgeld, wenn schwere Verletzung und SchaE nicht ausreichend
- **Recht am eingerichteten und ausgeübten Gewerbebetrieb (ReaG)**
  - grds. anerkannt, da Schutz des ReaG sonst im BGB zu schwach
  - subsidiär ggü. §§ 823 ff. (z.B. Eigentum) und vertraglichen Ansprüchen
  - Vorauss.: betriebsbezogener Eingriff, d.h. unmittelbar gegen Gewerbebetrieb als solchen gerichtet
  - ebenfalls umfassende Güterabwägung erforderlich

Unter den Begriff der sonstigen Rechte fallen nur absolute - d.h. von jedermann zu beachtende - Rechte. Aus der Stellung im Gesetz ergibt sich, dass diese Rechte eigentumsähnlich sein müssen. Ihnen muss also eine gewisse Nutzungs- und Ausschlussfunktion innewohnen.

Soweit man den Besitz als geschütztes Rechtsgut ansieht, ist dieser insbesondere i.R.d. Schadensberechnung nicht mit dem Eigentum zu verwechseln: Der Wert der Sache stellt den Schaden des Eigentümers dar, während der Schaden des Besitzers darin besteht, die Nutzungsmöglichkeit der Sache nicht gehabt zu haben.

Im Bereich der Rahmenrechte ist besonders darauf zu achten, dass eine Verletzung derselben nur dann in Betracht kommt, wenn nicht schon ein anderes Recht aus § 823 I durch dieselbe Handlung verletzt wurde (Grundsatz der strengen Subsidiarität der Rahmenrechte). Bzgl. des Allgemeinen Persönlichkeitsrechts (APR) ist dies immer dann der Fall, wenn spezielle Regelungen vorhanden sind, wie z.B. § 12, §§ 22-24 KunstUrhG, § 11 UrhG. § 823 I ist aber in diesen Fällen insoweit noch anwendbar, als die verletzten Normen keinen Anspruch auf Schadensersatz gewähren, wie z.B. § 12. Das APR umfasst den Schutz der Individual-, Privat- und Intimsphäre. Problematisch ist, dass § 823 I den Vermögensschaden ersetzt, ein solcher bei der Verletzung des APR aber i.d.R. nicht vorliegt. Da Eingriffe in das APR aber zivilrechtlich nicht sanktionslos bleiben dürfen, gelangt die Rechtsprechung aufgrund einer verfassungskonformen Auslegung des § 253 I zu einem Schadensersatzanspruch, gestützt auf Art. 1 I, 2 I GG, wenn es sich um eine schwere Verletzung des APR handelt und Genugtuung durch Gegendarstellung oder Widerruf nicht ausreicht.

Das Recht am eingerichteten und ausgeübten Gewerbebetrieb umfasst alles, was in seiner Gesamtheit den wirtschaftlichen Wert des Betriebes ausmacht, soweit ein unmittelbarer und betriebsbezogener Eingriff vorliegt, z.B. rechtswidriger Streik, Boykott von Geschäften, schädigende Werturteile. Geschützt sind nicht nur Gewerbetreibende, sondern auch Angehörige freier Berufe!

## Haftungsbegründende Kausalität

Die haftungs*begründende* Kausalität (Kausalität zwischen Verletzungshandlung und Rechtsgutsverletzung) ist streng von der haftungs*ausfüllenden* Kausalität (Kausalität zwischen Rechtsgutsverletzung und Schaden) zu unterscheiden und in drei Stufen zu prüfen:

**I. Äquivalenztheorie**

Kausal ist jedes Ereignis, das nicht hinweggedacht werden kann, ohne dass auch der Erfolg entfiele.

***Einschränkung*** ↓

**II. Adäquanztheorie**

Kausal ist nur das Ereignis, das im Allgemeinen und nicht nur unter unwahrscheinlichen und nach dem gewöhnlichen Lauf der Dinge außer Betracht zu lassenden Umständen geeignet ist, den Erfolg in der eingetretenen Art herbeizuführen.

***Einschränkung*** ↓

**III. Schutzzweck der Norm**

Eine Zurechnung erfolgt nur dann, wenn der Verletzungserfolg in den Schutzzweck der verletzten Norm fällt.

**Beachte: Dieser Prüfungsaufbau gilt auch i.R.d. haftungsausfüllenden Kausalität (einheitlicher Kausalitätsbegriff)!**

Der Kausalzusammenhang als solcher stellt Grund und Grenze der zivilrechtlichen Haftung dar. Die drei Prüfungsstufen stellen bildlich gesprochen ein Filtersystem dar, aus dem alle Handlungen herausgefiltert werden, die nicht sanktionsbedürftig im zivilrechtlichen Sinne sind.

Auf der ersten Stufe (Äquivalenztheorie, bzw. conditio-sine-qua-non-Formel) wird der Ursachenzusammenhang aufgrund naturwissenschaftlicher Erwägungen geprüft. Sie ist lediglich Mindestkausalitätserfordernis. Da danach z.B. auch der Zeugungsakt eines Kindes für einen von diesem 20 Jahre später verursachten Unfall kausal wäre, bedarf diese Theorie einer Einschränkung:

Die Adäquanztheorie. Hier werden Ereignisse herausgefiltert, die außerhalb der Wahrscheinlichkeit liegen. Auf dieser Ebene fließen bereits gewisse Wertungen ein. Da diese Theorie jedoch von der Wahrscheinlichkeitsbetrachtung eines optimalen Beobachters ausgeht, bedarf auch sie einer Einschränkung.

Die Lehre vom Schutzzweck der Norm (Zurechnungs- bzw. Rechtswidrigkeitszusammenhang) schränkt das bisher gewonnene Ergebnis wertungsmäßig ein: Für die Bejahung der Kausalität ist entscheidend, dass Nachteile entstanden sind, die aus dem Bereich der Gefahren stammen, zu deren Abwendung die verletzte Norm erlassen wurde. Relevant wird diese Betrachtung insbesondere bei den sog. Verfolgerfällen und im Falle des Schockschadens (vgl. exemplarisch BGH, Life&Law 2012, 547 ff.).

Bzgl. des Unterlassens ist zu fragen, ob bei Hinzudenken des pflichtgemäßen Handelns der Eintritt des schädigenden Ereignisses mit an Sicherheit grenzender Wahrscheinlichkeit unterblieben wäre (sog. hypothetische oder Quasi – Kausalität).

## Rechtswidrigkeit

| | |
|---|---|
| **h.M.: Lehre vom Erfolgsunrecht** | Jedes ursächliche Verhalten, das einen **Verletzungserfolg** herbeiführt, **indiziert** die **Rechtswidrigkeit.** |
| **a.A.: Lehre vom Handlungsunrecht** | Rechtswidrigkeit nur gegeben, wenn der Handelnde **gegen** eine von der Rechtsordnung aufgestellte spezielle **Verhaltensregel verstößt**. |
| **differenzierende Lehre nach Art d. Verletzung** | **Unmittelbare Eingriffe:** RW wird indiziert, da Verhalten allein schon wg. negativen Erfolgs zu unterlassen ist<br>**Mittelbare Eingriffe:** (weitere kausale Bedingung erforderlich) vorsätzliche Verletzung immer rw, bei Fahrlässigkeit muss gg. Ge- oder Verbotsnorm verstoßen worden sein (vgl. DeliktsR I, Rn. 83) |

## Rechtfertigungsgründe

Die **Rechtswidrigkeit entfällt jedenfalls** dann, **wenn ein Rechtfertigungsgrund eingreift**. Relevant sind insbesondere: §§ 227, 228, 904, 229, § 193 StGB (Wahrnehmung berechtigter Interessen), § 127 StPO, verkehrsrichtiges Verhalten, Einwilligung (soweit Dispositionsbefugnis), mutmaßliche Einwilligung (insbesondere bei ärztlichen Eingriffen).

Der Theorienstreit, ob die Rechtswidrigkeit auf die Verhaltensweise (Handlungsunrecht) oder auf den Erfolg (Erfolgsunrecht) zu beziehen ist, kann regelmäßig dahinstehen. Praktische Auswirkungen hat der Streit nur i.R.d. fahrlässigen Begehung, da bei vorsätzlicher Begehung automatisch ein Gesetzesverstoß vorliegt, weil die Rechtsordnung das vorsätzliche Herbeiführen von Verletzungen schlechthin missbilligt.

Problematisch i.R.d. Rechtfertigungsgründe ist insbesondere die Einwilligung. Sie schließt die Rechtswidrigkeit aus, soweit sie nicht gegen ein gesetzliches Verbot oder die guten Sitten verstößt. Es gelten dieselben Grundsätze wie im Strafrecht (insbesondere keine Einwilligung in Tötung möglich, vgl. § 216 StGB). Es genügt Einsichts- und Urteilsfähigkeit, daher ist sie auch durch Minderjährigen denkbar.

Der ärztliche Heileingriff stellt nach h.M. eine tatbestandliche Gesundheitsverletzung dar. Jedoch kann er mittels Einwilligung gerechtfertigt sein. Das erfordert jedoch zusätzlich zu den o.g. Voraussetzungen eine umfassende Aufklärung. Fehlt sie, bestehen Ersatzansprüche auch dann, wenn dem Arzt kein Behandlungsfehler unterläuft. Ist der Patient bewusstlos, kommt eine mutmaßliche Einwilligung analog § 683 in Betracht.

Umstritten ist auch die Beurteilung von Sportverletzungen infolge Einwirkung des Gegners ohne Regelverstoß. Eine Einwilligung kann höchstens bei gefahrträchtigen Sportarten wie Boxen, Autorennen etc. in Betracht kommen. Jedoch mangelt es bei regelgerechtem Verhalten i.d.R. am Verschulden. Jedenfalls nach BGH scheitert die Geltendmachung des Schadens in diesen Fällen am Gebot von Treu und Glauben (venire contra factum proprium). In der Literatur wird z.T. die Anwendung von § 254 vertreten, eine a.A. nimmt einen konkludenten Haftungsausschluss an.

# Verschulden

**Deliktsrecht I, Rn. 93 ff.**



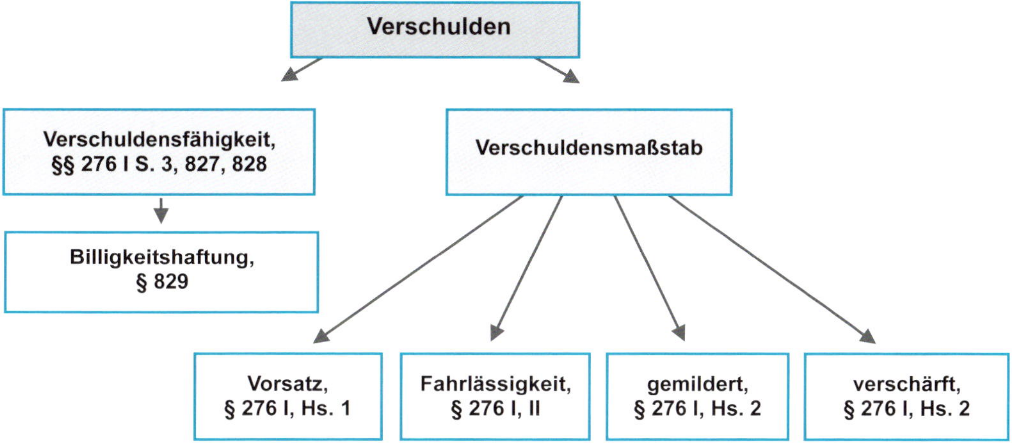


Das **Verschulden** bezieht sich auf die **Verletzungshandlung**, nicht auf den eingetretenen Schaden. (Ausnahme: Arbeitnehmerhaftung im Arbeitsrecht, § 826). Grundnorm ist § 276 I. Danach wird differenziert zwischen **Verschuldensfähigkeit** und -**maßstab**. Schuldhaft ist vorsätzliches und fahrlässiges Handeln. Der Verschuldensmaßstab kann durch Gesetz oder Vertrag (mit Auswirkung auf das Deliktsrecht) gemildert oder verschärft sein.

Ein Schuldvorwurf kann nur demjenigen gemacht werden, der überhaupt deliktsfähig ist. Die Verschuldensfähigkeit richtet sich nach den §§ 827, 828. Ausnahmsweise normiert § 829 eine Haftung für verschuldensunfähige Personen, wenn anderweitig kein Ersatz für den Verletzten zu erlangen ist und eine Haftung aus Billigkeitsgründen erforderlich erscheint.

Der Grad des Verschuldens richtet sich nach § 276 I. Nach h.M. gilt im Zivilrecht die sog. Vorsatztheorie, d.h. zum Vorsatz gehört auch das Bewusstsein, rechtswidrig zu handeln.

Auch im Bereich der Fahrlässigkeit ergibt sich eine Abweichung vom Strafrecht: Es gilt kein individueller, sondern ein auf die allgemeinen Verkehrsbedürfnisse ausgerichteter *objektiver* Sorgfaltsmaßstab. Grund dafür ist der Gedanke des Vertrauensschutzes. Im Rechtsverkehr muss jeder darauf vertrauen dürfen, dass der andere zur Erfüllung seiner Pflichten in der Lage ist.

Ein gemilderter Verschuldensmaßstab findet sich im BGB in folgenden Vorschriften: §§ 300 I, 521, 599, 680, 968 (Beschränkung auf grobe Fahrlässigkeit); §§ 690, 708, 1359, 1664 I, 2131 i.V.m. § 277 (Beschränkung auf eigenübliche Sorgfalt). In letzteren Fällen gilt ausnahmsweise ein subjektiver Maßstab, der aber allenfalls die Befreiung von leichter Fahrlässigkeit abdeckt, vgl. § 277. Examens-typisches Folgeproblem ist häufig die gestörte Gesamtschuld (vgl. dazu Rückgriffansprüche, Rn. 328 ff.). I.R.d. Arbeitsrechts sind die §§ 104 I, 105 I SGB VII wichtig. Beachten Sie insbesondere die Auswirkungen dieser Milderungen auf das Deliktsrecht (vgl. ÜK 37).

Vertragliche Verschärfungen bzw. Milderungen sind in den Grenzen der § 309 Nr. 7, 8 und § 307 bzw. § 138 zulässig.

## Sonderregeln zum Umfang der deliktischen Haftung

**I. Ausgangspunkt**

- Grds. richtet sich der Haftungsumfang nach §§ 249 ff.
- aber Konkretisierungen u. Erweiterungen durch §§ 842 ff.

**II. § 842**

- SchaE umfasst auch Nachteile bei Erwerb/(beruflichem) Fortkommen
- ⇨ Klarstellung zu § 252

**III. § 843**

- bei Erwerbsunfähigkeit SchaE als Geldrente, § 843 I
- bei wichtigem Grund Kapitalisierung möglich, § 843 III

**IV. § 844**

- nach h.M. eigene Anspruchsgrundlage
- § 844 I: Ersatz der Beerdigungskosten an Verpflichteten (vgl. § 1968)
- § 844 II: Ersatzanspruch bei Tötung eines Unterhaltsverpflichteten
- § 844 III: Hinterbliebenengeld
- Mitverschulden des Getöteten nach § 846 zu berücksichtigen

**V. § 845**

- nach h.M. eigene Anspruchsgrundlage
- Dienstverpflichtung kraft Gesetzes nur nach § 1619 für Kinder (§ 1360 stellt dagegen eine unterhaltsrechtliche Verpflichtung dar)
- Mitverschulden des Verletzten nach § 846 zu berücksichtigen

Obwohl die §§ 844, 845 nach h.M. eigene Anspruchsgrundlagen (und nicht nur Vorschriften zur Schadensberechnung) sind, kommen sie nur zur Anwendung, wenn ein deliktischer Haftungstatbestand, z.B. §§ 823 I, 826 oder § 831, vorliegt, denn andernfalls gibt es keinen „Ersatzpflichtigen". Hat man also seine Prüfung mit § 823 I begonnen und diesen bejaht, so kann hinsichtlich der haftungsbegründenden Voraussetzungen auf die vorher durchgeführte Prüfung des § 823 verwiesen werden.

Der Schmerzensgeldanspruch nach § 253 II hat nach traditioneller Auffassung vor allem zwei Funktionen: Eine Sühnefunktion zu Lasten des Schädigers, aber auch eine Genugtuungsfunktion zugunsten des Geschädigten. Gerade bei Verletzungen des allgemeinen Persönlichkeitsrechts durch die Presse hat aber in der jüngeren Vergangenheit die Auffassung an Boden gewonnen, dass bei der Bemessung des Schmerzensgeldes zusätzlich eine präventive Funktion zu berücksichtigen ist. Allerdings wird dieser Anspruch nicht auf § 253 II, sondern in verfassungskonformer Auslegung des § 253 I auf die Art. 1 I, 2 I GG selbst gestützt (vgl. schon ÜK 43). Plakativ ausgedrückt: Eine Entschädigung für einen Prominenten, das der Verleger „aus der Portokasse zahlt", wird ihn bei entsprechender Auflagensteigerung durch die Sensationsstory nicht davon abhalten, es auch in Zukunft mit dem Persönlichkeitsrecht nicht so eng zu sehen. Erst wenn die billige Entschädigung so hoch ist, dass eventuelle Gewinne aus der Persönlichkeitsrechtsverletzung abgeschöpft werden, besteht die Aussicht, dass die Verletzung in Zukunft unterlassen wird. In der Klausur wird man zwar kaum einmal verlangen, dass Sie über die Höhe der Entschädigung entscheiden. Die dafür ausschlaggebenden Gesichtspunkte (etwa Ausmaß des Verschuldens, Schwere der Verletzung, eventuelle Präventivfunktion etc.) sollten Sie aber in Ihrem Gutachten – das möglicherweise eine richterliche Entscheidung vorbereiten soll! – darlegen.

Mit Wirkung zum 22.07.2017 ist § 844 III BGB in Kraft getreten. Danach können Hinterbliebene, die in einem Näheverhältnis zum Verletzten standen, eine billige Entschädigung in Geld verlangen. Bislang waren Hinterbliebene nur in Fällen der sog. Schockschäden geschützt, d.h. abhängig von einer hinreichend schwerwiegenden Beeinträchtigung, vgl. dazu Life&Law 09/2017.

## Verkehrssicherungspflichten (VSP)

### I. Begriff

- Allgemeine Rechtspflicht, im Verkehr Rücksicht auf andere zu nehmen, beruhend auf dem Gedanken, dass jeder, der Gefahrenquellen schafft, die notwendigen Vorkehrungen zum Schutz Dritter zu treffen hat.
- In der Klausur je nach Konstellation an unterschiedlichen Stellen von Bedeutung.
- Übertragung auf Dritte grds. möglich, soweit Pflichten tatsächlich übernommen werden; aber dann fortbestehende Kontroll- und Überwachungspflicht.

### II. Quellen

**Anerkannte Quellen von Verkehrssicherungspflichten**

| **aus Verkehrseröffnung** | **aus Sachbeherrschung/ Einwirkung auf Verkehr** | **aus Inverkehrbringen (gefährlicher Sachen)** | **aus beruflicher Stellung** |
|---|---|---|---|
| z.B. Betreiben von Schwimmbädern, Spielplätzen, Sportmöglichkeiten | auch soweit kein Verkehr eröffnet ist, z.B. auf Baustellen (ggü. Kindern), Schrottplätzen | vgl. etwa Produzentenhaftung | wenn Gefahren für Allgemeinheit bestehen können (z.B. Architekt/Bauunternehmer) ⇨ Berührungspunkte zu Pflichten aus Sachbeherrschung oder Inverkehrbringen |

### III. Prüfungsort

- Bei Unterlassen VSP als Anknüpfungspunkt für eine Handlungspflicht
- Bei nur mittelbarer Verletzung als Indikator der Rechtswidrigkeit
- Anhaltspunkt für Fahrlässigkeitsmaßstab

} bei Zusammentreffen nur einmal prüfen

Verkehrssicherungspflichten können sich aus Gesetzen (im formellen, aber auch im materiellen Sinn) ergeben. Soweit dies nicht möglich ist, ist ungeschriebene Grundlage der Verkehrssicherungspflichten der allgemeine Grundsatz, keine fremden Rechtsgüter zu verletzen (neminem laedere). Die Kasuistik der anerkannten Verkehrssicherungspflichten ist mittlerweile nahezu unübersehbar. Um einen Überblick zu bekommen, erscheint es gleichwohl sinnvoll, einmal die Kommentierung bei Palandt § 823 zu überfliegen. Dies kann auch helfen, sich einzelne Fallgruppen zu erschließen und dann zu merken.

Die Verkehrssicherungspflichten können an verschiedenen Punkten der Prüfung eine Rolle spielen, so z.B. zur Begründung einer Handlungspflicht beim Unterlassen oder auch zur Indizierung der Rechtswidrigkeit bei bloß mittelbarer Rechtsverletzung. Gleichwohl erscheint es nicht sinnvoll, die Verkehrssicherungspflichten mehrfach hintereinander anzusprechen (oder gar ausführlicher zu prüfen), sondern i.d.R. dürfte die einmalige Prüfung genügen, um die Verletzung einer Verkehrssicherungspflicht als allgemeine Zurechnungsvoraussetzung bejahen zu können. Etwas anderes gilt allerdings für die Verschuldensfrage: Bei der Prüfung der Fahrlässigkeit kann die Verkehrssicherungspflicht jedenfalls noch einmal kurz angesprochen werden, da es hier nicht um die objektive Verletzung einer solchen geht, sondern regelmäßig nur um die Frage, ob der Schädiger die Sorgfaltspflicht (die mit der Verkehrssicherungspflicht i.d.R. identisch ist) subjektiv hätte erfüllen können.

## Aufbauschema

**I. Haftungsbegründender Tatbestand**

1. **Verletzung eines Schutzgesetzes**
   a) Vorliegen einer Ge- oder Verbotsnorm im materiellen Sinn mit *Individualschutzzweck*
   b) Verletzter untersteht dem *persönlichen* Schutzbereich
   c) Schädigung fällt in den *sachlichen* Schutzbereich
   d) Verletzung des Schutzgesetzes nach seinen Voraussetzungen
2. **Rechtswidrigkeit**
3. **Verschulden**, §§ 823 II S. 2, 276

**II. Haftungsausfüllender Tatbestand**

1. **Schadenseintritt** (auch Vermögensschäden!)
2. **Haftungsausfüllende Kausalität** zwischen Schutzgesetzverletzung und Schaden
3. **Art und Umfang** des Schadens, §§ 249 ff., 842
4. **Mitverschulden**, § 254

**Beachte:** **§ 823 II i.V.m. einem Schutzgesetz bildet eine selbständige Anspruchsgrundlage und tritt neben den Anspruch aus § 823 I in Anspruchskonkurrenz!**

Als Schutzgesetze kommen alle materiellen Rechtsnormen in Betracht, Art. 2 EGBGB, also auch Verordnungen oder Satzungen, sofern sie ein Ge- oder Verbot enthalten. Str. ist allerdings, ob auch die Verkehrssicherungspflichten als solche Schutzgesetze sind. Dies wird von der h.M. abgelehnt, da sonst entgegen der gesetzgeberischen Konzeption eine deliktische Generalklausel entstünde.

Wichtig ist jedoch immer, dass die verletzte Norm auch dem Individualschutz dienen soll und somit ein Ausgleich nach § 823 II gewollt ist (nach Rspr. z.B. (+) bei §§ 315, 264 StGB; (-) bei §§ 323c, 267 StGB). Dabei ist erforderlich, dass gerade auch der Geschädigte und gerade auch der erlittene Schaden in den Schutzbereich der Norm fallen (sachlicher und persönlicher Schutzbereich).

Die Rechtswidrigkeit folgt bei § 823 II schon aus dem objektiven Verstoß gegen das Schutzgesetz, sofern nicht ein Rechtfertigungsgrund vorliegt.

Wichtig ist zudem, dass sich der Verschuldensgrad nach dem verletzten Schutzgesetz richtet. So ist etwa ein Anspruch aus § 823 II i.V.m. § 303 StGB nur dann gegeben, wenn der Schädiger vorsätzlich gehandelt hat, denn das Schutzgesetz muss objektiv und subjektiv verwirklicht werden (so ist z.B. bei § 263 StGB auch Bereicherungsabsicht erforderlich).

Setzt das Schutzgesetz allerdings überhaupt kein Verschulden voraus, dann muss für einen zivilrechtlichen Schadensersatzanspruch wenigstens ein fahrlässiger Verstoß vorliegen, § 823 II S. 2.

Wichtig: Achten Sie i.R.d. haftungsausfüllenden Kausalität unbedingt auf die Wertungsebene (Schutzzweck der Norm)!

Ganz wichtiger Fall einer Schutzgesetzverletzung ist nach h.M. § 858. Relevanz hat dies vor allem im Rahmen der Abschleppfälle, vgl. BGH, Life&Law 2009, 511 ff., 2012, 853 ff.; 2014, 809 ff. Diesbezüglich hat der BGH zuletzt auch einen Anspruch gegen den Halter bejaht. Da diesem ein (schuldhaftes) Fehlverhalten nicht angelastet werden kann, richtet sich der Anspruch nach §§ 677, 683 S. 1, 670 BGB, Life&Law 2016, 457 ff.

## Deliktische Sondertatbestände

**I. § 824**

- „Kreditgefährdung“
- Voraussetzungen:
  - Behaupten oder Verbreiten unwahrer Tatsachen
  - objektive Eignung, Kredit eines anderen zu gefährden
  - RW, Schuld
  - Haftungsausfüllender Tatbestand (wie bei § 823 I)
- geht § 823 I i.V.m. Recht am Gewerbebetrieb vor

**II. § 825**

- „Bestimmung zu sexuellen Handlungen“
- SchaE erfasst auch immateriellen Schaden (§ 253 II)
- geringe Klausurrelevanz

**III. § 826**

- „Vorsätzliche sittenwidrige Schädigung“
- Voraussetzungen:
  - Schadenszufügung durch kausale Schädigungshandlung (reiner Vermögensschaden genügt, keine Rechtsgutsverletzung erforderlich!)
  - Sittenwidrigkeit der schädigenden Handlung
  - Vorsatz bezüglich Sittenwidrigkeit und Schaden (Eventualvorsatz genügt!)
  - Haftungsausfüllender Tatbestand
- wichtige Anwendungsfälle: arglistige Täuschung, Verleitung zum Vertragsbruch, Urteilsmissbrauch, Übersicherung, Knebelung, Gläubigergefährdung

**IV. § 829**

- kein eigener Haftungstatbestand (⇨ anders als bei §§ 824-826 keine Anspruchskonkurrenz zu § 823); nur Ausnahme von §§ 827, 828; vgl. Life&Law 2017, 309 ff.
- analog anwendbar auf §§ 830 I S. 2, 831, 833 S. 2, 836; nicht auf vertragliche Haftung

§ 826 bildet neben § 823 I, II den dritten Grundtatbestand der deliktischen Haftung. Zur Verdeutlichung: § 823 I ist objektiv eng (nur bestimmte Rechtsgüter) und subjektiv weit gefasst (jegliches Verschulden). Hingegen ist § 826 objektiv weit (das Vermögen schlechthin) und subjektiv eng ausgestaltet (nur Vorsatz). § 823 II liegt in der Mitte: Hier hängen die objektiven und subjektiven Voraussetzungen von den Anforderungen des jeweiligen Schutzgesetzes ab!

Denken Sie an § 826 außerdem auch immer dann, wenn Sie § 823 II in Verbindung mit einem vorsätzlichen Delikt nach dem StGB bejaht haben. Im Falle einer Straftat wird nämlich zumeist auch eine vorsätzliche sittenwidrige Schädigung vorliegen.

Da der Schaden - anders als bei § 823 I - bereits zum haftungsbegründenden Tatbestand gehört, muss sich der Vorsatz insbesondere auf ihn beziehen, vgl. BGH, Life&Law 07/2020, 445 ff. zur Haftung von VW im sog. Dieselabgasskandal).

Im Verhältnis zu § 123 gewinnt § 826 nur dann Bedeutung, wenn die Voraussetzungen der Anfechtung nicht vorliegen (z.B. Fristablauf). Ein durch arglistige Täuschung zustande gekommener Vertrag wird dann über § 249 I aufgelöst.

Rechtsfolge des § 826 kann dann auch eine Rechtskraftdurchbrechung sein. Diese wird dann relevant, wenn die gegebenen Möglichkeiten zur Aufhebung der Rechtskraft nicht eingreifen (§§ 323, 579, 580 ZPO) und dennoch ein Urteilsmissbrauch gegeben ist: Das ist beim sittenwidrigen *Erschleichen* eines unrichtigen Titels und beim sittenwidrigen *Ausnutzen* eines später als unrichtig erkannten Titels der Fall. Dann kommt aufgrund § 826 eine Leistungsklage auf Unterlassung der Vollstreckung und Herausgabe des Titels in Betracht. Zur Bejahung der Sittenwidrigkeit bedarf es jedoch besonderer Umstände, da die Rechtskraftdurchbrechung eine Ausnahme bleiben muss!

§ 829 dürfte wohl analog anwendbar sein, wenn beim Schädiger altersbedingt (d.h. also gerade aufgrund des sehr hohen Alters) ein Verschulden ausscheidet. Dieser Fall fällt zwar nicht unter § 828 und mangels Krankheit grds. auch nicht unter § 827, die Interessenlage ist aber die gleiche.

# Haftung für Verrichtungsgehilfen

Deliktsrecht I, Rn. 178 ff.

| § 831 | § 278 |
|---|---|
| 1. selbständige Anspruchsgrundlage | 1. bloße Zurechnungsnorm |
| 2. Haftung für *eigenes* Verschulden | 2. Haftung für *fremdes* Verschulden |
| 3. unabhängig von Schuldverhältnissen | 3. Sonderverbindung erforderlich |
| 4. weisungsabhängiger Verrichtungsgehilfe | 4. auch weisungsunabhängiger Erfüllungsgehilfe |
| 5. Exkulpationsmöglichkeit | 5. keine Exkulpationsmöglichkeit |

## Aufbauschema zu § 831 I

1. Verrichtungsgehilfe
2. tatbestandsmäßige, rechtswidrige Handlung i.S.d. §§ 823 ff. (kein Verschulden erforderlich!).
3. in Ausführung einer Verrichtung
4. keine Exkulpation gem. § 831 I S. 2

Verrichtungsgehilfe ist, wer mit Wissen und Wollen des Geschäftsherrn in dessen Interesse tätig wird. Wichtig ist diesbezüglich die Weisungsgebundenheit bzw. ein soziales Abhängigkeitsverhältnis. Ausreichend ist, dass der Geschäftsherr die Tätigkeit des Handelnden jederzeit beeinflussen kann.

*Bsp.:* Krankenschwester und Assistenzarzt im Verhältnis zum Krankenhaus, Arbeitnehmer zu Arbeitgeber. Keine Verrichtungsgehilfen sind: Gerichtsvollzieher im Verhältnis zum Vollstreckungsgläubiger, selbständige Bauunternehmer und Handwerksmeister.

Der Verrichtungsgehilfe muss den objektiven Tatbestand eines der §§ 823 ff. verwirklicht haben. Da § 831 I an das vermutete *eigene* Verschulden des Geschäftsherrn anknüpft, ist ein Verschulden des Verrichtungsgehilfen nur dann erforderlich, wenn es Bestandteil des objektiven Tatbestandes ist, z.B. bei § 826. Der Geschäftsherr kann die Vermutung jedoch in den Fällen des § 831 I S. 2 widerlegen (Verschuldens- und Kausalitätsvermutung).

Ferner besteht in Großbetrieben die Möglichkeit des sog. dezentralisierten Entlastungsbeweises. Danach kann der Geschäftsherr die Auswahl und Überwachung der Angestellten auf einen höheren Angestellten übertragen. Er selbst trägt dann nur noch die Exkulpationslast bzgl. dieser Person. Der dezentralisierte Entlastungsbeweis wird jedoch i.R.d. Produzentenhaftung i.R.d. § 823 I von der Rspr. nicht zugelassen.

Achten Sie auf eine saubere Terminologie! § 831 ist gerade keine Zurechnungsnorm für fremdes Verschulden, sondern eine Haftung für vermutetes Eigenverschulden. Problematisch ist insoweit eine saubere Zitierweise, wenn Elemente von § 831 und § 31 zusammentreffen: Wenn z.B. der Verrichtungsgehilfe einer OHG rechtswidrig einem anderen Schaden zufügt, so stellt sich die Frage, ob die richtige Anspruchsgrundlage nur § 831 oder etwa § 831 i.V.m. § 31 analog ist, da für das vermutete Auswahlverschulden auch nicht auf „die OHG“, sondern nur auf das Verschulden der dahinterstehenden Gesellschafter (§ 31 analog) abgestellt werden kann.

## Deliktische Haftung beim Handeln Dritter - Abgrenzung und Überblick -

| § 278 | § 831 | § 31 (i.V.m. § 89) |
|---|---|---|
| Zurechnung fremden Verschuldens; keine Anspruchsgrundlage | Anspruchsgrundlage für Haftung kraft vermuteten eigenen Verschuldens; nur ausnahmsweise Zurechnungswirkung | Haftung für eigenes Verschulden des Vereins, keine Anspruchsgrundlage |
| Sonderbeziehung erforderlich | keine Sonderbeziehung erforderlich | Zurechnung innerhalb von Sonderbeziehungen und bei Delikt |
| Erfüllungsgehilfe (kann selbständig sein) | Verrichtungsgehilfe (Weisungsgebundenheit) | Organ |
| Haftung für Verschulden bei Erfüllung (nicht nur bei Gelegenheit str.) | Haftung für Schädigung bei Verrichtung (nicht nur bei Gelegenheit) | Haftung für Schädigung bei Ausführung der zustehenden Geschäfte (eher weiter als bei §§ 278, 831, da Organ repräsentiert) |
| keine Exkulpation | Exkulpation möglich, § 831 I S. 2 | keine Exkulpation |

Die Vorschrift des § 31 wird in der Ausbildung häufig vernachlässigt, obwohl sie von großer Bedeutung ist: Ihr Anwendungsbereich ist nicht auf den Verein (in dessen Recht sie geregelt ist) beschränkt, sondern sie gilt unstreitig auch für alle anderen Kapitalgesellschaften (für die der Verein als juristische Person gewissermaßen die Grundform darstellt), so z.B. GmbH und Aktiengesellschaft. Daneben gilt § 31 aber auch nach ganz h.M. analog für OHG und KG. Der BGH hat in Konsequenz zur seiner Rechtsprechung zur Teilrechtsfähigkeit auch die Anwendung auf die GbR bejaht (BGH, Life&Law 2003, 385 ff.).

Auch der sachliche Anwendungsbereich des § 31 ist relativ weit. Er gilt nicht nur für vertragliche und deliktische Haftung, sondern sein Anwendungsbereich (Ausführung der dem Organ zustehenden Verrichtungen) wird weiter verstanden als etwa „das Verschulden bei Erfüllung“ oder die „Schädigung bei Verrichtung“ in §§ 278, 831, da das Organ gerade den Verein repräsentiert. Ein Handeln „bei Gelegenheit“ ist hier daher nur sehr selten anzunehmen.

Um sich einen Überblick zu verschaffen, sollten Sie einmal die sehr informative, gleichwohl aber noch halbwegs übersichtliche Kommentierung im „Palandt“ studieren.

# Haftung f. vermutetes Verschulden u. Gefährdungshaftung



**Deliktsrecht II, Rn. 204 ff.**



## Haftung für vermutetes Verschulden im BGB

**I. Einordnung**

- Verschulden ist erforderlich, wird aber vermutet
- Schädiger muss Schuldlosigkeit beweisen

**II. Fälle der Haftung für vermutetes Verschulden**

- **§ 831**
- **§ 832** Haftung des Aufsichtspflichtigen
- **§ 833 S. 2** Haftung des Tierhalters von Nutztieren
- **§ 834** Haftung des Tieraufsehers
- **§ 836** Haftung beim Einsturz eines Gebäudes
- **§ 837** Haftung des Gebäudebesitzers
- **§ 838** Haftung des Gebäudeunterhaltspflichtigen

## Gefährdungshaftung

**I. Einordnung**

- Verschulden ist nicht erforderlich
- Nachweis der Schuldlosigkeit ist für Schädiger nutzlos

**II. Fälle der Gefährdungshaftung**

- überwiegend außerhalb des BGB (wichtig insb. Haftung nach § 7 I StVG)
- im BGB nur § 833 S. 1: Haftung des Tierhalters für Luxustiere

Die meisten Fälle der Haftung für vermutetes Verschulden im BGB haben keine große Klausurrelevanz. Sollten sie trotzdem einmal Gegenstand einer Aufgabe sein, so ist es vor allem wichtig, daran zu denken, „dass es da etwas gibt“ und dies im Gesetz zu finden und sauber zu subsumieren. Eine denkbare Schwierigkeit etwa bei der (noch am prüfungsrelevantesten) Haftung des Tierhalters ist z.B. die Abgrenzung zwischen Luxustieren und Nutztieren, da für erstere sogar die Gefährdungshaftung eingreift.

Denkbares Klausurproblem ist auch die Frage, wie sich vertragliche Haftungsprivilegien (etwa bei der Leihe) auf eine Haftung nach den Vorschriften über vermutetes Verschulden oder gar Gefährdungshaftung auswirken: Der BGH hat in einer Entscheidung, in der es um das Verleihen eines Reitpferdes ging, eine Übertragung der Haftungsprivilegien auf die Gefährdungshaftung ausgeschlossen. Dies erscheint auf den ersten Blick konsequent, da gerade kein Verschulden gefordert wird. Allerdings ist in diesen Fällen der eigentliche gesetzgeberische Grund für die Gefährdungshaftung (nämlich die Tatsache, dass jemand eine an sich gefährliche Sache für sich trotz der Gefahr nutzen darf und dann auch die Schäden zu tragen haben soll) nicht wirklich einschlägig, so dass eine andere Ansicht durchaus vertretbar erscheint.

## Aufbauschema zu § 832

1. **Vorliegen einer Aufsichtspflicht**
   - ⇨ **kraft Gesetzes**: §§ 1626 ff., 1671 ff. (**Eltern**); §§ 1793, 1797, 1800, 1896, 1901, 1909 f., 1915 (Vormund/Betreuer/Pfleger); für Lehrer an öffentlichen Schulen gilt § 839!
   - ⇨ **durch Vertrag**, § 832 II; tatsächliche Übernahme reicht nicht, aber: Entgeltlichkeit oder Dauer unerheblich. Die Aufsichtspflichtigen kraft Gesetzes und durch Vertrag haften als Gesamtschuldner, § 840.

2. **Eine tatbestandsmäßige, rechtswidrige Handlung <u>des zu Beaufsichtigenden</u> i.S.d. §§ 823 ff.:**
   Ein **Verschulden** ist nicht erforderlich, daher **Deliktsfähigkeit** egal; Ausnahme: bereits der Tatbestand erfordert Verschulden

3. **Keine Exkulpation nach § 832 I S. 2:**
   **doppelte Vermutung**: bzgl. **Verschulden** (§ 832 I S. 2, 1.Alt.) und **Kausalität** (§ 832 I S. 2, 2.Alt.)
   **Exkulpation** (+), wenn eine Vermutung widerlegt werden kann.

Ebenso wie § 831 II beinhaltet § 832 II, dass eine Verletzung der *vertraglichen* Aufsichtspflicht ausnahmsweise zu einer *deliktischen* Haftung führt. Zu beachten ist, dass die Vertragshaftung des die Aufsichtspflicht Verletzenden nur gegenüber dem Vertragspartner, die Deliktshaftung hingegen meist gegenüber Dritten besteht. Zur Abgrenzung der §§ 831, 832 und ihrer Absätze folgendes Beispiel: *Kinderschwester S beaufsichtigt das fünfjährige Kind K fahrlässig schlecht. K steckt daher die Scheune des G in Brand. Rechtslage?*

1) K haftet dem G allenfalls aus §§ 823 I, 829 (vgl. § 828 I).
2) S haftet dem G aus § 832 II.
3) Die Eltern des K haften dem G möglicherweise aus § 831 I (S war Verrichtungsgehilfin) und nach § 832 I (weil die Überlassung des K an die schlecht ausgesuchte S eine Aufsichtspflichtverletzung der Eltern darstellt). Beachte: jeweils Exkulpationsmöglichkeit!
4) S haftet den Eltern u.U. wegen Schlechterfüllung des Dienstvertrages aus §§ 280, 281 I S. 1, Alt.2.

Der Inhalt der Aufsichtspflicht bestimmt sich jeweils nach Alter, Eigenart und Charakter des Kindes, wie auch nach der Voraussehbarkeit des schädigenden Ereignisses und danach, was den Eltern jeweils zugemutet werden kann.

Beachte: Die Phrase „Eltern haften für ihre Kinder" stimmt nicht: Die Eltern haften weder für die Tat (sondern für die Aufsichtspflichtverletzung) noch für das Verschulden des Kindes (Haftung für vermutetes *eigenes* Verschulden)! Dies wird umso deutlicher, wenn man die hohen Anforderungen der Rechtsprechung an eine Haftung aus § 832 betrachtet (vgl. die Bspe. bei Palandt, § 832 Rn. 9).

## Haftung des Tierhalters, -aufsehers, §§ 833, 834

Deliktsrecht II, Rn. 223 ff.

**Tierhalterhaftung**

- **§ 833 S. 1: Gefährdungshaftung**
  - **„Luxustiere“**
- **§ 833 S.1 i.V.m. S. 2: vermutetes Verschulden**
  - **„Nutztiere“**

**Aufbauschema für § 833**

1. Verletzung von Körper/Gesundheit, Leben oder Eigentum
2. durch ein Tier (bei § 833 S. 1 durch ein Luxustier, bei § 833 S. 2 durch ein Nutztier)
3. Anspruchsgegner: Tierhalter
4. (nur bei Haustieren): keine Exkulpation gem. § 833 S. 2

**Beachte:** § 834 leitet die Haftung aus § 833 auf denjenigen über, der die Aufsicht über das Tier durch Vertrag übernimmt (Tieraufseher).

Der Grund für die Haftung liegt in der Unberechenbarkeit tierischen Verhaltens. Diese typische Tiergefahr kann sich dann nicht mehr realisieren, wenn das Tier vollständig unter der Willensführung eines Menschen steht. Dann kommt eine Haftung aus § 823 I in Betracht (z.B. Hetzen eines Hundes auf einen Menschen, falsches Lenken einer Kutsche; nicht aber die Verletzung durch Austreten eines Kutschpferdes, da dies nicht unter die Willensführung des Menschen fällt).

Der Begriff des Tierhalters ist rein tatsächlich zu bestimmen. Tierhalter ist, wer mit der Absicht einer gewissen Dauer in eigenem Interesse und aufgrund einer tatsächlichen Herrschaftsbeziehung durch Gewährung von Obdach und Unterhalt die Sorge für ein Tier übernommen hat. Demnach kann auch ein Minderjähriger Tierhalter sein. Aus der Aufteilung in Gefährdungshaftung (§ 833 S. 1) und Haftung für vermutetes Verschulden folgt jedoch, dass ein Deliktsunfähiger nur nach § 833 S. 1 haftet (bzgl. § 833 S. 2 allenfalls i.V.m. § 829 analog).

Tierhalter und Tieraufseher (§ 834) haften als Gesamtschuldner nebeneinander. Für den Ausgleich im Innenverhältnis sind die Vertragsverhältnisse entscheidend.

Examensrelevant ist i.R.d. § 834 die Frage, ob die Führung der Aufsicht einen wirksamen Vertrag voraussetzt. Dies ist insbesondere von Bedeutung, wenn ein Minderjähriger die Aufsicht über ein Tier übernimmt, vgl. speziell dazu Hemmer/Wüst, Deliktsrecht II, Rn. 241.

Bei Nutztieren haftet der Tierhalter (neben § 833) nicht für ein Verschulden des Tieraufsehers, sondern für eigenes Verschulden bei der Auswahl oder Überwachung des Tieraufsehers gem. § 831 I S. 1.

## Aufbauschema für §§ 836-838

1. **Verletzung** von Leben, Körper/Gesundheit oder Eigentum
2. **durch Einsturz** (= Zusammenbruch des gesamten Werkes) oder **Ablösung** (= Trennung oder Lockerung eines Teils von der i.ü. bestehen bleibenden Sache)
3. *infolge* (Kausalität!) **fehlerhafter Errichtung** oder **mangelhafter Unterhaltung** (Beweislast beim Geschädigten, aber Anscheinsbeweis); für Fehlerhaftigkeit kein Verschulden erforderlich; zur Unterhaltspflicht gehört Überprüfung des baulichen und technischen Zustandes
4. **Anspruchsgegner**
   - **Besitzer** des Grundstücks = Eigenbesitzer, § 836 III
   - **früherer Besitzer** des Grundstücks, § 836 II
   - **Gebäudebesitzer**, § 837; egal, ob (vermeintliches) Recht zum Besitz dinglicher, persönlicher oder öffentlich-rechtlicher Natur
   - **Gebäudeunterhaltspflichtiger**, § 838 (durch vertragliche Übernahme bzw. durch Nutzung aufgrund Nießbrauchs oder Grunddienstbarkeit)
5. **keine Exkulpation**

   **a)** gem. § 836 I S. 2 für Besitzer, Gebäudebesitzer und Gebäudeunterhaltspflichtigen

   **b)** gem. § 836 II für den früheren Besitzer

§ 836 ist eine speziell geregelte Verkehrssicherungspflicht (VSP) gegen die Auswirkungen der Schwerkraft. Die Haftung beruht auf vermutetem Verschulden und wird durch die §§ 837, 838 auf den Gebäudebesitzer und den Gebäudeunterhaltsverpflichteten ausgedehnt.

Da es sich um eine Verkehrssicherungspflicht handelt, bestimmt sich der Umfang derselben auch nach dem Empfängerhorizont. Daher kann der Gebäudebesitzer seiner VSP auch durch das Aufstellen entsprechender Warnschilder nachkommen, sofern andere Sicherungsmaßnahmen ihm bei Abwägung von Gefährlichkeit und erforderlichem Aufwand zur Gefahrverhinderung nicht zumutbar sind.

Mehrere nach den §§ 836-838 Verantwortliche haften gem. § 840 I als Gesamtschuldner. Der Ausgleich im Innenverhältnis erfolgt nach § 426. Ist zusätzlich ein Dritter aus § 823 verantwortlich, besteht ebenfalls ein Gesamtschuldverhältnis gem. § 840 I. Allerdings ist im Innenverhältnis nur der Dritte verpflichtet, § 840 III.

Diese Regelung beruht auf der Erwägung, dass derjenige, der lediglich einen Gefährdungstatbestand bzw. einen Tatbestand für vermutetes Verschulden verwirklicht hat, im Verhältnis zu demjenigen privilegiert sein soll, der *nachweislich* schuldhaft gehandelt hat. Entgegen dem Wortlaut des § 840 III gilt dies aber dann nicht, wenn auch der Dritte nur aus einem Gefährdungstatbestand (wenn auch außerhalb des BGB) verantwortlich ist. Dann bleibt es bei der allgemeinen Regel des § 426.

## Deliktische Haftung mehrerer Beteiligter

| | |
|---|---|
| **I. Einordnung** | • § 830 ist nach h.M. in allen Fällen eigene Anspruchsgrundlage<br>• durch die Verweisung auf die „Begehung einer unerlaubten Handlung“ wird aber auf die Tatbestände der §§ 823 ff. Bezug genommen |
| **II. § 830 I S. 1** | • Fälle von Mittäterschaft<br>• Rechtsfolge: jeder Mittäter ist für (ganzen) Schaden verantwortlich (⇨ § 840!) |
| **III. § 830 II** | • Fälle von Teilnahme (Anstiftung oder Beihilfe)<br>• Rechtsfolge: Behandlung wie bei Mittätern (vgl. oben II.) |
| **IV. § 830 I S. 2** | • Zweck: § 830 I S. 2 hilft über Kausalitätszweifel bei mehreren Beteiligten hinweg; ⇨ Konsequenzen für die Auslegung:<br>• nur anwendbar auf Beteiligte, die bei unterstellter Kausalität haften würden ⇨ (-), wenn Haftung aus anderen Gründen scheitert<br>• § 830 I S. 2 ist unanwendbar bei Mittäterschaft und Teilnahme (Sonderregelung in § 830 I S. 1, II)<br>• § 830 I S. 2 ist auch anwendbar bei „Anteilszweifeln“<br>• § 830 I S. 2 ist unanwendbar, soweit Nachweis der Schuldlosigkeit gelingt<br>• § 830 I S. 2 ist unanwendbar, wenn die volle Verantwortung eines Schädigers feststeht |
| **V. § 840** | • mehrere deliktisch Verantwortliche haften als Gesamtschuldner<br>• Ausgleich im Innenverhältnis nach § 426 |

Drei Fälle der Beteiligung mehrerer werden von § 830 geregelt. Jeder Beteiligte haftet, ohne dass festgestellt sein müsste, dass er es war, der durch sein Verhalten den Schaden verursacht hat.

Wirklich Schwierigkeiten bereitet eigentlich nur § 830 I S. 2. Aber auch bei dieser Vorschrift wird man meistens zu einem (zumindest) vertretbaren Ergebnis kommen, wenn man in Zweifelsfragen von seinem Schutzzweck her argumentiert: Dieser besteht darin, dass sich bei mehreren potentiellen Schädigern die Ungewissheit über den Kausalbeitrag (!) nicht einseitig zu Lasten des Geschädigten auswirken soll. Daraus ergibt sich z.B., dass § 830 I S. 2 nicht schon dann eingreift, wenn ein Schädiger, dessen Tatbeitrag feststeht, insolvent ist, weil diese Frage nichts mit der Ungewissheit über den Kausalbeitrag zu tun hat.

Nach der Rechtsprechung des BGH ist § 830 I S. 2 entsprechend anwendbar auf Fälle außerhalb des Deliktsrechts mit vergleichbarer Beweisnot. So etwa im Falle der Gefährdungshaftung bzw. vertraglichen Haftung (BGH, NJW 2001, 2538).

Problematisch ist insoweit, dass § 830 I S. 2 mehrere „Beteiligte“ voraussetzt, d.h. mehrere Personen, die zumindest handeln. Bei der Gefährdungshaftung kommt es darauf indes nicht stets an. Gleichwohl findet die Norm in solchen Fällen Anwendung, weil sonst die Intention des § 830 I S. 2 nicht hinreichend gewahrt wäre, vgl. OLG München, Life&Law 2013, 170 ff. Auch der BGH geht von der grundsätzlichen Anwendbarkeit des § 830 I S.2 BGB im Falle der Gefährdungshaftung aus, Life&Law 2018, 670 ff.

## Aufbauschema für § 830 I S. 1, II

**1.** Verletzungserfolg

**2.** unerlaubte Handlung

**3.** Beteiligter

**a)** als Mittäter, § 830 I S. 1 (vgl. § 25 II StGB: bewusstes und gewolltes Zusammenwirken)
**b)** als Anstifter/Gehilfe, § 830 II (vgl. §§ 26, 27 StGB; sog. doppelter Vorsatz erforderlich)

**4.** Kausalität

**Merke: Haftung beruht auf Zurechnung des Verhaltens eines Mittäters!**

## Aufbauschema für § 830 I S. 2

**1. + 2.** wie oben

**3.** als Beteiligte

**a)** *selbständige* Beteiligung (keine fahrlässige Nebentäterschaft bzw. § 830 I S. 1, II)
**b)** Rechtsgutsverletzung / Schaden mit Sicherheit durch einen der Beteiligten verursacht oder durch alle
**c)** bei keinem der Beteiligten lässt sich die haftungsbegründende oder -ausfüllende Kausalität nachweisen

**Merke: Haftung beruht auf Verzicht des Nachweises der Kausalität!**

Die drei Fallgruppen des § 830 stellen eigenständige Anspruchsgrundlagen dar!

Wichtig ist die Differenzierung: § 830 I S. 1, II verzichten nicht etwa auf die Kausalität. Verzichtet wird lediglich auf den konkreten Nachweis, wessen Tatbeitrag den Verletzungserfolg bzw. den Schaden herbeigeführt hat. Das dient dem Schutz des Geschädigten, dem kein Nachteil daraus entstehen soll, dass er durch mehrere geschädigt wurde.

*Bsp.:* A und B werfen mit Steinen auf ein Glashaus. Eine Scheibe geht zu Bruch. Wessen Steinwurf den Schaden verursacht hat, kann nicht mehr geklärt werden. A und B haften als Mittäter i.S.d. § 830 I S. 1 gesamtschuldnerisch, § 840.

Anders § 830 I S. 2: Hier wird ausnahmsweise auf das Erfordernis der Kausalität verzichtet. Diese Alternative kommt nur in Betracht, wenn weder bewusstes Zusammenwirken i.S.d. § 830 I S. 1, II noch fahrlässige Nebentäterschaft vorliegt, bei der der Nachweis der Kausalität erbracht werden kann. § 830 I S. 2 ist eine Ausnahme vom Verursacherprinzip. Er soll dem Geschädigten nicht etwa eine *weitere* Anspruchsgrundlage geben, sondern verhindern, dass er leer ausgeht.

*Bsp. 1: A und B überfahren nacheinander den C. C ist tot. Durch welches Überfahren C gestorben ist, lässt sich nicht feststellen.* Hier kommt § 830 I S. 2 nicht in Betracht, da dem Erstschädiger A das Verhalten des Zweitschädigers B zuzurechnen ist, Kausalität ist gegeben. A haftet: §§ 823 I, 844.

*Bsp. 2: A und B gehen auf Jagd. Der Passant P wird durch einen Querschläger verletzt. Durch wessen Schuss dies geschah, lässt sich nicht nachweisen.* A und B haften gesamtschuldnerisch aus § 830 I S. 2.

# Haftung nach dem StVG - Überblick

**Deliktsrecht II, Rn. 314 ff.**

## Haftung nach dem StVG

**I. Einordnung und Überblick**

- Sondervorschriften für die Haftung im Straßenverkehr, aber §§ 823 ff. daneben anwendbar
- wichtige Normen:
  - Haftungstatbestände: §§ 7, 18 StVG
  - Haftungsausschluss nach §§ 7 III S. 1, 8, 8a StVG
  - Regelungen für Mitverschulden u. mehrere Schädiger: §§ 9, 17 StVG
  - Umfang der Ersatzpflicht: §§ 10-13 StVG

**II. Haftungstatbestände**

- § 7 I StVG: Gefährdungshaftung für Halter
  - Schuldner: Fahrzeughalter (= derjenige, der Fahrzeug für eigene Rechnung in Gebrauch und Verfügungsgewalt hat, z.B. Leasingnehmer, Life&Law 2007, 817)
  - Verletzung von Leben, Gesundheit/Körper o. Eigentum bei Betrieb des Kraftfahrzeugs:
    Kfz: ⇨ Legaldefinition in § 1 II StVG
    ⇨ bei Betrieb: weite („verkehrstechnische") Auslegung
  - keine höhere Gewalt, § 7 II StVG
- § 18 StVG: Haftung des Fahrers für vermutetes Verschulden (⇨ Exkulpationsmöglichkeit, aber Beweislast beim Fahrer)

**III. Mitverschulden und Verursachung Mehrerer**

- § 9 StVG: Sonderregelung zu § 254 für Ansprüche aus StVG: Erweiterung auf Mitverschulden der Bewahrgehilfen (keine analog Anwendung auf § 823 I BGB)
  - § 17 StVG:
  - § 17 I StVG: Innenverhältnis von mehreren Schädigern eines Dritten -
    § 17 II StVG als lex specialis ggü. §§ 9 StVG, 254 für Ansprüche mehrerer Fahrer/Halter untereinander, es sei denn § 17 III StVG

**IV. Haftungsumfang**

§§ 10-13 StVG als lex specialis zu §§ 842 ff.

Gesetzgeberischer Grund einer Gefährdungshaftung ist die Tatsache, dass bestimmte – zwar gefährliche, aber sozial nützliche – Gegenstände oder Verhaltensweisen nicht generell verboten werden sollen. Verwirklicht sich allerdings die mit ihnen verbundene Gefahr, so soll dies nicht zu Lasten des Geschädigten gehen, sondern zu Lasten desjenigen, der sonst von dieser gefährlichen Sache profitiert. So werden etwa - trotz der vielen Verkehrstoten in jedem Jahr - Autos nicht grds. verboten. Allerdings trifft den Halter, der regelmäßig aus der Benutzung des Fahrzeugs profitiert, eine Gefährdungshaftung nach § 7 StVG. Nur konsequent ist es dann auch, wenn im StVG die Haftung ausgeschlossen wird, wenn das Fahrzeug von einem Unbefugten ohne den Willen des Halters verwendet wird. Hier profitiert der Halter nämlich gerade nicht von dem Einsatz des Fahrzeugs und ist insoweit selbst eher in einer Opfer- als in einer Täterrolle.

Beachte: Die Haftungstatbestände des StVG für vermutetes Verschulden bzw. Gefährdungshaftung spielen in der Praxis eine große Rolle, da sie leichter nachzuweisen sind als die §§ 823 ff. (Verschuldensnachweis erforderlich). Auch in der Klausur sollten Sie daher mit den Ansprüchen aus dem StVG beginnen.

## Aufbauschema, § 7 I StVG

1. **Anspruchsgegner**: Halter ist, wer Fahrzeug für eigene Rechnung in Gebrauch hat und die für den Gebrauch erforderliche Verfügungs*gewalt* (nicht: Verfügungs*macht*, da nicht rechtliches, sondern tatsächliches Herrschaftsverhältnis entscheidend) besitzt.
   *Bsp.:* Eigentümer, Leasingnehmer (BGHZ 87, 133)
2. **Bei Betrieb des Fahrzeuges** (Def.: § 1 II StVG) Gedanke: Haftung soll nur dann gelten, wenn sich Schaden als Realisierung der vom Kfz ausgehenden Gefahr darstellt. ⇨ „Bei Betrieb" weit zu verstehen (sog. *verkehrstechnische Auffassung*), d.h. nicht erforderlich, dass Kfz in Bewegung, Motor läuft oder Kollision mit Unfallopfer; abzustellen auf nahen örtlichen und zeitlichen Zusammenhang, vgl. BGH, 2020, 456 ff. (sehr lehrreich!)
3. **Verletzung von Leben, Körper/Gesundheit, Eigentum**
4. **Keine höhere Gewalt**; Beweislast beim Halter; wichtig: gem. § 7 II S. 1 StVG nur von außen kommende Einwirkungen
5. **Haftungsausschlüsse**: §§ 7 III, 8, 8a, 12 StVG
6. **Mitverschulden**: § 9 StVG
7. **Umfang**: §§ 10-13 StVG (leges speciales zu §§ 842 ff.)

Die Ansprüche aus §§ 823 ff., insbesondere aus § 823 I wegen Verletzung von Körper/Gesundheit bzw. Eigentum und aus § 823 II i.V.m. Schutzgesetzen aus der StVO, stehen zu den Anspruchsgrundlagen aus dem StVG in *Anspruchskonkurrenz,* vgl. § 16 StVG (vgl. auch die entsprechenden Regeln in § 15 ProdHaftG, § 18 UmweltHaftG, § 12 HaftPflG).

Durch die Schadensersatzrechtsreform wurde der Begriff des unabwendbaren Ereignisses in § 7 II StVG ersetzt durch den Begriff der höheren Gewalt. Diese liegt nur vor, wenn der Unfall auf einem betriebsfremden, von außen durch elementare Naturkräfte oder durch Handlungen dritter Personen herbeigeführten Ereignis beruht, das nach menschlicher Einsicht und Erfahrung unvorhersehbar war, mit wirtschaftlich erträglichen Mitteln auch durch äußerste Sorgfalt nicht verhütet werden konnte und auch nicht wegen seiner Häufigkeit in Kauf zu nehmen ist.

Dadurch kann der Halter einer Haftung kaum noch entgehen. Allerdings gilt diese strenge Haftung nur im Verhältnis zu Dritten. Soweit es um die Haftung der Halter untereinander geht, bleibt der Begriff des unabwendbaren Ereignisses maßgeblich, § 17 III StVG. Hierbei ist darauf abzustellen, ob auch ein Idealfahrer in der konkreten Situation in der Lage gewesen wäre, den Unfall zu vermeiden. Ein klassischer Fall dieses Problems ist mittlerweile die Frage, ob sich ein Autofahrer, der die Richtgeschwindigkeit überschreitet, auf die Unabwendbarkeit eines Unfalls berufen kann.

Der BGH verneint dies mit dem Argument, dass ein Idealfahrer die Richtgeschwindigkeit nicht überschreitet. Auch der Schutzzweck des § 7 StVG spricht für den BGH: Die Gefährdungshaftung dient dem Schutz aller potentiellen Opfer, die durch den Betrieb eines Kfz gefährdet werden. Dieses Schutzbedürfnis steigt naturgemäß, je höher die von dem Kfz ausgehende Gefahr wird! Das ist bei hohen Geschwindigkeiten auch beim optimalen sonstigen Verhalten zwangsläufig der Fall.

Beachten Sie in diesem Zusammenhang: Das Fahrzeug selbst, für welches gehaftet wird, fällt nicht in den Schutzbereich, vgl. BGH, Life&Law 2011, 240 ff.

# Haftung des Fahrzeugführers, § 18 StVG



## Aufbauschema zu § 18 StVG

1. **Anspruchsgegner**: Führer ist derjenige, welcher das KFZ im Zeitpunkt des Unfalls betreibt.
   *Bsp.:* Mieter, Entleiher, Halter selbst; wenn Führer = Halter, Haftung sowohl aus § 7 als auch aus § 18 StVG; ansonsten Gesamtschuldverhältnis zwischen Halter und Führer analog § 840 I.
2. **Bei Betrieb des Fahrzeugs**, vgl. ÜK 60
3. **Verletzung von Leben, Körper/Gesundheit oder Eigentum**
4. **Kein Nachweis fehlenden Verschuldens**, § 18 I S. 2 StVG; ⇨ keine Gefährdungshaftung, sondern Haftung für vermutetes Verschulden; Führer muss gesetzliche Vermutung durch Gegenbeweis entkräften, vgl. auch § 292 ZPO
5. **Haftungsausschlüsse**, § 18 I i.V.m. §§ 8, 8a, 12 StVG
6. **Mitverschulden**, § 18 I i.V.m. § 9 StVG
7. **Haftungsumfang**, § 18 I i.V.m. §§ 10-13 StVG

**Beachte: Für das Innenverhältnis mehrerer Schädiger (aus § 7 und/oder § 18 StVG) stellt § 17 I StVG eine Sonderregel zu § 426 I S. 1 dar. Die Haftung erfolgt nicht nach gleichen Teilen, sondern entsprechend den einzelnen Verursachungsbeiträgen!**

I.R.d. § 17 I StVG ist eine umfassende Abwägung der Verursachungsbeiträge vorzunehmen. Darunter fällt nicht nur das Verschulden, sondern vielmehr jeder Umstand, welcher die erfolgsmäßige Zurechnung des Schadenseintritts beeinflusst wie z.B. die jeweilige Betriebsgefahr. Hierunter versteht man die Gesamtheit aller Umstände, welche durch die Eigenheit des PKW begründet werden. Dabei ist immer auf den konkreten Einzelfall abzustellen, wie z.B. Größe, PS, Zustand der Bremsen etc.

Einen anderen Regelungsgehalt hat hingegen § 17 II StVG: Hier geht es darum, dass ein Schaden durch mehrere Kraftfahrzeuge verursacht wurde und die Halter/Fahrer nun Ansprüche gegen den jeweils anderen geltend machen. Anders als bei § 17 I StVG ist also kein Dritter beteiligt, der selbst nicht haftet. § 17 II StVG verdrängt sowohl § 9 StVG als auch § 254.

Aufbautechnisch ergibt sich daraus folgendes: Zunächst ist der Anspruch des Halters A gegen Halter B aus § 7 I StVG zu prüfen und danach zu fragen, ob der Unfall auf höherer Gewalt beruht. Ist dies der Fall, dann besteht jedenfalls kein Anspruch des A gegen B.

Sodann ist § 17 III S. 1 StVG zu prüfen. Dieser lässt die Haftung ebenfalls entfallen.

Greift weder § 7 II noch § 17 III S. 1 StVG, ist eine Haftung dem Grunde nach gegeben. I.R.d. § 17 II StVG (lex specialis zu § 254!) ist dann quasi inzident der Anspruch des B gegen A zu prüfen. Hier stellt sich dann die Frage, ob A aus § 7 I StVG haftet. Ist dies nicht der Fall, dann ist die Quote auf jeden Fall 100 % zugunsten des A, da er gegenüber B ja nicht aus § 7 I StVG haftet. Liegt dagegen von beiden Seiten kein unabwendbares Ereignis vor, ist die o.g. Interessenabwägung vorzunehmen.

**Übersicht über die wichtigsten Unterschiede zwischen Produzentenhaftung und ProdHaftG**

| Produzentenhaftung, ⇨ §§ 823 ff. | Produkthaftung, ⇨ ProdHaftG |
|---|---|
| auch vor 1990 | erst ab 01.01.1990 |
| Quasihersteller haftet nicht | Quasihersteller haftet, § 4 I S. 2 ProdHaftG |
| Produktbeobachtungspflicht | keine Produktbeobachtungspflicht |
| keine Haftung für Ausreißer | Haftung für Ausreißer |
| Haftung bzgl. Resteigentum (+) | Haftung bzgl. Resteigentum str. |
| Verschulden notwendig | Gefährdungshaftung |
| kein Höchstbetrag | Höchstbeträge, §§ 7-10 ProdHaftG |
| kein Erlöschen | Erlöschen 10 Jahre nach Inverkehrbringen, § 13 ProdHaftG |

**Beachte: Das ProdhaftG hat keine verdrängende Wirkung ggü. anderen Anspruchsgrundlagen, vgl. § 15 II ProdHaftG!**

Vor Einführung des Produkthaftungsgesetzes am 01.01.1990 haftete ein Produkthersteller lediglich aus den allgemeinen Vorschriften. Im Ergebnis herrschte Einigkeit dahingehend, dass dem Käufer als Endkunden ein Schadensersatzanspruch gegen den Hersteller zustehen muss. Bei der heutigen Massenproduktion ist in sehr vielen Fällen für den Kaufentschluss nicht mehr die Beratung des Einzelhändlers vor Ort, sondern die direkt auf den Endverbraucher abzielende, intensive Werbung für das Produkt durch den Hersteller entscheidend.

Verschiedene Haftungsansätze, von denen letztlich nur die Grundsätze der Produzentenhaftung gem. §§ 823 ff. übrigblieben, wurden diskutiert und sollten in der Klausur kurz skizziert werden:

- Garantievertrag ⇨ scheitert zumeist am fehlenden Rechtsbindungswillen
- Garantieschein ⇨ richtet sich meist nur auf Nachbesserung, keine Haftung für Folgeschäden
- § 122 analog ⇨ würde Werbeerklärungen letztlich doch rechtliche Bedeutung beimessen
- c.i.c. ⇨ vgl. § 122 analog
- Vertrag (Hersteller/Endabnehmer) mit Schutzwirkung zugunsten Dritter ⇨ kein Schutzinteresse mangels Verantwortlichkeit des Händlers für Rechtsgüter des Endabnehmers
- Drittschadensliquidation ⇨ Träger des Schadens nicht anspruchslos (§§ 823 ff.), keine <u>zufällige</u> Schadensverlagerung (aus Sicht des Herstellers)!

Seit 01.01.1990 gilt das ProdHaftG, dessen Haftung nach § 1 I S. 1 eine Gefährdungshaftung des Herstellers für seine Produkte vorsieht.

## Aufbauschema zu § 823 I für die Produzentenhaftung

1. **Verletzungshandlung**, Inverkehrbringen des fehlerhaften Produktes
2. **Rechtsgutsverletzung**, Problem bei der Eigentumsverletzung insbes. bei den sog. *weiterfressenden Mängeln*: Kann bei Lieferung mangelhafter Sachen das Eigentum an denselben verletzt sein?
3. **Haftungsbegründende Kausalität**
4. **Rechtswidrigkeit**, nach h.M. (+), wenn Verstoß gegen die dem Hersteller obliegende Verkehrssicherungspflicht (Problem des verkehrsgerechten Verhaltens)
5. **Verschulden**, (+) bei zumindest fahrlässigem Verstoß gegen Verkehrssicherungspflichten des Herstellers (insbes. Organisationspflicht):
   **a)** *Konstruktionsfehler*: Beweislastverteilung nach Gefahrenbereichen
   **b)** *Fabrikationsfehler*: keine Haftung für sog. Ausreißer bei ausreichenden Sicherheitsvorkehrungen, i.ü. Beweislastverteilung nach Gefahrenbereichen
   **c)** *Instruktionsfehler*: seit Milupa-Urteil ebenfalls Beweislastumkehr (str.)
   **d)** *Produktbeobachtungspflicht*: normale Beweislastverteilung
6. **I.Ü. keine Abweichungen**

**Beachte: Bei der Produzentenhaftung handelt es sich um den allgemeinen Tatbestand des § 823 I, der lediglich in Einzelheiten einige Besonderheiten aufweist.**

Klassisches Problem ist auch hier der "weiterfressende Mangel". Machen Sie sich klar, warum die Unterscheidung so wichtig ist: Durch das Deliktsrecht sollen vertragliche Wertungen nicht unterlaufen werden. Das Vertragsrecht sichert das *Äquivalenzinteresse*, und zwar abschließend. Das Deliktsrecht kann also nur eingreifen, wenn das *Integritätsinteresse*, also das Interesse des Käufers an der Integrität seiner übrigen Rechtsgüter, betroffen ist. Abgrenzungskriterium bei der Lieferung mangelhafter Sachen ist dann die Stoffgleichheit (vgl. ÜK 42).

Im Übrigen haben die Verkehrssicherungspflichten i.R.d. Produzentenhaftung eine große Bedeutung, vgl. die Vorderseite. Aber Achtung: I.R.d. § 823 II reicht die Verletzung einer Verkehrssicherungspflicht nicht aus. Eine Verkehrssicherungspflicht ist nach h.M. kein Schutzgesetz i.S.d. § 823 II (vgl. ÜK 49).

In Betracht kommt gegen den Hersteller zusätzlich die Haftung aus § 831. Zu beachten ist aber, dass sich die Organisationspflichten, die i.R.d. § 823 die unmittelbare Haftung des Herstellers begründen, teilweise mit den Aufsichtspflichten aus § 831 überschneiden.

Einzige Abweichung ist dann die Exkulpationsmöglichkeit, § 831 I S. 2. Hier ist dem Hersteller jedoch der dezentralisierte Entlastungsbeweis abgeschnitten, so dass eine Exkulpation in diesem Bereich praktisch kaum relevant werden dürfte.

### Aufbauschema für § 1 I S. 1 ProdHaftG

1. **Zeitlicher Anwendungsbereich**, §§ 16, 19 ProdHaftG (Zeitpunkt des Inverkehrbringens!)
2. **Anspruchsgegner**: Hersteller, § 4 ProdHaftG;

   **a)** *tatsächlicher Hersteller*, § 4 I S. 1 ProdHaftG
   **a)** *Quasihersteller*, § 4 I S. 2 ProdHaftG, (erweckt Eindruck, er sei tatsächlich Hersteller)
   **a)** *Importeur*, § 4 II ProdHaftG, (nur aus Nicht - EG-Staaten, sonst § 4 I S. 1 ProdHaftG)
   **a)** *Lieferant,* § 4 III ProdHaftG (Nennung des Herstellers reicht zur Entlastung)
3. **Rechtsgutsverletzung**: Leben, Körper/Gesundheit, Eigentum, § 1 I S. 1 ProdHaftG
4. **durch ein Produkt**, § 2 ProdHaftG (auch Elektrizität; auch bei prophylaktischen Austausch eines Herzschrittmachers, Life&Law 2015, 330 ff.)
5. **mit Fehler**, § 3 ProdHaftG (Überspannung bei Elektrizität, BGH, Life&Law 2014, 411 ff.)

   **a)** *Konstruktionsfehler* (Verstoß gegen technische Erkenntnisse bei der Herstellung)
   **a)** *Fabrikationsfehler* (entsteht bei Herstellung und betrifft i.d.R. nur einzelne Stücke)
   **a)** *Instruktionsfehler,* § 3 I a) ProdHaftG (z.B. Gebrauchsanweisung mangelhaft)
   **Beachte**: erforderlich ist Kausalität zwischen Produkt*fehler* und Schaden
6. **kein Haftungsausschluss**, § 1 II, III ProdHaftG; wichtig: § 1 II Nr. 5 ProdHaftG schließt die Haftung für "Ausreißer" nicht aus!

Examensrelevant im Bereich der Produkthaftung ist insbesondere die Problematik der "weiterfressenden Mängel": Beschädigt ein fehlerhaftes, funktional abgrenzbares Teilprodukt das ansonsten fehlerhafte Restprodukt, ist streitig, ob dann eine *andere Sache* i.S.d. § 1 I S. 2 ProdHaftG verletzt ist.

Nach einer Ansicht haftet der Hersteller in diesen Fällen, wenn zwischen dem entstandenen Schaden und dem auslösenden Mangelunwert keine Stoffgleichheit besteht (Vergleich des Mangelunwertes an der Sache bei Übereignung mit dem Schaden, der nach Beschädigung an der Gesamtsache eingetreten ist).

Nach a.A. haftet der Endhersteller nur, wenn eine gegenständlich andere Sache als das Endprodukt beschädigt wurde. Der Teilhersteller haftet dagegen aus § 1 I S. 1 ProdHaftG für die am Restprodukt vorliegenden Schäden, nicht aber für die an dem gelieferten Teilprodukt, da das fehlerhafte Teilprodukt eine andere Sache darstellt.

Zu beachten sind zudem die §§ 7-13 ProdHaftG, die teils die Vorschriften des Deliktsrechts modifizieren, teils ganz neue Regelungen beinhalten (z.B. die Selbstbeteiligung bei Sachschäden, § 11 ProdHaftG).

Behalten Sie aber immer im Hinterkopf, dass das ProdHaftG keine Sperrwirkung für das Deliktsrecht entfaltet, § 15 II ProdHaftG. In einem Gutachten ist also immer auch das Vorliegen der Voraussetzungen der §§ 823 ff. zu prüfen!

## Negatorischer Rechtsschutz

| I. Ausgangspunkt | |
|---|---|

- negatorischer Rechtsschutz, d.h. Unterlassungs- u. Beseitigungsansprüche, im Gesetz vereinzelt geregelt (§§ 1004, 862, 12)
- aber nach h.M. analog § 1004 (§§ 862, 12) auch für alle nach §§ 823 ff. geschützten Rechtsgüter (Gesundheit, allg. PersönlichkeitsR usw.) möglich (quasinegatorischer Rechtsschutz für nicht eigentumsähnliche Rechtspositionen)
- kurze Begründung der Analogie zu §§ 1004, 862, 12 für das in Frage stehende Rechtsgut

**II. Prüfungsschema**

- (drohende) rechtswidrige Beeinträchtigung
- Zumutbarkeit der Beeinträchtigung (etwa analog §§ 1004 II, 906): umfassende Abwägung
- Störung:
  - für Unterlassungsanspruch: Weiter bestehend (h.M.: auch erstmalig)
  - für Beseitigungsanspruch: Fortdauernd (Sonderproblem: Abgrenzung zur abgeschlossenen Verletzung, dann nur SchaE nach § 823)
- Störer (Handlungs- oder Zustandsstörer)
- Auswahl der richtigen Rechtsfolge (z.B. Widerrufung bei ehrverletzenden Tatsachenäußerungen, nicht aber bei Werturteilen)

Durch den negatorischen Rechtsschutz, welcher kein Verschulden voraussetzt, kann die Beseitigung einer Störung verlangt werden. Hier kann es Abgrenzungsprobleme zur Naturalrestitution geben, die als Schadensersatz verlangt werden kann, § 249 I: Da die Anforderungen an den Schadensersatz regelmäßig höher sind (Verschuldenserfordernis!), darf die Rechtsfolge beim negatorischen Rechtsschutz regelmäßig nicht genauso weit gehen. So ist z.B. bei einem vom Nachbarn verschuldeten Wasserschaden im eigenen Keller das Abpumpen des Wassers sicher noch über den negatorischen Rechtsschutz zu erreichen, während das Neustreichen der Wände sicherlich nur als Schadensersatz verlangt werden kann. Im Bereich zwischen diesen beiden Extremen (etwa beim Trocknen des Mauerwerks) kann es dagegen zu Schwierigkeiten kommen, die in der Klausur Ihre Argumentation erfordern.

Exemplarisch sei verwiesen auf den Fall BGH, Life&Law 2005, 444 ff. Der BGH legt die Beseitigung im Sinne des § 1004 I BGB sehr weit aus. So gehört zur Beseitigungspflicht bei einer Bodenverschmutzung des Nachbargrundstücks nicht nur die Beseitigung der Verschmutzung (Auskofferung), sondern auch die Wiederherstellung des ursprünglichen Zustandes des beeinträchtigten Grundstücks. Alles was i.R.d. Primärbeseitigung an Eingriffen erforderlich ist, ist auch von der Beseitigungspflicht erfasst.

Zivilprozessual ließe sich ein Beseitigungs- oder Unterlassungsanspruch praxisnah besonders gut mit Fragen des einstweiligen Rechtsschutzes verknüpfen.

# Grundsätze des Sachenrechts

**I. Absolutheit**

**Absolute Wirkung** bedeutet <u>Wirkung gegenüber jedermann</u>, weshalb der Berechtigte beeinträchtigende Einwirkungen Dritter unterbinden kann (vgl. z.B. §§ 894 ff., 985, 1004).

**II. Abstraktheit**

Das dingliche Rechtsgeschäft (z.B. Übereignung, § 929 S. 1) setzt nicht die Wirksamkeit des zugrunde liegenden schuldrechtlichen Rechtsgeschäfts (z.B. Kaufvertrag, § 433) voraus, sondern muss vielmehr rechtlich losgelöst von diesem beurteilt werden.

**III. Publizität**

Die sachenrechtliche Zugehörigkeit muss erkennbar sein, wobei Publizitätsmittel der Besitz oder das Grundbuch sind. Diesen kommen drei Funktionen zu:

- <u>Übertragungsfunktion:</u> Bei beweglichen Sachen erfordert diese die Übergabe, bei Grundstücken die Eintragung ins Grundbuch.
- <u>Vermutungswirkung:</u> Es spricht eine gewisse Wahrscheinlichkeit dafür, dass der Besitzer (§ 1006 I S. 1) bzw. der im Grundbuch Eingetragene (§ 891) Eigentümer der Sache ist.
- <u>Gutglaubenswirkung:</u> Besitz und Grundbucheintragung eines Nichtberechtigten ermöglichen einem Redlichen den gutgläubigen Erwerb.

**IV. Spezialität**

Nur eine einzelne Sache und nicht eine Sachgesamtheit (vgl. ÜK 2) kann Gegenstand sachenrechtlicher Rechte und Verfügungen sein.

**V. Typisierungszwang**

- *Typenzwang (numerus clausus):* Rechtliche Wirkung entfalten nur dingliche Berechtigungen, die im Gesetz fixiert sind.
- *Typenfixierung:* Der Berechtigungsinhalt muss, zumindest in Umrissen, zwingend durch das Gesetz festgelegt werden.

Unterschätzen Sie die Bedeutung dieser Grundsätze und ihre Auswirkungen auf die Klausur nicht: Die Übereignung eines Warenlagers als solchem ist wegen des Bestimmtheitsgrundsatzes schon begrifflich niemals möglich! Dagegen kann dieses jedoch Gegenstand des zugrunde liegenden Kaufvertrags sein.

Die Auseinandersetzung mit den Konsequenzen des Abstraktionsprinzips ist bereits i.R.d. BGB AT unerlässlich: Die Nichtigkeit des Verpflichtungsgeschäfts, die sich z.B. aus §§ 104 ff., §§ 117 f., § 142 I i.V.m. §§ 119 ff., § 134 oder § 138 ergibt, schlägt grds. nicht auf die Wirksamkeit des Verfügungsgeschäfts durch. Diesem Prinzip trägt der Gesetzgeber Rechnung, indem er eine Rückabwicklung über die §§ 812 ff. vorgesehen hat. Auf diesem Wege werden unbillige Ergebnisse vermieden, die durch rechtsgrundlose Rechtsänderungen entstehen können.

Dieser Grundsatz erfährt jedoch dann eine Ausnahme, wenn der Nichtigkeitsgrund des Verpflichtungsgeschäfts so schwer wiegt, dass auch das Verfügungsgeschäft von ihm betroffen wird. So kann man bei der Anfechtung nach § 123 I zu dem Ergebnis gelangen, dass auch die dingliche Einigung anfechtbar ist (und die Auslegung ergibt, dass sie auch von der Anfechtungserklärung erfasst wird). In diesem Zusammenhang möchte der Korrektor das Wort „Fehleridentität“ lesen. I.R.d. § 138 ist zu beachten, dass das grds. wertneutrale Verfügungsgeschäft ebenfalls nichtig ist, wenn die Sittenwidrigkeit gerade im Vollzug der Leistung liegt (z.B. Sicherungsübereignung; auch eine Abtretung kann als solche wegen Verstoßes gegen § 138 nichtig sein).

Ferner ist im Hinblick auf den Typisierungszwang eine Einschränkung der inhaltlichen Vertragsgestaltungsfreiheit zu berücksichtigen. Die Parteien sind zwar frei in ihrer Entscheidung, ob sie dingliche Rechte begründen wollen (Abschlussfreiheit). Welche Rechte jedoch überhaupt in Betracht kommen und welchen Inhalt diese haben, wird durch die einschlägigen Vorschriften festgelegt.

## Definitionen

**Die §§ 90-103 enthalten wichtige Definitionen für das Sachenrecht.**

| | |
|---|---|
| § 90 | • Sachen sind körperliche Gegenstände. Körperlich bedeutet, dass eine räumliche Abgrenzbarkeit bestehen muss. Der menschliche Körper ist keine Sache; die Leiche nur, wenn sie für wissenschaftliche Zwecke verwendet wird. |
| § 90a | • Tiere sind keine Sachen; es finden jedoch i.d.R. die Vorschriften für Sachen entsprechende Anwendung. |
| § 91 | • Vertretbar ist eine Sache, wenn sie sich von gleichartigen anderen nicht durch besondere Merkmale unterscheidet und deshalb austauschbar ist; maßgeblich ist die Verkehrsanschauung. |
| § 92 | • Verbrauchbar ist eine Sache, deren bestimmungsgemäßer Gebrauch in Verbrauch/Veräußerung liegt. Die bloße Abnutzung, z.B. bei Kleidung, fällt nicht darunter. |
| § 93 | • Wesentliche Bestandteile sind Sachteile, die nicht getrennt werden können, ohne dass der eine oder andere zerstört oder wesentlich verändert wird, z.B. Karosserie eines Pkw; nicht aber dessen Motor! |
| § 94 | • Wesentlich sind bei Grundstücken Bestandteile, die mit ihm fest verbunden sind; lex specialis zu § 93! |

Merken Sie sich: Nur wer auch mit den Begriffen umgehen kann, „beherrscht" die Klausur. Beachten Sie aber auch, dass bei Normen, die außerhalb des dritten Buches den Begriff der „Sache" verwenden, u.U. auch nicht-körperliche Gegenstände gemeint sind, so etwa in § 119 II.

Bei § 93 punkten Sie in der Klausur mit dem Begriff „sonderrechtsunfähig". Die knappe Umschreibung der Tatsache, dass wesentliche Bestandteile nicht Gegenstand gesonderter dinglicher Rechte sein können, liefert dem Korrektor den Schlüsselbegriff und spart Ihnen kostbare Zeit. Die Konsequenz des Verlusts der Sonderrechtsfähigkeit ist ein Rechtsfortwirkungsanspruch nach §§ 951, 812, 818 II. Kommentieren Sie sich daher - soweit nach Ihrer Prüfungsordnung zulässig - diese Normen zu § 93.

Mehrere (Einzel-)Sachen können auch wirtschaftlich so zusammengefasst sein, dass sie eine Sachgesamtheit (= Sachinbegriff, § 92 II) bilden. Obwohl diese aus praktischen Gründen unter einheitlicher Bezeichnung zusammengefasst werden, liegen doch mehrere selbständige Sachen vor (Bsp.: Warenlager). Diese Sachgesamtheit kann zwar Objekt von schuldrechtlichen Verpflichtungen sein, jedoch können Verfügungen nur über die Einzelsachen vorgenommen werden (ansonsten liegt ein Verstoß gegen den Bestimmtheitsgrundsatz vor, vgl. ÜK 1).

## Definitionen - Fortsetzung

**§ 95**

- Scheinbestandteile sind rechtlich selbständige bewegliche Sachen, z.B. die (auch massive) Garage des Mieters, wenn Überlassung an Eigentümer nicht geplant ist.

**§ 96**

- Wesentliche Bestandteile des herrschenden Grundstücks sind auch subjektiv dingliche Rechte.

**§ 97**

- Zubehör sind rechtlich selbständige, bewegliche Sachen, die der Hauptsache zu dienen bestimmt sind und zu ihr in einem räumlichen (u.U. auch wirtschaftlichen, z.B. §§ 1120 ff.) Zusammenhang stehen.

**§ 99**

- Früchte sind unmittelbare (oder mittelbare, Abs. 3) Sach- (Erzeugnisse) oder Rechtsfrüchte (Erträge).

**§ 100**

- Nutzungen sind neben den Früchten auch die Vorteile aus der Ausübung der Rechtsinhaberschaft (Gebrauchsvorteile nach obj. Nutzungsmöglichkeit); die Veräußerung jedoch stellt keine Nutzung dar.

  Nicht geregelt sind die Begriffspaare beweglich/unbeweglich und teilbar/unteilbar:
  Beweglich sind Sachen, die nicht Grundstücke, Grundstücksbestandteile oder grundstücksgleiche Rechte sind.
  Teilbar ist eine Sache, die sich ohne Wertminderung in gleichartige Teile zerlegen lässt (vgl. § 752 S. 1).

Den Gegensatz zur Sachgesamtheit bildet die Einzelsache. Diese lässt sich wiederum aufteilen in Einheits- (z.B. Stein) und zusammengesetzte Sache/Gesamtsache (z.B. Auto). Bei letzterer sind mehrere Einzelsachen in einer neuen Sache so aufgegangen, dass sie ihre Selbständigkeit als Bestandteile nach der Verkehrsanschauung verloren haben.

Examensrelevant im Bereich des Nutzungsersatzes ist die Frage, ob §§ 987 f. ggü. § 818 I eine abschließende Regelung darstellen (vgl. § 993 I HS 2). Gegen den rechtsgrundlosen, gutgläubigen und unverklagten Besitzer wäre dann ein Ersatzanspruch nicht gegeben.

Die Rspr. stellt in diesem Fall den rechtsgrundlosen dem unentgeltlichen (vgl. § 988) Besitz gleich; die Lit. hingegen muss wegen der durch § 993 I HS 2 entstehenden Lücke die Leistungskondiktion, § 812 I S. 1 Alt. 1, zulassen.

Errichtet ein Grundstückspächter auf dem Grundstück eine Windkraftanlage, ist umstritten, ob es sich um einen Scheinbestandteil i.S.d. § 95 I S. 1 handelt. Zwar hat der Pächter i.d.R. nicht den Willen, die Anlage dem Eigentümer zu überlassen; er plant jedoch i.d.R. eine Verbindung für die gesamte Lebensdauer der Anlage, so dass fraglich ist, ob dann noch von dem Begriff „vorübergehend“ gesprochen werden kann. Der BGH hat § 95 I S. 1 gleichwohl bejaht. Denn das Wort „vorübergehend“ beziehe sich auf die Verbindung mit dem Grundstück, nicht aber auf die Lebensdauer der verbundenen Sache, Life&Law 2017, 521 ff.

Folge: Der Pächter bleibt Eigentümer der beweglichen (!) Sache und kann diese z.B. als Kreditsicherheit gem. §§ 929, 930 einsetzen.

Zu Scheinbestandteilen vgl. auch BGH, Life&Law 08/2020, 518 ff.

**I. Eigentum**

- an beweglichen Sachen
- an Grundstücken
- Wohnungseigentum nach dem WEG
- (nicht an Rechten ⇨ hier spricht man von Inhaberschaft)

**II. Dienstbarkeiten**

- Grunddienstbarkeiten
- beschränkt persönliche Dienstbarkeiten
- Nießbrauch: ⇨ an Grundstücken
  ⇨ an beweglichen Sachen
  ⇨ an Rechten
  ⇨ am Vermögen

**III. Erwerbsrechte**

- dingliches Vorkaufsrecht
- (Vormerkung ⇨ „dingliches Sicherungsmittel eigener Art“)

**IV. Reallasten**

- §§ 1105 ff.

**V. Grundpfandrechte**

- Hypothek
- Grundschuld
- Rentenschuld

**VI. Pfandrecht**

- an beweglichen Sachen (nicht Sicherungseigentum (vgl. I.), obwohl bei wirtschaftlicher Betrachtung Pfandrecht)
- an Rechten

Das Eigentum ist das umfassende Vollrecht an einer Sache, wobei dem Eigentümer vor allem die Befugnis zur freien Nutzung und Verwertung der Sache gewährt wird. Eine Legaldefinition des freien Eigentums enthält das BGB nicht, jedoch erfolgt in § 903 eine inhaltliche Festlegung der hauptsächlichen Befugnisse.

Dieses Vollrecht ist aber auch in beschränkte Teilbereiche abtrennbar. So können andere Rechtssubjekte Ausschnitte aus dem dinglichen Vollrecht Eigentum erlangen.

Beschränkte dingliche Rechte zeichnen sich dadurch aus, dass jeweils nur bestimmte Teilberechtigungen an einer Sache gewährt werden. Solche Teilberechtigungen schränken dabei den Umfang der Herrschaft des Eigentümers ein, ändern aber nichts am Fortbestehen des Eigentums.

Die beschränkten dinglichen Rechte können nach ihrem jeweiligen Inhalt differenziert werden. Pfand- und Grundpfandrechte geben ihrem Inhaber ein Verwertungsrecht; Dienstbarkeiten dagegen gewähren Nutzungsrechte. Beachten Sie diese Unterscheidung in der Klausur, damit Sie schnell den „richtigen Normbereich" auffinden können!

## Weitere dingliche Rechte

| | |
|---|---|
| **I. Erbbaurecht** | Erbbaurecht ist das veräußerliche und vererbliche Recht, auf einem fremden Grundstück ein Bauwerk zu haben, § 1 ErbbauRG. |
| **II. Wohnungseigentum** | • § 1 WEG |
| **III. Vormerkung** | • §§ 883 ff. (nach h.M. kein dingliches Recht im eigentlichen Sinne, sondern dingliches Sicherungsmittel eigener Art) |
| **IV. Dingliches Vorkaufsrecht** | • §§ 1094 ff., nicht normierte Anwartschaftsrechte |
| **V. Aneignungsrechte** | • diese stehen nur bestimmten Personen zu, §§ 928 II, 958 I |

Die dinglichen Rechte erschöpfen sich nicht lediglich in Form des Eigentums und daraus hergeleiteten Pfand- und Grundpfandrechten. Deshalb sollten Sie Ihr Interesse vor allem auf die in den §§ 883 ff. geregelte Vormerkung richten. Diese ist häufiger Gegenstand von Examensklausuren, da sie als Sicherungsmittel eigener Art mit gewissen dinglichen Wirkungen ausgestattet ist. Die Vormerkung schützt den schuldrechtlichen Anspruch auf eine dingliche Rechtsänderung, indem sie Verfügungen über das betroffene Recht relativ unwirksam sein lässt (§ 883 II) und den Rang des geschuldeten Rechts wahrt (§ 883 III).

Klausurrelevant ist auch das dingliche Vorkaufsrecht gem. §§ 1094 ff.

Dieses ermöglicht dem Berechtigten, das belastete Grundstück zu denselben Bedingungen zu kaufen, zu denen der Verpflichtete es an einen Dritten verkauft hat. Über § 1098 II gelangen Sie beim dinglichen Vorkaufsrecht wieder in das Recht der Vormerkung.

Während das in den §§ 463 ff. geregelte persönliche Vorkaufsrecht nur den Besteller verpflichtet, lastet diese Verpflichtung beim dinglichen Vorkaufsrecht auf dem Grundstück. Daher kann es zu Lasten des jeweiligen Eigentümers bestellt werden, vgl. § 1097 HS 2.

Sofern die Bestellung des dinglichen Vorkaufsrechts mangels Eintragung scheitert, kann – bei Wahrung der formalen Anforderungen – die Auslegung ergeben, dass auch ein schuldrechtliches bestehen sollte. Dies setzt voraus, dass man die Vorkaufsberechtigung schon ab Vertragsschluss wollte und nicht erst abhängig von der Eintragung, BGH, Life&Law 2014, 161 ff.

## Besitz - Begriff und Bedeutung

**I. Definition**

Die h.M. versteht unter Besitz die vom Verkehr anerkannte tatsächliche Sachherrschaft einer Person über eine Sache; maßgebend ist dabei die Verkehrsanschauung.

**II. Funktionen**

**Schutzfunktion:**

- Erhalt des Rechtsfriedens durch Abwehrmöglichkeiten gegen Störung,
- Beschränkung und Entziehung (§§ 858-867; 1007; 823 I, 812; § 766 ZPO)

**Kontinuitätsfunktion:**

- Erhalt der Besitzlage auch ohne dingliche Rechtsbeziehung durch Verstärkung der obligatorischen Rechtsstellung (§§ 986 II, 566, 578)
- Ablösungsrecht (§ 268 I S. 2) oder Möglichkeit der Ersitzung (§§ 937, 900)

**Publizitätsfunktion: von Bedeutung sind vor allem die**

- Übertragungswirkung (§§ 929 ff.)
- Vermutungswirkung (§ 1006 I S. 1)
- Gutglaubenswirkung (§§ 932 ff. nur bzgl. beweglicher Sachen!) (vgl. ÜK 1)

Abzugrenzen vom Besitz ist das Eigentum. Es ist das umfassendste Recht an einer Sache zu tatsächlichen (Nutzung, Verbrauch) *und* rechtlichen (Belastung, Veräußerung) Herrschaftshandlungen. Dabei müssen Sie den juristischen Sprachgebrauch von der Umgangssprache trennen. Während dem Laien der Unterschied von Eigentum und Besitz regelmäßig nicht geläufig ist, bedeutet eine fehlerhafte Verwendung des Begriffs in der Klausur oft das „Aus".

Zu unterscheiden ist auch der Begriff „Besitz" von dem des Gewahrsams, wie er v.a. im Strafrecht und in der Zwangsvollstreckung vorkommt. Gewahrsam bedeutet die unmittelbare tatsächliche Sachherrschaft, die von der zivilrechtlichen Einordnung unabhängig ist.

Die verschiedenen Funktionen des Besitzes und ihre Wirkungen treten grds. unabhängig davon ein, ob ein Recht zum Besitz besteht oder nicht. Im Rahmen der Publizitätsfunktion ist von der allg. Lebenserfahrung auszugehen, wonach die tatsächliche Gestaltung der Lebensverhältnisse auf die rechtliche Zuordnung schließen lässt. Im Bereich der unbeweglichen Sachen tritt an die Stelle des Besitzes dagegen die Eintragung ins Grundbuch, was aus Gründen der Rechtssicherheit erforderlich ist.

## Besitzarten

Es lassen sich aufgrund verschiedener Kriterien unterschiedliche Arten von Besitz unterscheiden, die regelmäßig auch kombiniert vorliegen können:

**I. Intensität der Sachbeziehung**

- unmittelbarer Besitz, §§ 854, 855
- mittelbarer Besitz, § 868

**II. Umfang der Sachherrschaft**

- Alleinbesitz
- Mitbesitz, § 866
- Teilbesitz, § 865

**III. Willensrichtung des Besitzers**

- Eigenbesitz, § 872
- Fremdbesitz

**IV. Berechtigung des Besitzers**

- rechtmäßiger Besitz
- unrechtmäßiger Besitz

**V. Art der Besitzerlangung**

- nicht fehlerhafter Besitz
- fehlerhafter Besitz, § 858

Die Intensität der Sachbeziehung führt zur Unterscheidung zwischen unmittelbarem und mittelbarem Besitz. Unmittelbarer Besitzer ist, wer die tatsächliche Sachherrschaft selbst unmittelbar ausübt oder durch einen Besitzdiener ausüben lässt, § 855. Mittelbarer Besitzer ist dagegen, wer sich die Sachherrschaft durch einen unmittelbaren Besitzer aufgrund eines zeitlich begrenzten Rechtsverhältnisses, dem sog. Besitzmittlungsverhältnis, vermitteln lässt, § 868. Ein Besitzmittlungsverhältnis wird beispielsweise durch einen Mietvertrag, durch Leihe oder Verwahrung begründet.

Im Bereich des Umfangs muss geprüft werden, ob eine Person die alleinige Herrschaft über die Sache ausüben kann (Alleinbesitz). Üben mehrere Personen diese dagegen gemeinschaftlich aus, so handelt es sich um Mitbesitz.

Während der Eigenbesitzer die Sache als ihm gehörend besitzt (§ 872), erkennt der Fremdbesitzer das fremde Eigentum an. Diese Unterscheidung spielt vor allem beim mittelbaren Besitzer und der Ersitzung eine Rolle. Denn nach § 937 kann nur der Eigenbesitzer das Eigentum durch Ersitzung erwerben. Daneben kann auch die Berechtigung des Besitzers relevant werden, wobei dies insbesondere Bedeutung für das Eigentümer-Besitzer-Verhältnis nach §§ 987 ff. hat.

## Erwerb und Verlust des Besitzes

**I. Erwerb nach § 854 I**

- Erlangung der tatsächlichen Sachherrschaft
  Diese kann definiert werden als eine tatsächliche Machtbeziehung einer Person zu einer Sache, wobei dies eine gewisse räumliche Beziehung und Dauer voraussetzt.
- Besitzbegründungswille
  Der Besitzwille ist kein rechtsgeschäftlicher, sondern ein natürlicher Wille, da er ein tatsächliches Machtverhältnis betrifft. Nicht anwendbar sind die §§ 104 ff.

**II. Erwerb nach § 854 II**

- Besitz des Veräußernden
- Einigung über Besitzübergang
  Hierbei handelt es sich um eine rechtsgeschäftliche Einigung, auf die die Regeln des Allgemeinen Teils Anwendung finden.
- Möglichkeit der Herrschaftsausübung beim Erwerber

**III. Besitzverlust § 856**

- Die Besitzaufgabe erfordert eine Aufgabehandlung und einen Aufgabewillen. Der Besitzverlust „in anderer Weise“ bedeutet dagegen einen unfreiwilligen Verlust.

Die tatsächliche Sachherrschaft i.R.d. § 854 wird im Gesetz nicht definiert, sondern richtet sich nach der Verkehrsanschauung. Auf ein Recht zum Besitz kommt es dabei jedoch gerade nicht an, so dass z.B. auch der Dieb Besitzer sein kann. Im Hinblick auf die Verkehrsanschauung muss allerdings erkennbar sein, dass die Sache in einem Herrschaftsverhältnis zu irgendjemandem steht.

Für den Besitzwillen gilt nicht der Spezialitätsgrundsatz. Es genügt ein allgemeiner, juristisch nicht weiter qualifizierter Beherrschungswille. Dieser kann auch generell auf Sachen bezogen sein, die regelmäßig in den Herrschaftsbereich des Erwerbers gelangen (z.B. verlorene Gegenstände eines Geschäftskunden). Bei einem versehentlich liegen gelassenen Gegenstand wird der Besitz daher dann nicht aufgegeben, wenn eine Wiedererlangung möglich ist, auch wenn dies erschwert wird. Solange der Besitzer rekonstruieren kann, wo sich die Sache befindet, und die Möglichkeit der Wiedererlangung besteht, liegt keine Besitzaufgabe vor, vgl. KG Berlin, Life&Law 2007, 370 ff.

Im Bereich des § 854 II ist der sog. „offene Besitz" erforderlich, d.h. der Erwerber muss ohne weitere Gestattungshandlung des alten Besitzers oder eines Dritten den erlangten Besitz auch tatsächlich ausüben können.

Die Besitzaufgabe nach § 856 darf nicht verwechselt werden mit der Eigentumsaufgabe nach § 959! Bei der Dereliktion nach § 959 handelt es sich um ein einseitiges Rechtsgeschäft, das zur Herrenlosigkeit der Sache führt, bei der Besitzaufgabe dagegen um einen Realakt, der zur Besitzlosigkeit der Sache führt.

Zur Abgrenzung vgl. BGH, Life&Law 2016, 168 ff.: Stellt jemand Altpapier an der Straße ab, mag er dadurch den Besitz aufgeben, nicht jedoch das Eigentum, weil er eine ordnungsgemäße Überführung in das Abfallsystem wünscht. Dies wäre bei einer Dereliktion nicht gewährleistet, weil dann aufgrund der Herrenlosigkeit eine Aneignung durch Dritte möglich wäre.

# Der mittelbare Besitz

**I. Voraus-setzungen nach § 868**

- unmittelbarer Besitz des Besitzmittlers und Besitzmittlungswille
  Der unmittelbare Besitzer muss **Fremdbesitzer** sein.
- Besitzmittlungsverhältnis i.S.d. § 868
  Es muss ein Rechtsverhältnis i.S.d. § 868 zwischen Besitzmittler und mittelbarem Besitzer vorliegen, wobei die Aufzählung nur Beispielcharakter hat.
- Herausgabeanspruch des mittelbaren Besitzers gegen den Besitzmittler
  Dieser ergibt sich i.d.R. aus dem Besitzmittlungsverhältnis. Besteht ein solches jedoch nur vermeintlich, genügt ein Anspruch aus §§ 985, 812, 823 i.V.m. § 249.

**II. Erwerb des mittelbaren Besitzes**

- Der Erwerb erfolgt originär durch Entstehen seiner Voraussetzungen oder derivativ durch Übertragung bereits bestehenden Besitzes.

**III. Verlust des mittelbaren Besitzes**

- Aufhebung des Besitzkonstituts
- Entfallen des Herausgabeanspruchs
- Verlust des unmittelbaren Besitzes oder Aufgabe durch den Besitzmittler
- Aufschwingen des Besitzmittlers zum Eigenbesitzer

Mittelbarer Besitzer ist gem. § 868 derjenige, der die tatsächliche Sachherrschaft durch einen anderen ausüben lässt. Seine Beziehung zur Sache ist nur mittelbar. Nach § 871 ist sogar ein mehrstufiger mittelbarer Besitz möglich. Wenn das Gesetz von Besitz spricht, fällt darunter regelmäßig auch der mittelbare. Etwas anderes kann sich jedoch aus der Auslegung der Normen ergeben, so z.B. bei § 858 (wegen § 869) oder bei § 935 I S. 1 (wegen § 935 I S. 2).

Ein ähnliches Verhältnis i.S.v. § 868 ist jedes hinreichend konkrete Rechtsverhältnis, das einen anderen zum Besitz berechtigt oder verpflichtet, wie etwa die Hinterlegung, Auftragsverhältnisse oder Sicherungsverträge. Auf die Wirksamkeit des Rechtsverhältnisses kommt es dabei nicht an. Es genügt ein vermeintliches Besitzmittlungsverhältnis. Eine bloß abstrakte Abrede, für einen anderen besitzen zu wollen, ist aber nicht ausreichend.

Denken Sie in der Klausur daran: Der mittelbare Besitz genügt sowohl für den Eigentumserwerb nach § 929 S. 1 als auch für den gem. § 930.

Die Übertragung des mittelbaren Besitzes kann gem. § 870 durch Abtretung des Herausgabeanspruchs erfolgen. Die Abtretung muss dem Besitzmittler dabei nicht mitgeteilt werden. Bedeutung erlangt diese Übertragung i.R.d. Übereignung nach § 931 oder § 934 Alt. 1.

## Sonderformen des Besitzes

**I. Besitzdiener, § 855**

Der Besitzdiener übt die tatsächliche Gewalt für einen anderen, den sog. Besitzherrn, aus. Der Besitzherr ist jedoch der alleinige Besitzer, obwohl er keine tatsächliche Sachherrschaft hat.

Voraussetzungen:

- soziales Abhängigkeitsverhältnis
- Ausübung der tatsächlichen Gewalt i.R.d. Verhältnisses
- Erkennbarkeit dieses Verhältnisses

**II. Erbenbesitz, § 857**

Nach § 1922 tritt der Erbe i.R.d. Gesamtrechtsnachfolge in die Rechtsstellung des Erblassers ein. § 1922 erfasst jedoch nur Rechtspositionen, nicht den Besitz. Diese Lücke wird von § 857 BGB gefüllt.

**III. Besitz von juristischen Personen**

Juristische Personen sind den natürlichen Personen rechtlich gleichgestellt. Der Besitz als tatsächliche Beziehung zu einer Sache kann dabei aber nur durch eine natürliche Person für die juristische ausgeübt werden (sog. Organbesitz). Eine Gesamthandsgemeinschaft hat als solche grds. keinen Besitz.

Merken Sie sich: Der Besitzdiener ist trotz seiner Sachherrschaft nicht Besitzer, so dass auch nur dem Besitzherrn und nicht ihm die Ansprüche aufgrund des Besitzes zustehen. Eine Ausnahme hiervon stellt jedoch die Selbsthilfe nach § 859 dar, die gem. § 860 ausdrücklich auch dem Besitzdiener zusteht. I.R.d. sozialen Abhängigkeitsverhältnisses (ein bloß wirtschaftliches genügt nicht!) ist die Weisungsgebundenheit ein charakteristisches Merkmal. Unterschlägt der Besitzdiener die Sache ohne Willen des Besitzherrn, so liegt ein Abhandenkommen i.S.d. § 935 vor. Etwas anderes gilt dagegen bei einer Unterschlagung durch den Besitzmittler, so dass der Abgrenzung zwischen Besitzmittler und Besitzdiener entscheidende Bedeutung zukommen kann.

Beim Besitz von juristischen Personen müssen Sie beachten, dass diese den natürlichen Personen rechtlich gleichgestellt sind. Sie handeln durch ihre Organe. Der Besitz der Organe wird dabei der juristischen Person unmittelbar zugerechnet (sog. Organbesitz). Dieselben Grundsätze gelten auch beim nichtrechtsfähigen Verein.

Nach überzeugender Ansicht ist bei den Personenhandelsgesellschaften OHG und KG vom Besitz der Personengesellschaften selbst auszugehen, welcher durch die Organe ausgeübt wird, vgl. H/W GesR, Rn. 116 m.w.N. Zumindest bei der GbR wurde dies lange Zeit anders gesehen; die Gesellschafter sollten Mitbesitz in „qualifizierter Form“ haben, § 866 BGB. Nach dem Urteil des BGH, NJW 2001, 1056 zur Teilrechtsfähigkeit ist von einem Gleichlauf zu OHG und KG auszugehen.

## Besitzschutz - Gewaltrechte

**I. Besitzwehr, § 859 I**

Das Recht der Besitzwehr ist das Recht, bestehenden Besitz zu verteidigen. Voraussetzung ist die Besitzstörung/der Besitzentzug durch verbotene Eigenmacht (§ 858 I) und das Nichtüberschreiten der erforderlichen Gewaltanwendung.

**II. Besitzkehr, § 859 II, III**

Das Recht der Besitzkehr gibt dem Besitzer die Befugnis, dem Störer die bewegliche Sache wieder abzunehmen, wenn er auf frischer Tat betroffen oder verfolgt wird, § 859 II.

Entsprechendes gilt für Grundstücke nach § 859 III.
Voraussetzungen:

- bewegliche Sache (§ 859 II) bzw. unbewegliche Sache (§ 859 III)
- Besitzentziehung durch verbotene Eigenmacht, § 858 I
- auf frischer Tat betroffen oder nach der Tat verfolgt (Nacheile), § 859 II, bzw. sofortige Wiederbeschaffung des Besitzes bei Grundstücken, § 859 III
- Nichtüberschreiten des Rechtes zur Besitzkehr
- Verhältnismäßigkeitsgrundsatz (vgl. Abschleppfälle, BGH, Life&Law 2009, 511 ff.; 2012, 853 ff.)

§ 858 I definiert die verbotene Eigenmacht des Besitzers. Besitz i.d.S. ist jedoch ausschließlich der unmittelbare Besitz. Auf ein Recht zum Besitz oder ein Verschulden kommt es dagegen nicht an. Besitzentziehung liegt vor, wenn der Besitzer vollständig und nicht nur vorübergehend von der Ausübung der tatsächlichen Gewalt ausgeschlossen ist. Alle anderen Fälle der Besitzbeeinträchtigung stellen eine Besitzstörung dar.

Eine Unterscheidung muss auch beim Inhaber der Gewaltrechte getroffen werden. Dem unmittelbaren Besitzer stehen unstreitig die Rechte aus § 859 zu; dies gilt auch im Verhältnis zwischen unmittelbarem und mittelbarem Besitzer! Der Besitzdiener hat gem. § 860 die Befugnis, die dem Besitzherrn zustehenden Rechte auszuüben. Dies darf jedoch nur im Interesse und nicht gegen den Willen des Besitzherrn geschehen (Weisungsgebundenheit!).

Dem mittelbaren Besitzer stehen die Gewaltrechte nach dem Gesetzeswortlaut nicht zu, § 869. Die h.M. geht aber von einer analogen Anwendung der §§ 869, 859 aus, da sich nur so ein lückenloser Besitzschutz verwirklichen lässt. Wichtig ist dabei jedoch, dass die Besitzentziehung ohne den Willen des unmittelbaren Besitzers erfolgen muss. Die Rechte aus § 859 stehen auch dem Teil-, Mit- und Erbenbesitzer zu.

## Besitzschutz – possessorische Besitzansprüche

Die §§ 861, 862 geben bei beweglichen und unbeweglichen Sachen dem im Besitz Beeinträchtigten einen sog. possessorischen Besitzschutzanspruch. Dabei handelt es sich um echte Ansprüche im Gegensatz zu den Gewaltrechen aus § 859.

**Voraussetzungen des § 861**

- Anspruchsteller war Besitzer
- Besitzentziehung durch verbotene Eigenmacht, § 858 I
- Anspruchsgegner ist fehlerhafter Besitzer, § 858 II
- kein Ausschluss nach § 861 II und kein Erlöschen nach § 864

**Voraussetzungen des § 862**

- Anspruchsteller ist Besitzer
- Besitzstörung durch verbotene Eigenmacht, § 858 I
- Anspruchsgegner ist Störer
- kein Ausschluss nach § 862 II und kein Erlöschen nach § 864

Abgeleitet werden die possessorischen Ansprüche aus dem Besitz als solchem. Es ist deshalb unerheblich, ob ein Recht zum Besitz besteht (zu den sog. petitorischen Besitzschutzansprüchen vgl. ÜK 13).

§ 867 ergänzt die Ansprüche aus §§ 861, 862. Er gewährt dem Besitzer einen Anspruch auf Abholung der Sache, nicht aber ein Recht zum Betreten des Grundstücks. Nach allg. Meinung ist § 867 analog anzuwenden, wenn die Sache nicht auf ein Grundstück, sondern in eine andere bewegliche Sache (z.B. einen PKW) gelangt ist; dies ist aufgrund der Gleichheit der Interessenlage geboten.

Anspruchsgegner ist im Fall des § 861 grds. der gegenwärtige, unmittelbare Besitzer, der auch noch im Zeitpunkt der Klageerhebung fehlerhaft besitzen muss. Aber auch der mittelbare Besitzer kann Anspruchsgegner sein, wenn er sich den unmittelbaren Besitz fehlerhaft verschafft. Im Fall des § 862 ist es derjenige, mit dessen Willen der beeinträchtigende Zustand besteht oder von dessen Willen die Beseitigung abhängt.

Beachten Sie auch die Einschränkungen der §§ 861 II, 862 II, 864 I und des § 863, der die petitorischen (auf dem Recht zum Besitz gründenden) Einwendungen gegen die possessorischen Ansprüche ausschließt und diese damit stärkt. In Analogie zu § 864 II wird aber allgemein die Erhebung einer Widerklage – gestützt auf ein Recht zum Besitz – zugelassen.

## Besitzschutz - petitorische Ansprüche

§ 1007 enthält in seinen Absätzen 1 und 2 zwei selbständige Anspruchsgrundlagen auf Herausgabe.

**Voraussetzungen des § 1007 I**

- bewegliche Sache
- früherer Besitz des Anspruchstellers; jetziger Besitz des Anspruchsgegners
- Bösgläubigkeit beim Besitzerwerb, § 932 II
- kein Anspruchsausschluss: beim Anspruchsteller § 1007 III S. 1; beim Anspruchsgegner § 1007 III S. 2

**Voraussetzungen des § 1007 II**

- bewegliche Sache
- früherer Besitz des Anspruchstellers; jetziger Besitz des Anspruchsgegners
- Abhandenkommen beim Anspruchsteller, d.h. unfreiwilliger Verlust des unmittelbaren Besitzes
- kein Anspruchsausschluss: beim Anspruchsteller § 1007 III S. 1; beim Anspruchsgegner § 1007 III S. 2

§ 1007 I regelt die Herausgabepflicht des bei Besitzerwerb bösgläubigen Besitzers, § 1007 II dagegen die des gutgläubigen Besitzers, wenn die Sache dem früheren Besitzer abhandengekommen ist. Die Bösgläubigkeit ist wie in § 932 zu verstehen, jedoch muss man sie auf ein Recht zum Besitz beziehen. Beachten Sie, dass § 1007 nur bewegliche Sachen erfasst! Gem. § 1007 II S. 2 ist der petitorische Besitzanspruch auf Herausgabe von Geld und Inhaberpapieren ausgeschlossen (Rechtsgedanke des § 935 II).

Die praktische Bedeutung dieser Besitzschutznormen ist gering. Auf sie wird nur zurückgegriffen, wenn nicht schon über §§ 985, 861, 823 oder mögliche vertragliche Ansprüche Herausgabe der beweglichen Sache verlangt werden kann. Allerdings können diese Ansprüche dann mit denen aus § 1007 I, II konkurrieren.

Anspruchsberechtigt ist der frühere Besitzer, unabhängig davon, ob er Eigen-/Allein-/Fremd- oder (un-)mittelbarer Besitzer war. Dem Besitzdiener dagegen stehen die Ansprüche aus § 1007 nicht zu. Der frühere mittelbare Besitzer kann jedoch die Herausgabe nur i.R.d. § 869 S. 2 HS 2 verlangen.

Vgl. vertiefend zu § 1007 mit Fallbeispielen Life&Law 2013, 535 ff.

## Eigentümer-Besitzer-Verhältnis

**Voraussetzungen des § 985**

- Anspruchsberechtigter ist (Mit-)Eigentümer
  Als dinglicher Anspruch ist § 985 nach h.M. nicht abtretbar (ÜK 23);
  **beachte:** Vermutungswirkung des § 1006.
- Anspruchsgegner ist un-/mittelbarer Besitzer
  Besitzdiener kommt mangels Besitz, § 855, nicht als Anspruchsgegner in Betracht.
- kein Recht zum Besitz
  - dingliche Rechte
  - schuldrechtliche Rechtsbeziehungen; Wirkung aber nur inter partes
  - abgeleitetes Besitzrecht, § 986 I S. 1 HS 2
  - Sonderregelung des § 986 II
  - **beachte:** Zurückbehaltungsrechte, §§ 273, 1000, geben nach h.M. kein Recht zum Besitz, sondern lediglich ein Gegenrecht, das zur Verurteilung Zug um Zug führen kann.

**Analoge Anwendung, § 281**

BGH: (+), wenn Besitzer verklagt oder bösgläubig

Die h.M. sieht den Grundgedanken der Regelungen des EBV in einem Haftungsprivileg für den redlichen und unverklagten Besitzer. Diese Wertung müssen Sie sich vor allem im Hinblick auf die §§ 987 ff. vor Augen halten. Voraussetzung für diese Folgeansprüche ist das Bestehen einer Vindikationslage im Zeitpunkt der Verletzungshandlung, d.h. zu dieser Zeit durfte der in Anspruch genommene kein Recht zum Besitz gehabt haben.

Das Recht zum Besitz wird von der h.M. als Einwendung betrachtet, d.h. es ist im Gegensatz zur Einrede von Amts wegen vom Gericht zu prüfen. Problematisch in diesem Bereich ist das Anwartschaftsrecht. Dieses ist zwar als „wesensgleiches Minus" zum Eigentum nach h.M. ein dingliches Recht. Gegenüber dem Eigentümer kann es jedoch nicht geltend gemacht werden als Einwendung i.S.d. § 986 I.

Beachten Sie auch, dass § 285 auf § 985 nicht anwendbar ist. Eine Anwendung würde beim Eigentümer zu einer Anspruchshäufung (§ 985 gegen den jetzigen Besitzer und §§ 285, 985 gegen den früheren Besitzer) und zu einer doppelten Belastung des Anspruchsgegners (§§ 285, 985 durch den früheren Eigentümer und §§ 433, 437 durch den jetzigen Besitzer = Erwerber) führen, wodurch die Opfergrenze überschritten würde.

Der Eigentümer soll sich vielmehr entscheiden, ob er die Sache nach § 985 herausverlangen oder den Erlös nach § 816 I S. 1 nach Genehmigung der Verfügung fordern will.

Der BGH geht aber davon aus, dass § 281 analoge Anwendung auf § 985 findet. § 989 gewährt lediglich den Substanzschaden, §§ 990 II, 280 I, II, 286 lediglich den Vorenthaltungsschaden, sofern es um Verzögerungsschäden geht. Schäden, die auf Deckungsgeschäften beruhen, würden im EBV nicht ersetzt werden, wenn § 281 nicht zur Anwendung käme. Um die Wertungen des EBV nicht zu unterlaufen, gilt die Analogie aber nur gegen den bösgläubigen bzw. verklagten Besitzer, Life&Law 2016, 747 ff.

## Schadensersatz

| | |
|---|---|
| **I. Redlicher/ unverklagter Besitzer** | • Grundsatz: keine Haftung, § 993 I a.E.;<br>• Ausnahmen: § 991 II, Fremdbesitzerexzess |
| **II. Unredlicher/verklagter Besitzer** | • Schadensersatz nach §§ 989, 990;<br>• darüber hinaus: §§ 990 II, 280 II, 286 IV ff. für Vorenthaltungsschaden; ggfs. § 826 |
| **III. Deliktischer Besitzer** | • Schadensersatz nach § 992 i.V.m. §§ 823 ff.<br>• im Übrigen wie bösgläubiger Besitzer |

Das Haftungssystem der §§ 987 ff. differenziert zwischen dem redlichen und unredlichen Besitzer. Maßgebliches Kriterium ist somit die Gut- bzw. Bösgläubigkeit hinsichtlich des Rechts zum Besitz. Bösgläubig ist der Besitzer nach § 990 I S. 1 i.V.m. § 932 II analog, wenn er bei Erwerb des Besitzes weiß oder infolge grober Fahrlässigkeit nicht weiß, dass er gegenüber dem Eigentümer kein Besitzrecht hat. Beachten Sie aber auch § 990 I S. 2 bei späterer positiver Kenntnis.

Die §§ 987 ff. stellen grds. eine abschließende Regelung im Hinblick auf Schadensersatz, Nutzungen und Verwendungen dar. Allerdings ist das Verhältnis zu §§ 823 ff. umstritten. Nach h.M. sind die Deliktsnormen dann ausgeschlossen, wenn während des schadensbegründenden Ereignisses ein EBV bestand, Arg. aus §§ 993 I und 992. Hiervon müssen jedoch drei Ausnahmen gemacht werden. Zum einen erklärt § 992 bei deliktischer Besitzerlangung die §§ 823 ff. neben dem EBV für anwendbar; weiterhin findet auch § 826 Anwendung. Den wichtigsten Ausnahmefall stellt aber der sog. Fremdbesitzerexzess dar. Grund dafür ist, dass der redliche, unrechtmäßige Fremdbesitzer, der sein vermeintliches Besitzrecht überschreitet, nicht besser stehen soll als ein rechtmäßiger Fremdbesitzer, der dem Eigentümer i.R.d. Vertrages und selbstverständlich auch aus Delikt haften würde.

Nicht abschließend ist das EBV dagegen, soweit gar nicht Schadensersatz, Nutzungen oder Verwendungen betroffen sind: So bleibt z.B. der Anspruch aus § 816 I S. 1 auf Erlösherausgabe wegen einer Verfügung über die Sache durch den Nichtberechtigten als Rechtsfortwirkungsanspruch zu § 985 grds. neben den §§ 989, 990 bestehen. Auch Ansprüche wegen Verbrauchs der Sache aus § 812 I S. 1 Alt. 2 und wegen Verarbeitung nach §§ 951, 812 sind denkbar.

## Nutzungsersatz

| | |
|---|---|
| **I. Redlicher/unverklagter Besitzer** | • Grundsatz: keine Haftung, § 993 a.E., aber Herausgabe der Übermaßfrüchte nach Bereicherungsrecht<br>• Ausnahme: § 988: Nutzungsherausgabe unter folgenden Voraussetzungen:<br>- EBV im Zeitpunkt der Nutzungsziehung<br>- Besitz aufgrund dinglichen/schuldrechtl. Nutzungsrechts<br>- unentgeltlicher Besitzerwerb<br>• str.: § 988 analog bei rechtsgrundlosem Besitzerwerb |
| **II. Unredlicher/verklagter Besitzer** | Voraussetzungen des § 987 I, II:<br>• EBV im Zeitpunkt der Nutzungsziehung<br>• verklagter oder unredlicher Besitzer<br>• tatsächlich gezogene Nutzung nach Rechtshängigkeit / Bösgläubigkeit (Abs. 1) oder schuldhaft nicht gezogene Nutzung (Abs. 2) |
| **III. Deliktischer Besitzer** | über § 992 Haftung ggf. auch neben EBV, z.B. §§ 823 ff. |

**Nutzungen sind nach der Legaldefinition des § 100 Früchte einer Sache/eines Rechts sowie die Vorteile, die der Gebrauch einer Sache/eines Rechts gewährt. Beachten Sie aber, dass eine Nutzung nur möglich ist, solange die „Muttersache" erhalten bleibt. Bedenken Sie deshalb in Ihrer Klausur, dass der Veräußerungserlös und der Verbrauch der Muttersache keine Nutzungen sind.**

**Umstritten ist, ob i.R.d. § 988 der rechtsgrundlose Besitzerwerb dem unentgeltlichen gleichzustellen ist. Nach st. Rspr. ist § 988 analog anzuwenden. Wäre nur der schuldrechtliche Vertrag, nicht aber die Übereignung nichtig, müsste der rechtsgrundlose Eigentümer die Nutzungen über §§ 812 I S. 1 Alt. 1, 818 I herausgeben. Ist aber auch die Übereignung nichtig, dürfte der Besitzer die Nutzungen behalten. Dadurch würde derjenige, der immerhin Eigentümer geworden ist, schlechter stehen als derjenige, der wegen Nichtigkeit auch der Übereignung lediglich den Besitz erlangt hat. Ein solches Ergebnis ist aber unbillig. Nach der Rspr. ist es konsequent, den § 988 auf den rechtsgrundlosen Erwerb auszudehnen, da nach dieser Ansicht die §§ 987 ff. eine abschließende Sonderregelung darstellen, die einen Rückgriff auf das allgemeine Bereicherungsrecht ausschließt. Die Literatur will dagegen in diesem Fall die Leistungskondiktion ausnahmsweise zulassen.**

## Verwendungsersatz: §§ 994 ff.

**I. Redlicher/unverklagter Besitzer**

- Ersatz der notwendigen Verwendungen, § 994 I:
  - EBV im Zeitpunkt der Verwendung
  - unverklagter/redlicher Besitzer
  - notwendige Verwendung (erforderlich, um die Sache in ihrem Bestand zu erhalten)

⇨ **aber:** nicht gewöhnliche Erhaltungskosten, solange Nutzungen nicht herausgegeben werden müssen, § 994 I S. 2

- Ersatz der nützlichen Verwendungen, § 996:
  - EBV im Zeitpunkt der Verwendung (str.)
  - unverklagter/redlicher Besitzer
  - nützliche Verwendung (Wert der Sache wird erhöht)

**II. Unredlicher/verklagter Besitzer**

- Ersatz der notwendigen Verwendungen, § 994 II:
  - EBV im Zeitpunkt der Verwendung
  - verklagter/unredlicher Besitzer
  - notwendige Verwendung nach Rechtshängigkeit/Bösgläubigkeit
  - Voraussetzungen der §§ 683, 670 oder §§ 684, 818

Die §§ 994 ff. lösen den Konflikt zwischen dem Interesse des Besitzers, Ersatz für die von ihm auf die Sache gemachten Aufwendungen zu erhalten, und dem Interesse des Eigentümers, keine für ihn sinnlosen Zahlungen leisten zu müssen.

Der Begriff der Verwendung ist im Gesetz nicht legaldefiniert und daher umstritten. Nach der h.L. sind Verwendungen willentliche Vermögensaufwendungen, die der Sache zugutekommen sollen (weiter Verwendungsbegriff). Nach dem engen Verwendungsbegriff des BGH kann von einer Verwendung nur dann gesprochen werden, wenn die Sache nicht grundlegend verändert wird. Dies hat vor allem Bedeutung beim Verhältnis der §§ 994 ff. zu §§ 951, 812. Bereicherungsrecht ist dabei nach der Rspr. auch dann ausgeschlossen, wenn keine Verwendung i.S.d. §§ 994 ff. vorliegt (Theorie der absoluten Sperrwirkung).

Nicht erfasst von dieser Sperrwirkung ist ein Anspruch aus § 812 S.2 Alt.2 BGB (eine entsprechende Zweckvereinbarung vorausgesetzt).

Nach Ansicht des BGH erfasst der Begriff der Verwendung hier (d.h. i.R.d. § 994 I, aber sogar auch i.R.d. §§ 994 II, 683, 670!) auch – anders als sonst etwa i.R.d. § 670 – die geldwerte Arbeitskraft, selbst wenn die Voraussetzungen des § 1835 III analog nicht vorliegen.

Beachten Sie, dass für Luxusverwendungen, also solche, die den Wert der Sache nicht objektiv erhöhen, kein Verwendungsersatzanspruch, sondern nur ein Wegnahmerecht gem. § 997 besteht.

Die Geltendmachung des Verwendungsersatzanspruchs ist an die Voraussetzungen des § 1001 geknüpft, wonach der Eigentümer entweder die Verwendung genehmigen oder die Sache wiedererlangt haben muss. Erst zu diesem Zeitpunkt wird der Anspruch nach §§ 994 ff. fällig und im Wege der Klage durchsetzbar. Genehmigung ist dabei als „Einverständnis“ zu verstehen (Life&Law 2002, 793 ff.).

## Beseitigungs- und Unterlassungsanspruch aus § 1004

| | |
|---|---|
| **I. Anspruchsteller ist Eigentümer** | Bloß obligatorisch Berechtigte werden nur über § 862 als Besitzer geschützt. § 1004 schützt dagegen das Eigentum sowohl an beweglichen Sachen als auch unbeweglichen Sachen. |
| **II. Eigentumsbeeinträchtigung** | Dabei kommen v.a. tatsächliche Einwirkungen auf die Sache in Betracht, aber auch Besitz- und rechtliche Beeinträchtigungen, wie der Angriff auf das Eigentumsrecht oder die unbefugte Inanspruchnahme fremder Rechte. |
| **III. Anspruchsgegner ist der Störer** | BGH: Störer ist derjenige, auf dessen Willen der beeinträchtigende Zustand zurückgeht oder von dessen Willen die Beseitigung abhängt. |
| **IV. Keine Duldungspflicht** | Duldungspflichten aus Privatrecht, öffentlichem Recht, aufgrund Verwaltungsakts oder bei überwiegendem öffentlichem Interesse. |

**Denken Sie daran, dass die Eigentumsbeeinträchtigung noch im Zeitpunkt der Geltendmachung des Anspruchs aus § 1004 bestehen muss! Beim Störer lassen sich zwei Arten unterscheiden: Zum einen der Handlungsstörer, der die Beeinträchtigung durch sein Verhalten verursacht (Tun oder Unterlassen). Weiterhin gibt es den Zustandsstörer, der die Herrschaft über eine gefahrbringende Sache ausübt, durch welche die Beeinträchtigung allein oder mitverursacht wird (vgl. „Google-Urteil" des BGH: Life&Law 2013, 575 ff.).**

**Im Bereich des Privatrechts können sich Duldungspflichten sowohl aus Vertrag (Bsp.: Grunddienstbarkeit, § 1018) als auch aus gesetzlichen Vorschriften ergeben, §§ 904, 912 I und vor allem § 906. Dulden muss der Eigentümer auch nach allgemeinen Rechtfertigungsgründen gerechtfertigte Einwirkungen, insb. §§ 227, 229. Ein wichtiges Beispiel für eine Duldungspflicht aus dem öffentlichen Recht stellt § 14 BImSchG dar.**

**Die Rechtsfolge aus § 1004 I S. 1 ist ein Beseitigungsanspruch für die Zukunft. Die Kosten der Beseitigung trägt der Störer als Verursacher. § 1004 I S. 2 führt zu einem Anspruch des Eigentümers auf Unterlassen der Beeinträchtigung, wenn diese noch nicht eingetreten ist. Beachten Sie dabei, dass eine auf objektive Tatsachen gestützte, ernstliche Wiederholungsgefahr erforderlich ist. Nach h.M. besteht der Anspruch jedoch auch bei einer erstmals drohenden Beeinträchtigung, der sog. Erstbegehungsgefahr.**

## Der Erwerb von Rechten durch Übertragung

| | |
|---|---|
| §§ 929 ff. | Übertragung des Eigentums an **beweglichen Sachen**<br>• Einigung<br>• Übergabe bzw. Übergabesurrogat<br>• Berechtigung |
| §§ 873, 925 (926) | Übertragung des Eigentums an **Grundstücken**<br>• Einigung<br>• Eintragung<br>• Berechtigung |
| §§ 398 ff. (413) | Übertragung anderer Rechte<br>• Grds. nur Einigung<br>• Ausnahme: Formbedürftigkeit bei Hypo. und Grundschuld |
| §§ 929 ff. analog | Übertragung des Anwartschaftrechts<br>⇨ Analoge Anwendung der Vorschriften über das Vollrecht |

Der Erwerb eines Rechts stellt die Rechtsfolge einer wirksamen Verfügung – der Übertragung – dar. Der Begriff der Verfügung wird dabei definiert als Rechtsgeschäft, das darauf gerichtet ist, auf ein bestehendes Recht unmittelbar einzuwirken, d.h. es zu übertragen, es inhaltlich zu ändern, es zu belasten oder es auch wieder aufzuheben. Diese Definition sollten Sie unbedingt beherrschen und auch anwenden können. Der Begriff der Verfügung ist z.B. i.R.d. § 816 I maßgeblich für die richtige Weichenstellung. Der Erwerb als solcher ist jedoch keine Verfügung: Er ist die Konsequenz davon, dass auf der anderen Seite jemand rechtsgeschäftlich ein Recht überträgt. Der Erwerber verfügt nicht, bei ihm soll die Wirkung der Verfügung eintreten.

Verfügungsgeschäfte (= Erfüllungsgeschäfte) sind im deutschen Recht gekennzeichnet von ihrer Trennung und Abstraktion vom zugrundeliegenden Verpflichtungsgeschäft. Durch den schuldrechtlichen Vertrag (z.B. Kaufvertrag, § 433) wird der Veräußerer lediglich zur Übereignung und Besitzverschaffung verpflichtet (vgl. § 433 I S. 1). Erst das Erfüllungsgeschäft dagegen macht den Erwerber zum Eigentümer. Das Trennungsprinzip beinhaltet lediglich die Unterscheidung von Verpflichtungs- und Erfüllungsgeschäft. Das Abstraktionsprinzip besagt darüber hinaus, dass das Erfüllungsgeschäft zum einen keiner kausalen Zweckbestimmung bedarf, zum anderen, dass es in seiner Wirksamkeit vom Verpflichtungsgeschäft unabhängig ist. In den Fällen der Fehleridentität sind zwar Verpflichtungs- und Erfüllungsgeschäft aus demselben Grund unwirksam; dies bedeutet aber keine Durchbrechung des Abstraktionsprinzips. Vielmehr wirkt sich ein und derselbe Wirksamkeitsmangel (z.B. fehlende Geschäftsfähigkeit) sowohl auf das Verpflichtungs- als auch auf das Erfüllungsgeschäft aus. In diesen Fällen scheitert dann der Eigentumserwerb, und es kommt ein Anspruch des Veräußerers aus § 985 in Frage. I.R.d. § 812 wurde dann nur der Besitz erlangt. Wegen dieser weitreichenden Folgen sollten Sie sich daher die Fallgruppen der Fehleridentität genau einprägen!

## Übereignung beweglicher Sachen

| Grundform, § 929 S. 1 | Sonderform, § 929 S. 2 | Sonderform, §§ 929 S. 1, 930 | Sonderform, §§ 929 S. 1, 931 |
|---|---|---|---|
| Einigung und Übergabe | Einigung | Einigung und Besitzkonstitut | Einigung und Abtretung des Herausgabeanspruchs |

Als Grundform der Übereignung beweglicher Sachen erfordert § 929 S. 1 die Einigung und die Übergabe. Die Einigung hat dabei den konkreten Eigentumsübergang zum Inhalt. Diese Rechtsänderung muss aber auch für Dritte erkennbar sein (Publizitätsprinzip): Deshalb ist auch die Übergabe als Besitzübertragung erforderlich. Nach § 1006 wird der Besitz dann als Anhaltspunkt für die Eigentumslage herangezogen.

Freilich wird dieser Idealtypus des § 929 S. 1 durch die §§ 930, 931 im Hinblick auf die Publizität aufgeweicht. Lediglich die Übergabe kann aber über §§ 930, 931 durch die sog. Übergabesurrogate ersetzt werden. Häufig ist nämlich die Übereignung nach § 929 S. 1 nicht praktikabel (z.B. bei der Übereignung zu Sicherungszwecken). Auf eine Übergabe als solche verzichtet nur § 929 S. 2 –Übereignung „kurzer Hand“, vgl. Sie zu den Voraussetzungen des § 929 S. 2 BGB exemplarisch BGH, Life&Law 2007, 655 ff.

Da aber §§ 930, 931 lediglich die Übergabe ersetzen, müssen Sie diese Normen immer zusammen mit § 929 S. 1, der das Einigungserfordernis beinhaltet, zitieren.

## Prüfungsreihenfolge für den rechtsgeschäftlichen Erwerb beweglicher Sachen

**1.** Einigung

**2.** Übergabe oder Übergabesurrogate

**3.** Einigsein im Zeitpunkt der Übergabe

**4.** Berechtigung

- ggf. § 185 I bzw. gesetzl. Befugnis zur Verfügung i.e. Namen
- ggf. §§ 932 ff. (beachte § 935!)

**5.** Verfügungsbefugnis

- ggf. §§ 135 II, 932 ff. entsprechend

Ob in Ihrer Klausur nach Ansprüchen oder nach einer konkreten Eigentumslage gefragt ist, ändert nichts an der umseitigen Prüfungsreihenfolge. Es kommt nur auf die richtige Einkleidung in Ihrer Klausur an. Dieses „Gerüst“ sollten Sie – zumindest gedanklich – bei jeder Prüfung der Eigentumsverhältnisse durchgehen. Dabei ist insbesondere auch die richtige Reihenfolge einzuhalten.

Scheitert bereits die Einigung, so müssen Sie einen gutgläubigen Erwerb vom Nichtberechtigten nicht mehr prüfen. Bevor Sie unter die Gutglaubensvorschriften subsumieren, müssen Sie zuerst eine eventuelle Ermächtigung nach § 185 I ablehnen. Auch ist vorrangig danach zu fragen, ob jemand kraft Gesetzes befugt ist, im eigenen Namen über eine Sache zu verfügen, z.B. der Insolvenzverwalter.

Durch die Einhaltung dieser Prüfungsreihenfolge zeigen Sie dem Korrektor, dass Sie das System des BGB verstanden haben. Auf den folgenden Karteikarten werden Ihnen zu jedem einzelnen Prüfungspunkt nur die wichtigsten Problemfelder kurz erläutert. Das Lernen mit diesen Überblickskarteikarten ersetzt nicht das Arbeiten mit unseren Skripten und schon gar nicht das Lösen von Fällen. Ziehen Sie daher in jedem Fall unsere Skripten zur Vertiefung heran.

# Die dingliche Einigung

SachR II, Rn. 14 ff.



**Die dingliche Einigung als Vertrag**

- **Geschäftsfähigkeit, §§ 104 ff.**
- **Willensmängel, §§ 116 ff.**
  ⇨ insb. Problem der Fehleridentität
- **Form, §§ 125 - 129**
- **§§ 145 - 157**
- **Bedingung, Befristung, §§ 158-163**
  ⇨ insb. beim Eigentumsvorbehalt
- **Vertretung, §§ 164 - 181**
  ⇨ insb. Geschäft für den, den es angeht

Auf die Einigung als dinglichen Vertrag sind die Vorschriften des Allgemeinen Teils des BGB grds. anwendbar. I.R.d. Minderjährigenrechts wiederholt sich in Klausuren häufig die Konstellation, dass ein Minderjähriger nicht über eigene, sondern über fremde Sachen verfügt. Unter Berufung auf § 165 bejaht die h.M. die Wirksamkeit der Verfügung des Minderjährigen, da es sich auch hier um ein rechtlich neutrales Geschäft handele (a.A. mit beachtlichen Argumenten Medicus).

Über die Figur des Geschäfts, für den, den es angeht, ist ein Direkterwerb des Hintermanns auch möglich, wenn der Handelnde in eigenem Namen auftritt (Ausnahme vom Offenkundigkeitsprinzip).

Wichtig im Bereich der dinglichen Einigung ist auch die Frage ihrer Widerruflichkeit. Während § 873 II für das Immobiliarsachenrecht eine ausdrückliche Regelung trifft (die Parteien sind nur unter bestimmten Voraussetzungen an die Einigung gebunden), fehlt eine solche Bestimmung im Mobiliarsachenrecht. Die h.M. geht hier von einer freien Widerruflichkeit aus, da nicht einzusehen ist, weshalb zwischen beweglichen Sachen und unbeweglichen Sachen ein Unterschied gemacht werden sollte. Ein Widerruf der Einigung ist allerdings nur bis zur Übergabe möglich.

Achten Sie in der Klausur daher stets darauf, ob Anhaltspunkte dafür bestehen, dass eine der Parteien an die Einigung nicht mehr gebunden sein will. Allerdings muss dies nach außen erkennbar werden, da ansonsten eine Vermutung für den Fortbestand der Einigung besteht.

## Die Übergabe und ihre Surrogate

### Übergabe i.S.d. § 929 S. 1

- völlige Besitzaufgabe des Veräußerers
- Besitzerwerb seitens des Erwerbers
- auf Veranlassung des Veräußerers

### Übergabesurrogate i.S.d. § 930

- Vereinbarung eines konkreten Besitzmittlungsverhältnisses i.S.d. § 868
- Besitzmittlungswille des unmittelbaren Besitzers
- Herausgabeanspruch des mitttelbaren Besitzers gegen den unmittelbaren Besitzer

### Übergabesurrogate i.S.d. § 931

Abtretung des schuldrechtlichen Herausgabeanspruchs nach §§ 398 ff.

Die Übergabe als Voraussetzung der Übereignung nach § 929 S. 1 ist grds. ein Realakt (vgl. § 854 I), auf den die Vorschriften des Allgemeinen Teils des BGB nicht anwendbar sind. Dabei ist die Übergabe auf die (unmittelbare oder mittelbare) Besitzerlangung seitens des Erwerbers gerichtet.

Beachten Sie aber, dass sich der Besitzerwerb auch über § 854 II vollziehen kann (Schlagwort: Das Holz im Wald; anderes, klausurrelevanteres Bsp.: Übereignung an den bisherigen Besitzdiener), so dass neben der dinglichen Einigung eine rechtsgeschäftliche Einigung im Hinblick auf die Besitzerlangung erforderlich ist. Auf diese sind zweifellos die Vorschriften des Allgemeinen Teils anwendbar.

Im Zusammenhang mit der Übergabe i.S.d. § 929 S. 1 müssen Sie auch an die Einschaltung von Hilfspersonen denken: Die Übergabe unter Beteiligung von Besitzdienern, Besitzmittlern und sog. Geheißpersonen stellt ein zusätzliches Problem dar und ermöglicht eine Notendifferenzierung. §§ 930, 931 ersetzen das Übergabeerfordernis des § 929 S. 1 (und nur dieses; nicht die dingliche Einigung!). Bei der Vereinbarung eines Besitzmittlungsverhältnisses i.S.d. § 930 kann auf § 868 zurückgegriffen werden. Erforderlich ist dabei ein konkretes Besitzmittlungsverhältnis, d.h. es muss konkrete Rechte und Pflichten festlegen. Solange der Besitzmittler Fremdbesitzerwillen hat, genügt auch ein sog. vermeintliches Besitzmittlungsverhältnis. (vgl. ÜK 9).

Für die Abtretung des Herausgabeanspruchs nach § 931 müssen Sie beachten, dass es sich um einen schuldrechtlichen Herausgabeanspruch handelt. Insbesondere reicht der Anspruch aus § 985 nicht aus, da er nach h.M. nicht vom Eigentum als dem Stammrecht trennbar und daher nicht abtretbar ist.

# Fehlendes Eigentum - Überwindung durch § 185

SachR II, Rn. 61 ff.



**Fehlendes Eigentum**

**Überwindung durch § 185**

- **§ 185 I**
  Einwilligung des Berechtigten
- **§ 185 II S. 1, 1.Alt.**
  Genehmigung des Berechtigten
- **§ 185 II S. 1, 2.Alt.**
  Nichtberechtigter erwirbt den Gegenstand
- **§ 185 II S. 1, 3.Alt.**
  Berechtigter beerbt den Nichtberechtigten

Haben Sie die Nichtberechtigung des Veräußerers festgestellt, müssen Sie – bevor Sie den Erwerb vom Nichtberechtigten über §§ 932 ff. prüfen – die Möglichkeiten der Konvaleszenz nach § 185 – zumindest gedanklich – ablehnen. Auf die Nichtberechtigung kann es in diesen vier Fällen nicht mehr ankommen. § 185 findet immer nur dann Anwendung, wenn der Veräußerer im eigenen Namen handelt. Tritt er im fremden Namen auf, geht es um Vertretung des Eigentümers als Verfügendem gem. §§ 164 ff. § 185 I und § 185 II S. 1, 1. Alt. regeln die Fälle, in denen der wahre Eigentümer den Verfügungen eines Nichtberechtigten zustimmt. Diese Zustimmung wirkt ex tunc.

Problematisch in diesem Zusammenhang ist die Wirkung der nachträglichen Zustimmung (= Genehmigung): Sie bezieht sich nach h.M. nur auf die Rechtsfolge und beseitigt dadurch die Nichtberechtigung nicht, um dem Genehmigenden die Kondiktion über § 816 I S. 1 zu ermöglichen.

Hinsichtlich der Möglichkeiten nach § 185 II S. 1, 2. und 3. Alt. sollten Sie sich merken, dass dort keine ex tunc, sondern nur eine ex nunc Wirkung stattfindet. Nicht auf den ersten Blick erschließt sich die Überlegung, die hinter § 185 II S. 1, 3.Alt. steckt:

Beerbt der Berechtigte den Nichtberechtigten, so trifft ihn im Falle einer erfolglosen Verfügung über §§ 1922, 1967 die Haftung nach § 311a II. Dann ist es aber am einfachsten, wenn die zunächst unwirksame Verfügung einfach wirksam wird: Zwischen den Parteien bestehen dann keine Verpflichtungen mehr!

**Der gutgläubige Erwerb nach §§ 932 ff.**

| | |
|---|---|
| **I. § 929 S. 1** | ⇨ § 932 I S. 1: Guter Glaube nach § 932 I S. 1, II ausreichend |
| **II. § 929 S. 2** | ⇨ § 932 I S. 2: Besitz vom Veräußerer erlangt nach § 932 I S. 2 und guter Glaube nach § 932 S. 1, II |
| **III. §§ 929 S. 1, 930** | ⇨ § 933: Übergabe durch den Veräußerer, § 933, und guter Glaube zum Zeitpunkt der Übergabe, §§ 933, 932 II |
| **IV. §§ 929 S. 1, 931** | ⇨ § 934 1.Alt.: Guter Glaube nach §§ 934, 932 II<br>⇨ § 934 2.Alt.: Erwerb des Besitzes vom Dritten und guter Glaube zum Zeitpunkt der Besitzerlangung, §§ 934, 932 II |

**Erst nachdem Sie § 185 abgelehnt haben, kommen Sie zur Prüfung der §§ 932 ff. Diese Normen des gutgläubigen Erwerbs vom Nichtberechtigten entsprechen in ihrer Reihenfolge den §§ 929 ff.**

**Sinn und Zweck der §§ 932 ff. verlangen zunächst, dass es sich um ein Rechtsgeschäft i.S. eines Verkehrsgeschäfts handeln muss: Ein solches liegt vor, wenn auf der Erwerberseite mindestens eine Person beteiligt ist, die nicht auch auf der Veräußererseite steht. Liegt kein Verkehrsgeschäft vor, ist der Erwerber nicht schutzwürdig. Gutgläubiger Erwerb scheidet von vornherein aus.**

**§ 932 II beinhaltet die Legaldefinition des guten Glaubens, wonach der Erwerber nicht in gutem Glauben ist, wenn ihm bekannt oder infolge grober Fahrlässigkeit unbekannt ist, dass die Sache nicht dem Veräußerer gehört. Sie ist auch im Rahmen der §§ 933, 934 heranzuziehen. Grob fahrlässig handelt nach § 276 II BGB, wer die im Verkehr erforderliche Sorgfalt in ungewöhnlich hohem Maße verletzt und Nachforschungen unterlässt, die jedem hätten einleuchten müssen. Beachten Sie, dass nur in Ausnahmefällen diese Nachforschungspflicht seitens des Erwerbers besteht. (Life&Law 05/2003, 311 ff.: „Geigenfall". Eine Geige im Wert von 190.000 € wird in einem (Bahnhofs-) Lokal ohne Legitimationspapiere für 130.000 € verkauft. Hier hätte der Käufer nach der Legitimation fragen müssen.)**

**Auch sollten Sie darauf achten, dass der Erwerber an das Eigentum des Veräußerers glauben muss. Der Glaube an die Befugnis, gem. § 185 I BGB im eigenen Namen verfügen zu dürfen, wird nur in den Fällen des § 366 I HGB geschützt.**

**Der gute Glaube muss zum Zeitpunkt der Vollendung des Rechtserwerbs vorliegen. Eine Vorverlagerung – wie dies im Immobiliarsachenrecht über § 892 II erfolgt – gibt es im Bereich der Mobilien nicht. Bedenken Sie, dass dieser Zeitpunkt beim Eigentumsvorbehalt nicht der des Bedingungseintritts, sondern der der bedingten Einigung und Aushändigung der Sache ist. Bei der Prüfung der §§ 932 ff. sollten Sie sich strikt an den Wortlaut halten, obwohl dieser häufig schwer verständlich ist.**

# Probleme des § 935

SachR II, Rn. 77 ff.



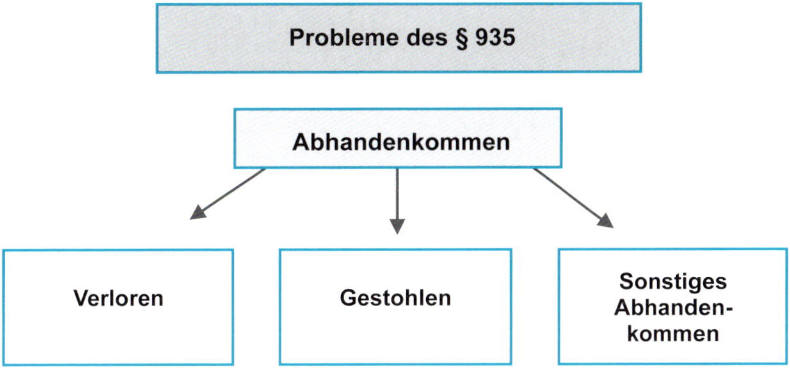

§ 935 schließt einen gutgläubigen Erwerb beim Abhandenkommen aus. Nicht nur der Ersterwerber, sondern auch alle nachfolgenden Erwerber innerhalb einer Veräußerungskette können nicht gutgläubig erwerben. Nach der Wertung des Gesetzes ist im Falle des Abhandenkommens der wahre Eigentümer schutzwürdiger als der redliche Erwerber. Lernen Sie solche Wertungen immer mit! Sie merken sich dadurch nicht nur den Regelungsgehalt solcher Normen leichter, sondern Sie haben für Ihre Lösung auch noch eine gute Begründung in der Hand. Der Korrektor merkt dann, dass Sie das System verstanden haben und nicht nur auswendig Gelerntes abspulen.

Für die Frage des Abhandenkommens müssen Sie immer auf den unmittelbaren Besitzer abstellen, auch wenn dieser (z.B. im Falle eines Besitzmittlungsverhältnisses) nicht der Eigentümer ist. Dies ergibt sich aus § 935 I S. 2. Es genügt auch der Verlust von unmittelbarem Mitbesitz, nicht aber, wenn der andere Mitbesitzer die Sache freiwillig weggibt, BGH, Life&Law 2014, 253 ff.

Hat der Eigentümer gar keinen Besitz, soll nach e.A. ein gutgläubiger Erwerb möglich sein, vgl. Palandt, § 935, Rn. 3. m.w.N.

Problematisch ist, ob bei der Weggabe durch Minderjährige ein Abhandenkommen vorliegt. Bei Geschäftsunfähigen wird dies unter Heranziehung der Wertung der §§ 104 ff. bejaht. Zu differenzieren ist allerdings bei beschränkt Geschäftsfähigen: Hier ist auf die Urteilsfähigkeit des Kindes abzustellen. Grund: Besitzwille ist ein tatsächlicher, kein rechtsgeschäftlicher.

§ 935 II lässt einen gutgläubigen Erwerb trotz Abhandenkommens bei Geld oder Inhaberpapieren bzw. beim Erwerb im Rahmen einer öffentlichen Versteigerung zu. Dadurch soll der Schutz des Rechtsverkehrs gewährleistet werden. Dazu gehören aber keine Sammlermünzen, selbst wenn sie als Zahlungsmittel eingesetzt werden können, BGH, Life&Law 2013, 730 ff.

# Die Fälle der fehlenden Verfügungsbefugnis



**Die Fälle der fehlenden Verfügungsbefugnis**

- **Insolvenzverfahren**
  Insolvenzverwalter, §§ 80 I, 81 I InsO
- **Testamentsvollstreckung**
  Testamentsvollstrecker, § 2205 S. 2 (oder § 2211 I)
- **Relative Verfügungsverbote i.S.d. §§ 135, 136**
- **§§ 1365, 1369**

Es gibt Fälle, in denen der Veräußerer zwar Eigentümer und damit Berechtigter im materiellen Sinn ist, jedoch in seiner Verfügungsbefugnis beschränkt ist. Wurde z.B. das Insolvenzverfahren eröffnet, so ist die Verfügungsbefugnis dem Gemeinschuldner entzogen und auf den Insolvenzverwalter übergegangen. Der Gemeinschuldner ist dann zwar noch Berechtigter, ihm fehlt allerdings die Verfügungsbefugnis.

In den Fällen der entzogenen Verfügungsbefugnis ordnet das Gesetz häufig die analoge Anwendung der §§ 932 ff. an, die in direkter Anwendung nur die Fälle der fehlenden Berechtigung erfassen.

Beachten Sie jedoch, dass die Verfügungsbeschränkungen des gesetzlichen Güterstandes der Zugewinngemeinschaft (§§ 1365, 1369) nicht unter § 135 fallen. Generell fallen absolute Verfügungsverbote nicht unter § 135 (vgl. Wortlaut). Bei einem Verstoß ist die Verfügung auf jeden Fall unwirksam.

Allerdings gibt es auch absolute Verfügungsverbote, bei denen der Gesetzgeber einen gutgläubigen Erwerb ausdrücklich vorsieht, vgl. §§ 2211 II.

Vergleichen Sie zu dieser Thematik ausführlich Life&Law 2007, 773 ff. („Das Problem“).

## Gutgläubig lastenfreier Erwerb

| Erwerbstatbestand | | lastenfreier Erwerb |
|---|---|---|
| § 929 S. 1, 932 ff. | → | § 936 I S. 1 |
| § 929 S. 2 | → | § 936 I S. 1, 2 |
| §§ 929 S. 1, 930 | → | § 936 I S. 1, 3 1.Alt. |
| §§ 929 S. 1, 931 | → | § 936 I S. 1, 3 2.Alt. |

Die Klausur ist mit der Feststellung, dass der Erwerber auch Eigentümer der Sache geworden ist, häufig noch nicht zu Ende. Den Erwerber interessiert in vielen Fällen darüber hinaus, ob er auch unbelastetes Eigentum erworben hat. Hat z.B. ein Dritter ein Pfandrecht an der erworbenen Sache, so muss er im Ernstfall die Versteigerung dulden; sein Eigentum ist also praktisch wertlos.

Ein gutgläubiger lastenfreier Erwerb ist aber immer nur dann denkbar, wenn der Erwerber auch Eigentum erworben hat, § 936 I S. 1. Dabei richten sich die Voraussetzungen des § 936 beim Erwerb vom Berechtigten nach dem jeweiligen Erwerbstatbestand, § 936 I S. 2, 3. Handelt es sich um einen Erwerb vom Nichtberechtigten, haben Sie die über § 936 I S. 1 hinausgehenden Voraussetzungen bereits bei den Gutglaubensvorschriften geprüft und bejaht und können so auf die nochmalige Subsumtion verzichten. Anders verhält es sich beim Eigentumserwerb vom Berechtigten. Hier müssen für die Lastenfreiheit erst noch die jeweiligen Gutglaubenstatbestände geprüft werden, sog. qualifizierter Besitzerwerb, vgl. § 936 I S. 2, 3.

Beachten Sie schließlich die Regelung des § 936 III: Wird die Sache nach §§ 929 S. 1, 931 übereignet, so erlischt das Recht des besitzenden Dritten (z.B. auch ein Anwartschaftsrecht) trotz Gutgläubigkeit (§ 936 II) nicht. In diesem Fall sieht das Gesetz den Erwerber als weniger schutzwürdig an, da er mit Einreden rechnen muss, wenn er weiß, dass sich die gekaufte Sache bei einem Dritten befindet. Er kommt besitzrechtlich nicht näher an die Sache heran als der besitzende Dritte. Der lastenfreie Erwerb ist dann nicht gerechtfertigt.

## Das Anwartschaftsrecht

**Erscheinungsformen**

- immaterialgüterrechtliche Anwartschaftsrechte
- dingliche Anwartschaftsrechte
  - der bedingte Erwerb (bei Eigentumsvorbehalt oder Sicherungsübereignung)
  - der Grundstückserwerb vor Eintragung
  - der Erwerb von Grundpfandrechten vor Valutierung
- erbrechtliche Anwartschaftsrechte

Ein Anwartschaftsrecht (AWR) ist immer dann gegeben, wenn von einem mehrstufigen Entstehungstatbestand eines Rechts schon so viele Erfordernisse erfüllt sind, dass von einer gesicherten Rechtsposition des Erwerbers gesprochen werden kann, die der Veräußerer nicht mehr einseitig bzw. durch Unterlassen einer Erklärung zerstören kann. Deshalb ist das AWR mehr als eine bloße Erwerbsaussicht, aber gleichzeitig weniger als das Vollrecht. Im Verhältnis zum Vollrecht stellt das AWR ein wesensgleiches Minus dar.

Im Rahmen Ihrer Klausur werden Sie regelmäßig mit dem dinglichen AWR konfrontiert. Dabei steht das AWR aufgrund eines bedingten Erwerbs, sei es bei der Vereinbarung eines Eigentumsvorbehalts (EV) oder bei der Sicherungsübereignung (SiÜ), im Vordergrund. Beim EV wird die dingliche Einigung unter der aufschiebenden Bedingung der vollständigen Zahlung des Kaufpreises vorgenommen. Solange der Käufer also noch nicht den Kaufpreis vollständig gezahlt hat, erwirbt er auch noch nicht das Eigentum. Man gesteht ihm jedoch ein AWR zu, das ihn zunächst im Verhältnis zum Vorbehaltsverkäufer schützen soll.

## Das Anwartschaftsrecht beim Eigentumsvorbehalt

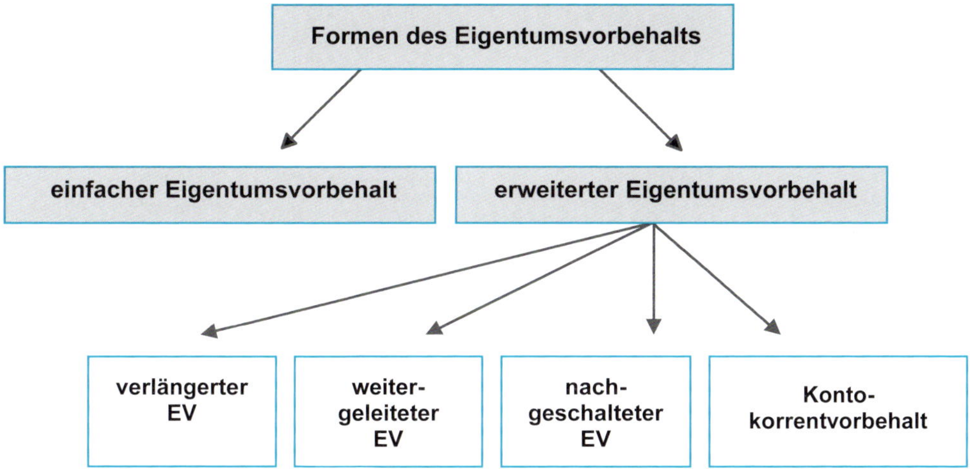

Je nach Inhalt der Berechtigung des Vorbehaltskäufers/Anwartschaftsberechtigten werden verschiedene Arten des Eigentumsvorbehalts unterschieden. Dabei wird die bloße Abrede, dass das Eigentum erst bei vollständiger Kaufpreiszahlung übergehen soll, als einfacher EV bezeichnet.

In der Praxis relevant sind allerdings regelmäßig die Formen des erweiterten EV: Am gebräuchlichsten ist dabei der sog. verlängerte EV. Dabei ermächtigt der Vorbehaltsverkäufer den Vorbehaltskäufer nach § 185 I, über die Vorbehaltsware i.R.d. ordnungsgemäßen Geschäftsverkehrs zu verfügen. Die Endabnehmer des Vorbehaltskäufers können daher losgelöst von einem gutgläubigen Erwerb nach §§ 932 ff. (§ 366 I HGB – lesen!) erwerben. Um auch den Interessen des Vorbehaltsverkäufers gerecht zu werden, tritt der Vorbehaltskäufer im Voraus die Forderungen aus der Weiterveräußerung ab und wird vom Vorbehaltsverkäufer im Gegenzug wiederum ermächtigt, die Forderung in eigenem Namen einzuziehen.

Beim sog. weitergeleiteten EV wird der Vorbehaltskäufer verpflichtet, die verkaufte Sache nur in der Weise weiter zu veräußern, dass der Vorbehaltsverkäufer bis zu seiner Befriedigung Eigentümer der Sache bleibt. Eine solche Vereinbarung verstößt aber regelmäßig gegen § 307, weil der Abnehmer bereits dann Eigentum erwerben muss, wenn er an seinen Gläubiger (den Vorbehaltskäufer) gezahlt hat.

Zu den Formen des erweiterten EV vgl. im Einzelnen das Skript Sachenrecht II, Rn. 146 ff.

## Begründung und Übertragung von Anwartschaftsrechten

**I. Begründung**

- bei Eigentumsvorbehalt:
  §§ 929 S. 1 (930, 931), 158 I
  Einigung darüber, dass der Erwerber das Eigentum unter der aufschiebenden Bedingung der vollständigen Zahlung des Kaufpreises erhalten soll
- bei Sicherungsübereignung: §§ 929 S. 1 (930, 931), 158 II
  Einigung unter der auflösenden Bedingung der vollständigen Tilgung der Schuld; in der Praxis häufig aber nur eine schuldrechtliche Verpflichtung zur Rückübereignung

**II. Übertragung**

§§ 929 ff. analog, da das Anwartschaftsrecht wesensgleiches Minus zum Eigentum ist (nicht §§ 413, 398 ff.)

**III. Erlöschen**

§ 950 II BGB; einvernehmliche Aufhebung, Rücktritt vom Kausalgeschäft (schuldrechtliche Schwäche des AWR)

I.

Beim Verkauf einer Sache unter EV wird das AWR des Käufers dadurch begründet, dass der Verkäufer dem Käufer die Sache übergibt und beide sich darüber einig sind, dass das Eigentum unter der aufschiebenden Bedingung der vollständigen Bezahlung des Kaufpreises vom Verkäufer auf den Käufer übergehen soll (§§ 929, 158 I). Die Vereinbarung des EV kann bereits im Kaufvertrag erfolgen; sie kann aber auch erst nachträglich vorgenommen werden. Dies hängt jedoch vom Willen des Käufers ab. Stimmt dieser nicht zu, erwirbt er zwar kein Eigentum, kann aber Schadensersatzansprüche gegen den Verkäufer geltend machen.

Problematisch ist dabei die Vereinbarung eines EV erst nach der Übergabe (also nach abgeschlossenem Eigentumserwerb). Hier nimmt die Rspr. zwei Übereignungsvorgänge an. Der Erwerber übereignet die Sache zunächst wieder an den Verkäufer zurück, §§ 929 S. 1, 930. Daraufhin übereignet sie der Verkäufer erneut an den Käufer; nun allerdings bedingt nach §§ 929 S. 2, 158 I. Zu demselben Ergebnis kommt auch die h.L., die allerdings lediglich einen einzigen Übereignungsvorgang annimmt. Nach §§ 929 S. 1, 930, 158 II überträgt der Erwerber das um das AWR gekürzte (und damit auflösend bedingte) Eigentum an den Veräußerer zurück.

II.

Die Übertragung des AWR erfolgt nach §§ 929 ff. Achten Sie aber genau darauf, was der Vorbehaltskäufer übertragen will: Bzgl. des AWR handelt er also als Berechtigter und der Erwerber erhält ebenfalls „nur“ ein AWR. Will er jedoch Eigentum übertragen, müssen Sie § 185 bzw. §§ 932 ff. beachten, da er bzgl. des Eigentums als Nichtberechtigter verfügt. Eine erfolglose Übereignung des Eigentümers kann aber in eine Übertragung des AWR umgedeutet bzw. dahingehend ausgelegt werden.

III.

Werden Rohstoffe unter Eigentumsvorbehalt geliefert, kann es bei entsprechender Verarbeitung zum Untergang des Anwartschaftsrechtes gem. § 950 II BGB kommen (sofern man die Vorschrift nicht für dispositiv erachtet (Stichwort: „Verarbeitungsklausel“).

## Schutz des Anwartschaftsrechts

**Schutz**

- **vor Zwischenverfügungen des Vorbehaltsverkäufers**
  ⇨ insb. § 161
- **beim Herausgabeverlangen des Vorbehaltsverkäufers**
  ⇨ Recht zum Besitz (z.B. aus KaufV)
- **des Anwartschaftserwerbers vor nachträglichen Erweiterungen des Eigentumsvorbehalts**
- **gegenüber Eingriffen Dritter**
  ⇨ z.B. § 823

Der Anwartschaftsberechtigte wird wegen seiner bisher erreichten Rechtsposition vielfältig geschützt. § 161 I S. 1 schützt den Vorbehaltskäufer dadurch, dass Verfügungen während der Schwebezeit bei Eintritt der Bedingung insoweit unwirksam sind, als sie die von der Bedingung abhängige Wirkung vereiteln würden. Mit Eintritt der Bedingung wird somit der Vorbehaltskäufer Eigentümer und der Dritte verliert das Eigentum wieder. Allerdings kann der Dritte auch gutgläubig erwerben, §§ 161 III, 932 ff., dies jedoch nur in den Schranken des § 936 III.

Vor einem Herausgabeverlangen des Vorbehaltsverkäufers nach § 985 wird der Vorbehaltskäufer ebenfalls geschützt. Aufgrund des Kaufvertrags hat der Vorbehaltskäufer ein obligatorisches Besitzrecht i.S.d. § 986. Auf die Frage, ob das AWR auch ein dingliches Recht zum Besitz gewährt, kommt es in dieser Konstellation nicht an.

Nach ganz überwiegender Ansicht stellt das AWR ein sonstiges Recht i.S.d. § 823 dar, so dass der Vorbehaltskäufer auch gegenüber Eingriffen Dritter umfassend geschützt ist. Würde er sich nur auf den Besitz als solchen berufen können, der ja auch als absolutes Recht nach § 823 geschützt ist, so könnte er nur den Schaden ersetzt verlangen, der sich aus der Entziehung des Besitzes und der Nutzungen ergibt. Beruft er sich dagegen auf die Verletzung seines AWR, so kann er auch den Substanzschaden (z.T.) ersetzt verlangen.

Nachträgliche Erweiterungen des EV stellen nach h.M. kein immanentes Risiko des Kausalgeschäfts dar, das der Anwartschaftserwerber in Kauf nehmen müsste, und sind damit unzulässig.

## Pfandrecht an beweglichen Sachen und an Rechten

**Arten**

- **vertragliches Pfandrecht**
  Entstehung durch rechtsgeschäftliche Bestellung
- **gesetzliches Pfandrecht**
  Entstehung durch Einbringung (z.B. §§ 562, 581 II) oder Besitz (z.B. § 647)
- **Pfändungspfandrecht**
  Entstehung aufgrund der Pfändung, vgl. §§ 803 ff. ZPO

Nach wirksamer Entstehung gelten über § 1257 für das gesetzliche Pfandrecht und über § 804 II ZPO für das Pfändungspfandrecht die Regeln für das vertragliche Pfandrecht weitgehend entsprechend. Wichtigste Anspruchskette insoweit: §§ 804 II ZPO, 1257, 1227, 985 BGB auf Herausgabe.

Im Hinblick auf die Entstehung sind drei Arten von Pfandrechten zu unterscheiden: das vertragliche, das gesetzliche und das Pfändungspfandrecht.

Ein Pfandrecht ist dadurch gekennzeichnet, dass zur Sicherung einer Forderung eine bewegliche Sache (oder eine Forderung) in der Weise belastet wird, dass der Gläubiger das Recht hat, Befriedigung aus der Sache (oder aus der Forderung) zu suchen. Der Verpfänder muss daher bei Fälligkeit der gesicherten Forderung den Verkauf der Pfandsache nach §§ 1233 ff. dulden. Aufgrund des Pfandrechts ist er aber nicht verpflichtet, den Gläubiger im Wege der Zahlung zu befriedigen. Das Pfandrecht begründet also nur eine Haftung, keine Schuld.

Ein Pfandrecht gewährt seinem Inhaber ein gegenüber jedermann wirkendes dingliches Recht zum Besitz i.S.d. § 986.

## Entstehung und Übertragung von vertraglichen Pfandrechten

**I. Voraussetzungen der Entstehung**

- Einigung, § 1205 I S. 1
- Übergabe, § 1205 I S. 1 (bei § 1205 I S. 2 entbehrlich, bei §§ 1205 II, 1206 durch Surrogat)
- zu sichernde Forderung (Akzessorietät, vgl. § 1228 II S. 2)
- Berechtigung und Verfügungsbefugnis (ggf. gutgläubiger Erwerb, vgl. § 1207 i.V.m. §§ 932 ff.

| | |
|---|---|
| § 1205 I S. 1 | ⇨ §§ 1207, 932 I S. 1 |
| § 1205 I S. 2 | ⇨ §§ 1207, 932 I S. 2 |
| § 1205 II | ⇨ §§ 1207, 934 1.Alt. |
| § 1206 1.Alt. | ⇨ §§ 1207, 932 I S. 1 |
| § 1206 2.Alt. | ⇨ §§ 1207, 934 1.Alt. |

**II. Übertragung**

§§ 1250 I, 401 I: Übertragen wird nicht das Pfandrecht, sondern die gesicherte Forderung, der das Pfandrecht kraft Gesetzes folgt.

Die umseitigen Voraussetzungen für die Bestellung eines vertraglichen Pfandrechts sind Ihnen in den Grundzügen bekannt. Das zur Übertragung des Eigentums Gesagte gilt regelmäßig entsprechend. Dadurch, dass die Pfandrechtsbestellung ebenfalls eine Übergabe voraussetzt, wurde das Pfandrecht in der Praxis weitgehend von der Sicherungsübereignung verdrängt.

Als streng akzessorisches Sicherungsmittel setzt das Pfandrecht immer das Bestehen einer zu sichernden Forderung voraus. Rechtsgrund für das Pfandrecht i.S.d. § 812 ist aber nicht diese Forderung, sondern eine besondere schuldrechtliche Abrede über die Pfandrechtsbestellung (sog. Sicherungsvertrag). Darüber hinaus ist auch ein gutgläubiger Ersterwerb eines Pfandrechts möglich, wenn die Forderung, für die es bestellt wird, besteht, der Verpfänder aber als Nichtberechtigter verfügt.

Im Hinblick auf die Übertragung des Pfandrechts ist zu beachten, dass das Pfandrecht nie selbst Gegenstand der Übertragung sein kann. Vielmehr geht das Pfandrecht automatisch mit über, wenn die gesicherte Forderung abgetreten wird, §§ 1250 I, 401.

Allerdings ist ein gutgläubiger Zweiterwerb des Pfandrechts nicht möglich: Besteht die abgetretene Forderung nicht, erwirbt der Zessionar auch kein Pfandrecht. Eine Regelung, wie sie § 1138 (lesen!) für die Hypothek vorsieht, gibt es in §§ 1204 ff. nicht.

# Die Sicherungsübereignung

I.R.d. §§ 929 S. 1, 930 (aber auch jeder andere Übereignungstatbestand möglich)

## Besonderheiten

### Einigung

Regelmäßig unbedingt, weil dann aufgrund der Mitwirkungshandlung größere Sicherheit besteht

### Bestimmtheitsgrundsatz

Gewahrt bei sog. Raumsicherungs- oder Markierungsverträgen

### Besitzmittlungsverhältnis

Bei einer Übereignung nach §§ 929 S. 1, 930 ist die Sicherungsabrede selbst das Besitzmittlungsverhältnis

Die Sicherungsübereignung (SiÜ) ist eine nicht-akzessorische Sicherungsmöglichkeit. Bei der Sicherungsübereignung wird das Sicherungsmittel regelmäßig unbedingt an den Sicherungsnehmer übereignet. Dafür wird i.d.R. die Übereignung nach §§ 929 S. 1, 930 gewählt (aber auch jede andere Übereignungsform ist denkbar!). Die Übereignung geschieht unbedingt, da so für den Sicherungsnehmer die größte Sicherheit besteht. Die Annahme einer Übereignung unter einer auflösenden Bedingung stellt dagegen die Ausnahme dar.

Probleme ergeben sich bei der SiÜ vor allem im Hinblick auf den Bestimmtheitsgrundsatz, wenn Vorausübereignungen stattfinden. Der Bestimmtheitsgrundsatz verlangt, dass anhand äußerer Abgrenzungskriterien für jeden Dritten, der Kenntnis von der Sicherungsabrede hat, eindeutig erkennbar ist, welche Sachen von der SiÜ erfasst sind und welche nicht (Bestimmbarkeit). Die Zugehörigkeit zu der SiÜ darf sich nicht erst durch Unterlagen außerhalb des Vertrags feststellen lassen.

Maßgeblicher Zeitpunkt für die Bestimmbarkeit ist die Vollendung des Übereignungstatbestandes. Erfolgt die Sicherungsübereignung über §§ 929 S. 1, 930 so ist ein hinreichend konkretes Besitzmittlungsverhältnis i.S.d. § 868 erforderlich. Die heute h.M. anerkennt die Sicherungsabrede als ein solches Besitzmittlungsverhältnis.

# Der Eigentumserwerb kraft Gesetzes



## Der Eigentumserwerb kraft Gesetzes

**Formen**

- Ersitzung, §§ 937-945
- Verbindung/ Vermischung/ Verarbeitung, §§ 946-950
- Eigentumserwerb an Schuldurkunden, § 952
- Erwerb von Erzeugnissen/Bestandteilen, §§ 953-957
- Aneignung, §§ 958-964
- Fund, §§ 965-984

Der derivative Erwerb, bei dem ein rechtsgeschäftlicher Eigentumserwerb stattfindet, ist von dem originären Erwerb, bei dem ein Erwerb ohne Rechtsgeschäft kraft Gesetzes stattfindet, zu unterscheiden. Neben diesen beiden Erwerbsmöglichkeiten besteht auch noch die Möglichkeit, Eigentum kraft Hoheitsakts, z.B. durch Zuschlag in der Zwangsversteigerung zu erwerben.

Die Relevanz dieser letzten beiden Erwerbsmöglichkeiten in Ihrer Klausur ist eher gering. Dabei dient der Eigentumserwerb kraft Gesetzes in vielen Fällen nur einer ersten dinglichen Zuordnung, besagt aber nichts darüber, ob der ursprünglich Berechtigte dies entschädigungslos hinzunehmen hat (vgl. z.B. § 951). Die Probleme können Sie regelmäßig anhand des Gesetzestextes lösen. Verschaffen Sie sich deshalb einen Überblick über die einschlägigen Institute, indem Sie diese Normen einmal lesen.

Im Folgenden sollen nur die besonders klausurrelevanten Erwerbstatbestände erläutert werden.

## Verbindung/Vermischung/Verarbeitung, §§ 946-951

**I. Voraussetzungen des § 946**

- Verbindung einer beweglichen Sache mit einem Grundstück
- bewegliche Sache wird wesentlicher Bestandteil, §§ 93-95

**II. Voraussetzungen des § 947**

- Verbindung mehrerer beweglicher Sachen
- zu wesentlichen Bestandteilen, § 93

**III. Voraussetzungen des § 948**

- Vermischung (Flüssigkeiten/Gase) oder Vermengung (feste Stoffe) beweglicher Sachen
- Untrennbarkeit
  - tatsächlich: § 948 I
  - wirtschaftlich: § 948 II

**IV. Voraussetzungen des § 950**

- Verarbeitung/Umbildung eines oder mehrerer Stoffe
- zu einer neuen Sache
- durch einen Hersteller
- Wert der Verarbeitung/Umbildung ist nicht erheblich geringer als der Stoffwert

Der Eigentumserwerb kraft Gesetzes ist dadurch gekennzeichnet, dass Bösgläubigkeit und Abhandenkommen den Erwerb nicht hindern.

Für § 946 ist es notwendig, dass die bewegliche Sache wesentlicher Bestandteil (§ 94) des Grundstücks geworden ist. Während § 946 dann von Alleineigentum des Grundstückseigentümers ausgeht, entsteht bei § 947 I grds. Miteigentum der früheren Eigentümer der Einzelsache. Nur ausnahmsweise entsteht nach § 947 II Alleineigentum, wenn eine Sache als die Hauptsache anzusehen ist. Medicus wendet § 947 II auch auf Geld an, so dass sich nicht immer, wenn sich der Bestand in der Kasse oder im Geldbeutel ändert, die Miteigentumsanteile ändern. Dagegen wendet die h.M. in diesen Fällen allerdings § 948 an.

Im Hinblick auf § 950 stellt sich das Problem, ob der Herstellerbegriff durch Parteivereinbarung anders definiert werden kann. Dies geschieht in der Praxis im Wege sog. Verarbeitungsklauseln. Dabei vereinbaren Vorbehaltsverkäufer und Vorbehaltskäufer eine antezipierte Sicherungsübereignung nach §§ 929 S. 1, 930, so dass der Vorbehaltsverkäufer Eigentümer der verarbeiteten Sache wird. Klausurrelevant ist vor allem § 951, der nach h.M. eine Rechtsgrundverweisung auf das Bereicherungsrecht darstellt. Diese Vorschrift eröffnet damit weitere Problemfelder.

## Überblick über das Immobiliar-Sachenrecht (3. Buch des BGB) und Grundbegriffe

**Immobiliar-Sachenrecht**

**Allgemeine Vorschriften über Rechte an Grundstücken, §§ 873 - 902**

- **Erwerb und Verlust des Eigentums an Grundstücken, §§ 925 - 928**
- **Dienstbarkeiten, §§ 1018 - 1093**
- **Vorkaufsrecht, §§ 1094 - 1104**
- **Reallasten, §§ 1105 - 1112**
- **Hypothek, Grundschuld, Rentenschuld, §§ 1113 - 1203**

**Inhalt des Eigentums (allgemein), §§ 903 - 924**

**Grundstück im Rechtssinn** ist *ein räumlich abgegrenzter Teil der Erdoberfläche, der im Grundbuch als "Grundstück"* - sei es auf einem besonderen Grundbuchblatt oder unter einer besonderen Nummer eines gemeinschaftlichen Grundbuchblattes - *geführt wird.*
Ein Grundstück im Rechtssinn besteht aus einem oder mehreren Flurstücken. Ein **Flurstück** ist *eine Bodenfläche, die vermessungstechnisch in einem vom Katasteramt geführten amtlichen Verzeichnis auf einer Flurkarte eingezeichnet und mit einer Flurnummer versehen ist.*

**Das Immobiliarsachenrecht umfasst die Gesamtheit der Rechtsnormen, die das Eigentum und dingliche Rechte an Grundstücken zum Gegenstand haben. Es zählt als Teil des Sachenrechts zu den Kerngebieten des Zivilrechts. Als Examenskandidat sollte man deshalb, und dies gilt für beide Staatsexamina, die Grundzüge und die wichtigsten Probleme dieses Rechtsgebietes beherrschen. Die größte Bedeutung kommt dabei dem Erwerb des Eigentums an Grundstücken, dem Recht der Vormerkung und dem Recht der Grundpfandrechte (Hypothek und Grundschuld) zu.**

**Diese Bereiche sind auch für den Klausurersteller interessant: So lässt sich die Prüfung der Eigentumslage an Grundstücken mit Problemen des EBV verbinden. Probleme des Vormerkungsrechts lassen sich aufgrund der Akzessorietät der Vormerkung besonders gut mit Problemen des Allgemeinen Teils und des Allgemeinen Schuldrechts kombinieren. Die Grundpfandrechte eröffnen so klassische Problemfelder wie die Geltendmachung von Drittrechten und den Wettlauf der Sicherungsgeber. Im zweiten Examen können sie auch Gegenstand von Kautelarklausuren aus dem Kreditsicherungsrecht sein. Demgegenüber sind das Recht der Dienstbarkeiten (Nießbrauch und Grunddienstbarkeit), der Reallasten und der Rentenschuld nur von untergeordneter Bedeutung.**

**Behalten Sie auch im Immobiliarsachenrecht die allgemeinen Grundsätze des Sachenrechts im Hinterkopf (Prinzip des numerus clausus, der Typenfixierung, Publizitätsprinzip, Spezialitätsprinzip sowie Trennungs- und Abstraktionsprinzip). Diese Grundsätze sind sowohl bei der Erkennung unbekannter Probleme als auch bei deren Lösung in argumentativer Hinsicht hilfreich.**

## Der Eigentumserwerb nach §§ 873, 925

**I. Geltungsbereich**

Die §§ 873, 925 gelten nur für die Übertragung des Eigentums durch Rechtsgeschäft. **Merke**: Eine Übertragung liegt nur bei einem *Rechtssubjektswechsel* vor.

**II. Voraussetzungen**

- Einigung zwischen dem Veräußerer und dem Erwerber
- Eintragung des Erwerbers im Grundbuch
- Einigsein im Zeitpunkt der Eintragung
- Berechtigung des Veräußerers
- Verfügungsbefugnis des Veräußerers

**III. Terminologie**

Die Einigung über den Eigentumsübergang ist der *dingliche Vertrag*, der als *Auflassung* bezeichnet wird (vgl. § 925 I S. 1). Die Auflassung bildet zusammen mit der Eintragung das dingliche *Rechtsgeschäft der Übereignung*.

Die §§ 873, 925 finden in vier Fallgruppen keine Anwendung:

Es ändert sich nicht die Person des Rechtsträgers, sondern seine Rechtsform. Bsp.: Eine BGB-Gesellschaft wandelt sich kraft Rechtsformzwangs in eine OHG bzw. KG um oder umgekehrt. In diesen Fällen findet kein Rechtssubjektswechsel statt. Anders aber, wenn sich die Organisationsform einer Personenmehrheit ändert. Bsp.: Eine aus A und B bestehende Erbengemeinschaft will ein Grundstück in die aus A und B bestehende BGB-Gesellschaft einbringen. Da es sich um zwei verschiedene Gesamthandsgemeinschaften handelt, findet ein Rechtssubjektswechsel statt.

An- und Abwachsung des Gesellschaftsvermögens (§ 738 I S. 1 direkt bzw. analog). Eine Abwachsung findet beim Eintritt eines Gesellschafters, eine Anwachsung beim Ausscheiden eines Gesellschafters aus einer Personengesellschaft statt.

Das Eigentum geht kraft Gesetzes über (Universal- und Singularsukzession). Dies gilt für die Fälle der Erbfolge (§ 1922), der Begründung der ehelichen Gütergemeinschaft (§ 1416) und der Buchersitzung (§ 900).

Das Eigentum geht kraft Hoheitsaktes über mit dem Zuschlag gem. § 90 ZVG.

In all diesen Fällen hat die Eintragung der geänderten Verhältnisse im Grundbuch keine konstitutive Wirkung. Sie stellt vielmehr eine Grundbuchberichtigung i.S.d. § 894 dar.

## Die Einigung über den Eigentumsübergang

**I. Rechtsnatur**

Die Einigung gem. § 873 I ist ein *dinglicher Vertrag*, auf den als solchen die Regeln des BGB-AT anwendbar sind. Die Einigung ist in ihrer Wirksamkeit vom schuldrechtlichen Verpflichtungsgeschäft unabhängig (Abstraktionsprinzip).

**II. Form**

Die Auflassung muss bei gleichzeitiger – nicht persönlicher – Anwesenheit beider Teile vor einer zuständigen Stelle erklärt werden, § 925 I (i.d.R. Notar). Stellvertretung ist zulässig. Die notarielle Beurkundung ist nur grundbuchrechtliche Verfahrensvoraussetzung (vgl. §§ 20, 29 GBO).

**III. Inhalt**

Bezeichnung des Grundstücks und des Erwerbers (Spezialitätsprinzip). Keine Befristung oder Bedingung (§ 925 II)!

**IV. Widerruf**

Der Widerruf der Einigung ist wegen §§ 20, 29 GBO regelmäßig gem. § 873 II 1.Alt. ausgeschlossen.

**V. Einigsein**

Die Einigung muss bei Eintragung des Erwerbers im Grundbuch noch bestehen. Dies ist in den Fällen des § 873 II allerdings unproblematisch.

Ein häufiges Problem bei der Auflassung ist § 181, wenn ein Elternteil bzw. die Eltern eine Eigentumswohnung an den Minderjährigen auflassen und diesen dabei vertreten und der Eigentumserwerb rechtlich nachteilig ist. Dies wurde bislang nur angenommen, wenn die Gemeinschaftsordnung den Wohnungseigentümer über das Gesetz hinaus belastet (vgl. §§ 10 ff. WEG) (sog. Danaer-Geschenke). Nach neuester Rechtsprechung des BGH kommt es darauf gar nicht an (vgl. BGH, Life&Law, 2011, 135 ff.). Die Mitgliedschaft in der Wohnungseigentümergemeinschaft, die automatisch mit dem Erwerb verbunden ist, begründet unmittelbar persönliche Pflichten, so z.B. § 16 II WEG (Achtung: sehr examensrelevante Rechtsprechungsänderung!!!).

Es ist dann zu prüfen, ob ein wirksames Verpflichtungsgeschäft besteht, so dass die Auflassung in Erfüllung einer Verbindlichkeit erfolgt (§ 181 a.E.). Kommt als Verpflichtungsgeschäft eine Schenkung in Betracht, die die Eltern wegen der ausschließlichen Vorteilhaftigkeit an sich stets vornehmen können, ist beim rechtlich nachteiligen Erfüllungsgeschäft eine teleologische Reduktion des § 181 a.E. vorzunehmen. Es können nur rechtlich vorteilhafte Geschäfte im Zuge eines Insichgeschäfts zur Erfüllung einer Verbindlichkeit herangezogen werden. Folge dann: es muss ein Ergänzungspfleger bestellt werden, § 1909.

Ein lose Verbindung zwischen dem Verpflichtungsgeschäft und der Auflassung schafft § 925a, der eine Umgehung des § 311b I S. 1 durch § 311b I S. 2 verhindern soll. Danach *soll* der Notar die Auflassungserklärung nur dann entgegennehmen, wenn die Form des § 311b I S. 1 beim Verpflichtungsgeschäft beachtet wurde. Davon zu trennen ist die Frage, ob Änderungen des Kaufvertrages auch dann noch formbedürftig sind, nachdem die Auflassung schon bindend geworden ist gem. § 873 II BGB. Das lehnt der BGH ab, es sei denn, dass neue Veräußerungs- oder Erwerbspflichten begründet werden, Life&Law 05/2020, 293 ff.

Beachten Sie auch, dass § 925 II nicht für sog. Rechtsbedingungen gilt. Rechtsbedingungen sind die gesetzlichen Voraussetzungen für das Zustandekommen und die Wirksamkeit eines Rechtsgeschäftes (z.B. Abhängigmachen der Auflassung von öffentlich-rechtlichen Genehmigungen).

## Die Eintragung des Erwerbers im Grundbuch

**I. Zweck**

Die Eintragung im Grundbuch verwirklicht den *Publizitätsgrundsatz* im Immobiliarrecht.

**II. Voraussetzung**

Eine Eintragung im Rechtssinn liegt erst dann vor, wenn der Eintragungsvermerk unterzeichnet wurde (arg. ex. § 44 I S. 2 GBO). Ansonsten ist ein Verstoß gegen formelles Grundbuchrecht materiellrechtlich unerheblich.

**III. Übereinstimmung**

Die Einigung und die Eintragung müssen inhaltlich übereinstimmen. Bei der Auslegung gilt der Grundsatz *falsa demonstratio non nocet* allerdings nicht bezüglich der Grundbucheintragung. Dies folgt aus dem öffentlichen Glauben des Grundbuchs (§ 892 I) und aus Gründen der Rechtssicherheit. Weichen Einigung und Eintragung nur quantitativ (also z.B. Höhe der Grundschuld) voneinander ab, ist nur das sog. kongruente Minus entstanden.

**IV. Zeitliche Reihenfolge**

Eine zeitliche Reihenfolge für die Einigung und die Eintragung im Grundbuch ist im materiellen Recht nicht vorgeschrieben. Wegen § 20 GBO muss die Einigung bei Eintragung jedoch bereits vorliegen.

Ob und in welcher Art und Weise eine Grundbucheintragung erfolgen darf, richtet sich nach formellem Grundbuchrecht. Eine Eintragung setzt gemäß § 13 GBO einen Antrag seitens des Erwerbers oder des Veräußerers voraus (Antragsgrundsatz). Eine Eintragung darf grundsätzlich erfolgen, wenn der Betroffene die Eintragung bewilligt, § 19 GBO (Bewilligungsgrundsatz). Bei der Übereignung eines Grundstückes gilt zusätzlich § 20 GBO: Die einseitige Bewilligung gem. § 19 GBO genügt nicht, vielmehr muss die dingliche Einigung nachgewiesen werden. Dieser Nachweis muss in der Form des § 29 GBO erfolgen (⇨ deshalb regelmäßig notarielle Beurkundung der Auflassung). Schließlich muss der durch die Eintragung Betroffene, regelmäßig der Veräußerer, als Rechtsinhaber eingetragen sein § 39 GBO (Voreintragungsgrundsatz). Ausnahme: § 40 GBO.

Umstritten ist, unter welchen Voraussetzungen von einem Anwartschaftsrecht des Auflassungsempfängers auszugehen ist. Ein Anwartschaftsrecht ist jedenfalls dann anzunehmen, wenn neben der Auflassung eine Vormerkung zugunsten des Erwerbers bestellt wurde, da ihm diese Erwerbsposition aufgrund der §§ 883 II, 888 I nicht mehr einseitig durch den Veräußerer entzogen werden kann. Nach der h.M. besteht unter Hinweis auf § 17 GBO auch ein Anwartschaftsrecht, wenn die Auflassung erfolgt ist und *der Erwerber* den Eintragungsantrag beim Grundbuchamt gestellt hat. Liegt nur ein Eintragungsantrag seitens des Veräußerers vor, besteht richtigerweise kein Anwartschaftsrecht, da dieser seinen Antrag jederzeit zurücknehmen kann. Ebenso wenig ist die Auflassung für sich alleine ausreichend, denn dadurch ist der Veräußerer nicht an einer weiteren Verfügung gehindert.

## Die Berechtigung und die Verfügungsbefugnis

**Berechtigter** i.S.d. § 873 I ist der Eigentümer des Grundstückes. Der Eigentümer kann als Rechtsinhaber grundsätzlich über sein Eigentum verfügen. Diese **Verfügungsbefugnis** wird in besonderen Fällen durch das Gesetz beschränkt (sog. Verfügungsbeschränkung). Solche Verfügungsbeschränkungen beinhalten z.B. §§ 81 I S.1 InsO, 2211 I. In diesen Fällen wird die Verfügungsbefugnis dem Insolvenzverwalter (§ 80 I InsO) bzw. dem Testamentsvollstrecker (§ 2205) anstelle des Eigentümers zugewiesen. Der Eigentümer kann dann nicht mehr über sein Eigentum verfügen!

**Grundregel:** Berechtigung und Verfügungsbefugnis müssen grundsätzlich bis zur *Vollendung des Rechtserwerbs* vorliegen.

**Erwerb trotz fehlenden Eigentums möglich, wenn**

- § 185 eingreift
- § 892 eingreift

**Erwerb trotz fehlender Verfügungsbefugnis möglich, wenn**

- der Verfügungsbefugte zustimmt, analog § 185 I, II 1.Alt.
- § 878 eingreift
- § 892 eingreift

Von den Verfügungsbeschränkungen sind die Verfügungsverbote zu unterscheiden: Absolute Verfügungsverbote dienen dem Schutz der Allgemeinheit und sind Verbotsgesetze i.S.d. § 134. Ihre Verletzung macht die Verfügung mit Wirkung gegenüber jedermann unwirksam. Relative Verfügungsverbote dienen dem Schutz bestimmter Personen. Ihre Verletzung macht die Verfügung relativ unwirksam, d.h. die Verfügung ist *nur gegenüber den geschützten Personen* unwirksam, gegenüber Dritten aber wirksam.

Bei Verfügungsbeschränkungen fehlt dem Rechtsinhaber dagegen die für die wirksame Vornahme einer Verfügung erforderliche Rechtsmacht. Die Frage, ob er verfügen darf, stellt sich nicht. Die Verfügung ist absolut unwirksam (z.B. §§ 81 I S. 1 InsO, 2211 I), allerdings tritt in einigen Fällen schwebende Unwirksamkeit ein (z.B. §§ 1365, 1369) und z.T. ist gutgläubiger Erwerb möglich, vgl. § 2211 II BGB.

Bei den Verfügungsbeschränkungen unterscheidet man wiederum absolute und relative. § 878 gilt für alle *außerhalb des Grundbuchs* entstehenden relativen und absoluten Verfügungsbeschränkungen. Die Vormerkung ist deshalb keine Verfügungsbeschränkung i.S.d. § 878.

§ 892 BGB wurde durch § 899a BGB auch auf den Gesellschafterbestand bei der GbR ausgedehnt. Diese Gesetzesänderung ist die Reaktion auf die Entscheidung des BGH zur Grundbuchfähigkeit der GbR, Life&Law 2009, 158 ff. Ohne § 899a BGB gäbe es keine Rechtssicherheit im Grundstücksrecht, weil es anders als bei OHG und KG keine Registereintragungen gibt, wo man sich über die Vertretungsverhältnisse der Gesellschaft Klarheit verschaffen könnte. Zu den sich in diesem Zusammenhang ergebenden, bislang ungeklärten Problemen vgl. Hemmer/Wüst, Sachenrecht III, Rn. 85a.

## Der Erwerb vom Nichtverfügungsbefugten nach § 878

**Sinn und Zweck** des § 878 ist der Schutz des Erwerbers vor einer Beeinträchtigung seines Erwerbs während des oft lang dauernden Eintragungsverfahrens, auf dessen Dauer er keinen Einfluss hat. Diesem Zweck entsprechend ist ungeschriebenes Tatbestandsmerkmal dieser Norm, dass bis auf die Eintragung **alle** Erwerbsvoraussetzungen erfüllt sind.

**Voraussetzungen**

- Verlust der Verfügungsbefugnis im Zeitraum vor der Eintragung ins Grundbuch, aber nach der Auflassung
- Einigung muss bindend geworden sein i.S.v. § 873 II
- Zum Eigentumserwerb ist nur noch die Eintragung erforderlich

## Gutgläubiger Erwerb nach § 892

### Unterschiede des gutgläubigen Erwerbs nach § 892 gegenüber § 932

| § 892 | § 932 |
|---|---|
| • Rechtsscheinträger ist das Grundbuch, vgl. § 891<br>• Guter Glaube an die Verfügungsbefugnis wird im Rahmen des § 892 I S. 2 geschützt<br>• Nur positive Kenntnis macht bösgläubig | • Rechtsscheinträger ist der Besitz, vgl. § 1006<br>• Guter Glaube an die Verfügungsbefugnis wird nicht geschützt. Ausnahme: § 366 HGB<br>• Neben positiver Kenntnis führt auch grobe Fahrlässigkeit zur Bösgläubigkeit, § 932 II |

§ 878 setzt voraus, dass der Berechtigte, also der Rechtsinhaber, verfügt und diesem nur die Verfügungsbefugnis fehlt. Der Nichteigentümer, der mit Zustimmung des Eigentümers nach § 185 I verfügt, ist dagegen Nichtberechtigter. § 878 ist jedenfalls dann anwendbar, wenn gegen den verfügenden Nichtberechtigten eine Verfügungsbeschränkung ergeht.

Problematisch ist demgegenüber der Fall, dass der Zustimmende die Verfügungsbefugnis verliert. Fraglich ist, ob § 878 in diesem Fall analoge Anwendung findet. Eine Analogie wird von einem Teil der Literatur und der Rechtsprechung mit dem Hinweis auf den insoweit eindeutigen Wortlaut abgelehnt. Die besseren Argumente sprechen aber für eine Analogie. Denn es kann keinen Unterschied machen, ob der Berechtigte selbst verfügt oder nur seine Zustimmung zu der Verfügung eines Nichtberechtigten erteilt. In beiden Fällen trifft der Schutzzweck des § 878, den Erwerber von Risiken eines lang dauernden Eintragungsverfahrens zu entlasten, gleichermaßen zu. Die Interessenlage ist auch insoweit vergleichbar, als der Berechtigte seine Einwilligung nach bindender Auflassungserklärung des Verfügenden nicht mehr nach § 183 widerrufen kann. Es ist daher von einer planwidrigen Regelungslücke auszugehen, so dass eine analoge Anwendung geboten ist.

Das entsprechende Problem stellt sich im Rahmen des § 892, wenn ein Nichtberechtigter verfügt und der Bucheigentümer, also derjenige, der durch das Grundbuch als Eigentümer legitimiert ist, der Verfügung gem. § 185 zustimmt. Auch in diesem Fall kann es für die Legitimation des Bucheigentümers und die Schutzbedürftigkeit des Erwerbers keinen Unterschied machen, ob der Bucheigentümer selbst verfügt oder nur der Verfügung zustimmt.

## Die Voraussetzungen des gutgläubigen Erwerbs nach § 892

**I. Unrichtigkeit des Grundbuchs**

Das Grundbuch muss hinsichtlich eines Rechtes an einem Grundstück oder eines Rechts an einem Grundstücksrecht unrichtig sein. Der Wortlaut des § 892 ("Inhalt des Grundbuchs") ist zu weit.

**II. Rechtsgeschäft i.S.e. Verkehrsgeschäfts**

Das *Rechtsgeschäft* (vgl. ÜK 2) muss ein *Verkehrsgeschäft* sein, d.h. bei wirtschaftlicher Betrachtungsweise muss auf der Erwerberseite mindestens eine Person stehen, die nicht auf Veräußererseite steht. Dies folgt aus Sinn und Zweck des § 892 (Verkehrsschutz!).

**III. Gutgläubigkeit bzw. kein Widerspruch**

Es schadet nur positive Kenntnis der fehlenden Berechtigung und ein eingetragener Widerspruch. § 892 II verlagert den Zeitpunkt der Gutgläubigkeit vor. Sinn und Zweck dieser Norm entspricht dem des § 878 (vgl. ÜK 6). Ungeschriebene Tatbestandsvoraussetzung ist daher auch i.R.d. § 892 II, dass *nur* noch die Eintragung zum Rechtserwerb fehlt.

**IV. Schutzumfang**

§ 892 I S. 1 schützt positiv das Vertrauen auf die Richtigkeit und Existenz aller eingetragenen Rechte, negativ das Vertrauen auf die Vollständigkeit dieser Rechte. Voraussetzung ist allerdings die *Eintragungsfähigkeit* entspr. Rechte. § 892 I S. 2 schützt nur das Vertrauen auf die Vollständigkeit der eingetragenen Verfügungsbeschränkungen.

Problematisch sind die Fälle, in denen der gutgläubige Erwerber das Eigentum aufgrund der Rückabwicklung des Vertrages an den Nichtberechtigten zurück überträgt. Ein Teil der Literatur vertritt in diesen Fällen, dass der ursprünglich Nichtberechtigte das Eigentum nicht erwerben könne. Die Argumente und Konstruktion, die zur Begründung dieses Ergebnisses herangezogen werden, sind zwar zum Teil recht originell, dogmatisch überzeugend sind sie allerdings nicht. Der gutgläubige Erwerber ist nun einmal im Zeitpunkt der Rückübertragung Berechtigter, so dass ein gutgläubiger Erwerb nicht mehr im Raum stehen kann.

§ 892 I S. 2 erfasst im Gegensatz zu § 878 nur relative Verfügungsbeschränkungen. Der Grund dafür liegt darin, dass absolute Verfügungsbeschränkungen nicht in das Grundbuch eingetragen werden können. Beachten Sie auch, dass das Vertrauen auf das Bestehen einer eingetragenen Verfügungsbeschränkung gerade nicht geschützt wird. Verfügt z.B. der eingetragene Insolvenzverwalter über ein Grundstück, obwohl das Insolvenzverfahren bereits abgeschlossen und damit sein Amt beendet ist, scheidet ein gutgläubiger Erwerb über § 892 I S. 2 aus.

Beachten Sie noch die Vorschrift des § 899a, nach dem Bezugspunkt für den guten Glauben auch die Struktur der Gesellschafter, sein kann. Dies ist deshalb wichtig, weil es kein Register gibt, über welches man sich Klarheit über den Gesellschafterbestand machen könnte. Insoweit besteht bei der GbR die Unsicherheit, mit den „richtigen" Personen (= Gesellschaftern) als Vertreter zu verhandeln und Verträge abzuschließen. Der Schutz ist allerdings nicht umfassend. Eine Vermutungswirkung bzgl. der Existenz der GbR entfaltet § 899a nicht. Zudem ist die Anwendbarkeit im Hinblick auf den schuldrechtlichen Vertrag problematisch.

## Die Vormerkung

**I. Zweck**

Die Vormerkung dient der grundbuchmäßigen Sicherung eines **schuldrechtlichen** Anspruchs auf eine **dingliche** Rechtsänderung.

**II. Rechtsnatur**

Die Vormerkung nimmt eine Zwitterstellung zwischen obligatorischem und dinglichem Recht ein. Ihre Rechtsnatur ist deshalb umstritten. Nach h.M. ist die Vormerkung ein mit einzelnen dinglichen Wirkungen ausgestattetes akzessorisches *Sicherungsmittel eigener Art*. Die Vormerkung ist aber ein sonstiges Recht i.S.d. §§ 823 I, 1004. Auch ist § 894 auf die Vormerkung analog anwendbar.

**III. Formen**

- Auflassungsvormerkung sichert den Anspruch des Käufers auf Verschaffung des Eigentums
- Löschungsvormerkung (§ 1179) soll das Zusammenfallen von Eigentum und Grundpfandrecht zugunsten des nachrangig Berechtigten sichern (vgl. auch den Löschungsanspruch in § 1179a)
- Vormerkung von Amts wegen, § 18 II GBO

**IV. Entstehung**

- Vormerkungsfähiger Anspruch, der auf Gesetz oder Rechtsgeschäft beruhen kann (Akzessorietät der Vormerkung)
- Bewilligung oder einstweilige Verfügung
- Eintragung im Grundbuch
- Berechtigung und Verfügungsbefugnis, vgl. ÜK 5

Der wichtigste Fall der Vormerkung ist die sog. Auflassungsvormerkung. Der Begriff ist dabei freilich teilweise missverständlich, weil in vielen Fällen die Auflassung bereits erklärt wurde, wenn die Vormerkung eingetragen wird. Sie sichert daher nicht (mehr/nur) den Anspruch auf Abgabe der Auflassungserklärung, sondern auf die Eintragung und damit die Vollendung des Rechtserwerbs.

§§ 823 I, 1004 schützen den Auflassungsvormerkungsberechtigten gegen tatsächliche Beeinträchtigungen und Verschlechterungen des Grundstückes durch den vormerkungswidrig eingetragenen Dritten. Eine Ausnahme von diesem Grundsatz muss jedoch dann gemacht werden, wenn die Vormerkung lediglich einen künftigen oder bedingten Anspruch sichert. Der Grund dafür liegt darin, dass dem Eigentümer die Verwertung seines Grundstückes nicht verboten werden darf, wenn die Entstehung des Auflassungsanspruchs noch ungewiss ist.

In Abgrenzung zum Widerspruch, der einen gutgläubigen Erwerb eines Dritten verhindern und damit ein bestehendes Recht sichern soll, sichert die Vormerkung ein künftiges Recht.

Merke: Die Vormerkung prophezeit, der Widerspruch protestiert.

## Die Entstehung der Vormerkung - Einzelprobleme

**Obligatorischer Anspruch, der auf eine dingliche** Rechtsänderung **gerichtet ist, § 883 I S. 1**

**Künftige Ansprüche, § 883 I S. 2, 1.Alt.**

Künftige Ansprüche sind vormerkungsfähig, wenn für ihre Entstehung eine feste Rechtsgrundlage dergestalt geschaffen ist, dass diese nur noch vom Willen des Gläubigers abhängt, z.B. Vorvertrag oder bindendes Vertragsangebot.

**Bedingte Ansprüche, § 883 I S. 2, 2.Alt.**

Bedingte Ansprüche sind vormerkungsfähig, weil die zur Anspruchsbegründung erforderlichen Willenserklärungen abgegeben sind und eine feste Rechtsgrundlage bilden. Der Eintritt der Bedingung muss nicht vom Gläubiger abhängen.

**Entsteht der Anspruch, wird der Inhaber *rückwirkend* ab dem Zeitpunkt der Eintragung geschützt.**

**Bewilligung oder einstweilige Verfügung, § 885 I S. 1**

**Bewilligung**

Die Bewilligung ist eine einseitige, empfangsbedürftige Willenserklärung gegenüber dem Vormerkungsberechtigten oder dem Grundbuchamt. Sie ist formfrei und nicht mit der grundbuchrechtlichen Bewilligung (§ 19 GBO) zu verwechseln, obgleich sie regelmäßig mit ihr zusammenfällt und daher insoweit die Form des § 29 GBO einzuhalten ist.

**Einstweilige Verfügung (935 ff. ZPO)**

Es muss nur der obligatorische Anspruch gem. §§ 936, 920 II ZPO glaubhaft gemacht werden. Nicht erforderlich ist die Glaubhaftmachung der Gefährdung des Anspruchs (§ 885 I S. 2). Sie ergibt sich bereits aus der Möglichkeit des Schuldners, bis zur Eintragung jederzeit Verfügungen über das Grundstück vorzunehmen.

Der Käufer eines Grundstückes hat nach h.M. einen Anspruch gegen den Verkäufer auf Bewilligung einer Vormerkung aus § 433 I S. 1, da der Verkäufer verpflichtet ist, alles Erforderliche zu veranlassen, um dem Käufer das Eigentum zu verschaffen (str.).

Problematisch ist das Bestehen eines vormerkungsfähigen Anspruchs im Falle des dissimulierten Grundstückskaufs. Der notarielle Kaufvertrag ist gemäß § 117 I nichtig, der mündliche Kaufvertrag gem. §§ 117 II, 125 S.1, 311b I S. 1. Eine Vormerkung kann nur dann entstehen, wenn sich die Vormerkung auf den Auflassungsanspruch aus dem dissimulierten Vertrag bezieht und entweder die Heilung nach § 311b I S. 2 zurückwirkt oder der Anspruch aus diesem Vertrag schon vor der Heilung einen künftigen Anspruch i.S.d. § 883 I S. 2 darstellt. Zu verneinen ist bereits die erste Voraussetzung. Die Eintragung der Vormerkung war unter Bezugnahme auf den notariellen Vertrag erfolgt, so dass die Vormerkung nur auf einen Anspruch aus diesem Vertrag bezogen werden konnte (vgl. § 885 II). Aber auch eine Rückwirkung der Heilung nach § 311b I S. 2 scheidet angesichts des klaren Wortlautes aus („wird wirksam"). Vor Heilung besteht auch kein künftiger Anspruch, weil die Entstehung des Anspruchs nicht nur vom Willen des Käufers abhängt.

Ein Beispiel für einen sicherungsfähigen bedingten Anspruch ist jener, der durch Ausübung des Vorkaufsrechts entsteht. Es handelt sich um einen „doppelt bedingten" Anspruch. Die Entstehung des Anspruchs hängt ab vom Vorkaufsfall (1. Bedingung) und von der Vorkaufserklärung (2. Bedingung).

## Die Entstehung der Vormerkung - Einzelprobleme

Eintragung, § 883 I: Gem. § 885 II ist Bezugnahme auf Bewilligung möglich.

### Berechtigung und Verfügungsbefugnis

§ 878 findet nach einhelliger Ansicht auf die Vormerkung analoge Anwendung, da die Vormerkung gerade den Erwerbsanspruch absichern soll und die Interessenlage somit vergleichbar ist.

Ein gutgläubiger Ersterwerb der Vormerkung ist nach h.M. gem. §§ 893 2.Alt., 892 möglich, da die Vormerkung als Belastung eine Verfügung über das Grundstück beinhaltet (a.A: analog).

## Die Wirkung der Vormerkung

### I. Sicherungswirkung, §§ 883 II, 888 I

Die Verfügung ist gegenüber jedermann wirksam, nur gegenüber dem Vormerkungsberechtigten unwirksam, soweit Erfüllung des Anspruchs beeinträchtigt wird. § 888 I gibt Zustimmungsanspruch gegen Dritten.

### II. Rangwirkung

Nach § 883 III bestimmt sich der Rang des durch die Vormerkung gesicherten Rechtes nach der Eintragung der Vormerkung.

### III. Vollwirkung

Wirkungen des künftigen Rechtes, vgl. § 106 InsO.

Beim gutgläubigen Ersterwerb der Vormerkung (= Bewilligung der Vormerkung durch den Bucheigentümer) ist problematisch, ob sich der Erwerb der Vormerkung auch auf den gutgläubigen Erwerb des dinglichen Rechts selbst auswirkt. Nach e.A. muss noch im Zeitpunkt der Antragstellung auf *Eintragung des dinglichen Rechts* die Gutgläubigkeit des Erwerbers vorliegen. Die sog. große Lösung verlagert dagegen den Zeitpunkt der Gutgläubigkeit auf die Antragstellung auf *Eintragung der Vormerkung* vor. Dies ist zutreffend, da die Vormerkung ihre Aufgabe nur dann erfüllen kann, wenn sie den Vorgemerkten nicht bloß gegen abweichende Verfügungen des Veräußerers schützt, sondern auch gegen andere Beeinträchtigungen seines Erwerbs (BGH).

Geschützt wird nur der gute Glaube an die Berechtigung des Bewilligenden, nicht aber an das Bestehen des Anspruchs. Da es einen gutgläubigen Forderungserwerb nicht gibt, erfolgt ein gutgläubiger Erwerb der Vormerkung nur bei bestehendem Anspruch. Dies ist Ausfluss der strengen Akzessorietät der Vormerkung. Des Weiteren scheidet ein gutgläubiger Erwerb aus, wenn die Vormerkung durch einstweilige Verfügung entstehen soll, da es in diesem Fall an einem rechtsgeschäftlichen Erwerb fehlt, vgl. § 892 und ÜK 5.

Infolge der relativen Unwirksamkeit vormerkungswidriger Verfügungen, § 883 II, ist es z.B. dem Verkäufer weiterhin möglich, dem Käufer das Eigentum an dem Grundstück zu verschaffen, wenn er es bereits (wirksam!) an einen Dritten übereignet hat. Der Käufer kann daher erfolgreich auf Auflassung klagen. Gegenüber dem Dritten kann der Käufer gem. § 888 I Zustimmung zur Grundbucheintragung verlangen. § 888 I ist wegen § 19 GBO notwendig und gibt einen Anspruch auf Abgabe dieser verfahrensrechtlichen Erklärung, die gem. § 894 I ZPO vollstreckt wird.

Der Käufer kann Verkäufer und Dritten als einfache Streitgenossen verklagen; §§ 59, 60 ZPO.

## Bedeutung der Vormerkungswirkung in der Klausur

### I. Schutz gegen Zwischenverfügungen

**Ansprüche des vormerkungsberechtigten Käufers**

**gegen den Veräußerer**

- Anspruch auf Eigentumsverschaffung aus § 433 I (+)
- Primäranspruch erloschen nach § 275 wg. Zwischenverfügung?
  ⇨ (-), § 883 II: wg. relativer Unwirksamkeit der Verfügung gilt Veräußerer ggü. Vorm.-berechtigtem noch als Eigentümer

**gegen eingetragenen Zweiterwerber**

- § 894 (-), Grundbuch ist nicht (objektiv) unrichtig
- § 888 I: Anspruch auf grundbuchrechtliche Zustimmung (§ 19 GBO), damit Übereignung an Vormerkungsberechtigten grundbuchtechnisch vollzogen werden kann

### II. Erweiterter Schutz des gutgläubigen Erwerbers

- **Ausgangsfall:** KaufV über Grundstück mit Nichtberechtigtem, Vormerkungsbewilligung, Bösgläubigkeit des Erwerbers, Eintragung
- **Lösung:**
  - §§ 925, 873: (-), Veräußerer nicht berechtigt
  - §§ 925, 873, 892: (-), Bösgläubigkeit vor Eintragung

  **aber:** Vormerkung gutgläubig nach §§ 892, 893 erworben ⇨ spätere Bösgläubigkeit schadet nach h.M. nicht mehr (beachte: auch hier analog § 892 II Antrag auf Eintragung der Vormerkung ausreichend)

Gerade bei der Vormerkung kommt es nicht nur darauf an, dass Sie ihre Wirkung abstrakt kennen, da sie zumindest in der Klausur nie so gefragt wird. Vielmehr müssen Sie die Wirkung auch im Prüfungsaufbau der Klausur, d.h. des Anspruchsschemas richtig einbauen: Die Sicherungswirkung des § 883 II führt dazu, dass der schuldrechtliche Übereignungsanspruch des vormerkungsberechtigten Käufers nicht wegen Unmöglichkeit erlischt. Die *grundbuchtechnisch* erforderliche Einwilligung des Voreingetragenen kann der Vormerkungsberechtigte vom zwischenzeitlich eingetragenen Zweiterwerber nach § 888 I verlangen. Dies ist mit „Zustimmung“ in § 888 I gemeint, nicht etwa die (materiellrechtliche) des Berechtigten zur Verfügung des Nichtberechtigten; wegen § 883 II ist der frühere Eigentümer dem Vormerkungsberechtigten gegenüber ja gerade nicht „nicht berechtigt“.

Die „große Wirkung“ der Vormerkung ermöglicht nach h.M. einen erweiterten Schutz des *gutgläubigen* Erwerbers: Nur so kann der Zweck der Vormerkung erfüllt werden, dem Erwerber mit ihrer Eintragung schon eine ähnlich starke Stellung zu verschaffen wie mit der Eintragung als Eigentümer.

Nach der gr. Lösung prallt alles, was nach Erlangung der Vormerkung den Erwerb hindern könnte, an der Wirkung des § 883 II ab. Dazu gehört auch die Eintragung eines Widerspruchs gem. § 899. Erfolgt die Eintragung des Widerspruchs nach Erlangung der Vormerkung, ist daher entgegen § 892 I ein gutgläubiger Erwerb möglich.

## Übertragung und Erlöschen der Vormerkung

**I. Übertragung**

Die Vormerkung ist streng akzessorisch und steht daher immer dem jeweiligen Gläubiger des zu sichernden Anspruchs zu. Mit Abtretung der gesicherten Forderung oder dem Übergang der Forderung kraft Gesetzes geht die Vormerkung analog § 401 mit über. Eine Grundbucheintragung ist nicht erforderlich. Erfolgt sie gleichwohl, handelt es sich um eine Grundbuchberichtigung i.S.d. § 894.

**II. Gutgläubiger Zweiterwerb**

Ein gutgläubiger Zweiterwerb scheidet unstreitig aus, wenn der Abtretende zwar im Grundbuch als Berechtigter eingetragen ist, aber nicht Inhaber des schuldrechtlichen Anspruchs ist. Denn es gibt keinen gutgläubigen Forderungserwerb. Umstritten ist die Möglichkeit des gutgläubigen Zweiterwerbs bei Bestehen des Anspruchs, vgl. Kartenrückseite.

**III. Erlöschen**

- Der Gläubiger hebt die Vormerkung durch Aufhebungserklärung und Löschung im Grundbuch analog § 875 auf
- Die einstweilige Verfügung, auf der die Vormerkung beruht, wird aufgehoben, vgl. § 25 GBO
- Die gesicherte Forderung geht unter (Akzessorietät!)
- Die versehentliche Löschung im Grundbuch führt hingegen *nicht* zum Erlöschen der Vormerkung.

Umstritten ist die Frage, ob bei Bestehen eines zu sichernden Anspruchs ein gutgläubiger Zweiterwerb vom Nichtberechtigten, der im Grundbuch als Inhaber der Vormerkung eingetragen ist, möglich ist. Dagegen wird vorgebracht, dass ein gutgläubiger Erwerb mangels Vorliegens eines rechtsgeschäftlichen Erwerbs nicht in Betracht komme, da die Vormerkung kraft Gesetzes, nämlich analog § 401 übergeht. Dem ist entgegenzuhalten, dass jedenfalls die Forderungsabtretung auf einem Rechtsgeschäft beruht und somit mittelbar auch der Erwerb der Vormerkung. Vergleichbar sei dies mit dem gutgläubigen Erwerb der Hypothek, der gleichfalls nur mittelbar auf einem Rechtsgeschäft beruht. Dieser Vergleich hinkt jedoch, da zum Erwerb einer Hypothek gem. § 1154 I die Briefübergabe bzw. die Grundbucheintragung (Abs. 3) hinzukommen muss und somit - anders als bei der Vormerkung - das sachenrechtliche Publizitätsprinzip beachtet wird. Die Übertragung der Vormerkung vollzieht sich dagegen nach rein schuldrechtlichen Grundsätzen (§§ 398, 401 analog) ohne jeglichen Publizitätsakt, womit der Gesetzgeber zum Ausdruck gebracht hat, dass ein durch eine Vormerkung gesicherter Anspruch nicht zum Umlauf geeignet ist. Die Vormerkung soll als vorläufiges Sicherungsmittel vielmehr nur den Zeitraum bis zur Eintragung sichern, so dass auch kein Bedürfnis für einen gutgläubigen Erwerb besteht.

Begegnet Ihnen dieses Problem in der Klausur, entscheiden Sie sich für die Ansicht, die Ihnen die in der Klausur angelegten Folgeprobleme eröffnet. Beide Ansichten sind gut vertretbar. Spielt es keine Rolle, welcher Ansicht Sie folgen, sollten Sie einen gutgläubigen Zweiterwerb eher ablehnen.

## Das dingliche Vorkaufsrecht

**I. Zweck und Rechtsnatur**

Es ermöglicht dem Berechtigten, das belastete Grundstück zu denselben Bedingungen zu kaufen, zu denen der Verpflichtete es an einen Dritten verkauft hat. Seine Rechtsnatur ist umstritten, jedenfalls stellt es eine *dingliche Belastung* des Grundstücks dar.

**II. Entstehung**

- Einigung mit Inhalt der §§ 1094 ff.
- Eintragung
- Einigsein im Zeitpunkt der Eintragung
- Berechtigung des Bestellers
- Verfügungsbefugnis des Bestellers

**III. Übertragung**

Das subjektiv-persönliche Vorkaufsrecht ist grds. weder übertragbar noch vererbbar, §§ 1098 I S. 1, 473, andere Vereinbarung aber möglich. Das subjektiv-dingliche Vorkaufsrecht ist wesentlicher Bestandteil des herrschenden Grundstücks (§ 96) und deshalb nicht sonderrechtsfähig. Inhaber des Vorkaufsrechts ist folglich immer der jeweilige Eigentümer des herrschenden Grundstücks.

**IV. Erlöschen**

- Ausübung
- Verzicht auf Ausübung, Fristablauf (§ 469 II) oder Übereignung des Grundstücks an Dritten ohne Eintritt des Vorkaufsfalles, sofern es nicht für mehrere Vorkaufsfälle bestellt wurde (vgl. § 1097)
- Aufhebung (§§ 875, 876)

Das dingliche Vorkaufsrecht bedarf als abstraktes dingliches Rechtsgeschäft einer schuldrechtlichen causa, um kondiktionsfest zu sein. Zwar verweist § 1098 I S. 1 auf die §§ 463 ff., doch bedeutet dies keineswegs, dass dem dinglichen Vorkaufsrecht notwendig ein schuldrechtliches Vorkaufsrecht als causa zugrunde liegen müsste. Vielmehr genügt auch eine Schenkung, ein Vermächtnis oder ein entgeltlicher Schuldvertrag. Im Gegensatz zum schuldrechtlichen Vertrag, mit welchem sich der Verpflichtete zur Bestellung des dinglichen Vorkaufsrechts verpflichtet - er bedarf der notariellen Form (analog § 311b I S. 1) – ist die dingliche Einigung zur Bestellung des dinglichen Vorkaufsrechts formlos gültig. Dies ergibt sich daraus, dass für die Bestellung des dinglichen Vorkaufsrechts § 873 gilt und eine dem § 925 entsprechende Vorschrift in §§ 1094 ff. fehlt (arg. e contrario). Zu beachten ist, dass die Formnichtigkeit des schuldrechtlichen Vertrages mit der Eintragung des Vorkaufsrechts im Grundbuch analog § 311b I S. 2 geheilt wird.

Gegenüber dem schuldrechtlichen Vorkaufsrecht ist zu beachten, dass von den §§ 463 ff., auf die § 1098 I S. 1 verweist, aufgrund des Grundsatzes der Typenfixierung nur abgewichen werden kann, wenn dies ausdrücklich (vgl. z.B. § 473 S. 1 a.E.) zugelassen ist. Andernfalls ist die Bestellung des dinglichen Vorkaufsrechts unwirksam.

Unterbleibt (aufgrund eines Versehens) die Eintragung des dinglichen Vorkaufsrechts, kann sich durch Auslegung des zugrundeliegenden Verpflichtungsgeschäftes ergeben, dass zumindest ein schuldrechtliches Vorkaufsrecht bestehen soll. Dies setzt voraus, dass die Berechtigung bereits vom Vertragsschluss an und unabhängig von der Eintragung gelten sollte, BGH, Life&Law 2014, 161.

## Die Ausübung des Vorkaufsrechts

Der Anspruch des Vorkaufsberechtigten gegen den Vorkaufsverpflichteten aus §§ 433 I, 464 II, 463, 1098 I S. 1, 1094, 873 setzt neben der wirksamen Bestellung des Vorkaufsrechts und seines Fortbestehens voraus:

### Eintritt des Vorkaufsfalles

Eintritt des Vorkaufsfalles liegt nach §§ 1098 I S. 1, 463 vor, wenn der Vorkaufsverpflichtete mit einem Dritten einen **formwirksamen Kaufvertrag** abschließt. Beachten Sie insbesondere §§ 470, 471. Ein Miteigentümer ist nach wohl h.M. kein Dritter in diesem Sinn.

### Wirksame Ausübung des Vorkaufsrechts

VKR wird durch einseitige, empfangsbedürftige WE ausgeübt, die nicht formbedürftig ist, §§ 1098 I S. 1, 464 I. Es muss innerhalb einer Zweimonatsfrist nach Mitteilung des Vorkaufsfalles ausgeübt werden, § 469 II. Zu Problemen bei Ausübung durch Vertreter: Life&Law 02/2013.

## Der Schutz des Vorkaufsberechtigten

### Vormerkungswirkung

Gem. § 1098 II hat das dingliche Vorkaufsrecht die Wirkung einer Vormerkung nach §§ 883, 888 (vgl. ÜK 10).

### Herausgabeanspruch

Der Vorkaufsberechtigte hat gegen den Dritten, der im Besitz des Grundstückes ist - auch wenn er nicht Eigentümer ist - einen Herausgabeanspruch aus § 1100.

### §§ 987 ff. (analog)

Ist der Vorkaufsberechtigte noch nicht Eigentümer, gelten im Verhältnis zum Dritten die §§ 987 ff. analog.

Der wichtigste Unterschied des dinglichen gegenüber dem schuldrechtlichen Vorkaufsrecht ist seine absolute Wirkung, d.h. es setzt sich auch gegenüber Dritten durch. Möglich ist dies durch seine Vormerkungswirkung. Gem. §§ 883 II, 1098 II sind Verfügungen des Vorkaufsverpflichteten gegenüber dem Vorkaufsberechtigten unwirksam. Das gilt für die Übereignung (d.h. eine den *Anspruch vereitelnde* Verfügung) an einen Dritten bereits ab Entstehung des Vorkaufrechts, für *beeinträchtigende* Verfügungen allerdings erst ab Eintritt des Vorkaufsfalls. Um auch hier eine zeitlich schon vorher bestehende Sicherungswirkung zu erzielen, besteht die Möglichkeit der Bestellung eines schuldrechtlichen Vorkaufsrechts, welches sodann durch eine gesondert einzutragende Vormerkung gesichert wird. Dann gilt der Vormerkungsschutz bereits ab Eintragung dieser Vormerkung!

Bei Veräußerung an einen Dritten ist es dem Vorkaufsverpflichteten daher weiterhin möglich - § 275 greift infolge der relativen Unwirksamkeit nicht ein - dem Vorkaufsberechtigten das Eigentum an dem mit dem Vorkaufsrecht belasteten Grundstück zu verschaffen. Gegenüber dem Dritten hat der Vorkaufsberechtigte gem. §§ 888 I, 1098 II einen Anspruch auf Abgabe der verfahrensrechtlichen Zustimmungserklärung zur Auflassung zwischen Vorkaufsberechtigtem und Vorkaufsverpflichteten, § 19 GBO.

Nach dem Rechtsgedanken der §§ 162, 465 kann das Vorkaufsrecht auch nicht dadurch vereitelt werden, dass der Dritte und der Vorkaufsverpflichtete den Kaufvertrag wieder rückgängig machen.

Dogmatisch „kurios" ist der Herausgabeanspruch des Vorkaufsberechtigten aus § 1100, obwohl dieser Anspruch nicht ausdrücklich dort geregelt ist. Es herrscht aber Einigkeit, dass dieser Anspruch besteht, denn ein solcher Anspruch wird in § 1100 erkennbar (Zurückbehaltungsrecht!) vorausgesetzt. Also muss er auch bestehen.

## Übersicht zu den Dienstbarkeiten

**Begriff**

Dienstbarkeiten sind auf ein Dulden (der Benutzung bzw. Nutzungsziehung) oder Unterlassen (tatsächliche Handlungen oder Rechtsausübung) gerichtete - im Gegensatz zum Vollrecht Eigentum - *beschränkte dingliche Rechte* am Belastungsgegenstand. Sie sind anders als die Grundpfandrechte *Nutzungsrechte* und nicht Verwertungsrechte.

### Grunddienstbarkeit

**Geregelt in §§ 1018 ff.:**
Der Eigentümer des dienenden Grundstücks muss nur *einzelne Benutzungen* des Grundstücks *dulden* oder darf *einzelne Handlungen* auf dem Grundstück *nicht vornehmen* oder *einzelne Rechte* aus dem Grundstück *nicht ausüben*. Berechtigter ist der jeweilige Eigentümer des herrschenden Grundstücks (beachte § 96!).

### Nießbrauch

**Geregelt in §§ 1030 ff.:**
Der Eigentümer eines Grundstücks *oder* einer beweglichen Sache bzw. der Inhaber eines Rechts muss *dulden*, dass *sämtliche Nutzungen* (einzelne sind ausschließbar) des Gegenstandes vom Berechtigten gezogen werden. Berechtigter ist eine *bestimmte Person bzw. Personenmehrheit*. Nicht übertragbar und vererblich, §§ 1059, 1061.

### Beschr. pers. Dienstbarkeit

**Geregelt in §§ 1090 ff.:**
Inhaltlich mit der Grunddienstbarkeit kongruent. Berechtigt kann allerdings nur eine *bestimmte Person bzw. Personenmehrheit* sein, und es ist kein Vorteil für die Benutzung eines anderen Grundstücks notwendig. Nicht übertragbar und vererblich, §§ 1092 I, 1090 II, 1061. Bedeutsam ist vor allem das dingliche Wohnrecht.

Die Dienstbarkeiten besitzen nur eine geringe Klausurrelevanz. Denkbar wäre aber, eine Dienstbarkeit als unbekannten Aufhänger für altbekannte Probleme in einer Klausur zu verwenden: Dies wäre über die §§ 1027, 1065, 1090 II, 1027 möglich, die auf die §§ 985 ff. bzw. § 1004 verweisen. Die Dienstbarkeiten sind im Gesetz sehr detailliert geregelt. Kennt man die Gesetzessystematik (§§ 873 ff. gelten auch für die Dienstbarkeiten!) und hat man gelernt mit dem Gesetz zu arbeiten, so wird man in einer Klausur mit Sicherheit die Probleme vertretbar lösen können.

Ein Sonderproblem zur beschränkten persönlichen Dienstbarkeit sollte man allerdings kennen: Als Inhalt einer beschränkten persönlichen Dienstbarkeit kann nicht vereinbart werden, dass die Waren eines bestimmten Herstellers nicht vertrieben werden dürfen (Bsp.: Berechtigter darf Tankstelle auf Grundstück betreiben. Andere Kraftstoffe als die des Berechtigten dürfen nicht verkauft werden). Grund: Das Recht auf freie Lieferantenauswahl ergibt sich aus der allgemeinen Vertragsfreiheit und ist kein Recht, das aus dem Eigentum folgt, vgl. § 1090 I. Die Bestellung des Rechts wäre insgesamt (§ 139) nichtig. Zulässig wäre dagegen der Inhalt, dass überhaupt keine Kraftstoffe vertrieben werden dürfen, denn dann ist der Gebrauch des Grundstücks eingeschränkt. Dies kann mit der *schuldrechtlichen* Abrede gekoppelt werden, dass beim Vertrieb der Produkte des Berechtigten von der dinglichen Berechtigung kein Gebrauch gemacht wird.

Zum möglichen Inhalt einer Grunddienstbarkeit vgl. BGH, Life&Law 2014, 167 ff.

## Das Wohnungseigentum

Das Wohnungseigentum ist im Wohnungseigentumsgesetz (WEG) geregelt. Sein **Zweck** besteht darin, abweichend von § 93 Sondereigentum an räumlich bestimmten Teilen eines Hauses erwerben zu können. § 93 bleibt aber insoweit unberührt, als alle Teile des Gebäudes, die für seinen Bestand und seine Sicherheit wesentlich sind, nach § 5 II WEG gemeinschaftliches Eigentum aller Miteigentümer sind. Wohnungseigentum ist also die Verbindung von Miteigentum an einem Grundstück und Sondereigentum an einer Wohnung. Die Existenz von Sondereigentum an der Wohnung ohne Miteigentumsanteil am Grundstück ist daher nicht möglich.

| | |
|---|---|
| **I. Begründung** | Das Wohnungseigentum wird entweder durch Vertrag zwischen den Miteigentümern des Grundstücks (§ 3 WEG) oder durch Erklärung des Eigentümers gegenüber dem Grundbuchamt begründet (§ 8 WEG). |
| **II. Rechte und Pflichten des Wohnungseigentümers** | Der Wohnungseigentümer kann über sein Wohnungseigentum verfügen und die im Sondereigentum stehenden Räume vermieten oder verpachten, § 13 I WEG. Das Wohnungseigentum wird gem. §§ 873, 925 übertragen, § 4 WEG. Der schuldrechtliche Vertrag bedarf der Form des § 311b I S. 1. Zu den Pflichten vgl. §§ 14, 15 WEG. |
| **III. Innenverhältnis der Wohnungseigentümer** | Das Innenverhältnis der Wohnungseigentümer ist als Gemeinschaft i.S.d. §§ 741 ff. ausgestaltet, wobei die §§ 10 ff. WEG leges speciales sind (vgl. § 10 I S. 1 WEG). Bei einer schweren Pflichtverletzung kann die Veräußerung des Wohnungseigentums verlangt werden, §§ 18, 19 WEG. |

Das Wohnungseigentum taucht in einer Klausur allenfalls auf, um die Klausurbearbeiter zu verschrecken. Regelmäßig wird es dann nur um den Verkauf und die Veräußerung des Wohnungseigentums gehen, welches den gleichen Regeln wie der Verkauf und die Veräußerung eines Grundstückes folgt, vgl. Kartenvorderseite.

Der klausurrelevanteste Fall, in dem das Wohnungseigentum eine Rolle spielt, betrifft die Schenkung von Wohnungseigentum an einen Minderjährigen durch seine Erziehungsberechtigten. Es geht dabei um die Frage, ob die Schenkung von Wohnungseigentum lediglich rechtlich vorteilhaft ist. Diese Frage wird entweder im Rahmen des § 107 oder bei der teleologischen Reduktion des § 181 relevant, wobei auch die Gesamtbetrachtungslehre zu berücksichtigen ist, soweit es um die Wirksamkeit *der Schenkung* geht (sog. Danaer-Geschenke, vgl. ÜK 3). Bei der Bestimmung, ob ein Rechtsgeschäft lediglich rechtlich vorteilhaft ist, ist allein auf die *rechtlichen* - nicht die wirtschaftlichen - Folgen des Rechtsgeschäftes abzustellen. Maßgebend sind seine *unmittelbaren* Wirkungen, wobei unmittelbare Nachteile auch dann zu berücksichtigen sind, wenn sie nicht aufgrund des Parteiwillens, sondern kraft Gesetzes eintreten. Der Erwerb von Wohnungseigentum ist insofern problematisch, als der Minderjährige damit kraft Gesetzes Mitglied der Gemeinschaft der Wohnungseigentümer wird. Wie auf ÜK 3 ausgeführt, hat man diesen Erwerb bislang nur dann als rechtlich nachteilhaft angesehen, wenn die Gemeinschaftsordnung die Wohnungseigentümer noch weitergehend belastet, als es das Gesetz in den §§ 10 ff. WEG vorsieht. Der BGH lässt nun allein das Hineinwachsen in die Eigentümergemeinschaft als relevanten Nachteil genügen, vgl. Life&Law 2011, 135 f.

# Hypothek I

**SachR II, Rn. 159 ff.**



## Die Hypothek als Mittel der Kreditsicherung

Die Hypothek ist - ebenso wie die Grundschuld - eine Realsicherheit, die dem Gläubiger die *Verwertung des Grundstücks* (vgl. § 1147) ermöglicht, wenn die gesicherte Forderung nicht rechtzeitig befriedigt wird. Sie stellt eine *dingliche Belastung* des Grundstücks dar. Der Vorteil einer Realsicherheit besteht darin, dass spätere Belastungen des Grundstücks den Gläubiger nicht beeinträchtigen.

## Die einzelnen Rechtsverhältnisse

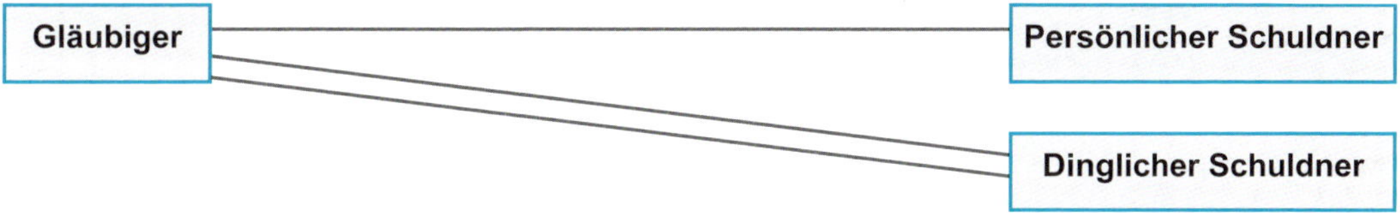


Unterscheide drei Rechtsverhältnisse: Erstens, die gesicherte Forderung gegen den persönlichen Schuldner, meist ein Anspruch aus § 488. Zweitens, die Hypothek, die gegen den jeweiligen Grundstückseigentümer des belasteten Grundstücks (= dinglicher Schuldner) einen Anspruch auf Duldung der Zwangsvollstreckung (§ 1147) gibt. Dinglicher und persönlicher Schuldner können verschiedene Personen sein, Forderung und Hypothek können dagegen nur einem Gläubiger zustehen (Akzessorietät der Hypothek). Das dritte Rechtsverhältnis ist die der Hypothekenbestellung zugrundeliegende sog. Sicherungsabrede, die den Rechtsgrund für die Hypothekenbestellung bildet. Ist sie unwirksam, ist die Hypothek wirksam, aber kondizierbar.

Die Hypothek ist ein akzessorisches Sicherungsmittel, d.h. sie ist in ihrer Entstehung, in ihrem Fortbestand und in ihrer Durchsetzbarkeit grundsätzlich von der gesicherten Forderung abhängig. Die Akzessorietät der Hypothek ist bei der Verkehrshypothek und der Sicherungshypothek unterschiedlich stark verwirklicht: Die Verkehrshypothek ist, wie ihr Name bereits deutlich macht, besser für den Umlauf im Rechtsverkehrs geeignet. Der „Preis" für diese gesteigerte Umlauffähigkeit ist freilich, dass der Akzessorietätsgrundsatz bei der Übertragung der gesicherten Forderung und der Durchsetzbarkeit des Duldungsanspruches teilweise durchbrochen wird. Die Sicherungshypothek ist hingegen streng akzessorisch, d.h. Fortbestand und Durchsetzbarkeit der Hypothek sind allein vom Fortbestand und der Durchsetzbarkeit der gesicherten Forderung abhängig, vgl. § 1184 I.

Als weitere Arten der Hypothek unterscheidet man die Buch- und die Briefhypothek. Diese Differenzierung wirkt sich vor allem bei der Bestellung und der Übertragung der Hypothek aus. Bei der Briefhypothek wird, wie der Name schon sagt, ein Hypothekenbrief erteilt, der wiederum die Umlauffähigkeit der Hypothek erhöht. Dementsprechend ist eine Sicherungshypothek immer eine Buchhypothek, § 1185 I. Eine Verkehrshypothek kann dagegen sowohl als Brief- als auch als Buchhypothek bestellt werden. Gesetzlicher Regelfall der Hypothek ist die Briefhypothek, vgl. § 1116 I.

## Die Entstehung der Hypothek

**I. Briefhypothek**

- Einigung gem. § 873 I mit dem Inhalt von § 1113
- Eintragung gem. § 873 I mit dem Inhalt von § 1115
- Übergabe des Hypothekenbriefes bzw. Übergabesurrogat, § 1117
- Bestehen der zu sichernden Forderung, §§ 1113, 1163 I
- Berechtigung des Bestellers und Verfügungsbefugnis, vgl. ÜK 5

**II. Buchhypothek**

- Einigung gem. § 873 I mit dem Inhalt von § 1113 **und** § 1116 II
- Eintragung gem. § 873 I mit dem Inhalt von § 1115 **und** § 1116 II
- Bestehen der zu sichernden Forderung, §§ 1113, 1163 I
- Berechtigung des Bestellers und Verfügungsbefugnis

## Einzelheiten

**I. Einigung**

Die Einigung muss die Art des zu sichernden Rechts umfassen (Buch- oder Briefhypothek, Regelfall Briefhypothek, § 1116 I) und die zu sichernde Forderung, wobei auch eine künftige oder bedingte Forderung genügt (§ 1113 II), sowie den Hypothekengläubiger und das belastete Grundstück. Die Parteien müssen sich im Zeitpunkt der Eintragung noch einig sein.

**II. Eintragung**

Der Inhalt der Eintragung richtet sich nach § 1115 und entspricht dem Inhalt der Einigung. Die Einigung ist formlos möglich, allerdings ist verfahrensrechtliche Voraussetzung für die Eintragung eine Bewilligung gem. § 19 GBO, die in der Form des § 29 GBO zu erfolgen hat.

Einigung und Eintragung müssen - wie auch sonst bei der Bestellung dinglicher Rechte - übereinstimmen. Klausurrelevante Probleme ergeben sich, wenn Einigung und Eintragung divergieren. Bei quantitativen Abweichungen muss differenziert werden: Wurde im Grundbuch ein geringerer Forderungsbetrag eingetragen, als der, auf den sich die Parteien geeinigt haben, so muss der Parteiwille dahingehend ausgelegt werden, dass die Hypothek zumindest mit dem geringeren Betrag zur Entstehung gelangt ist. Im umgekehrten Fall entsteht die Hypothek nur in Höhe des durch die Einigung vorgegebenen Betrages. Bei der Übertragung der gesicherten Forderung besteht allerdings die Gefahr eines gutgläubigen Erwerbs.

Problematisch sind auch die Fälle, in denen anstelle einer Brief- eine Buchhypothek bzw. umgekehrt eingetragen wurde. Haben sich die Parteien auf eine Buchhypothek geeinigt, wurde jedoch eine Briefhypothek eingetragen, kann eine Buchhypothek nicht entstanden sein, § 1116 II. Da die Einigung über die Buchhypothek aber alle Wirksamkeitsvoraussetzungen für die Einigung über eine Briefhypothek enthält, haben sich die Parteien im Zweifel (Auslegung!) auch über die Bestellung einer Briefhypothek geeinigt. Allerdings entsteht die Briefhypothek erst mit der Übergabe des Hypothekenbriefes, § 1117. Im umgekehrten Fall entsteht wieder eine Briefhypothek, da es für eine Buchhypothek an der erforderlichen Einigung über den Briefausschluss fehlt.

## Einzelheiten (Fortsetzung von ÜK 18)

**III. Briefübergabe**

Solange die Briefübergabe noch nicht erfolgt ist, steht das Recht dem Eigentümer als auflösend bedingte Eigentümergrundschuld gem. §§ 1163 II, 1177 I zu. Die Übergabe i.S.d. § 1117 I erfordert, dass der Gläubiger *auf Veranlassung* des Eigentümers den Besitz am Brief erhält. Einen besonderen Übergabeersatz neben § 1117 I S. 2 enthält § 1117 II: Im Fall dieser Aushändigungsvereinbarung entsteht die Hypothek bereits mit ihrer Eintragung.

**IV. Forderung**

Entstehen und Fortbestand der gesicherten Forderung sind Voraussetzung für die Existenz der Hypothek (Akzessorietät). Demzufolge bestimmt §§ 1163 I S. 1, 1177 I, dass die Hypothek - sofern nur noch die Forderung für ihre Entstehung fehlt - dem Eigentümer als auflösend bedingte Eigentümergrundschuld zusteht. Dies gilt auch im Fall des § 1113 II! Erlischt die Forderung, wandelt sich die zunächst entstandene Hypothek gem. §§ 1163 I S. 2, 1177 I wieder in eine Eigentümergrundschuld um.

**V. Berechtigung und Verfügungsbefugnis**

Berechtigung und Verfügungsbefugnis des Eigentümers müssen grundsätzlich bis zur Vollendung des Hypothekenerwerbs vorliegen. Ein gutgläubiger Ersterwerb der Hypothek ist über § 892 möglich. Der Verlust der Verfügungsbefugnis ist unter den Voraussetzungen des § 878 unbeachtlich. Die §§ 878, 892 II greifen letztlich nur bei einer Buchhypothek bzw. wenn eine Aushändigungsvereinbarung gem. § 1117 II vorliegt.

Ein Standardklausurproblem ist, dass das gesicherte Darlehen aus irgendeinem Grund (z.B. § 138 I) nichtig ist, die Valuta aber bereits ausgezahlt wurde. Es stellt sich dann die Frage, ob die Hypothek nicht den auf Rückzahlung gerichteten Anspruch aus Leistungskondiktion sichert. Unstreitig ist dies jedenfalls dann, wenn ein erkennbarer, entsprechender Parteiwille - an dem es aber in der Klausur regelmäßig fehlen wird - vorliegt. Umstritten ist der Fall, dass es an Anhaltspunkten für einen derartigen Parteiwillen fehlt. Richtigerweise ist die Unterstellung eines dahingehenden hypothetischen Parteiwillens schon im Hinblick auf den sachenrechtlichen Bestimmtheitsgrundsatz abzulehnen. Denn die Darlehensforderung und die condictio indebiti sind inhaltlich verschieden. So kann sich der Schuldner u.U. gegenüber dem Bereicherungsanspruch auf den Wegfall der Bereicherung gem. § 818 III berufen. Zudem können diese Ansprüche zu unterschiedlichen Zeitpunkten fällig werden (vgl. zum Parallelproblem bei der Bürgschaft KreditSR Rn. 20).

Schließlich ist noch darauf hinzuweisen, dass eine vor der Entstehung der Forderung bestehende Eigentümergrundschuld zur Zwischenfinanzierung genutzt werden kann, indem diese Grundschuld an den Zwischenfinanzierer abgetreten wird (§§ 413, 398, 1154). Zu beachten ist, dass bei Valutierung des Darlehens durch den eingetragenen Hypothekar die Hypothek ohne weitere Übertragung zur Entstehung gelangt, da die ursprüngliche Eigentümergrundschuld auflösend bedingt ist (vgl. § 161).

## Der Haftungsverband

§ 1147 gibt einen Anspruch auf Duldung der Zwangsvollstreckung, der sich nicht nur auf das nackte Grundstück richtet, sondern auf alles, was sich im Haftungsverband der Hypothek gem. §§ 1120 ff. befindet. Das ist das Grundstück als *Sachgesamtheit*, also mit wesentlichen und einfachen Bestandteilen sowie auch Forderungen, vgl. §§ 1123, 1126, 1127.

**Bewegliche Sachen, § 1120**

| | |
|---|---|
| Vom Grundstück getrennte Erzeugnisse und Bestandteile, soweit nicht §§ 954 - 957 greifen | Zubehör, das im Eigentum des Grundstückseigentümers steht |

## Enthaftungstatbestände

Die Enthaftung von beweglichen Sachen ist in §§ 1121 f. geregelt. **Merke:** § 1121 II S. 1 ist lex specialis zu § 936, daher kommt kein gutgläubiger lastenfreier Erwerb nach dieser Vorschrift in Betracht.

| | |
|---|---|
| **§ 1121 I:** Entscheidend ist, dass Veräußerung und Entfernung *vor* der Beschlagnahme erfolgen | **§ 1122 I:** Entfernung von Erzeugnissen und Bestandteilen ohne Veräußerung vor der Beschlagnahme |
| **§ 1121 II S. 2:** Entfernung erfolgt ***nach*** Beschlagnahme + guter Glaube des Erwerbers | **§ 1122 II:** Aufhebung der Zubehöreigenschaft vor der Beschlagnahme |

Der Haftungsverband der Hypothek wird regelmäßig in Klausuren des Zwangsvollstreckungsrechts relevant, wenn es um die Frage geht, ob bewegliche Sachen, die sich auf einem Grundstück befinden, nach §§ 803 ff. ZPO gepfändet werden dürfen oder ob sich die Zwangsvollstreckung gem. § 865 ZPO nach den §§ 864 ff. ZPO richtet. Im Rahmen des § 865 I ZPO sind dann inzident die §§ 1120 ff. zu prüfen, § 865 II ZPO bestimmt das Verhältnis der §§ 864 ff. ZPO zu den §§ 803 ff. ZPO. Beachten Sie, dass es darauf, ob das Grundstück tatsächlich mit einer Hypothek belastet ist, nicht ankommt. Grund: § 865 ZPO soll nicht nur den Hypothekengläubiger, sondern auch den Grundstückseigentümer schützen, indem diese Vorschrift die wirtschaftliche Einheit des Grundstücks erhält. Prozessualer Aufhänger für diese Problematik ist die Prüfung der Erfolgsaussichten von Rechtsbehelfen gegen eine entsprechende Zwangsvollstreckungsmaßnahme des Gerichtsvollziehers.

Richtiger Rechtsbehelf ist die Erinnerung (§ 766 ZPO), die sowohl der Eigentümer als auch der Hypothekar einlegen können, da beide bei einem Vorgehen durch den Gerichtsvollzieher beschwert sind. Begründet ist die Erinnerung, wenn die funktionelle Zuständigkeit des Gerichtsvollziehers (§ 753 ZPO) tatsächlich nicht gegeben war, weil die gepfändete bewegliche Sache gem. § 865 nach den §§ 864 ff. ZPO zu pfänden war. Ein weiteres Problem ist dann, ob die Maßnahme nur rechtswidrig oder gar nichtig ist. Nach wohl h.M. ist die Maßnahme nur rechtswidrig, da die Zubehöreigenschaft einer beweglichen Sache für den Gerichtsvollzieher regelmäßig nicht evident sein wird.

## Die Übertragung der hypothekarisch gesicherten Forderung

**I. Voraussetzungen**

- Abtretung der Forderung durch Abtretungsvertrag gem. § 398
- Abtretung in der Form des § 1154
- Berechtigung und Verfügungsbefugnis des Abtretenden

**II. Form des § 1154**

**Briefhypothek**

Abtretungserklärung des Zedenten in Schriftform **und** Briefübergabe (§ 1154 I S. 1) oder Eintragung der Abtretung im Grundbuch **und** Briefübergabe (§ 1154 I S. 2).

**Buchhypothek**

Eintragung der formlosen Abtretung im Grundbuch (§§ 1154 III, 873)

**III. Berechtigung und Verfügungsbefugnis**

Der Zedent muss grds. sowohl Inhaber der Forderung als auch der Hypothek sein. Hinsichtlich *der Hypothek* ist aber ein gutgläubiger Erwerb gem. §§ 1138, 892 bzw. § 892 möglich (vgl. ÜK 22)

**IV. Rechtsfolgen**

- Übergang der gesicherten Forderung auf den Zessionar gem. § 398 S.2
- Hypothek folgt der Forderung kraft Gesetzes nach, §§ 1153 I, 401

Sowohl in der Praxis wie in der Klausur ist meist von „der Abtretung der Hypothek" die Rede. Zwar wird es dem Zessionar vor allem auf den Erwerb der Hypothek ankommen und weniger auf die Forderung, doch ist diese Ausdrucksweise juristisch nicht korrekt.

Die Hypothek kann infolge ihrer Akzessorietät zur gesicherten Forderung als solche nicht übertragen werden. Vielmehr wird die Forderung übertragen, und die Hypothek folgt der Forderung gewissermaßen als "Anhängsel" kraft Gesetzes nach. Dies ist in der Klausur klarzustellen und eine entsprechende Vereinbarung ist gem. §§ 133, 157 dahingehend auszulegen, dass die Forderung übertragen werden soll, sofern dies dem Parteiwillen gerecht wird. Eine solche Auslegung entspricht dann nicht dem Parteiwillen, wenn die Parteien ausschließlich die Hypothek übertragen wollen. Dies ist gem. § 1153 II nicht möglich. Eine dem § 1250 II entsprechende Regelung gibt es im Hypothekenrecht nicht.

Da mit der Forderung auch die Hypothek übergeht, bedarf die Abtretung der Form des § 1154, der den sachenrechtlichen Publizitätsgrundsatz verwirklicht. Wird eine hypothekarisch gesicherte Forderung formlos gem. § 398 S. 1 abgetreten, ist die Abtretung gem. § 125 S. 1 nichtig und es geht dann auch die Hypothek nicht gem. § 1153 I über.

## Der gutgläubige Erwerb vom Nichtberechtigen

**I. Zedent ist Inhaber der Forderung, nicht aber der Hypothek**

***Bsp.:*** Der Zedent ist Inhaber einer Forderung, jedoch ist Hypothekenbestellung mangels wirksamer dinglicher Einigung unwirksam.

Der Zessionar erwirbt die Forderung und die Hypothek, wenn:

- die Abtretung gem. § 398 in der Form des § 1154 erfolgt
- die Voraussetzungen des § 892 erfüllt sind.

**II. Zedent ist nicht Inhaber der Forderung und *deshalb* auch nicht Inhaber der Hypothek**

***Bsp.:*** Die Forderung besteht nicht, sonst waren aber **alle** Entstehungsvoraussetzungen für die Hypothek erfüllt. Es besteht also eine Eigentümergrundschuld, §§ 1163 I S. 1, 1177 I.

- Ein Erwerb der Forderung ist nicht möglich, da es einen gutgläubigen Forderungserwerb grds. **nicht** gibt (Ausnahme: §§ 405, 2366)
- Die Hypothek kann unter den Voraussetzungen der §§ 1138, 892 gutgläubig erworben werden.

**III. Zedent ist nicht Inhaber der Forderung, daneben weiterer Mangel im dinglichen Recht**

***Bsp.:*** Die Forderung besteht nicht und die Hypothekenbestellung war mangels wirksamer dinglicher Einigung unwirksam.

- Ein gutgläubiger Forderungserwerb ist nicht möglich.
- Möglich ist dagegen ein gutgläubiger Erwerb der Hypothek. Die §§ 1138, 892 helfen über die fehlende Forderung hinweg und § 892 greift unmittelbar bezüglich des Mangels im dinglichen Recht ein.

Vermeiden Sie Grundlagenfehler! §§ 1138, 892 führen nicht zu einem gutgläubigen Forderungserwerb. Mit dieser Regelung bringt der Gesetzgeber drei sich widerstreitende Prinzipien zum Ausgleich, um einen gutgläubigen Erwerb der Hypothek bei fehlender Forderung zu ermöglichen: Nach § 892 I S. 1 können Rechte an einem Grundstück gutgläubig erworben werden. Die Übertragung allein der Hypothek widerspräche aber dem Akzessorietätsprinzip, ein Miterwerb der Forderung dem Grundsatz, dass es keinen gutgläubigen Forderungserwerb gibt. Deshalb *fingiert* § 1138 unter den Voraussetzungen des § 892 - d.h. das Grundbuch muss hinsichtlich der Forderung unrichtig sein - das Bestehen der Forderung, um einen Übergang der Hypothek gem. §§ 1153 I, 401 zu ermöglichen. § 1138 führt damit zu einer sog. forderungsentkleideten Hypothek.

In dem Sonderfall, dass durch einen gutgläubigen Erwerb der Hypothek der Inhaber der Hypothek und der Inhaber der Forderung auseinanderfallen, vertritt die sog. Mitreißtheorie, dass - wie ihr Name schon sagt - die Forderung von der Hypothek mitgerissen wird. Sie begründet dies damit, dass der Akzessorietätsgrundsatz (§ 1153 II) nicht aufgeweicht werden dürfe und der Schuldner vor einer doppelten Inanspruchnahme geschützt werden müsse. Dem ist entgegenzuhalten, dass die Mitreißtheorie angesichts des klaren Wortlauts des § 1138 eindeutig contra legem ist. Zudem ergibt sich ein gewisser Schutz des Hypothekars aus §§ 1160, 1161.

Unter den Voraussetzungen der §§ 1155, 892 erfährt der Gutglaubensschutz bei der Briefhypothek eine Erweiterung. Ist der nicht eingetragene Zedent durch eine ununterbrochene, auf einen eingetragenen Gläubiger zurückführende Reihe von öffentlich beglaubigten Abtretungserklärungen legitimiert, so ist ein gutgläubiger Erwerb möglich. Der Zedent wird praktisch ins Grundbuch „projiziert".

## Der Übergang der Hypothek kraft Gesetzes

**I. Übergang auf den Eigentümer**

- Erlöschen der Forderung
  - Erfüllt der mit dem Eigentümer identische Schuldner die Forderung, wird die Hypothek gem. §§ 1163 I S. 2, 1177 I S. 1 zur Eigentümergrundschuld
  - Erfüllt der vom Schuldner verschiedene Eigentümer die Forderung, um die Hypothek abzulösen (§ 1142), geht die Forderung auf den Eigentümer über (§ 1143 I S. 1) und damit auch die Hypothek (§ 1153). Sie wird zur Eigentümerhypothek.
- Verzicht auf die Hypothek: Die Hypothek wird zur Eigentümergrundschuld (§§ 1168 I, 1177 I S. 1)
- Konsolidation: § 889

**II. Übergang auf den Schuldner**

Unter den Voraussetzungen des § 1164 I geht die Hypothek auf den Schuldner über (typischer Fall: § 415 III). Da die Forderung gem. § 362 erloschen ist, sichert die Hypothek nunmehr den Ersatzanspruch des Schuldners gegen den Eigentümer (Fall der gesetzlichen Forderungsauswechslung).

**III. Übergang auf Dritte**

- Befriedigt der Dritte den Hypothekar und besteht seitens des Schuldners eine Ausgleichspflicht, geht die Forderung und damit auch die Hypothek (§ 1153 I) auf den Dritten über (z.B. §§ 426, 774).
- Hat der Dritte ein Ablösungsrecht (§§ 268, 1150), geht mit der Befriedigung des Gläubigers die Forderung und damit die Hypothek auf ihn über (§§ 268 III S. 1, 1153 I).

**Klassische Problemfelder kennen! Befriedigt der Bürge den Gläubiger einer hypothekarisch gesicherten Darlehensforderung, würde er nach der scheinbaren Gesetzeslage gem. §§ 774 I S. 1, 412, 401 auch die Hypothek in vollem Umfang erwerben. Umgekehrt würde der Grundstückseigentümer die Bürgschaft gem. §§ 1143 I S. 1, 412, 401 voll erwerben, wenn er den Gläubiger zuerst befriedigen würde. Dieses Ergebnis, das letztendlich zu einem "Wettlauf der Sicherungsgeber" führen würde, wird einhellig als nicht sachgerecht empfunden. Umstritten sind nur die Lösungsvorschläge.**

**Eine Meinung will generell den Bürgen privilegieren, indem der Bürge immer voll Regress nehmen können soll, der andere Sicherungsgeber dagegen gar nicht. Dies wird damit begründet, dass der Bürge aufgrund seiner persönlichen Haftung ein höheres Risiko trage und diese Privilegierung dem Willen des Gesetzgebers entspreche, wie sich den §§ 776, 768, 771 entnehmen lassen soll. Diese Auffassung überzeugt deshalb nicht, weil der Bürge sein Risiko schließlich kennt. Richtigerweise ist diese gesetzliche Ungereimtheit dadurch zu korrigieren, dass man auch ohne besondere Vereinbarung zwischen den jeweiligen Sicherungsgebern ein Gesamtschuldverhältnis annimmt und so gemäß dem Rechtsgedanken des § 426 I im Regelfall zu einem anteiligen Ausgleich kommt. Dafür spricht, dass dies der maßgebliche Rechtsgedanke sein muss (vgl. §§ 426, 774 II) und beide Sicherungsgeber letztlich einen gemeinsamen Zweck verfolgen, nämlich die Sicherung der Hauptschuld des Gläubigers, wodurch sich eine gewisse, aus Treu und Glauben resultierende Verbundenheit ergibt.**

## Einreden des Grundstückseigentümers

**I. Gegen den alten Gläubiger (Zedent) vor der Abtretung**

- Abwehrrechte aus dem Rechtsverhältnis (Sicherungsvertrag-SV) zwischen ihm und dem Zedenten (z.B. Stundung der *Hypothek*)
- Einreden, die dem persönlichen Schuldner gegen die *Forderung* zustehen (§ 1137 I S. 1, 1.Alt.). Dies gilt grds. für alle Einreden, z.B. §§ 273, 320. Ausnahme: Verjährung der Forderung, § 216.
- Einreden, die gem. § 770 einem Bürgen zustehen (§ 1137 I S. 1, 2.Alt.), also die Einrede der Anfechtbarkeit (§ 770 I) und der Aufrechenbarkeit (§ 770 II)

**II. Gegen den neuen Gläubiger (Zessionar) nach der Abtretung**

- Abwehrrechte aus dem Rechtsverhältnis zwischen ihm und dem Zessionar
- Einreden, die dem persönlichen Schuldner gegen die Forderung zustehen (§ 1137 I S. 1, 1.Alt.), entweder aus dem Rechtsverhältnis zwischen diesem und dem neuen Gläubiger oder dem alten Gläubiger, das gem. §§ 404, 412 auch gegen den Zessionar wirkt. Zu dessen Gunsten ist allerdings ein gutgläubiger einredefreier Erwerb gem. §§ 1138 2.Alt., 892 möglich.
- Einreden aus dem Rechtsverhältnis (SV) zwischen ihm und dem Zedenten (§ 1157 I S. 1). Gem. §§ 1157 I S. 2, 892 ist wiederum ein gutgläubiger einredefreier Erwerb zugunsten des Zessionars möglich.
- Auf §§ 406 - 408 kann er sich gem. § 1156 S. 1 nicht berufen.

Auf der Kartenvorderseite ging es nur um die Einreden und nicht auch um mögliche Einwendungen. Der Grund dafür liegt darin, dass die Einwendungen aufbautechnisch bereits bei der Frage geprüft werden müssen, ob eine fällige Hypothek für den Anspruchsteller überhaupt besteht. Einreden werden erst dann geprüft, wenn feststeht, dass der Anspruchsteller ursprünglich Inhaber der Hypothek war und sie ihm auch noch zusteht.

Sofern eine Einwendung gegen die Forderung oder die Hypothek besteht (Akzessorietät!) ist das Grundbuch unrichtig, da es in Ansehung eines Rechtes an einem Grundstück mit der wahren Rechtslage - die "Hypothek" ist gem. §§ 1163 I, 1177 I eine Eigentümergrundschuld - nicht übereinstimmt. Folglich ist das Grundbuch i.S.d. § 894 zu berichtigen, um die Gefahr eines gutgläubigen Erwerbs der Hypothek auszuschließen.

Um einen gutgläubigen einredefreien Erwerb der Hypothek zu verhindern, ist das Grundbuch um die bestehende Einrede zu ergänzen, da es zwar unvollständig, nicht jedoch unrichtig ist. Ihre Eintragungsfähigkeit folgt aus der Tatsache, dass der Eigentümer die Möglichkeit haben muss, der Gefahr des Einredeverlusts über § 892 durch Vervollständigung des Grundbuches zu entgehen. Die Vervollständigung kann wie eine Grundbuchberichtigung durchgesetzt werden, vgl. §§ 1138, 894 bzw. §§ 1157, 894. Ein guter Glaube kann auch durch den Hypothekenbrief zerstört werden, vgl. § 1140.

Die Gegenrechte des persönlichen Schuldners gegen die gesicherte Forderung richten sich nach den allgemeinen schuldrechtlichen Grundsätzen, also insbesondere §§ 404 ff.

## Die Besonderheiten der Sicherungshypothek

**I. Begründung**

Die Sicherungshypothek wird grds. wie die Verkehrshypothek begründet. Folgende Besonderheiten sind aber zu beachten:

- Die Einigung muss den Willen zur Bestellung einer Sicherungshypothek i.S.d. § 1184 I beinhalten.
- Die Hypothek muss als Sicherungshypothek im Grundbuch eingetragen werden, § 1184 II.
- Die Sicherungshypothek ist immer Buchhypothek, § 1185 I.

**II. Übertragung**

Die Sicherungshypothek wird grds. wie jede Buchhypothek gem. §§ 398, 1154 III, 1153 übertragen.

**Wichtig:** Ist ein Zedent Nichtberechtigter, weil er nicht Inhaber der Forderung ist, scheidet ein gutgläubiger Erwerb aus, da § 1138 nicht anwendbar ist (§ 1185 II).

**III. Durchsetzung**

§ 1185 II schließt die Anwendung folgender Vorschriften aus:

- § 1138, d.h. ein gutgläubiger einredefreier Erwerb der Sicherungshypothek ist nicht möglich
- § 1156, d.h. §§ 406- 408 finden sowohl hinsichtlich der Forderung als auch der Hypothek Anwendung
- § 1141, d.h. die Kündigung der Forderung (vgl. z.B. §§ 489, 490) wirkt auch automatisch gegen die Hypothek

Die Besonderheiten der Sicherungshypothek werden ohne weiteres verständlich, wenn man sich klar macht, dass der Gesetzgeber die Hypothek bei dieser Hypothekenform noch enger an die Forderung binden wollte. Die Akzessorietät ist deshalb hinsichtlich der Begründung, der Übertragung und der Durchsetzung streng verwirklicht. Diese strenge Akzessorietät geht freilich zu Lasten ihrer Umlauffähigkeit. Da der Gesetzgeber die Sicherungshypothek auch nicht zum Umlauf bestimmt hat, kann sie konsequenterweise auch nur als Buchhypothek bestellt werden.

Weitere, allerdings wenig examensrelevante Sonderformen der Hypothek sind die Höchstbetragshypothek und die Gesamthypothek. Die Höchstbetragshypothek ist eine Sonderform der Sicherungshypothek (§ 1190 III). Bei ihr erfolgt die Vereinbarung eines Höchstbetrages, innerhalb dessen eine Forderung in beliebiger Höhe gesichert wird (§ 1190). In der Praxis ist sie durch die Sicherungsgrundschuld weitgehend verdrängt. Als Sicherungs- und als Verkehrshypothek kann auch eine Gesamthypothek bestellt werden. Die Gesamthypothek ist eine Hypothek an mehreren Grundstücken, die der Sicherung ein und derselben Forderung dient (§ 1132 I).

## Die isolierte Grundschuld und die Sicherungsgrundschuld

Die Definition der Grundschuld in § 1191 I unterscheidet sich von der Hypothek nur darin, dass die Worte „zur Befriedigung wegen einer ihm zustehenden Forderung" fehlen. Daraus ergibt sich, dass die Grundschuld ein nichtakzessorisches Grundpfandrecht ist. Sie ist von keiner zu sichernden Forderung abhängig, vielmehr gibt sie aus sich selbst heraus ein Recht zur Verwertung des Grundstücks. Eine Grundschuld, deren Zweck in der Absicherung eines schuldrechtlichen Zahlungsanspruches besteht, bezeichnet man als sog. Sicherungsgrundschuld (vgl. Legaldefinition in §1192 Ia BGB). Eine Grundschuld, die keinen derartigen Sicherungszweck verfolgt, als sog. isolierte Grundschuld.

## Die einzelnen Rechtsverhältnisse bei der Sicherungsgrundschuld

**Schuldvertrag** — **Sicherungsvertrag** — **Grundschuldbestellung**

Die zu sichernde Forderung ergibt sich regelmäßig aus einem Schuldverhältnis zwischen dem Gläubiger und dem persönlichen Schuldner. Dies ist meist ein Darlehensvertrag. Die Bestellung der Grundschuld erfolgt nach den allgemeinen Regeln über die Belastung des Eigentums mit einem dinglichen Recht. Der Sicherungsvertrag ist ein atypischer Schuldvertrag i.S.d. §§ 311 I, 241 II zwischen dem Kreditgeber und dem Sicherungsgeber (= Grundstückseigentümer). Er stellt die im Gesetz nicht vorgesehene Verknüpfung zwischen der Grundschuld und der Forderung her. Diese Verknüpfung ist allerdings rein schuldrechtlicher Natur, also gerade keine Akzessorietät im Sinne eines quasi dinglichen Automatismus.

Bei einer Sicherungsgrundschuld sind also wie bei der Hypothek drei Rechtsverhältnisse zu unterscheiden. Allerdings hat die Sicherungsabrede bei der Sicherungsgrundschuld eine weitaus größere Bedeutung, da sie Fragen beantworten muss, die sich bei der Hypothek infolge der Akzessorietät von selbst lösen. In der Sicherungsabrede werden regelmäßig folgende Abreden getroffen:

- In der Zweckvereinbarung wird die Forderung festgelegt, zu deren Sicherung der Grundstückseigentümer verpflichtet ist, eine Grundschuld zu bestellen.
- Vereinbarungen über Voraussetzungen und Art der Verwertung der Sicherungsgrundschuld. Mangels einer besonderen Abrede gelten die §§ 1193; 1192 I, 1147.
- Es wird vereinbart, dass die Grundschuld nur zusammen mit der gesicherten Forderung und nur in Höhe der gesicherten Forderung abgetreten werden darf. Ein Abtretungsverbot der Grundschuld (§§ 413, 398) wirkt nur dann absolut, wenn es durch Eintragung im Grundbuch zum Inhalt der Grundschuld gemacht wurde. Die Verletzung einer nur schuldrechtlich wirkenden Abrede kann aber nach § 280 zum Schadensersatz verpflichten.
- Rückgewähranspruch des Eigentümers, wenn der Sicherungszweck erfüllt oder endgültig fehlgeschlagen ist.
- Vereinbarungen, ob Zahlungen des Schuldners bzw. Eigentümers auf die Grundschuld und/oder die Forderung erfolgen.
- Konditionen (Nennbetrag, Zins- und Tilgungssatz, Fälligkeit etc.)

## Rechtliche Regelung

Die Grundschuld ist in den §§ 1191 ff. nur fragmentarisch geregelt. § 1192 I verweist deshalb auf die Vorschriften über die Hypothek, soweit diese nicht das Bestehen einer Forderung voraussetzen. Das bedeutet allerdings nicht, dass die Ergebnisse die sich bei einer Hypothek infolge ihrer Akzessorietät ergeben würden, verboten sind. Vielmehr muss ein entsprechendes Ergebnis bei der Grundschuld nur durch die schuldrechtliche Konstruktionen begründet werden.

## Unwirksamkeit der Sicherungsabrede und Nichtbestehen der Forderung

**I. Sicherungsvertrag ist unwirksam**

Der Eigentümer hat einen Anspruch aus Leistungskondiktion gem. § 812 I S. 1, 1.Alt., der nach seiner Wahl auf Rückübertragung der Grundschuld (§§ 1192 I, 1154), Verzicht (§§ 1192 I, 1168) oder Aufhebung (§§ 1192 I, 1183, 875) geht.

**II. Forderung besteht nicht**

§ 1163 I S. 1 ist nicht anwendbar, da diese Norm gerade auf der Akzessorietät der Hypothek beruht. Die h.M. gibt auch ohne ausdrückliche Regelung im Sicherungsvertrag einen vertraglichen Rückgewähranspruch (a.A.: § 812 I S. 2, 2.Alt.). Dieser durch das Nichtentstehen bzw. die Tilgung der Forderung *aufschiebend bedingte* Anspruch geht inhaltlich auf Rückübertragung, Aufhebung oder Verzicht.

Beachten Sie, dass die Unwirksamkeit des Sicherungsvertrages in einer Klausur regelmäßig im Rahmen der Einreden zu prüfen sein wird: Ist die Sicherungsabrede unwirksam, geht der Gläubiger aber trotzdem aus der Grundschuld gegen den Eigentümer vor, so kann der Eigentümer die Bereicherungseinrede (§ 821) dagegen erheben. Es handelt sich um eine Einrede, die sich unmittelbar gegen die Grundschuld richtet.

Das Nichtbestehen der Forderung hat grundsätzlich keine Auswirkung auf die Wirksamkeit der Grundschuldbestellung, denn sie ist kein akzessorisches Sicherungsmittel. In einem Sonderfall schlägt die Nichtigkeit der Forderung allerdings auf die Grundschuldbestellung durch, nämlich dann, wenn die Forderung wegen Wuchers gem. § 138 II nichtig ist. Denn nichtig nach dieser Vorschrift ist auch das „Sich-Gewähren-Lassen“ von Vorteilen durch den Wucherer, womit auch dingliche Erfüllungsgeschäfte erfasst werden. Prüfungsort für diese Problematik ist in der Klausur die Wirksamkeit der Grundschuldbestellung. Meist wird es dann am subjektiven Tatbestand des Wuchers fehlen. Dies hat zur Folge, dass später im Rahmen der Einreden aus dem Sicherungsvertrag § 821 zu prüfen sein wird (⇨ wucherähnliches Rechtsgeschäft, § 138 I).

Übrigens: Die Eintragung des Sicherungscharakters der Grundschuld ist nach ganz h.M. nicht möglich, denn die Grundschuld kann infolge ihrer Forderungsunabhängigkeit nicht mit dem Sicherungszweck dinglich verknüpft werden.

## Die Entstehung der Grundschuld durch Rechtsgeschäft

**I. Buchgrundschuld**

- Einigung über die Bestellung der Grundschuld, §§ 873 I, 1191 I
- Einigung über den Briefausschluss, §§ 1192 I, 1116 II
- Eintragung der Grundschuld **und** des Briefausschlusses, §§ 873 I, 1192 I, 1116 II
- Berechtigung und Verfügungsbefugnis des Bestellenden

**II. Briefgrundschuld**

- Einigung über die Bestellung der Briefgrundschuld, §§ 873 I, 1191 I
- Eintragung der Grundschuld, § 873 I
- Briefübergabe, §§ 1192 I, 1117
- Berechtigung und Verfügungsbefugnis des Bestellenden

**III. Eigentümergrundschuld**

Eine Grundschuld kann auch für den Eigentümer bestellt werden, § 1196. Erforderlich sind gem. § 1196 II:

- **Einseitige** Erklärung des Eigentümers an das Grundbuchamt, dass eine Brief- oder Buchgrundschuld für ihn eingetragen werden soll
- Eintragung im Grundbuch
- Berechtigung und Verfügungsbefugnis

**IV. Gutgläubiger Erwerb**

Ein gutgläubiger Ersterwerb der Grundschuld ist gem. § 892 möglich. Bei der Bestellung einer Eigentümergrundschuld findet § 892 allerdings keine Anwendung, da es sich um kein **Verkehrsgeschäft** handelt. Sofern es an der Verfügungsbefugnis fehlt, findet § 878 Anwendung.

Missbrauchen Sie Ihr Hirn nicht zur Festplatte! Einziger Unterschied gegenüber der Bestellung einer Hypothek ist, dass eben keine zu sichernde Forderung bestehen muss.

Eine Eigentümergrundschuld entsteht bekanntlich nicht nur durch einseitiges Rechtsgeschäft (sog. ursprüngliche offene Eigentümergrundschuld), sondern auch kraft Gesetzes in folgenden Fällen:

- Es wurde eine Hypothek für den Gläubiger bestellt, jedoch wurde der Kredit noch nicht ausbezahlt (vgl. § 488). Die "Hypothek" steht dem Eigentümer als sog. ursprünglich verdeckte Eigentümergrundschuld zu, §§ 1163 I S. 1, 1177 I.
- Gleiches gilt, solange bei einer Briefhypothek die Briefübergabe noch nicht erfolgt ist, §§ 1163 II, 1177 I.
- Eine sog. nachträgliche Eigentümergrundschuld entsteht durch Umwandlung einer Fremdhypothek oder einer Fremdgrundschuld in ein Eigentümerrecht, zum Beispiel wenn die hypothekarisch gesicherte Forderung erlischt, §§ 1163 I S. 2, 1177 I, oder durch Verzicht, § 1168, auf die Hypothek oder die Grundschuld.

## Die Übertragung der Grundschuld

**I. Briefgrundschuld**

Die Briefgrundschuld wird gem. §§ 398, 413, 1192 I, 1154 übertragen. Erforderlich sind also:

- Abtretung der Grundschuld durch Abtretungsvertrag gem. §§ 398, 413
- Abtretung in Schriftform oder Eintragung im Grundbuch, §§ 1154 I, II
- Briefübergabe, § 1154 I
- Berechtigung und Verfügungsbefugnis

**II. Buchgrundschuld**

Die Buchgrundschuld wird gem. §§ 1192 I, 1154 III, 873 übertragen. Erforderlich sind also:

- Einigung über die Übertragung der Grundschuld
- Eintragung des Erwerbers im Grundbuch
- Berechtigung und Verfügungsbefugnis

**III. Gutgläubiger Erwerb**

Der gute Glaube wird gem. § 892 auch bei der Übertragung der Grundschuld geschützt. Bei Briefgrundschulden gilt zudem § 1155 entsprechend, § 1192 I.

Die Forderung, die durch die Grundschuld gesichert werden soll, wird gem. § 398 übertragen. Die Formvorschrift des § 1154 ist nicht anwendbar. § 1154 gilt nur für die Übertragung der Grundschuld. Denn anders als bei der Hypothek folgt die Grundschuld der Forderung nicht nach, weil § 1153 als eindeutige Akzessorietätsvorschrift gerade nicht gilt.

Geht es in einer Klausur um die Entstehung und die Übertragung einer Grundschuld, besteht Ihre Hauptaufgabe darin, den Unterschied der Grundschuld als nichtakzessorisches Sicherungsmittel gegenüber der Hypothek als akzessorisches Sicherungsmittel herauszuarbeiten. Meist wird sowohl die Forderung als auch die Grundschuld abgetreten. Sie müssen dann darlegen, dass die Forderung und die Grundschuld unabhängig voneinander abgetreten werden können und dass die Vorschriften des Hypothekenrechts, die auf ihrer Akzessorietät beruhen, hinsichtlich der gesicherten Forderung und der Grundschuld keine Anwendung finden. Damit wird zugleich deutlich, dass die Wahrscheinlichkeit, dass in einer Klausur das Recht der Grundschuld abgeprüft wird, deutlich höher liegt, da eine Grundschuld gegenüber der Hypothek zusätzliche Problemfelder eröffnet (Notendifferenzierung!).

Generell ist zu beachten, dass immer bevor eine Vorschrift aus dem Hypothekenrecht angewendet wird, kurz begründet werden sollte, weshalb diese Vorschrift auch auf die Grundschuld angewendet werden kann. Merken Sie sich folgende Vorschriften, die keinesfalls auf die Grundschuld angewendet werden dürfen (Unterstreichen Sie sich die §§ im Gesetz!): §§ 1137, 1138, 1143, 1153, 1163 I, 1164.

## Einreden des Grundstückseigentümers

**I. Gegen den alten Gläubiger (Zedent) vor der Abtretung**

- Abwehrrechte, die sich aus dem Rechtsverhältnis zwischen ihm und dem Gläubiger ergeben. Einreden aus der Sicherungsabrede können als grundpfandrechtsbezogene Einreden geltend gemacht werden, da sie sich unmittelbar gegen die Grundschuld richten.
- Einreden gegen die Forderung können **mittelbar** über Sicherungsabrede entgegengesetzt werden, weil sich aus ihr ergibt, dass Vollstreckung nur in dem Umfang zulässig, wie es gesicherter Forderung entspricht.
- § 1137 ist nicht anwendbar, da diese Vorschrift gerade auf der Akzessorietät der Hypothek beruht.

**II. Gegen den neuen Gläubiger (Zessionar) nach der Abtretung**

- Abwehrrechte aus Rechtsverhältnis zwischen ihm und Zessionar
- Über §§ 1192 I, 1157 S. 1 kann der Eigentümer grds. alle Einreden geltend machen, die ihm gegen den Zedenten aus der Sicherungsabrede zustanden. Dabei ist zu beachten:
  - § 1157 S. 1 gilt nur für **solche** Einreden, die schon **vor** Übergang der Grundschuld bestanden hatten (vgl. Wortlaut: "zusteht").
  - **Unterschied zu Hypothek:** § 1157 S. 2 gilt wegen § 1192 Ia nicht, d.h. die Einreden **wirken auch dann**, wenn sie sich nicht aus dem Grundbuch oder dem Brief ergeben und dem Zessionar nicht bekannt sind.

Bezüglich der Einwendungen gilt im Grundsatz das zur Hypothek auf ÜK 24 Gesagte. Allerdings hat der Gesetzgeber zum 19. August 2008 eine einschneidende Änderung bei der Grundschuld vorgenommen: die Einfügung des § 1192 Ia, der den einredefreien Erwerb einer Grundschuld ausschließt. Einreden, die nach alter Rechtslage gutgläubig wegerworben worden waren, leben aber nicht nachträglich wieder auf, wenn unter Geltung der neuen Rechtslage erneut übertragen wird, BGH, Life&Law 2014, 97 ff.

Das führt dazu, dass die Grundschuld im Rahmen der Übertragung stärker an die Forderung gebunden ist, als die akzessorische Hypothek. In der Literatur wird daher schon die analoge Anwendung des § 1192 Ia auf die Hypothek diskutiert, vgl. ausführlich Skript Sachenrecht III, Rn. 223 ff.

Die Verteidigungsmöglichkeiten des persönlichen Schuldners gegen die gesicherte Forderung richten sich nach allgemeinen schuldrechtlichen Grundsätzen. Wurden die Forderung und die Grundschuld an verschiedene Personen abgetreten, kann jedenfalls der persönliche Schuldner die Einrede des § 273 gem. § 404 erheben, da der Schuldner erst zu leisten braucht, wenn der Gläubiger die Grundschuld zurück überträgt. Da der Gläubiger dies nicht kann, steht dem Schuldner somit eine dauerhafte Einrede zu.

Beachten Sie noch: Da die Sicherungsabrede als Schuldvertrag nur relativ wirkt, muss ein neuer Eigentümer entweder in den Vertrag eintreten oder die Rechte im Wege der Abtretung erwerben, damit er daraus Rechte herleiten kann. Dabei ist auch an die Möglichkeit einer konkludenten Abtretung dieser Rechte zusammen mit der Grundstücksübereignung zu denken.

## Die Befriedigung des Grundschuldgläubigers

**Schuldner und Eigentümer sind personengleich**

**Zahlung auf die Forderung**

Das Erlöschen der Forderung berührt die Grundschuld nicht, da §§ 1163 I S. 2, 1177 I keine Anwendung finden. Der Eigentümer kann allerdings wahlweise die Rückübertragung, Verzicht oder die Aufhebung der Grundschuld verlangen. Anspruchsgrundlage ist die Sicherungsabrede.

**Zahlung auf die Grundschuld**

Die Grundschuld geht kraft Gesetzes auf den Eigentümer als Eigentümergrundschuld über. Nach h.M. ist dies mit einer **Analogie** zu § 1143 zu begründen (str.). Die Forderung erlischt, weil sie auflösend bedingt durch die Ablösung der Grundschuld ist (§ 158 II analog).

**Schuldner und Eigentümer sind personenverschieden - Schuldner zahlt**

Die Forderung erlischt, da der Schuldner regelmäßig seine Schuld erfüllen will, § 362. Die Grundschuld bleibt bestehen, da §§ 1163 I S. 2, 1177 I nicht anwendbar sind. Der Gläubiger muss die Grundschuld aber aufgrund der Sicherungsabrede übertragen bzw. aufheben oder auf sie verzichten. Die Anspruchsberechtigung richtet sich danach, mit wem der Sicherungsvertrag geschlossen wurde. Sofern die Sicherungsabrede zwischen dem Schuldner und dem Gläubiger geschlossen wurde, ist der Schuldner aktivlegitimiert. Allerdings kann der Eigentümer vom Schuldner verlangen, dass er diese Forderung durchsetzt oder ihm abtritt.

Bei der Sicherungsgrundschuld stellt sich - anders als bei der Hypothek - immer die Frage, ob die Zahlung auf die Grundschuld oder die Forderung oder gar auf beide erfolgt ist. Von ihrer Beantwortung hängt, wie Sie auf der Kartenvorderseite sehen können, maßgeblich das rechtliche "Schicksal" der Grundschuld ab.

Worauf die Zahlung erfolgt ist, bestimmt sich vornehmlich nach dem Sicherungsvertrag bzw. der Anrechnungsabrede. Mangels einer derartigen Vereinbarung gilt die bei der Leistung erklärte Anrechnungsbestimmung (§ 366 I). Allerdings hat eine ausdrücklich erklärte Anrechnungsbestimmung, auch wenn sie abredewidrig erklärt wird, Vorrang gegenüber der Anrechnungsabrede.

In den übrigen Fällen ist durch Auslegung unter Berücksichtigung der Interessenlage, der Verkehrssitte und Treu und Glauben zu bestimmen, auf welches Recht die Zahlung erfolgt ist. Danach wird auf die Grundschuld gezahlt, wenn die Zwangsvollstreckung aus §§ 1192 I, 1147 droht. Wird die gesamte Schuldsumme auf einmal beglichen, wird i.d.R. auf die Forderung und auf die Grundschuld gezahlt. Nur auf die Forderung wird dann bezahlt, wenn es sich um ein Kreditverhältnis aus laufender Rechnung handelt oder wenn eine Schuld in Raten bezahlt wird.

## Die Befriedigung des Grundschuldgläubigers - Fortsetzung von ÜK 31

**Schuldner und Eigentümer sind personenverschieden, Eigentümer zahlt**

Der Eigentümer zahlt regelmäßig, um der Zwangsvollstreckung zu entgehen und damit auf die Grundschuld. Diese geht **analog** § 1143 auf ihn über. Bezüglich der Forderung ist § 1143 aber keinesfalls anwendbar, so dass die Forderung nicht automatisch auf den Eigentümer übergeht. Der Eigentümer hat aber aufgrund der Sicherungsabrede einen Anspruch auf Abtretung der persönlichen Forderung gegen den Gläubiger.

**Sonderfall: Eigentümer ist im Innenverhältnis zur Zahlung verpflichtet**

**Schuldner zahlt**

Die gesicherte Forderung erlischt. Da § 1164 nicht anwendbar ist, geht die Grundschuld nicht auf den Schuldner über.
Dieser kann lediglich von dem Eigentümer Abtretung des Rückgewähranspruchs bzw. der bereits zurückgewährten Grundschuld verlangen.

**Eigentümer zahlt**

Die Grundschuld geht **analog** § 1143 auf den Eigentümer über und die Forderung erlischt (str.). §§ 1163 I S. 2, 1177 I sind nicht anwendbar. Ergibt die Auslegung, dass der Eigentümer gem. § 267 I auf die Forderung gezahlt hat, erlischt die Forderung und die Grundschuld bleibt in den Händen des Gläubigers bestehen.

Auf den ersten Blick scheint die Befriedigung des Grundschuldgläubigers in dem Fall, dass persönlicher Schuldner und Eigentümer personenverschieden sind, ziemlich kompliziert und unübersichtlich zu sein. Wichtig ist deshalb, dass sie gedanklich sauber arbeiten: Fragen Sie sich immer zuerst, wie die Rechtslage wäre, wenn eine Hypothek und keine Grundschuld vorliegen würde. Klären Sie dann, auf welches Recht die Zahlung erfolgt ist. Merken müssen Sie sich eigentlich nur, dass wenn der Eigentümer auf die Grundschuld zahlt, die Grundschuld analog § 1143 (nach a.A. analog §§ 1168, 1170 bzw. analog § 1163 I S. 2) auf den Eigentümer übergeht.

Es gilt dann zu versuchen, die gleiche Rechtslage bei der Grundschuld herbeizuführen, wie wenn für die Forderung eine Hypothek bestellt worden wäre. Denn es spielt für die Interessen des Schuldners und des Eigentümers keine Rolle, ob die Forderung durch eine Grundschuld oder eine Hypothek gesichert wurde, soweit es um den Ausgleich im Innenverhältnis geht. Diese Rechtslage müssen Sie meist durch schwierige schuldrechtliche Konstruktionen herbeiführen. Mit anderen Worten: Die Rechtslage, die bei der Hypothek kraft Gesetzes eintritt, muss bei der Grundschuld, soweit die Vorschriften des Hypothekenrechts nicht anwendbar sind, durch rechtsgeschäftliche Übertragung von Ansprüchen erfolgen. Die Verpflichtung hierzu ergibt sich eventuell auch konkludent aus den Vereinbarungen, die zwischen den Beteiligten getroffen wurden.

DIE ÜBERBLICKSKARTEIKAR



## BGB im Überblic

- BGB AT
- SchuldR AT
- SchuldR BT
- GoA
- Bereicherungsrecht
- Deliktsrecht
- SachenR I
- SachenR II

**Die Überblickskarteikarten: Ihr Erfolgsprogramm für Studium und Examen**

## Über Prüfungsschemata zum Wissen:

Ihr Begleiter vom 1. Semester bis zum 2. Staatsexamen! In den Überblickskarteikarten sind die wichtigsten Problemfelder im Zivil-, Straf- und Öffentlichen Recht knapp, präzise und übersichtlich dargestellt. Sie erfassen effektiv auf einen Blick das Wesentliche. Die grafische Aufbereitung der Prüfungsschemata auf der Vorderseite schafft Überblick über den Prüfungsaufbau. So lernen Sie Anspruchsgrundlagen, Straftatbestände und Klageschemata abzuhaken und Probleme zu verorten. Die Prüfungsschemata müssen sitzen! Der Inhalt der Karteikartenvorderseite gibt die nötige Sicherheit. Lernen mit dem Schema allein reicht aber für den Prüfungserfolg nicht aus! Die Kommentierung mit der hemmer-Methode auf der Rückseite schafft deshalb das nötige Einordnungswissen für die Klausur. Nutzen Sie die Überblickskarteikarten auch als Checkliste zur Kontrolle Ihres Wissens.

ISBN 978-3-86193-953-5
9 783861 939535